neukirchener
theologie

Was letztlich zählt –
Eschatologie

Jahrbuch der Religionspädagogik (JRP)
Band 26 (2010)

Herausgegeben von
Rudolf Englert, Helga Kohler-Spiegel,
Norbert Mette, Elisabeth Naurath,
Bernd Schröder und Friedrich Schweitzer

Neukirchener Theologie

Mix
Produktgruppe aus vorbildlich bewirtschafteten Wäldern und anderen kontrollierten Herkünften
www.fsc.org Zert.-Nr. SGS-COC-005773
© 1996 Forest Stewardship Council
FSC

Bibliografische Information der Deutschen Nationalbibliothek

Die Deutsche Nationalbibliothek verzeichnet diese Publikation in der Deutschen Nationalbibliografie; detaillierte bibliografische Daten sind im Internet über http://dnb.d-nb.de abrufbar.

Umschlaggestaltung: Andreas Sonnhüter, Düsseldorf
Umschlagabbildung: © jgroup / istockphoto.com
Lektorat: Ekkehard Starke
DTP: Andrea Siebert
Gesamtherstellung: Hubert & Co., Göttingen
Printed in Germany
ISBN 978–3–7887–2470–2
www.neukirchener-verlage.de

Inhalt

3 Vertiefungen

4 Seitenblicke

5 Konkretionen

6 Rücklicht

Vorwort

Mit welchem Leib werden wir auferstehen? Was wird mit den Menschen geschehen, deren Leib beispielsweise durch eine Bombe verstümmelt wurde? Wer kommt in die Hölle? Worin bestehen die Höllenstrafen? … Das 1959 in zehnter Auflage gedruckte theologische Kompendium »Wissen Sie Bescheid?« blieb auf keine dieser Fragen eine Antwort schuldig. In der Überzeugung, dass es sich dabei um unumstößliche Gewissheiten handele, wurden hier Auskünfte selbst auf Fragen gegeben, deren Sinn den meisten Menschen heute gar nicht mehr begreiflich wäre. Viele ihrer früheren Gewissheiten sind der Theologie mittlerweile abhanden gekommen. Der katholische Dogmatiker Thomas Ruster meint sogar, die Systematische Theologie sei »in nahezu allen theologischen Sachfragen zu keiner klaren Auskunft mehr in der Lage«. Das ist vielleicht ein wenig überspitzt formuliert, aber es spricht doch eine unübersehbare Verlegenheit an. Der erkenntnistheoretische Status theologischer Aussagen ist, gerade soweit diese die Grundfragen christlichen Glaubens betreffen, sagen wir einmal vorsichtig: »ungeklärt«. Und nirgendwo wird diese Problematik deutlicher spürbar als in dem Bereich, der Thema dieses Buches ist: der Eschatologie.

Was gibt es in der »Lehre von den letzten Dingen«, wie der Traktat der Eschatologie früher hieß, eigentlich noch zu »lehren«, nachdem seine klassischen Topoi: Himmel, Hölle, Fegefeuer – Auferstehung, Gericht, Vollendung, allesamt fraglich geworden sind? Kaum etwas, das nicht grundlegend strittig wäre: Geht es hier um Geschehnisse in Raum und Zeit, wenn auch vielleicht in einem göttlichen Raum und einer göttlichen Zeit, oder geht es um mythologische Konstrukte, die als Symbolisierungen existentieller Erfahrungen zu verstehen sind? Was hat man sich unter einer »Auferstehung des Leibes« vorzustellen? Wie ist das Verhältnis zwischen dem Ende der individuellen Existenz und dem Ende des ganzen Kosmos zu denken? Gehört die Erwartung eines »Jüngsten Gerichts« zu den Essentials christlichen Glaubens?

Gerade soweit es um die eschatologische Dimension ihrer Hoffnung geht – die für das Glaubensbewusstsein vergangener Christengenerationen doch so elementar wichtig war! –, tun sich Christinnen und Christen heute ausgesprochen schwer, Rechenschaft zu geben (vgl. 1 Petr 3,15). Selbst in der kirchlichen Verkündigung, so der Religionssoziologe Michael Ebertz, sei das überkommene Ordnungssystem postmortalen Lebens weitgehend erodiert. Und die Theologie: Ist nicht letztlich alles, was sie auf die »letzten« Fragen heute zu sagen hat, nur ein in viele Worte gekleidetes Eingeständnis, dass es hier nichts zu wissen gibt? Und kann all dies für Religionspädagog/innen und die von ihnen zu initiierenden Lernprozesse in Schule, Kirche und Bildungsarbeit nicht nur heißen, von eschatologischen Fragen, mindestens bis zu weiterer Klärung, die Finger zu lassen?

Die Autorinnen und Autoren dieses Bandes sind der Überzeugung, dass dies keine Lösung wäre. Denn die Fragen nach dem, was am Ende bleibt und was letztlich gilt, haben ja keineswegs aufgehört. Nach wie vor werden religiöse Fragen gerade durch die Auseinandersetzung mit dem Tod ausgelöst. Und kurioserweise hat parallel mit dem Ende des Bescheid-Wissens in der Theologie der Glaube an etwas »danach« unter Jugendlichen eher zugenommen. »Je nach Fragestellung und Erhebungsmethode«, so der Jugendforscher Thomas Gensicke, »kann man diesen Glauben bei etwa der Hälfte bis zu zwei Dritteln der Jugendlichen nachweisen.« Auch in der Bildungsarbeit lässt sich die Erfahrung machen: Kaum irgendwo anders wird »Religion« so spannend, wie wenn es um »Sterben, Tod und was kommt dann?« geht.

Wo sich wirklich lebenswichtige Fragen stellen, hört das Nachdenken auch dann nicht auf, wenn man sich keine gesicherten Ergebnisse davon erwarten darf. Die religionspädagogische Aufgabe besteht darin, dieses Nachdenken zu vertiefen, weiter anzuregen und auf persönlich tragfähige Perspektiven hin zu entwickeln. Das heißt in diesem Fall: die je eigenen Vorstellungen und Hoffnungen von Kindern, Jugendlichen und Erwachsenen zur Entfaltung zu bringen, mit in der Gesellschaft kursierenden »Eschatologien« zu konfrontieren, für die existentielle Relevanz christlicher Hoffnungsbilder zu öffnen. Im Verständnis gegenwärtiger Religionspädagogik könnte und sollte hinzukommen: die Erkundung unterschiedlicher Formen des Totengedenkens und der Bestattungskultur, die kritische Auseinandersetzung mit der Missbrauchbarkeit endzeitlicher Versprechen von Religionen, der Ausgriff auf die Hoffnungsbilder auch nicht-christlicher Religionen. Darüber hinaus ist manches Andere möglich. Durchgängig erfordert aber ist der respektvolle Umgang mit der Pluralität immer auch biographisch und glaubensgeschichtlich bedingter Vorstellungen zu der Frage: Was darf sich der Mensch über den Tod hinaus erhoffen, und welche Rolle spielt Gott dabei?

Die folgenden Beiträge wollen Religionspädagog/innen in Schulen und anderen Lernfeldern bei den genannten Aufgaben unterstützen. Wenn der Begriff nicht so schrecklich wäre, könnte man, was hier auf seine Voraussetzungen hin geprüft und in seinen möglichen Konturen skizziert wird, eine »Eschatologiedidaktik« nennen.

1

Schlaglicht

1.1

Günter Lange

Zur Reichweite von Hoffnungsbildern

Meine Hoffnung für die Welt
schöpft aus dem der Kirche anvertrauten Bilderschatz, basierend auf biblischen Metaphern und Gleichnissen vom Reich Gottes: »... vom großen Frieden der Menschen und der Natur im Angesichte Gottes, von der einen Mahlgemeinschaft der Liebe, von der Heimat und vom Vater, vom Reich der Freiheit, der Versöhnung und der Gerechtigkeit, von den abgewischten Tränen und vom Lachen der Kinder Gottes – sie alle sind genau und unersetzbar. Wir können sie nicht einfach ›übersetzen‹, wir können sie eigentlich nur schützen, ihnen treu bleiben und ihrer Auflösung in die geheimnisleere Sprache unserer Begriffe und Argumentationen widerstehen, die wohl zu unseren Bedürfnissen und von unseren Plänen, nicht aber zu unserer Sehnsucht und von unseren Hoffnungen spricht« (Synodenbeschluss »Unsere Hoffnung«: I,6).

Mein persönliches Interesse
gilt den »treuen« Übersetzungsversuchen im Medium bildender Kunst. Da erhebt sich allerdings sofort der Verdacht, die kühnen Bildworte der Hoffnung könnten durch wörtlich-materielle Abbildung leiden; eine naiv-gegenständliche Fixierung von Metaphern und Visionen könnte deren Hoffnungspotenz eher mindern als stärken. Wird so nicht der Anschein erweckt, es handele sich um Vorgänge der raumzeitlich verfassten Wirklichkeit, um deren Verdoppelung – nur auf einer höheren Etage, jedoch im selben Welthaus? Bis zur Grenze der Langweiligkeit und Lächerlichkeit, aus denen dann die üblichen Himmelswitze resultieren! Bevor irgendwelche zweidimensionalen Bilder ernsthaft ins Spiel kommen, sind einige Bemühungen zur Begrenzung, Reinigung und Läuterung der Glaubensphantasie fällig.

Um *räumliche* Vorstellungen
von den traditionellen »letzten Dingen« möglichst fern zu halten, bediene ich mich gerne der »Balthasar-Formel«. Sie lautet: »Gott ist das ›letzte Ding‹ des Geschöpfes. Er ist als Gewonnener Himmel, als Verlorener Hölle, als Prüfender Gericht, als Reinigender Fegefeuer ... Er ist es aber so, wie er der Welt zugewendet ist, nämlich in seinem Sohn Jesus Christus, der die Offenheit Gottes und damit der Inbegriff der ›Letzten Dinge‹ ist.« Eschatologie als »verlängerte Christologie«, als »Zukunft des Gekommenen«! Das genügt anscheinend als Inbegriff und Inbild un-

serer Hoffnung. Ich brauche dafür kein jenseits inszeniertes Spectaculum (so sehr ich mich an Dantes Divina Commedia erfreuen mag!). Der lebendige, liebende Gott, repräsentiert durch Jesus Christus, garantiert unsere himmlische Zukunft. Mehr hat der christliche Glaube nicht vorzuweisen. Aber dieses Wenige ist genug!

Um *zeitliche* Vorstellungen
vom »ewigen« Leben zu meiden, hilft mir die »Boethius-Formel«: »Aeternitas est interminabilis vitae tota simul et perfecta possessio« – Ewigkeit als vollständiger und zugleich vollkommener Besitz unbegrenzten Lebens. Das richtet sich gegen volkstümliche Vorstellungen, die Ewigkeit mit endloser Uhrenzeit verwechseln, die immer weiter geht; schlechte, weil bloß quantitative Unendlichkeit. Stattdessen sieht Boethius Ewigkeit qualitativ, als unbegrenzte Lebensfülle, die simultan, in einem einzigen, nicht vergänglichen »Augenblick« gelebt wird. Das mag denkbar sein, vorstellbar und erst recht darstellbar ist es nicht. Aber es hilft gegen die ständige Versuchung, realistisch wirkende Bilder bereits für die damit anvisierte Wirklichkeit selbst zu halten.

Meine persönliche Hoffnung über meinen Tod hinaus
stützt sich vor allem auf zwei sinnbildliche Erfindungen der Ikonenkunst, und zwar am liebsten in deren westlichen Versionen: Anlässlich des »Entschlafens der Gottesmutter« (Koimesis) hat die christliche Bildkunst eine bündige Formel für die Hoffnung des einzelnen Christen gefunden und kultiviert: Über und hinter dem waagerechten Totenbett der Gottesmutter öffnet sich senkrecht der Goldgrund-Himmel. Christus erscheint und nimmt Maria, klein wie ein halbwüchsiges Mädchen, liebevoll in seine Arme. Mit der sprechenden Geste des Umfangens, Tragens und Erhebens der »Seele« Marias finde ich unüberbietbar ausgedrückt, was mich im Tod und jenseits der Todesgrenze erwartet. Alles, was danach mit mir geschieht, darf ich getrost Gott überlassen (vgl. Lange, 2002).

Die gleiche konzentrierende Beschränkung auf personale Beziehung und Begegnung findet sich in der Anástasis-Ikone der Ostkirche, die sich auf den Credo-Satz »hinabgestiegen in das Reich des Todes« bezieht – hier als moderne Nachzeichnung einer farbigen Darstellung aus der romanischen Buchmalerei (Lange, 2007).

Im vehementen Handgriff Christi liegt die Pointe des Bildes. Der Retter ergreift die ihm von unten entgegengestreckte schlaffe Hand eines alten Mannes, um diesen aus einem dunklen Kellerloch herauszuholen. Mit seiner offenen linken Hand signalisiert der Gerettete Staunen und Zustimmung. Das »Loch« versinnbildet die »Unterwelt«, d.h. die Diktatur des Todes, der auch Jesus unterworfen war. Aber nun ist er auferstanden. Das wirkt sich aus auf die Machtsphäre des Todes. Denn der Auferstandene hat die ehernen »Pforten der Unterwelt« ein für allemal aufgesprengt. Der alte Mann repräsentiert dementsprechend »Adam« – die Menschheit. Das Gefängnistor ist ausgehebelt und dient als Trittbrett für drei weitere Personen, die ihre rechte Hand sehnsuchtvoll und freudig ausstrecken nach ihrem Retter …

Romanische Buchmalerei, Hinabgestiegen in das Reich des Todes, um 1100 (Nachzeichnung)

Die Botschaft beider Bildinszenierungen lautet: Im Tod lässt Gott mich nicht fallen. In meiner Todesnot und jenseits des Todesgrenze kommt mir der zuvor Gekreuzigte als Auferstandener entgegen. Er streckt seine rechte Hand aus und zieht mich aus der Tiefe meiner Not und Angst nach oben – zu seinem und meinem himmlischen Vater.
Beide Bildformen bieten sich an zur Meditation, d.h. zur wiederholten seelischen Innerung, Beherzigung und Vertiefung – übrigens nach einiger Einübung auch ohne dass man dafür das jeweilige materielle Bild äußerlich vor sich haben muss.

P.S.
Und wenn dies alles nur frommer Wunsch eines theologischen Bilderfreundes wäre?

Dann bliebe mir immer noch das Argument der Wette: Selbst wenn ich die Wette verlöre, dass Gott jenseits des Todes in der Gestalt Jesu Christi auf mich wartet, »hätte ich für mein Leben nichts verloren, nein, ich hätte in jedem Fall besser, froher, sinnvoller gelebt, als wenn ich keine Hoffnung gehabt hätte« (Hans Küng, frei nach Pascal).

Literatur

Synodenbeschluss »Unsere Hoffnung« von 1975, in: Gemeinsame Synode der Bistümer in der Bundesrepublik Deutschland. Beschlüsse der Vollversammlung. Offizielle Gesamtausgabe I, Freiburg 1976, 85–111; 95.

Hans Urs von Balthasar, Skizzen zur Theologie. Bd. 1: Verbum Caro, Einsiedeln 1960, 282; vgl. *Gisbert Greshake,* Zur Hermeneutik inhaltlich-eschatologischer Aussagen, in: LThK^3 3, 874ff.

Boethius, Consolatiae philosophiae, V,6,4; vgl. *Peter Walter,* in: LThK^3, 3,1084.

Günter Lange, Bilder vom Himmel. Annäherungen an das Unvorstellbare, in: *Ders.,* Bilder zum Glauben, München 2002, 265f., Abb. 20.1: Wiener Meister, Marientod, um 1420.

Günter Lange (Hg.), Geistliche Augen-Blicke. 20 Bildimpulse, München (DKV), 2007, Nr. 16; Nachzeichnung aus: *Sylvie Bethmont-Gallerand* und *Cathérine de Salaberry,* À ciel ouvert. Catéchèses d'Évangile, Paris 2000; als Vorlage diente eine Miniatur des 11. Jh.s.

Dr. Günter Lange ist Professor em. für Religionspädagogik an der Katholisch-Theologischen Fakultät der Ruhr-Universität Bochum.

2

Zugänge

2.1

Kathrin Liess

Grenzüberschreitungen

Zur Überwindung der Todesgrenze im Alten Testament

> Eine Wolke verschwindet und geht dahin,
> so wird nicht heraufsteigen, wer zur Scheol hinabsteigt;
> er kehrt nicht zurück zu seinem Haus,
> und seine Stätte kennt ihn nicht mehr (Hi 7,9f).
>
> Stirbt aber ein Mann, ist er kraftlos hingestreckt;
> kommt ein Mensch um – wo ist er?
> Wasser verrinnen aus dem Meer,
> und ein Fluss versiegt und vertrocknet,
> legt sich ein Mensch nieder, wird er nicht aufstehen;
> bis der Himmel nicht mehr ist, wird er nicht aufwachen
> und von seinem Schlaf geweckt werden (Hi 14,10–12).

Was Hiob in diesen Versen beklagt, stellt die geläufige Vorstellung vom Leben nach dem Tod in weiten Teilen des Alten Testaments dar. Der Verstorbene führt eine schattenhafte Existenz in der finsteren Unterwelt (Scheol), dem »Land ohne Wiederkehr«, ohne Hoffnungsperspektive und ohne Verbindung zu JHWH, dem Gott des Lebens. In aller Schärfe bringt das Bild vom »Abgeschnittensein« die Trennung vom diesseitigen Leben zum Ausdruck: Der Mensch ist im Tod »abgeschnitten« (*gāzar*) vom »Land der Lebenden« (Jes 53,8)[1] und von der Hand Gottes (Ps 88,6). Die Gottesferne der Unterwelt und der Toten ist – neben anderen Unterweltsvorstellungen – ein wesentlicher Zug des atl. Todesverständnisses, jedoch entwickeln sich im Laufe der Geschichte des JHWH-Glaubens verschiedene Ansätze, die JHWH in eine Beziehung zu den Toten setzen und damit eine neue Perspektive auf ein Leben jenseits des Todes eröffnen.[2]

1 Verbindungen zwischen Lebenden und Toten bestanden jedoch über Totengedenken und -riten.

2 Zum Todesverständnis s. *A.A. Fischer*, Tod und Jenseits im Alten Testament und Alten Orient, Neukirchen-Vluyn 2005; *K. Liess*, Der Weg des Lebens. Psalm 16 und das Lebens- und Todesverständnis der Individualpsalmen (FAT II/5), Tübingen 2004; *B. Janowski*, Der Gott Israels und die Toten. Eine religions- und theologiegeschichtliche Studie, in: *ders.*, Die Welt als Schöpfung. Beiträge zur Theologie des Alten Testaments 4, Neukirchen-Vluyn 2008, 266–304.

1 Errettung aus dem »Tod im Leben«

Sucht man nach Ansatzpunkten für die Überwindung der Todesgrenze im Alten Testament, so stellt sich zunächst die grundsätzliche Frage: Wo verläuft die Grenze zwischen Tod und Leben? Charakteristisch für die atl. Todesauffassung ist eine Definition der Todesgrenze, die sich von der heutigen grundlegend unterscheidet, denn nach atl. Verständnis ist diese Grenze – wie G. von Rad prägnant formuliert hat – »tief in den Bereich des Lebens vorgeschoben«[3]. Dieses Todesverständnis liegt besonders den *Klage- und Dankpsalmen des Einzelnen* zugrunde.[4] Sie beschreiben mit metaphorischer Sprache Feindbedrängnis, Krankheit und Gottverlassenheit als Erfahrungen, die den Menschen an den Rand des Todes und damit in das Totenreich selbst bringen. So klagt der Beter des 88. Psalms:

> Unter den Toten (bin ich) ein Freigelassener,
> wie Erschlagene, die im Grab liegen,
> derer du nicht mehr gedacht hast,
> sind sie doch von deiner Hand abgeschnitten.
> Versetzt hast du mich in die tiefste Grube,
> an finstere Orte, in (Meeres-)Tiefen (V. 6f).

Dort, wo der Tod in das Leben hineinreicht und Menschen mitten im Leben die Todesschwelle überschreiten, kann JHWH aus dem Tod retten. Davon berichten die Dankpsalmen, wie beispielsweise Ps 30:

> JHWH, du hast heraufgeführt aus der Unterwelt mein Leben,
> du hast mich zum Leben (zurück)gebracht aus denen,
> die in die Grube hinabsteigen (V. 4).

»Heraufführen aus der Unterwelt« meint hier nicht die Auferweckung eines Verstorbenen, sondern die Errettung aus dem »Tod mitten im Leben«. Dabei handelt es sich um eine *punktuelle* Rettungserfahrung, denn Ziel der Rettung ist das irdische Leben, das eines Tages der physische Tod beenden wird.

Einen Schritt weiter als die Klage- und Dankpsalmen geht der nachexilische *Vertrauenspsalm 16*,[5] der die *dauerhafte* Bewahrung und Rettung vor dem Tod und die Lebensfülle in der Nähe Gottes beschreibt, in der das Leben im Diesseits eine neue Qualität gewinnt:

> Ja, du wirst mein(e) Leben(skraft) nicht der Unterwelt überlassen,
> du wirst nicht zulassen, dass dein Frommer die Grube sieht.
> Du zeigst mir den Weg des Lebens:

3 *G. von Rad*, Theologie des Alten Testaments I, Gütersloh [10]1992, 400.

4 S. dazu *Chr. Barth*, Die Errettung vom Tode. Leben und Tod in den Klage- und Dankliedern des Alten Testaments, neu hg. von B. Janowski, Stuttgart/Berlin/Köln 1997.

5 Zu Ps 16 s. *Liess*, Weg.

Sättigung mit Freuden bei deinem Angesicht,
Wonnen in deiner Rechten für immer (V. 10f).

Auch wenn es sich bei der Errettung vom »Tod im Leben« in den (spätvorexilischen) Klage- und Dankpsalmen »nur« um eine Bewahrung vor einem *vorzeitigen* Tod handelt, markieren diese Texte einen wichtigen Schritt auf dem Weg zu einer endgültigen Überwindung der Todesschwelle, denn sie zeugen von einer Kompetenzausweitung JHWHs, setzen sie ihn doch in eine Beziehung zu den ›Toten‹. Wo Gott Menschen mitten im Leben aus dem Tod rettet, ist es nur noch ein weiterer Schritt zu einer endgültigen Überschreitung der physischen Todesgrenze.

2 Aufnahme der Gerechten bei Gott

Ein wesentlicher Impuls für die Entwicklung einer Jenseitshoffnung geht von der Krise des Tun-Ergehen-Zusammenhangs aus. In Auseinandersetzung mit der Theodizeefrage formuliert der nachexilische *Weisheitspsalm 73* eine neue Jenseitshoffnung. Der Blick auf das vermeintliche Lebensglück der Gottlosen (V. 3–12) und die eigenen Leiderfahrungen (V. 13–16) lösen eine tiefe Krise aus, an der die Gottesbeziehung des Beters zu zerbrechen droht – bis er in das Heiligtum kommt (V. 17) und eine neue Einsicht in das Geschick der Frevler und in sein eigenes Lebens- und Todesgeschick gewinnt.[6] Während die Gottlosen schließlich zugrunde gehen (V. 18–20.27), ist das Leben des Gerechten von intensiver Gottesnähe bestimmt, die über den Tod hinausreicht:

23 Ich aber bin ständig bei dir,
du hast mich an meiner rechten Hand ergriffen,
24 nach deinem Rat leitest du mich,
und auf Ehren/Herrlichkeit hin wirst du mich (zu dir) nehmen (*lāqaḥ*).
25 Wen habe ich im Himmel (außer dir)?
Und neben dir habe ich kein Gefallen auf der Erde.
26 Vergeht auch mein Fleisch und mein Herz [, Fels meines Herzens],
so ist (doch) mein Anteil Gott für immer.

Die Vertrauensaussagen in V. 23–24 schildern von der Tempusstruktur her (V. 23b: Vergangenheit; V. 24a: Gegenwart; V. 24b: Zukunft) ein Gesamtgeschehen mit einer inhaltlichen Klimax: Gott hat die Hand des Beters ergriffen (23b), er leitet ihn (ständig) (24a) und wird ihn schließlich »nehmen« (24b).[7] Mit diesem fortlaufenden Geschehen umschreiben

6 Zu Ps 73 s. *B. Janowski / K. Liess*, Gerechtigkeit und Unsterblichkeit. Psalm 73 und die Frage nach dem »ewigen Leben«, in: *R. Hess / M. Leiner* (Hg.), Alles in allem. Eschatologische Anstöße (FS J.Chr. Janowski), Neukirchen-Vluyn 2005, 71ff (Liess).
7 Vgl. *H. Irsigler*, Psalm 73 – Monolog eines Weisen. Text, Programm, Struktur (ATSAT 20), St. Ottilien 1984, 235.

diese Verse den *gesamten Lebensweg* des Beters, der schließlich in V. 24b an seinen Zielpunkt kommt. Während sich nach traditionellem Todesverständnis das Verb »nehmen« (*lāqaḥ*) auf die Rettung aus dem »Tod im Leben« bezieht (vgl. Ps 18,17: »Er [JHWH] wird [die Hand] aus der Höhe strecken, mich nehmen, er wird mich herausziehen aus großen Wassern«), geht es in Ps 73,24 um ein abschließendes und endgültiges »Nehmen«. Im Hintergrund steht die Entrückungsvorstellung, wie die Verwendung des Verbs *lāqaḥ* signalisiert, mit dem auch die Entrückung des Henoch (Gen 5,24) oder Elia (2Kön 2) beschrieben wird. Während jedoch diese Entrückungsberichte von einem »leiblichen Übergang … in die jenseitige Welt, ohne dass der Tod dazwischentritt«[8] ausgehen, setzt Ps 73 den Tod voraus und modifiziert damit die Entrückungsvorstellung: Es geht nicht um einen »leiblichen Übergang« oder ein wunderhaftes Ereignis wie bei Elia, sondern um eine »personale Annahme«[9] des Beters durch Gott am Ende des Lebens. Wie und wohin der Beter aufgenommen wird, bleibt im Unterschied zur Entrückung des Elia in den Himmel offen. Ps 73 geht es allein um das Fortbestehen der Gottesgemeinschaft, die nach dem Tod ihre Vollendung findet, indem dem Beter Ehre/Herrlichkeit zuteil werden wird.

Damit entwickelt Ps 73 einen neuen Gedanken in der Geschichte des atl. Todesverständnisses. Der Tod führt nicht mehr in die Gottesferne, sondern in eine neue Gottesnähe. Die Hoffnung auf eine jenseitige Gottesgemeinschaft ist jedoch weder als Flucht vor dem Diesseits noch als Vertröstung auf ein jenseitiges Leben zu verstehen. Vielmehr wird dem Beter von Ps 73 im Verlauf seines Gebets bewusst, dass er bereits im diesseitigen Leben in einer Gottesgemeinschaft lebt (V. 23–24a), die von einer solchen Intensität ist, dass sie über den Tod hinausreicht und die Hoffnung auf zukünftige Ehre/Herrlichkeit in sich trägt (V. 24b). Diese Lebenshoffnung kann als »Unsterblichkeit der Gottesbeziehung«[10] oder »ewiges Leben« im Sinne einer ewigen Lebensgemeinschaft mit Gott bezeichnet werden.

Die Vorstellung einer Aufnahme des Gerechten bei Gott hat eine Parallele in dem nachexilischen *Weisheitspalm 49*:

> Ja, Gott wird loskaufen (*pādāh*) mein(e) Leben(skraft),
> aus der Hand der Unterwelt, gewiss! wird er mich nehmen (*lāqaḥ*) (V. 16).

Dieser Vers bezieht sich – unter Aufnahme des Stichworts *pādāh* »loskaufen« – zurück auf V. 8–10:

8 *A. Schmitt*, Zum Thema »Entrückung« im Alten Testament, in *ders.*, Der Gegenwart verpflichtet. Studien zur biblischen Literatur des Frühjudentums (BZAW 292), Berlin / New York 2000, 245–260, hier 245.

9 *Irsigler*, Monolog, 272.

10 Vgl. *D. Michel*, Ich aber bin immer bei dir. Von der Unsterblichkeit der Gottesbeziehung, in: *ders.*, Studien zur Überlieferungsgeschichte alttestamentlicher Texte (TB 93), Gütersloh 1997, 155–179.

> Wehe, loskaufen (*pādāh*) kann man (sich) nicht,
> kann Gott kein Lösegeld für sich geben!
> und ist das Lösegeld für sein Leben auch kostbar,
> wird es nicht reichen für immer,
> dass man fortlebe für immer
> und die Grube nicht sehe.

Die Hoffnung der Besitzenden, dem Tod verfallenes Leben durch Geld auszulösen, wird als trügerisch entlarvt: Der Mensch kann sich trotz seines Reichtums vom Todesgeschick nicht selbst freikaufen. Nur Gott kann aus dem Tod erretten, und zwar ohne dass ein Gegenwert zu entrichten ist. Zwei Verben beschreiben in V. 16 die Rettung aus dem Tod: *pādāh* »loskaufen, auslösen; befreien«, ein Terminus aus der Rechtssprache, der in den Psalmen die Rettung aus Notsituationen schildert, und das bereits aus Ps 73 bekannte Verb *lāqaḥ* »nehmen«, das vermutlich auch in Ps 49 auf eine postmortale Aufnahme bei Gott zu beziehen ist.[11] Mit der Hoffnung auf eine Gottesgemeinschaft über die Todesgrenze hinaus ist in der nachexilischen Psalmentheologie eine neue Jenseitsvorstellung entstanden. Ein anderes Konzept postmortalen Lebens liegt in der apokalyptischen Literatur vor.

3 Auferstehung der Toten

Die Auferstehungsvorstellung hat sich im Alten Testament erst in der apokalyptischen Literatur der hellenistischen Zeit ausgebildet. Wichtige Anknüpfungspunkte für diese Jenseitshoffnung bilden die *Bildworte über die Neubelebung und -schöpfung des Volkes* wie das Wiederaufleben Israels gleich der Natur (Hos 6,1–3) oder die Wiederbelebung der Totengebeine (Ez 37,1–14). Dabei handelt es sich um Bilder einer nationalen Restauration Israels, die jedoch ein Vorstellungsgut enthalten, das sich als prägend für die Auferstehungstexte erwies.[12]
Von einer Auferstehung der Toten sprechen nur wenige Texte im Alten Testament; als unumstrittener Belege gilt *Dan 12,2f* (2. Jh. v.Chr.). Unter dem Eindruck der Religionsverfolgungen in der Makkabäerzeit stellt sich die Theodizeefrage mit neuer Dringlichkeit und findet eine Antwort in der Hoffnung auf postmortale Gerechtigkeit:

> Und viele von denen, die im Land des Staubes schlafen, werden aufwachen,
> die einen zum ewigen Leben,
> die anderen zur Schmach, zur ewigen Abscheu.
> Und die Einsichtigen werden glänzen wie der Glanz der (Himmels-)Feste
> und die, die die Vielen zur Gerechtigkeit geführt haben, wie die Sterne immer und ewig.

11 Es ist umstritten, ob V. 16 eine Jenseitshoffnung oder »nur« die Errettung vom »Tod im Leben« beschreibt; s. dazu *Liess*, Weg, 373ff.
12 So wurde Ez 37 in Qumran und im NT als Auferstehungstext rezipiert.

Die Auferstehung – in diesem Text als ein »Aufwachen« (*qyṣ* hif.) aus dem Tod beschrieben – ist an eine zweifache Einschränkung geknüpft:[13] Es handelt sich zum einen um eine partikulare Auferweckung, denn nicht alle, sondern nur »viele« werden »aufwachen«; zum anderen wird nur den weisen Gerechten, die andere »zur Gerechtigkeit geführt haben«, ein positives postmortales Geschick zuteil, indem zwischen »ewigem Leben« und »ewiger Schmach« unterschieden wird. Wie die postmortale Existenz aussieht, die hier explizit als »ewiges Leben« bezeichnet wird, wird mit Lichtsemantik und astraler Motivik nur vage angedeutet. Das Licht gilt als Symbol des Lebens: So steht das »Glänzen; Leuchten« der Gerechten, das mit dem Glanz der Himmelsfeste und der Gestirne verglichen wird, im Kontrast zur Finsternis des Totenreiches in der Erdtiefe. Das ewige Leben selbst wird nicht weiter ausgeführt; möglicherweise werden die Auferweckten in die astrale Welt versetzt.[14] Der Schluss des Danielbuches gibt an, wann die Auferweckung erwartet wird: »Du aber geh hin auf das Ende zu! Und du wirst ruhen und wirst aufstehen zu deinem Los am Ende der Tage« (Dan 12,13).
Auf das »Ende der Tage« beziehen sich auch drei Texte zur Todesthematik aus der Jesaja-Apokalypse (Jes 24–27). Die Verheißung in *Jes 25,8a* spricht von der »Verschlingung« und damit endgültigen Vernichtung des Todes durch Gott und bildet eine Kontrastaussage zu der Vorstellung, dass der Tod bzw. der »Rachen« der Unterwelt die Menschen »verschlingt« (Ps 69,16). Neben die Auferstehungshoffnung tritt somit in der Apokalyptik die einzigartige Rede von der Aufhebung der Macht des Todes, vom Tod des Todes. Im anschließenden Kapitel 26 wird die Todesthematik erneut aufgenommen: Während *Jes 26,14* noch die traditionelle Jenseitsvorstellung zugrunde liegt: »Tote werden nicht lebendig, Schatten stehen nicht auf (*qûm*)«, verheißt das Heilsorakel in *Jes 26,19* – unter Wiederaufnahme des Stichwortes *qûm* »aufstehen« – die Auferstehung der Toten:[15]

> Deine (sc. JHWHs) Toten werden leben,
> meine (sc. Israels) Leichen werden aufstehen (*qûm*).
> Wacht auf (*qyṣ* hif.) und jubelt, Bewohner des Staubes!

13 S. dazu *K. Bieberstein*, Jenseits der Todesschwelle. Die Entstehung der Auferstehungshoffnungen in der alttestamentlich-frühjüdischen Literatur, in: *A. Berlejung / B. Janowski* (Hg.), Tod und Jenseits im alten Israel und seiner Umwelt. Theologische, religionsgeschichtliche, archäologische und ikonographische Aspekte (FAT 64), Tübingen 2009, 423–446, hier 435f.
14 Vgl. *Fischer*, Tod, 202f.
15 Nach wie vor ist umstritten, ob V. 19 auf die nationale Wiederbelebung des Volkes (vgl. Hos 6,1–3; Ez 37,1–14) oder auf eine künftige Auferstehung der Toten zu beziehen ist. Nach *W.A.M. Beuken*, »Deine Toten werden leben« (Jes 26,19). »Kindliche Vernunft« oder reifer Glaube?, in: *R.G. Kratz / Th. Krüger / K. Schmid* (Hg.), Schriftauslegung in der Schrift (FS O.H. Steck) (BZAW 300), Berlin / New York 2000, 139–152 handelt es sich um eine falsche Alternative, denn beide Konzeptionen lassen sich in Jes 26 nicht klar voneinander scheiden.

Ja, Tau der Lichter ist dein Tau!
Und auf das Land der Schatten wirst du (ihn) fallen lassen.

Im Kontrast zum traditionellen Todesverständnis wird den Toten in Jes 26,19 eine Gottesbeziehung zugesprochen (»*deine* Toten«). Zugleich ist diese Rede von »*deinen* Toten« bzw. »*meinen* Leichen« einschränkend gemeint und deutet auf eine partielle Auferstehung nur des Gottesvolkes hin.[16] Was nach Hi 14,12 noch verneint wird (der verstorbene Mensch wird nicht mehr »aufstehen« [*qûm*]), ist nach dieser neuen Jenseitshoffnung möglich: Mit den Verben *ḥāyāh* »leben«, *qûm* »aufstehen« und *qyṣ* hif. »aufwachen« wird der Vorgang der Auferstehung bezeichnet und – wie in Dan 12,2f – als »Aufwachen vom Tod« vorgestellt. Zeichen der neuen Lebendigkeit ist der Jubel, zu dem die Toten aufgefordert werden, während nach traditioneller Auffassung das Gotteslob im Tod verstummt (Ps 6,6; 30,10 u.ö.). Charakteristisch für die Auferstehungsvorstellung ist wiederum Lichtmotivik. Mit dem Bild vom »Tau der Lichter« wird die heilvolle Zuwendung JHWHs zu den Toten beschrieben: Das Licht steht im Kontrast zur Schattenexistenz in der finsteren Unterwelt; der Tau verweist auf die belebende Kraft und ist im Alten Testament häufig ein Bild der Fruchtbarkeit (vgl. Dtn 33,28; Hos 14,6). Auch hier wird das Leben jenseits der Todesgrenze nicht ausführlich geschildert; Dan 12,2f und Jes 26,19 erweisen sich vielmehr – wie Ps 73 – als »tastende Versuche«[17], eine neue Jenseitshoffnung sprachlich zu formulieren.

4 Unsterblichkeit der »Seele«

Eine andere Jenseitshoffnung bildete sich in hellenistischer Zeit in der apokryphen Weisheit Salomos (1. Jh. v.Chr.) aus: die Vorstellung von der Unsterblichkeit der »Seele«. Diese Hoffnung liegt *Weish 3* zugrunde, einem Text, der sich ebenfalls mit dem Problem des Leidens und Sterbens des Gerechten auseinandersetzt:

Die Seelen der Gerechten sind in Gottes Hand!
Die Qual erreicht sie nicht mehr.
In den Augen der Toren sind sie gestorben,
und ihr Tod galt als schlimmes Übel,
und ihr Weggang als Katastrophe.
Doch sie leben in Frieden!
Und wenn sie auch in der Sicht der Menschen gestraft wurden,
so ging doch ihre Hoffnung ganz und gar auf die Unsterblichkeit (V. 1–4).

Sieht man nur auf das diesseitige Leben, so gilt der Tod als »schlimmes Übel« und »Strafe«; Weish 3 blickt jedoch über die Todesgrenze hinaus und umschreibt mit dem aus anderen atl. Texten zur Todesthematik be-

16 Der nähere Kontext (Jes 26,7) verdeutlicht, dass die Auferstehung denjenigen gilt, die sich in ihrem Leben an Gerechtigkeit orientiert haben.
17 *L. Wächter*, Tod im Alten Testament, ZdZ 40 (1986) 35–42, hier 40.

kannten Motiv der Hand Gottes (vgl. Ps 73,23; 144,7 u.ö.) die heilvolle Gottesnähe der verstorbenen Gerechten bzw. ihrer »Seelen«.[18] Ihre jenseitige Existenz wird mit dem Stichwort »Frieden« charakterisiert, das dem hebr. *šālôm* entsprechend umfassendes Heil bezeichnet. Dies kommt auch in der Lichtmotivik zum Ausdruck, die – wie in den apokalyptischen Texten Dan 12,2f und Jes 26,19 – zur Beschreibung des jenseitigen Lebens dient: »Und zu der Zeit, da Gott sich ihrer annehmen wird, werden sie aufleuchten« (V. 7).

5 Schluss

Das Alte Testament hat einen langen Weg zurückgelegt, bis schließlich in der spätnachexilischen weisheitlichen und apokalyptischen Literatur die Todesgrenze endgültig überschritten wurde. Bei aller Pluralität liegt den jeweiligen Jenseitskonzeptionen der gemeinsame Gedanke zugrunde, dass Gottes Macht nicht an den »Toren des Todes« (Hi 38,17) enden kann, dass JHWH Gott der Lebenden *und* der Toten ist. Als Faktoren, die zur Ausbildung einer Jenseitshoffnung beigetragen haben, sind vor allem die *Krise des Tun-Ergehen-Zusammenhangs* mit ihrer Suche nach postmortaler Gerechtigkeit sowie die *Monotheismusentwicklung*, die von einem Prozess der Kompetenzausweitung JHWHs[19] auch auf Tod und Unterwelt begleitet wird, zu nennen. Darüber hinaus hat die Psalmentheologie mit dem Konzept der *Errettung aus dem »Tod im Leben«* (Klage- und Danklieder) und mit dem *Vertrauen auf eine dauerhafte Gottesgemeinschaft*, in der der Mensch sich sein Leben lang vor dem Tod bewahrt (Ps 16) und schließlich jenseits des Todes bei Gott aufgenommen weiß (Ps 73), einen wesentlichen Beitrag zur Überwindung der Todesgrenze geleistet. Neben diesen Neuansätzen im atl. Todesverständnis bleiben jedoch weiterhin traditionelle Vorstellungen von der Totenexistenz und der JHWH-Ferne der Unterwelt bestehen, wie die eingangs zitierten Hiobtexte, aber auch kritische Stimmen aus dem Koheletbuch (Koh 3,19ff; 9,4ff) zeigen, doch gewinnt der Auferstehungsgedanke in der Spätzeit des Alten Testaments sowie in der zwischen- und neutestamentlichen Literatur theologisch zunehmend an Bedeutung.

Dr. Kathrin Liess ist Wiss. Assistentin für Altes Testament an der Evangelisch-Theologischen Fakultät der Universität Tübingen.

18 Zur Bedeutung des Begriffs »Seele« s. *M.V. Blischke*, Die Eschatologie der Sapientia Salomonis (FAT II/26), Tübingen 2007: Die Weisheit Salomos folge – trotz ihrer hellenistischen Prägung – »als Ganzes dem biblischen Menschenbild, nach dem der Mensch eine Einheit aus Körper und Seele bildet« (200), und der Begriff »Seele« werde »als ein Synonym für den verstorbenen Menschen in seiner Gesamtheit« verwendet (139).
19 S. dazu *G.D. Eberhardt*, JHWH und die Unterwelt. Spuren einer Kompetenzausweitung JHWHs im Alten Testament (FAT II/23), Tübingen 2007.

2.2

Detlev Dormeyer

Die implizite Eschatologie neutestamentlicher Wundergeschichten

1 Modernes, neutestamentliches und antikes Wunderverständnis

Wundergeschichten sind Erzählungen von Jesus als Wundertäter, der mit seinen Heilungen somatischer und psychischer Krankheiten und seinen Handlungen an der Natur Staunen und Ablehnung innerhalb der damaligen, gewohnten Weltordnung hervorruft und seine Wunder auf die in ihm angebrochene Königsherrschaft Gottes zurückführt.[1]

Wundergeschichten hängen unmittelbar mit der Bereitschaft zum Staunen zusammen. Nur wer bereit ist, über naturwissenschaftliche Gesetzeserkenntnisse hinaus nicht erklärbare Vorgänge als faszinierend anzuerkennen, wird sich auf die Botschaft von Wundergeschichten einlassen.
Immerhin sind nach den laufenden Statistiken über 50% der deutschen Bevölkerung bereit, zusätzlich zu der kostenlosen Behandlung durch wissenschaftliche Ärzte aufgrund der Pflichtkassen Alternativmedizin auf eigene Kosten in Anspruch zu nehmen.[2] Der Glaube an die Erklärungskraft der Naturwissenschaften ist zu Recht begrenzt, da naturwissenschaftliche Gesetze nur in einem geringen Prozentsatz Lebensvollzüge und Naturabläufe erklären können und gewohntes, geordnetes Erfahrungswissen weitgehend die Basis für das Heilwesen und den Umgang mit der Natur bleibt.

Der heutige Leser von neutestamentlichen Wundergeschichte wird daher bereit sein, für die Außergewöhnlichkeit der erzählten Vorgängen Neugierde zu zeigen. Er wird dabei die Ursachen eher in der Intuition des Wundertäters und in außergewöhnlichen Natur-Konstellationen suchen als in einem direkten Eingreifen Gottes. Mit dieser Vorsicht trifft er durchaus die antike und die neutestamentliche Wundertheologie. Denn einerseits setzen die Antike und das Neue Testament das dämonologische Weltbild voraus, nach dem Dämonen als Untergottheiten den Luft-

1 *Rudolf Bultmann*, Die Geschichte der synoptischen Tradition, Göttingen ([1]1921) [10]1975, 241–243; *Alfons Weiser*, Was die Bibel Wunder nennt, Stuttgart 1975, 37–120; vgl. die Definition von Ruben Zimmermann im demnächst erscheinenden Gemeinschaftswerk: *Ruben Zimmermann u.a.* (Hg.), Kompendium der frühchristlichen Wundererzählungen, Gütersloh 2010.
2 Htpp://de.statista.com/statistik/Gesundheit/Heilpraktiker: Frage: In welchen Fällen fühlen Sie sich durch ihre Krankenversicherung nicht ausreichend abgesichert? 50%; Quelle: MLP Gesundheitsreport.

raum beherrschen und Krankheiten oder Schaden schicken können.[3] Andererseits hat Jesus mit seinem Anspruch, dass die Königsherrschaft Gottes schon in ihm angebrochen ist, eine neue Schöpfung wirksam werden lassen, in der die Dämonen ihre Herrschaft verloren haben und Gott *indirekt* lenkt:

»Wenn ich aber mit dem Finger Gottes die Dämonen hinauswerfe, kam zu euch die Königsherrschaft Gottes« (Lk 11,20).

Der Vertrauensglaube an die Heilkraft der neuen Praxis Jesu und der Wunsch, mit seiner Bewegung Kontakt aufzunehmen, sind die Voraussetzungen für Wunderheilungen.

Auch die antiken Asklepiosheiligtümer verstehen die Krankenheilungen als einen ganzheitlichen Vorgang in einem heiligen Bezirk, der für Schadensgottheiten nicht zugänglich ist.[4] Wundergeschichten erzählen nicht nur damals mögliche, außergewöhnliche Handlungen, sondern haben zugleich eine symbolische Funktion für charismatische Heilstätten und Wundertäter.[5]

2 Antike Wundergeschichten als symbolische Handlungen

Die Doppelstruktur der Wundergeschichte als literarische Form und »symbolische Handlung« hat Theißen verdienstvoll herausgearbeitet.[6] Jeder Text hat eine syntaktische, semantische und pragmatische Dimension. Die soziale Funktion, die aus dem Zusammenwirken von Kunst (téchne), Institution und Charisma entsteht, beschreibt wissenschaftlich den empirischen Träger der Heilungssymbolik; die religionsgeschichtliche Funktion und die existenzielle Funktion interpretieren zusätzlich die Heilungsvorgänge metaphorisch. Diese drei Funktionen gehören zur Pragmatik.

Nun hat sich Theißen bei der Beschreibung der sozialen Funktion zu sehr an den rationalistischen Vorbehalten der Medizinhistorie orientiert. Er bildet sechs Formen wunderhafter Tätigkeit:[7]

	»Kunst (téchne)	Institution	Charisma
Mantik	Wahrsagekunst	Orakelstätten	Propheten
Wunderpraxis	Zauberkunst	Heilstätten	Wundercharismatiker«

3 *Weiser*, Wunder, 13–17; *Bernd Kollmann,* Jesus und die Christen als Wundertäter: Studien zu Magie, Medizin und Schamanismus in Antike und Christentum (FRLANT 170), Göttingen 1996, 31–118.

4 *Rudolf Herzog*, Die Wunderheilungen von Epidauros, Leipzig 1931.

5 Ebd., 13.

6 *Gerd Theißen*, Urchristliche Wundergeschichten (StNT 8), Gütersloh 1974, 229–299.

7 Ebd., 231.

Die ärztliche Kunst mit Institution und Charisma fehlt völlig; die Wunderpraxis wird von vornherein der Zauberkunst zugeordnet und mit der Mantik parallelisiert.[8] Die Besucher der Asklepios-Heilstätten werden mehrheitlich den unteren Schichten zugeordnet.[9] Dem widerspricht der Befund von Herzog, dem Ausgräber der Asklepios-Heilstätte von Epidauros.[10]
Die Ausgrabungen der Asklepieien und die Auswertungen der Wunderberichte zeigen, dass *Zauberkunst* durch *ärztliche Kunst* in Verbindung mit religiösen Techniken, z. B. Traumdeutung (Artemidor) zu ersetzen ist und dass das »*Städtisches Medizinwesen*«[11] hinzuzufügen ist:

	Kunst (téchne)	Institution	Charisma
Mantik	Wahrsagekunst	Orakelstätten	Propheten
Wunderpraxis	Ärztliche + religiöse Kunst	Heilstätten	Wundercharismatiker
Städtische Medizin	Ärztliche + religiöse Kunst	Arztpraxis	Wanderarzt

Naturwunder finden in den Asklepieien nicht statt, wohl werden sie von den pathetischen Historikern und Biographen bedeutenden Männern zugeschrieben,[12] wie auch Mose, Elija und Elischa vom Alten Testament. In der Vollmacht einer Gottheit sorgen sie für Rettung und für Geschenke zur Behebung von Mangelsituationen (Ex 7–17; 1 Kön 17 – 2 Kön 14).
Die Zauberkunst dagegen ist eine Sonderform der magischen Volksmedizin außerhalb der Asklepieien, des Stadt-Arztwesens und der Geschichtsschreibung.[13]

Die Parallelität zur Mantik, zum Orakel, ist gegeben, da einige epidaurische Wunderberichte tatsächlich mantische Weisungen enthalten, die nicht auf Krankheiten bezogen sind, z.B. Hilfe zum Wiederfinden von Verlorenem oder Versteckten.[14]

Die Wundergläubigkeit wird von den antiken Philosophen, von den Platonikern, Peripatetikern und Stoikern nicht als Gegensatz zum wissenschaftlichen Denken aufgefasst. Sokrates erbittet beim Leeren des Gift-

8 Beim Motiv »Heilende Mittel« gesteht Theißen dagegen Epidauros eine »archaische Medizin« zu (ebd., 72).
9 Ebd., 233–236.
10 *Herzog*, Wunderheilungen, 59–65.130–161.
11 *Rudolf Herzog*, Arzt, RAC 1(1950) 720–724.
12 *Eckhard Plümacher,* Τερατεία. Fiktion und Wunder in der hellenistisch-römischen Geschichtsschreibung und in der Apostelgeschichte, in *ders.*, Geschichte und Geschichten. Aufsätze zur Apostelgeschichte und zu den Johannesakten, hg. v. J. Schröter und R. Brucker (WUNT 170), Tübingen 2004, 33–85.
13 *Kollmann*, Wundertäter, 117.
14 *Herzog*, Epidauros, 112–123.

bechers von seinen Schülern das Opfer eines Hahnes für Asklepios (Plat., Phaid 118a; S/K 35). Der komödiantische Spott von Aristophanes »Plutos« und die prinzipatzeitliche Satire »Philopseudés« von Lukian karikieren zwar die Misserfolge des Asklepioskults, können aber die Angewiesenheit auf göttliche Heilungshilfe nicht erschüttern.[15]

3 Neutestamentliche Wundergeschichten als eschatologische Handlungen: »Die Auferweckung der Tocher des Jaïrus und die Heilung einer kranken Frau« (Mk 5,21–43).

3.1 Neutestamentliche Wundergeschichten als eschatologische Handlungen

Die neutestamentlichen Wundergeschichten zeigen über die antiken Heilstätten und Arztpraxen hinaus die eschatologischen Anfänge der neuen Schöpfung im Handeln Jesu und geben Hoffnung für die eschatologische Vollendung dieser neuen Schöpfung ohne Tod.

Nach den Evangelien, insbesondere dem ältesten, dem Markusevangelium, hängen die Wunder eng mit dem Anbruch der Königsherrschaft Gottes in Jesus, dem bevollmächtigten Lehrer, zusammen. Es fällt die Fülle der Wundergeschichten im Markusevangelium auf: 9 Heilwunder, 4 Exorzismen, 5 Naturwunder (Rettungs- und Geschenkwunder), 3 Sammelberichte mit Wundern.

Die Wundergeschichten zielen auf den Glauben an die göttliche Vollmacht des Wundertäters. Sie symbolisieren den Anbruch der eschatologischen Königsherrschaft Gottes in der Heilung der Schöpfung, die ihre Störungen in Krankheiten, in Besessenheit von Dämonen, in Bedrohungen durch Naturgewalten und Mangelerscheinungen hat. Die Wundergeschichten transportieren nicht aus der Tradition ein feststehendes religionsgeschichtliches Modell vom *göttlichen, präexistenten Menschen.*[16] Sie bringen aber wohl religionsgeschichtliche Analogien und Anklänge ein. Wie die Götter ihren bevollmächtigten Personen Wunder ermöglichen, so verleiht auch der Gott Israels Jesus, dem Christus, Sohn Gottes, Menschensohn und Davidssohn die eschatologische Vollmacht über die Schöpfung, die Dämonen und die somatischen Heilungskräfte. Jesus lässt anfanghaft und endgültig eine heile Schöpfung wieder entstehen, die Gott im Endgericht vollenden wird.

Galiläa ist das Hauptgebiet der Wundertaten Jesu. Es herrscht dort der Vertrauensglaube an Jesu eschatologische Wundervollmacht, während in Jerusalem der Unglaube der Gegner Unheil bewirkt und nur ein Straf-Naturwunder zulässt (Mk 11,12–14). Die Wunder sind auf einen breiten, friedlichen Vertrauensglauben an den An-

15 *Herzog*, Epidauros, 61f.

16 *David du Toit*, Theios anthropos. Zur Verwendung von theios anthrōpos und sinnverwandten Ausdrücken in der Kaiserzeit (WUNT 2,91), Tübingen 1997, 1–40.

bruch der Königsherrschaft Gottes in Jesu Handeln angewiesen; Jerusalem kann erst nach Jesu Kreuzestod und Erscheinen in Galiläa zu diesem Vertrauensglauben gelangen.

Allerdings löst die Wundertätigkeit bei allen Gruppen Unverständnis aus. Das *Schweigegebot* Jesu geht über seine eschatologische Vollmacht und Personenwürde. Jesus kann erst als Gekreuzigter in seinem wahren Wesen als leidender Christus und Sohn Gottes erkannt werden. Er setzt dem Verstehen als irdischer Wundertäter eine christologische Grenze, die erst im vollen Bekenntnisglauben an den leidenden Sohn Gottes (Mk 15,39) überschritten wird.[17]
Während des irdischen Wirkens herrscht jedoch der Vertrauensglaube. Das Wundergeheimnis muss daher übertreten werden, auch wenn die Einsicht in die Notwendigkeit des Leidens des Wundertäters noch fehlt. Das unverständige, aber notwendige Übertreten sorgt für die vertrauensvolle, weitreichende Werbung für den Wundertäter und seine Vollmacht.[18] Alle erhalten die Chance, durch bedingungslose Nachfolge bis zum Kreuz vom Vertrauensglauben zum Bekenntnisglauben zu gelangen.
Von den Wundergeschichten der Evangelien her lässt sich die Rückfrage zum vorösterlichen Jesus stellen. Dieser hat in seiner Person den Anbruch der Königsherrschaft Gottes verkündet und deren Kräfte in Wundern wirksam werden lassen (Lk 11,20). Die Heilungs- und Exorzismustätigkeit Jesu ist daher historisch gesichert.[19] Auch die Herrschaft über die Naturkräfte wurde ihm von seinen Anhängern schon vor Ostern zugesprochen. Umstritten bleibt aber in der heutigen Diskussion, ob einzelne Heilungs-, Exorzismus- und Naturwundergeschichten sich auf einen historischen Kern zurückführen lassen. Auf keinen Fall wollen die Wundertaten Jesu und ihre Geschichtentradition die erst in der Neuzeit erkannten Naturgesetze durchbrechen, sondern sie wollen in neuer, unerwarteter Weise die Heilkräfte der angekommenen, eschatologischen Königsherrschaft Gottes für Leib, Psyche und Kosmos symbolisieren.

3.2 Die Auferweckung der Tocher des Jaïrus und die Heilung einer kranken Frau (Mk 5,21–43).

S 1 V 21 Und als Jesus wieder herübergefahren war im Boot,
versammelte sich eine große Menge bei ihm,
und er war am See.

---

17 *Thomas Söding*, Glaube bei Markus. Glaube an das Evangelium, Gebetsglaube und Wunderglaube im Kontext der markinischen Basileiatheologie und Christologie (SBB 12), Stuttgart 1985, 251–280.
18 *Dieter A. Koch*, Die Bedeutung der Wundererzählungen für die Christologie des Markusevangeliums (BZNW 42), Berlin 1975, 180–193.
19 *Gerd Theißen / Annette Merz*, Der historische Jesus. Ein Lehrbuch, Göttingen 1996, 256–286.

S 2 V 22 Da kam einer von den Vorstehern der Synagoge, mit Namen Jaïrus.
Und als er Jesus sah,
fiel er ihm zu Füßen

S 3 V 23 und bat ihn sehr und sprach:
. Meine Tochter liegt in den letzten Zügen;
komm doch
und lege deine Hände auf sie,
damit sie gesund werde und lebe.
V 24 Und er ging hin mit ihm.

S 4 Und es folgte ihm eine große Menge,
und sie umdrängten ihn.
V 25 Und da war eine Frau,
die hatte den Blutfluß seit zwölf Jahren
V 26 und hatte viel erlitten von vielen Ärzten und
all ihr Gut dafür aufgewandt;
und es hatte ihr nichts geholfen, sondern es war noch schlimmer mit ihr geworden.

S 5 V 27 Als die von Jesus hörte,
kam sie in der Menge von hinten heran
und berührte sein Gewand.
V 28 Denn sie sagte sich:
Wenn ich nur seine Kleider berühren könnte,
so würde ich gesund.

S 6 V 29 Und sogleich versiegte die Quelle ihres Blutes,
und sie spürte es am Leibe,
dass sie von ihrer Plage geheilt war.

S 7 V 30 Und Jesus spürte sogleich an sich selbst,
dass eine Kraft von ihm ausgegangen war,
und wandte sich um in der Menge
und sprach:
Wer hat meine Kleider berührt?

S 8 V 31 Und seine Jünger sprachen zu ihm:
Du siehst,
dass dich die Menge umdrängt,
und fragst:
Wer hat mich berührt?
V 32 Und er sah sich um nach der, die das getan hatte.

S 9 V 33 Die Frau aber fürchtete sich
und zitterte,
denn sie wusste,
was an ihr geschehen war;

S 10 sie kam und fiel vor ihm nieder
und sagte ihm die ganze Wahrheit.
V 34 Er aber sprach zu ihr:
Meine Tochter, dein Glaube hat dich gesund gemacht;

geh hin in Frieden
und sei gesund von deiner Plage!

S 11 V 35 Als er noch so redete,
kamen einige aus dem Hause des Vorstehers der Synagoge
und sprachen:
Deine Tochter ist gestorben;
was bemühst du weiter den Meister?

S 12 V 36 Jesus aber hörte mit an, was gesagt wurde,
und sprach zu dem Vorsteher:
Fürchte dich nicht, glaube nur!
V 37 Und er ließ niemanden mit sich gehen als Petrus und Jakobus und Johannes, den Bruder des Jakobus.

S 13 V 38 Und sie kamen in das Haus des Vorstehers,
und er sah das Getümmel,
und wie sehr sie weinten und laut schrieen.

S 14 V 39 Und er ging hinein
und sprach zu ihnen:
Was lärmt und weint ihr?
Das Kind ist nicht gestorben,
sondern es schläft.
V 40 Und sie verlachten ihn.

S 15 Er aber trieb sie alle hinaus
und nahm mit sich den Vater des Kindes und die Mutter und die bei ihm waren,
und ging hinein, wo das Kind lag,

S 16 V 41 und ergriff das Kind bei der Hand
und sprach zu ihm:
Talita kum!
– das heißt übersetzt: Mädchen, ich sage dir, steh auf!
V 42 Und sogleich stand das Mädchen auf und ging umher;
es war aber zwölf Jahre alt.

S 17
Und sie entsetzten sich sogleich über die Maßen.
V 43 Und er gebot ihnen streng, dass es niemand wissen sollte,
und sagte, sie sollten ihr zu essen geben.

S heißt Sequenz = Ereignis; eine oder mehrere Sequenzen bilden die selbstständige Episode = Makro-Sequenz.[20]

Der Evangelist »Markus« hat hier zwei Wundergeschichten miteinander verbunden. Diese Schachteltechnik wendet er wiederholt an, wenn er die

20 Zur narrativen Analyse vgl.: *Detlev Dormeyer*, Das Markusevangelium als Idealbiographie von Jesus Christus, dem Nazarener (SBB 43), Stuttgart ^{2}2002, 11–21.

dramatische und thematische Nähe von zwei Episoden verdeutlichen will (Mk 3,21–35; 11,1–15; 14,1–11 u.ö.).

Beide Episoden haben deutlich den klassischen Aufbau einer Wundergeschichte: Einleitung: Art des Leidens und Begegnung mit dem Wundertäter: S 1–4.11–15 = Vv 21–24.35–40. Hauptteil: heilende Geste, heilendes Wort und Heilungserfolg: S 5–10.16 = Vv 27–34.41–42a. Schluss: öffentliche Feststellung der Heilung, Admiration und/oder Akklamation: S 17 = V 42b–43.

Die Ausführung des dreiteiligen Aufbaus zeigt allerdings deutliche Unterschiede. Sequenzen 1–3 leiten beide Wundergeschichten ein. Dann folgt für die Heilung der kranken Frau nur noch Sequenz 4 (V 25) als Einleitung. Diese Sequenz führt die Nachfolge einer großen Volksmenge ein. Sie umdrängt Jesus und ermöglicht einer kranken Frau eine anonyme Anwesenheit. Die Einleitung zur Auferweckungsgeschichte ist hingegen wesentlich länger. Der Evangelist hatte schon mit den Sequenzen 2–3 die gemeinsame Einleitung auf die Begegnung Jesu mit dem Vater des todkranken Mädchens fokussiert (Vv 23–24a). Nach der Heilung der Frau führen die Sequenzen 11–15 (Vv 35–40) diese Einleitung breit aus. Der Synagogenvorsteher Jaïrus ist eine Persönlichkeit mit öffentlichem Rang. Seine Begegnung mit dem Wundertäter Jesus muss entsprechend große öffentliche Aufmerksamkeit erregen. Hinzu kommt, dass die Totenerweckung zur schwersten Gruppe der Heilungen gehört.[21] Die Vorbereitung dieser Totenerweckung findet daher publikumswirksam in aller Öffentlichkeit statt. Die Anonymität der Frau ist hingegen durch ihre Krankheit bedingt, die der Autorkommentar erläutert.
Der Hauptteil ist wiederum bei der Heilung der Frau mit 6 Sequenzen (S 5–10 = Vv 27–34) wesentlich länger als bei der Totenerweckung mit 1 Sequenz (S 16 = V 41–42a.). Bei der kranken Frau steht die Heilung im Mittelpunkt, weil sie sich diese aufgrund ihres grenzüberschreitenden Glaubens selbst geholt hat. Bei der Totenerweckung steht die Vorbereitung der Wunderhandlung im Mittelpunkt der Erzählung.
Den klassischen Schluss hat nur die Totenerweckung mit der einen Sequenz 17 (V 42b–43). Die Form der beiden Wundergeschichten ist gegensätzlich, der Erzählverlauf wiederum schafft enge Parallelen. So macht der Evangelist die Spannbreite der eschatologischen Botschaft deutlich, dass die in Jesus angebrochene Königsherrschaft Gottes sowohl publikumswirksame als auch schamvoll verschwiegene Heilungen umfasst.
Der Erzählverlauf fordert den Leser/Hörer zur Identifikation mit einem Handlungsträger auf, um selbst als Kranker, Heilspender oder Helfer tätig zu werden und ganzheitliches Heilsein zu erreichen.

21 *Weiser*, Wunder, 120–134; *Stephanie F. Fischbach*, Totenerweckungen. Zur Geschichte einer Gattung (FzB 69), Würzburg 1992.

S 1–3: Jesus ist als Lehrer und Wundertäter bekannt, so dass sich sofort eine Volksmenge um ihn versammelt, um seine Lehre zu hören und Heilungen zu erfahren. Das Auftreten und der Fußfall des Syngogenvorstehers Jaïrus zeigen die hohe öffentliche Anerkennung Jesu an.
S 4–10: Der Autorkommentar stellt die lebensbedrohliche Krankheit der Frau heraus. 12 Jahre leidet sie an Blutungen, die sie nach Lev 15,25 unrein machen; die Berührung der Frau verunreinigt ebenfalls. Obwohl nach Ex 15,26 nur Gott der Arzt Israels ist, gab es nach Sir 38,1–15 Ärzte in Israel. Doch sie bleiben bei der Frau erfolglos. Die Dämonen, die die Krankheiten verursachen, sind stärker als ärztliches Wissen (1 Hen 15–16). Die Frau wagt nicht, ihre Unreinheit zu offenbaren, sondern berührt von hinten das Gewand Jesu, ähnlich wie in den Sammelberichten Kranke das Gewand Jesu berühren (Mk 6,56). Sie wird sofort geheilt. Nun beginnt ein für eine Wundergeschichte ungewöhnlicher Dialog. Jesus spürt seine Wundervollmacht als eine Heilkraft, die scheinbar unabhängig von seinem Willen selbstständig tätig werden und die die Krankheit verursachenden Dämonen vertreiben kann. Seine Frage an die Menge nach der geheilten Person stößt auf das stereotype Jüngerunverständnis, um das sich Jesus aber hier nicht kümmert; er hält weiter nach der geheilten Person Ausschau, bis diese sich ihm mit Furcht und Zittern zu erkennen gibt, lobt ihren Glauben und entlässt sie als gesund. Auffällig ist, dass weder die Jünger noch die Menge auf den Dialog reagieren. Heilung und Gespräch werden von ihnen nicht bemerkt.
Noch erkennen die Jünger nicht, dass der Weg des Wundertäters Jesu zum Kreuzestod und zur Auferweckung führt (Mk 14,1–16,8) und dass in jedem Leidenden der Gekreuzigte und Auferweckte sichtbar wird (Mt 25,34–40).
Ganz im Gegensatz zu dieser intimen Verborgenheit vollzieht sich die anschließende Totenerweckung. Dem Synagogenvorsteher wird in aller Öffentlichkeit der Tod seiner Tochter gemeldet und von einer weiteren Heilbitte abgeraten. Jesus widerspricht öffentlich, rät zum (Vertrauens-)Glauben und schränkt den Kreis der Jünger auf drei Vertraute ein (Mk 9,2 u.ö.). Im Hause des Jaïrus halten bezahlte Frauen (Jer 9,16–18) und Flötenspieler die Trauerklage.[22] Jesus widerspricht ihrer Deutung und erklärt den Zustand des Mädchens doppeldeutig als Schlaf. Die Sängerinnen und Musikanten lachen ihn ungläubig aus. Daraufhin treibt er sie hinaus und lässt nur die Eltern und die drei Jünger zu dem Mädchen. Nun erfolgt die Wunderhandlung, wie sie der Vater zuvor erbeten hat. Hände Auflegen bzw. die Hand Ergreifen bedeutet Kraftübertragung, das aramäische Machtwort unterstützt die Heilung. Der mächtigste Dämon »Tod« wird vertrieben, und das Mädchen wird wieder befähigt aufzustehen. Der Erfolg tritt unmittelbar ein.
Die Anwesenden im Hause und außerhalb des Hauses werden von Ehrfurcht über den faszinierenden Vorgang der Totenerweckung erfasst. Jesus gibt ihnen das Schweigegebot, das zum Wundergeheimnis gehört, das aber wiederum übertreten werden muss (Mk 1,40–45 u.ö.).[23] Das Essen des Mädchens bringt zum Abschluss für die Öffentlichkeit den Beweis für die Gesundung.

22 *Josephus, bellum* 3,434–437; *Keth* 4,4, zit. in: *Joachim Gnilka*, Das Evangelium nach Markus (EKK II 1–2), Zürich 1978–1979, 1, 217; vgl. das Gleichnis vom misslingenden Spiel Q 7,31–35: »... Klagelieder sangen wir, und ihr weintet nicht« (Q 7,32c); dazu *Peter Müller*, Vom misslingenden Spiel (Von den spielenden Kindern) – Q 7,31–35, in: *Ruben Zimmermann u.a.* (Hg.), Kompendium der Gleichnisse Jesu, Gütersloh 2007, 100–111.
23 *Detlev Dormeyer*, Das Markusevangelium, Darmstadt 2005, 201f.; *ders.*, Idealbiographie, 207–229.

4 Anregungen zur Hermeneutik und Didaktik

Zwei Heilvorgänge werden gegensätzlich erzählt und eng miteinander verbunden. Die kranke Frau erfährt ihr Leiden als typisch für viele Kranke und Sterbende zu allen Zeiten. Sie ist mit (zivil)religiöser Begründung von der Gesellschaft ausgegrenzt worden. Sie nimmt allen Mut zusammen, aufgrund Jesu neuer Verkündigung von der angebrochenen Königsherrschaft Gottes das in der Gesellschaft herrschende Bild von Gott zu überwinden. Gottes bevollmächtigter Sohn Jesus Christus verkündet nicht die Ausgrenzung der Kranken aus dem sozialen und wirtschaftlichen Leben, sondern seine besondere Nähe zu ihnen (Mk 2,17). Diese erfahren sich wieder als Subjekte und handeln selbstständig gegen die gesellschaftlichen Rollenerwartungen und -vorschriften (Berührungsverbot). Allerdings handelt die Frau aus Scham verdeckt und anonym. Jesus respektiert diese Scham.[24] Die Frau muss ihre Krankheit und ihren Glauben wohl ihm, aber nicht der Öffentlichkeit mitteilen. Krankheit und Sterben sind Grenzsituationen, die viele nur ihren Vertrauten, wenn sie diese noch haben, mitteilen und sich auch nur von diesen begleiten lassen wollen. Gott sagt ihnen in Jesus zu, dass sie in dieser Anonymität von ihm angenommen sind und in der Gemeinde Jesu Begleiter finden werden. Das Jüngerunverständnis endet nach Ostern (Mk 9,9). Dann sorgt die Gemeinde charismatisch an Stelle des irdischen Jesus für die Kranken und Sterbenden (Mk 9,28f; 1 Thess 4,13). Deren Vertrauen auf die Heilkraft Gottes kann sogar zu überraschenden Heilungen durch charismatische urchristliche Wundertäter führen (1 Kor 12,9),[25] muss aber nicht vor Leiden und Tod bewahren; denn im Leiden und Tod bleiben die Kranken mit dem auferstandenen Jesus Christus verbunden (Phil 1,20–24).

Die Todeskrankheit eines zwölfjährigen Mädchens wird dagegen zu einer öffentlichen Angelegenheit einer angesehen Kleinfamilie. Der öffentliche Rummel mit professionellen SängerInnen erweist sich als störend, weil diese ohne Vertrauensglauben an die Auferweckung durch Jesus Christus auftreten. Die echte Trauer mit Vertrauensglauben findet dagegen im intimen Kreise der Kleinfamilie und einer Kleingruppe von Jüngern statt. Der Tod des Mädchens ist ein Schlaf in der Herrschaft Gottes. Der *Schlaf* kann zur Auferweckung bei der Vollendung der neuen Welt führen (Mk 13,24–27) bzw. zur sofortigen Vereinigung mit dem erhöhten Jesus Christus (Phil 1,20–24), er kann aber auch schon jetzt zur Rückgabe des Lebens führen. Das zwölfjährige Mädchen steht an der Schwelle zur jungen Erwachsenen, zur Pubertät, die kranke Frau steht mit 12 Jahren am Ende ihres Leidensweges. Die 12-Zahl verbindet

24 *Gnilka*, Markus 1, 215.

25 *Stefan Alkier*, Wunder und Wirklichkeit in den Briefen des Apostels Paulus. Ein Beitrag zu einem Wunderverständnis jenseits von Entmythologisierung (WUNT 134), Tübingen 2001, 191–205.

noch einmal das Schicksal beider Frauen, das versöhnlich im Tod, aber auch überraschend wie hier in zwei Heilungen für eine neue Lebensspanne enden kann.
Das Schweigegebot warnt vor der Vermarktung von Krankheit, Sterben und Heilung. Es muss von den Beobachtern und Glaubenden des Wunders durchbrochen werden, um den eschatologischen Anbruch der Königsherrschaft Gottes glaubhaft zu verkünden. Doch diese Verkündigung bleibt unverständig, solange sie nicht das Leiden und den Tod als zugehörig zum Christsein mitverkündet. Der Evangelist baut holzschnittartig eine Dialektik auf, die bis heute gilt. Krankheit, Sterben und Tod können ganz gegensätzlich subjektiv gelebt werden, in bescheidener Anonymität oder in lautstarker Öffentlichkeit. Doch erst die christliche Hoffnung auf die Auferweckung und die gegenwärtige Gewissheit der Christusgemeinschaft ermöglichen ein volles Verstehen der neutestamentlichen Heilungen und Auferweckungszusagen. Ein verständiges, identifikatorisches Lesen mit den Figuren dieser Geschichten kann schon jetzt Vertrauen in die eigenen Heilungskräfte und in Gottes heilende endgültige Herrschaft durch Jesus Christus stiften.

Dr. Detlev Dormeyer ist Professor em. für Neues Testament an der Technischen Universität Dortmund.

2.3

Michael Langer

Die Faszination am Bösen

Gedanken zu Peter Paul Rubens' »Höllensturz« (1620/21)*

»Zieht Euch mit Rubens' ›Höllensturz der Verdammten‹ den wohl besten statischen Horrorfilm aller Zeiten rein!«, postuliert ein Blog, der junge Leute zur Auseinandersetzung mit klassischer Kunst in München animieren will. In der Tat: Die Physiognomie des Finsteren hat sich wenig verändert, seit Peter Paul Rubens in den Wirren des Dreißigjährigen Krieges um 1620/21 das rund drei mal zwei Meter große Altarbild Öl auf Holz für die Palastkapelle des Grafen Wilhelm von Pfalz-Neuburg malte.[1] Zuvor hatte er bereits für die Neuburger Jesuitenkirche die Ar-

* Die Abbildung findet sich in Farbe im Anhang (S. 273).

1 Vgl. zum Folgenden: *M. Hartmann*, Höllen-Szenarien. Eine Analyse des Höllenverständnisses verschiedener Epochen anhand von Höllendarstellungen, Münster 2005, v.a. 57f; *M. Langer / O. Fuchs*, Art.: Hölle, VII. praktisch-theologisch, in: LThK, 3. Aufl., Bd. 5, 235f; *M. Langer*, »In Gesellschaft der Teufel«. Zur Pädagogisierung der Hölle in der katechetischen Tradition der Neuzeit, in: KatBl 111 (1986), 782ff; *G. Moser*, Die Botschaft von der Vollendung. Eine materialkerygmatische Untersuchung über Begründung, Gestaltwandel und Erneuerung der Eschatologie-Katechese, Düsseldorf 1963; *H. Vorgrimler*, Geschichte der Hölle, München ^{2}1994.

beiten »Das Große« und das »kleine jüngste Gericht« geschaffen. Alle drei befinden sich heute nach wechselvoller Sammlergeschichte in Münchens Alter Pinakothek, die weltweit die größte Sammlung an Werken des flämischen Meisters besitzt. Schon wiederholt habe ich mit Studierenden vor dem »Höllensturz« gestanden. Die spontane Wahrnehmung, häufig der spannendste Moment der Bildinterpretation, war stets ähnlich: Sprachlosigkeit, Entsetzen, Angst, fast immer jedoch auch lähmende Faszination und erstarrtes Gebanntsein.
Der erste Blick lässt an einen Feuerdrachen oder eine Riesenschlange denken, bei näherem Hinsehen entpuppt sich das vermeintliche Auge als der Schild des Erzengels Michael. Allein um ihn herum strahlt Licht aus der dunklen Wolkendecke, und die Strahlen scheinen die Verurteilten ohne Gewalt hinabzuwerfen. Unterhalb ist keine Rettung mehr zu erwarten: Der Erzengel vollstreckt, begleitet von Blitz und Donner, das Urteil. Wie eine Lava ergießt sich als amorphe Masse der Strom der Verdammten, die »masssa damnata« (Augustinus) nach unten, fast als ob sie von einer gewaltigen Strömung in die Tiefe gezogen würden, einer den anderen immer weiter in das Elend hineinreißend.
Die Dramaturgie von Farbe und Licht ist überwältigend und trägt zur Steigerung des Entsetzens bei: Da blitzen dicke nackte Leiber im Licht auf, während andere schon vom Höllenfeuer verzehrt werden. Rote, braune, schmutzig wirkende Farbtöne dominieren. Nach unten wird das Bild immer dunkler, der Finsternis entsprechend, in welche die Verurteilten fallen. Dazwischen blicken die Gesichter einzelner Verdammter den Betrachter mahnend an. In dem von Rubens oder seinen Schülern später angefügten Höllenschlund in der unteren Bildhälfte warten sieben Tiermonster mit aufgerissenen Mäulern. Sie symbolisieren in der Ikonographie des Barock die sieben Todsünden des Menschen: Die Schlange steht für den Stolz, der Hund für Neid, der Esel für Trägheit, der Affe für Unmäßigkeit, der Löwe für Zorn, das Schwein für Unzucht und der Drache für Geiz.
Die christliche Tradition kennt verschiedene Formen des Höllensturzes: Das Bild der gefallenen Engel der Vorzeit, der Sieg über den Teufel in der Apokalypse am Ende der Zeiten und die Verdammung der Sünder im Jüngsten Gericht, wie sie in der Weltenrichterszene bei Matthäus am Eindringlichsten zum Ausdruck kommt. Das Bild von Rubens ist eine ikonographische Ausnahme: Die meisten Darstellungen kennen den Höllensturz der Menschen nur als Teil des Jüngsten Gerichts. Bei Michelangelos unvergleichlicher Gerichtszene in der Sixtina macht das Motiv nur ein knappes Drittel des unteren Bildes aus. Anders bei Rubens. Das Bild ist im wörtlichen Sinne atheistisch, gottlos: Keine Engel, keine Jungfrau, kein Gottvater oder Sohn sind mehr zu sehen. Es gibt kein Gehaltensein des Menschen in der Hand Gottes. Es bleibt die bloße Angst vor Gott als dem, der den Sturz in den bodenlosen Abgrund nicht mehr aufhalten kann und will und einen hilflos zappelnd in den Sog nach unten fallen lässt. Dem Betrachter wird klar: Er ist in dieses Geschehen

unweigerlich miteinbezogen, wenn er die irdische Zeit nicht zur Änderung des Lebenswandels durch ein gottgefälliges Leben nutzt.
Die theologische Vorgabe seines Bildes findet der Barockmaler im Catechismus Romanus aus dem Jahr 1566. Wenige Jahre zuvor hatte Petrus Canisus und sein Katechismus (1555) den seit der Alten Kirche bekannten Vergeltungscharakter der »letzten Dinge« nach dem Lohn-Strafe Schema wieder aufgenommen. Im Catechismus Romanus werden die Eschata jedoch zunächst als Krönung des geschichtlichen Heilshandeln Gottes gewürdigt. Das Konzil von Trient, das auch zu einer erneuerten Sichtweise von Bildern im sakralen Raum und ihrem Nutzen für die Gläubigen ermuntert hatte, definiert im sechsten Hauptstück über den fünften Glaubensartikel »Hinabgestiegen zu der Hölle, am dritten Tage wieder auferstanden von den Toten«: »Es gibt einen furchtbar grauenhaften und finstern Kerker, wo im ewigen und unauslöschlichem Feuer die Seelen der Verdammten zugleich mit den unreinen Geistern gequält werden.«[2] Weil die Vermeidung der Höllenstrafe am Besten durch die Furcht vor ihr gelingt, muss der Seelsorger dem »gläubigen Volke die Lehre vom Gericht sehr häufig zu Gehör bringen.« Die Weisheitslehre des Buches Jesus Sirach wird dabei zur Kurzformel der Eschatologiekatechese: »In all deinen Werken gedenke der letzten Dinge, so wirst du in Ewigkeit nicht sündigen« (Sir 7, 36). Der Drache und die tierisch-teuflischen Bestien, die sich an die Stürzenden klammern, sie quälen, ziehen, beißen, korrespondieren mit den Bildern des Katechismus von der »Gesellschaft der verworfensten Teufel«: Es ist die »Strafe der Empfindung, weil man sie durch den Körper erleidet, wie bei Schlägen und Geißelstreichen oder bei anderen Arten schwerer Leibesstrafen, unter welchen die Martern des Feuers ohne Zweifel das größte Schmerzgefühl verursachen«[3]. Der pädagogischen Phantasie der Folgezeit waren in der Höllenkatechese übrigens wenig Grenzen gesetzt. So stellt Alban Stolz, der einflussreichste katholische Volksschriftsteller und Pädagoge des ultramontanen Deutschland bezüglich des Höllenfeuers, u.a. fest: »Man kann dem jungen Sünder in aller Wahrheit zeigen, dass die Selbstbefleckung ein langsamer, ruchloser Selbstmord sei, verübt durch eine große Menge wiederholter Todsünden, dass in der Gegenwart Gottes nichts Abscheulicheres geschehen könne; nicht einmal ein Thier verübe solches außer der geile Affe. Wer in dieser Sünde sterbe, ohne sie schmerzlich bereut zu haben, werde in ewiger Verdammung für die kurze schändliche Last gequält, und zwar steigere sich die Qual des höllischen Feuers soviel mal, als die Sünde wiederholt worden ist.«[4]

2 Der Römische Katechismus nach dem Beschlusse des Konzils von Trient, Regensburg [4]1905, Bd. 1, 50.
3 Ebd., 67.
4 Zit. Nach: *M. Langer*, Katholische Sexualpädagogik im 20. Jahrhundert. Zur Geschichte eines religionspädagogischen Problems, München 1985, 22.

Der Gestaltwandel der Hölle in der katechetischen Tradition ist vielfältig. Im Barock wird die moralisierende Instrumentalisierung der Hölle weitergeführt, wobei polemische und oft derbe Bilder dominieren, welche die biblische Apokalyptik durch Phantastereien ersetzt. Die Katechese der Aufklärungszeit liquidiert zwar die skurrilen Bilder des Barocks ersetzt sie jedoch durch eine blutleere und abstrakte Sprache. Auch für Joseph Deharbe, der mit seinen Katechismen und den dazu gehörigen Predigt- und Exempelbüchern die deutschsprachige religiöse Unterweisung zwischen 1848 und 1955 bestimmte, steht die pädagogische Nutzbarmachung des Höllengedankens im Vordergrund: »... Jede übertäubte Einsprechung ..., jede fruchtlos gemachte Erleuchtung und Anregung, jede verschmähte Belehrung, Ermahnung, Warnung von Seiten der Eltern, Seelsorger ..., jedes vergeblich dargebotene oder leichtfertig missbrauchte Heilmittel trägt dazu bei, die Qualen der Hölle zu steigern.«[5]
Unser Reden über die Hölle ist milde geworden. Auch der Weltkatechismus begnügt sich in seinem Kompendium mit einer recht allgemeinen Beschreibung der »ewigen Verdammnis jener«, »die aus freiem Entschluss in der Todsünde sterben«, und fasst zusammen: »Die schlimmste Qual der Hölle besteht im ewigen Getrenntsein von Gott.«[6] Bereits 1960 konstatierte Joseph Ratzinger im Lexikon für Theologie und Kirche: »So darf gesagt werden, dass das Dogma von der Hölle primär dem Menschen nicht informativ etwas vom Jenseits, sondern kerygmatisch etwas für sein jetziges Leben ... bieten will. Die theologische Entfaltung des Dogmas kann sinnvollerweise nicht erstrangig in Richtung einer gegenständlichen Jenseitsspekulation geschehen, sondern wird sich vor allem um die Ausfaltung des existenzbezogenen Sinnes der Aussage von der Hölle zu mühen haben.«[7]
Ist es notwendig, die Hölle religionspädagogisch zu revitalisieren? Ich möchte mit einem uneingeschränkten »Ja« antworten. Wer das Thema nicht den Giftmischern des katholischen Fundamentalismus, der Esoterik, dem Satanismus, fragwürdigen Exorzismusfilmen, der Heavy-Metal- oder Gothic-Szene überlassen will, muss Rede und Antwort stehen können, was die Bilder der Bibel und der christlichen Tradition meinen und wie sie zu deuten sind. Sie können mühelos weiter gelesen werden auf die Höllenszenarien der Zeit. Auf die Todesäcker von Auschwitz, die Schlachtfelder von Stalingrad, die gemarterten Kinder im Sudan, die Erdbebenopfer usw. Die Liste der kollektiven und individuellen Katastrophen ist lang, und Höllengeschichte ist Katastrophengeschichte. Es finden sich großartige künstlerische Umsetzungen bei Anselm Kiefer, Salvadore Dali, Max Beckmann, Edvard Munch u.v.a. Es lassen sich Klassiker der Literatur, Musik und Cinematographie befragen usw.

5 *J. Deharbe*, Gründliche und leichtfaßliche Erklärung des katholischen Katechismus, Paderborn [2]1861, Bd. 1, 653.
6 KompKat Art. 212
7 *J. Ratzinger*, Art. Hölle, V. Systematik, in: LThK, Freiburg [2]1960, 448f.

Aber, und das erscheint ganz zentral: Die Hölle hat nicht nur eine präsentische Funktion. Die Hölle sind im Sinne Sartres nicht nur »die anderen«. Der vom theologischen mainstream zelebrierte »Abschied vom Teufel« hat dessen Attraktivität eher gesteigert. Weder hat er die Christen glücklicher gemacht noch das Christentum attraktiver. Nahezu alle Religionen in Geschichte und Gegenwart kennen das Motiv der Vergeltung und die Möglichkeit endgültigen Scheiterns. Meine Theologengeneration ist geprägt von Balthasars epochalen Gedanken über die »Theologie der letzten Dinge«. In ihnen greift der Schweizer Theologe die verworfene Idee des Origenes einer metaphorischen Deutung des Höllenfeuers und einer durch die »Höllenfahrt Christi« am Karsamstag leer gelittenen Hölle neu auf und denkt sie radikal weiter. Er versucht dabei, zwischen der universalen Wirksamkeit göttlichen Heilshandelns (Origenes) und der Unantastbarkeit menschlicher Freiheit (Augustinus) zu vermitteln. »Die Solidarität des toten Christus mit den im theologischen Sinn Toten« wirft die Frage auf, ob die Präsenz der Liebe auch die endgültige Verweigerung nicht noch einmal verwandeln und aufheben kann.[8] In die von Balthasar angedachte Richtung könnte auch das theologische und religionspädagogische Nachdenken weitergehen. Noch einmal Papst Benedikt: »Die kerygmatische Bedeutung des Dogmas von der Hölle liegt … in einer Aussage über Gott und in einer solchen über den Menschen. Es lässt uns einerseits den bedingungslosen Respekt Gottes vor der Freiheitsentscheidung des Menschen: Gott bietet seine Liebe an, drängt sie aber nicht auf; es zeigt uns andererseits den irreversiblen Charakter der menschlichen Geschichtlichkeit, deren Gesamtentscheidung Endgültigkeitswert hat. Beides aber muss stets zusammengehalten werden mit der Botschaft von Gottes Barmherzigkeit und Gnadenmacht in Christus Jesus. Deshalb ist auch jede leichtfertige Verwendung des Dogmas von der Hölle, z.B. in der Predigt über die Sünde, abzulehnen.«[9]
Ich bin froh, dass es Bilder wie den »Höllensturz« gibt. Die Ängste und Herausforderungen der Barockzeit sind unseren nicht unähnlich. Sie regen über die Jahrhunderte Menschen allen Alters und aller sozialer Schichten an. Sie provozieren uns Theologen, die Aussagen über die Hölle überzeugend und differenziert in die Zeit umzusetzen. Und sie regen uns an, eschatologische Hermeneutik immer neu zu entwickeln.
Noch mehr aber, so merkwürdig das klingen mag, lese ich den »Höllensturz« auch als ein Hoffnungsbild: Am Ende wird Gott sich doch durchsetzen und das sich ihm Widersetzende, sein Werk und seine Schöpfung Zerstörende und Missachtende entlarven und entmachten. Und er lässt auf ein Erbarmen hoffen, das niemanden ausschließt.

Dr. Michael Langer ist apl. Professor für Religionspädagogik und Kerygmatik an der Universität Regensburg.

8 Vgl. *H.U. v. Balthasar*, Kleiner Diskurs über die Hölle, Ostfildern ^{2}1987.
9 *J. Ratzinger*, Art. Hölle (Anm. 7), 449.

2.4

Norbert Mette

Vorstellungen von Kindern über den Tod und ein Leben nach dem Tod

Eine Durchsicht neuerer Forschungsberichte

1 Die Entwicklung des Todesverständnisses entsprechend Piagets Stufenmodell

Im einleitenden Kapitel »The Child and Death« zu dem von ihr herausgegebenen Handbuch zur Hilfe für hinterbliebene Kinder[1] gibt die amerikanische Spieltherapeutin Nancy Boyd Webb einen den Stand der Forschung resümierenden Überblick über die Entwicklung von Kindern zu einem ausgereiften Verständnis vom Tod.[2] Als Kriterien für ein solches Verständnis führt sie an, dass der Tod als unumkehrbar, unvermeidlich und universal, d.h. alle betreffend nachvollzogen werde. Die meisten Kinder würden dazu im Alter von sieben oder acht Jahren gelangen, einige früher, etwa wenn sie unmittelbare Erfahrungen mit dem Tod eines Tieres oder eines Familienangehörigen gemacht hätten. Für die Rekonstruktion der Entwicklung zu einem ausgereiften Todesverständnis legt Webb das Modell der kognitiven Entwicklung von Jean Piaget zugrunde, an das sich auch viele von ihr rezipierte Untersuchungen speziell zur Entwicklung des Todesverständnisses gehalten hätten. Demzufolge sind die Kinder auf der präoperationalen Phase (2–7 Jahre) nicht in der Lage, die Unumkehrbarkeit des Todes zu verstehen, selbst wenn sie mit einem Todesfall konfrontiert sind. Sie wähnen die Betroffene oder den Betroffenen als in einem schlafähnlichen Zustand befindlich. Das ändert sich nach Webb in der konkret-operationalen Phase (7–11 J.). Hier setze sich die Einsicht durch, dass der Tod irreversibel sei. Auch wisse das Grundschulkind, dass er zu guter Letzt jeden treffe. Aber dass man selbst sterbe, wird in die Zukunft verlagert, wenn man alt geworden sei. 6–8-jährige Kinder würden den Tod noch gern personifizieren. 9–10-Jährige könnten die Vorstellungen miteinander verbinden, dass der Körper im Grab liege und die Person im Himmel sei. Auf der formal-operationalen Stufe der kognitiven Entwicklung nach Piaget (9–12 J.) wird nach Webb schließlich ein ausgereiftes Todesverständnis erreicht. Der Großteil der vorliegenden Untersuchungen gehe davon aus, dass das im

1 Vgl. *Nancy Boyd Webb* (Ed.), Helping bereaved Children. A Handbook for Practioners, New York / London ²2002.
2 Vgl. ebd., 3–18, vor allem 4–7.

Alter von 9–10 Jahren der Fall sei; einige setzen das früher an (7 J.), andere später 12 J.). Das führt Webb auf die Komplexität des Todes selbst zurück. Enthalte er doch »konkrete« Aspekte in dem Sinne, dass der Körper nicht mehr funktioniere (was für 7–8-Jährige verständlich sei), und »abstrakte« Aspekte nach Art etwa von spirituellen Vorstellungen von Spiritualität und solchen von einem Leben nach dem Tode (was erst von Kindern über zehn Jahren verstanden werden könne). Webb zitiert R. Lonetto, der resümiert hat, dass »Kinder von neun bis zwölf Jahren nicht nur fähig zu sein scheinen, den Tod als biologisch, universal und unvermeidlich zu begreifen, sondern zu einem Verständnis der abstrakten Natur des Todes zu gelangen und die Gefühle zu beschreiben, die durch diese Qualität hervorgerufen würden. Dieses komplexe Erkenntnismuster, das mit dem Tod einhergeht, verbindet sich mit einem wachsenden Glauben an die eigene Sterblichkeit, aber für diese Kinder liegt der Tod noch weit in der Zukunft und ist etwas, was die älteren Menschen trifft.«[3]

Auch wenn betont wird, beim Todesverständnis spielten nicht nur kognitive Faktoren eine Rolle, sondern auch emotionale, kontextuelle sowie nicht zuletzt eigene Erfahrungen, ist weithin Piagets Stufenmodell der Denkentwicklung zur Hintergrundfolie für das Nachzeichnen der Entwicklung der Todesvorstellung bzw. des Sterblichkeitswissens geblieben, auch in deutschen Beiträgen zum Thema.[4]

2 Problematisierung von Piagets Stufenmodell

Joachim Wittkowski rekurriert in seiner in Deutschland zum Standardwerk für das Thema gewordenen »Psychologie des Todes« ebenfalls darauf.[5] Er nimmt dabei aber auch ausdrücklich und ausführlich Bezug auf eine Sekundäranalyse von empirischen Untersuchungen zum Todesverständnis von Kindern, wie sie die beiden amerikanischen Entwicklungspsychologen Mark W. Speece und Sandor B. Brent im Jahre 1984 vorgelegt haben.[6] Sie haben sich die seit den 30er Jahren des vergangenen Jahrhunderts erschienenen 40 Studien zum Todesverständnis von Kindern vorgenommen und daraufhin untersucht, wie in diesen Studien

3 Ebd., 7 (eigene Übersetzung). Das Zitat ist entnommen aus *Richard Lonetto*, Children's conception of death, New York 1980, 157.

4 Mit religionspädagogischer Akzentuierung vgl. *Martina Plieth*, Kind und Tod. Zum Umgang mit kindlichen Schreckensvorstellungen und Hoffnungsbildern, Neukirchen-Vluyn [4]2009; *Elisabeth Schwarz*, Die Entwicklung des kindlichen Sterblichkeitswissens, in: Loccumer Pelikan 2003, H. 4, 197–202; *Werner Thiede*, Sterben und Tod, in: LexRP 2, 2051–2056.

5 Vgl. *Joachim Wittkowski*, Psychologie des Todes, Darmstadt 1990, 59ff.

6 Vgl. ebd., 52–58. Vgl. zum Folgenden *Mark W. Speece* and *Sandor B. Brent*, Children's understanding of death: A review of three components of a death concept, in: Child Development 55 (1984) 1671–1686.

die drei Komponenten eines »reifen« Todesverständnisses – Irreversibilität, Nonfunktionalität und Universalität – gemessen worden sind. Weiterhin haben sie sie daraufhin ausgewertet, welche Einsichten sie darüber zu Tage gefördert haben, wie Kinder den Tod sehen, bevor sie ein »reifes« Verständnis von ihm erreicht haben, und wann sie dieses Verständnis erreichen. Und schließlich sind sie der Frage nachgegangen, ob den Studien zufolge davon ausgegangen werden kann, dass die Abfolge des Erwerbs der drei Komponenten der Logik von Piagets Stufenmodell entspricht. Sie konnten aufzeigen, dass die Ergebnisse der Studien stark voneinander differieren und von daher das Piagetsche Modell nur bedingt als eine generelle Theorie zu überzeugen vermag. Zugegebenermaßen gäbe es eine Reihe von allgemeinen Übereinstimmungen. Aber, so interpretieren sie zusammenfassend ihren Befund,[7] abgesehen von solchen Übereinstimmung würde doch der Mangel an hinreichenden spezifischen Angaben es nicht zulassen, zu verstehen, warum das Erreichen einer bestimmten Stufe nach Piagets Modell eine notwendige Voraussetzung für das Erreichen eines bestimmten Levels für das Verstehen eines Konzepts wie das des Todes sei. Anders formuliert. Die drei aufgeführten Komponenten eines »reifen« Todesverständnisses folgen nicht – weder je für sich noch gemeinsam – eindeutig der Piagetschen Entwicklungslogik. Diese sei nämlich zu kontextlos konzipiert. Von daher bedürfe es ergänzend zu dieser allgemeinen Theorie eines Entwicklungsmodells, das es erlaube, den Erwerb des auf die spezifische Sache, also hier den Tod bezogenen Wissens ebenbürtig zu berücksichtigen.

3 Wie Kinder ein kohärentes Todesverständnis konstruieren

Mit ihrem weithin in der Fachwelt beachteten und rezipierten Beitrag haben Speece und Brent weitere Forschungen zur Entwicklung des Todesverständnisses bei Kindern angestoßen. Einen kurzen und nicht vollständig gemeinten Überblick darüber geben die beiden in Harvard bzw. Chicago lehrenden Entwicklungspsycholog/innen Paul L. Harris und Melissa A. Koenig in einem Beitrag, der sich schwerpunktmäßig mit dem Lernverhalten von Kindern befasst, und zwar speziell mit der Frage, wie Kinder mit Informationen umgehen, die ihnen Erwachsene über Dinge vermitteln, die nicht der direkten Beobachtung zugänglich sind. Dies können Auskünfte wissenschaftlicher Art sein, etwa wie das Gehirn funktioniert oder wie die Erde beschaffen ist (Kugel statt Scheibe), oder auch Zeugnisse, die in den religiösen Bereich verweisen, wie die Frage nach Gott oder die nach einem Leben nach dem Tode.[8] Ein Aspekt, auf den sie dabei zu sprechen kommen, ist die Entwicklung des Todesver-

7 Vgl. ebd., 1682f.

8 Vgl. *Paul L. Harris / Melissa A. Koenig*, Trust in testimoy: How children learn about Science and religion, in: Child Development 77 (2006) 505–524.

ständnisses bei Kindern, und zwar im Zusammenhang mit der Frage, ob und wie Kinder den Lebenszyklus verstehen.[9] Durch die Forschung erhärtet ist ihnen zufolge der Tatbestand, dass während der Grundschulzeit Kinder nach und nach ein kohärentes, biologisch grundgelegtes Verständnis vom Lebenszyklus – als voranschreitendem Wachstums- und Alterungsprozess, der von genetischen Faktoren gesteuert wird – erwerben. In Verbindung damit geht ihnen auch allmählich auf, dass die Gründe für den Tod biologischer Art sind. »Sogar Vorschulkinder«, so schreiben Harris und Koenig, »verstehen, dass der Tod nicht bloß eine Fortsetzung des Lebens in irgendeinen veränderten schlafähnlichen Zustand ist. Sie realisieren also, dass der Tod völlig anders als der Schlaf jegliche Fähigkeit zu einem unabhängigen Sich-Bewegen und Handeln wegnimmt und verschiedene Lebensvorgänge zu einem Ende bringt, einschließlich Wachstum und Ausscheidung. Zwischen ungefähr fünf und zehn Jahren kommen, wie auch immer, Kinder dazu, nicht nur die unmittelbaren Konsequenzen des Todes zu verstehen, sondern auch die Tatsache, dass es sich bei ihm um ein unvermeidliches und unumkehrbares biologisches Ereignis handelt, das durch den Zusammenbruch von entscheidenden lebensunterstützenden Funktionen herbeigeführt worden ist.«[10]

Interessant ist nun die Frage nach dem »wie auch immer«. Die Kinder gelangen zunächst einmal zu solchen Schlussfolgerungen aufgrund eigener unmittelbarer Beobachtungen, wie z.B. des Todes von verschiedenen Lebewesen. Aber das reicht nach Harris und Koenig nicht als Erklärung dafür aus, warum Kinder den Tod als Zusammenbruch innerer und darum unsichtbarer biologischer Funktionen konzeptualisieren. Eine alternative und plausiblere Erklärung dafür ergibt sich ihrer Meinung nach dadurch, dass die Kinder verschiedene Informationsstücke über solche verborgenen biologischen Vorgänge gehört haben und sich daraus einen eigenen Reim bilden, also dass sie etwa von einem Herzinfarkt, einem Schlaganfall oder Krebs gehört haben und dass ihnen etwas über die inneren Organe wie Herz, Lunge, Magen etc. erzählt worden ist. Aus all dem konstruieren sie dann allmählich ein kohärentes Todesverständnis.

Weitere Studien fügen zu dem Ganzen noch Einzelaspekte hinzu. So haben H. Clark Barrett und Tanya Behne in einer in zwei unterschiedlichen Kulturen durchgeführten Studie ihre Hypothese bestätigt gefunden, dass grundlegend für die Unterscheidung zwischen Leben – auch Schlaf – und Tod auf die Tatsache Bezug genommen wird, ob ein Lebewesen handeln kann oder nicht.[11] Über diese Unterscheidung würden Kinder ab vier Jahren verfügen, und zwar kulturübergreifend. Als Anthropologen bringen sie das dann in einen größeren theoretisch-kausalen Zusammenhang mit der Evolution. Die australische Psychologin Virginia Slaughter

9 Vgl. ebd., 509f.

10 Ebd., 509 (eigene Übersetzung).

11 Vgl. *H. Clark Barrett / Tanya Behne*, Children's understanding of death as the cessation of agency. A test using sleep versus death, in: Cognition 96 (2005) 93–108.

ist in verschiedenen Studien, die sie mit Mitarbeiter/innen durchgeführt hat, der Frage nachgegangen, dass und wie die Entwicklung des Todeskonzepts von Kindern im Zusammenhang mit der allgemeineren Ausbildung einer speziellen biologischen Wissensdomäne erfolgt; Kinder würden ab dem Alter von fünf bis sechs Jahren grundlegendes Wissen in dieser Domäne ausgebildet haben und entsprechend realistisch den Tod verstehen.[12]

4 Vorstellungen von einem Leben nach dem Tod – endogen oder exogen bedingt?

Was heißt jedoch: »realistisch den Tod verstehen«? Wird das durch den Erwerb von entsprechendem biologischem Wissen erreicht, d.h. wenn Nonfunktionalität, Irreversibilität, Universalität und Kausalität als Merkmale des Totseins nachvollzogen werden können? Oder spielen neben den biologischen Faktoren auch andere Dimensionen eine Rolle, wie etwa philosophische oder spirituelle? Indem sie auch diese geltend machten, zeigten sich einer Studie von Brent und Speece zufolge Erwachsene keineswegs sicher, eine eindeutige Grenze zwischen Leben und Tod ziehen zu können, und äußerten sich etwa gegenüber dem Faktor »Irreversibilität« zurückhaltender als Kinder.[13] Aber auch bei den Kindern war zu beobachten, dass sie Differenzierungen in der Beurteilung der Endgültigkeit des Todes vornahmen. Während es anscheinend für sie relativ klar ist, dass bestimmte biologische Zustände, wie beispielsweise hungrig und durstig zu sein, mit dem Tod zum Erlöschen kommen, spricht sich eine nicht unerhebliche Anzahl von ihnen dafür aus, dass geistige Vorgänge – wie etwa sich nach etwas zu sehnen, zu hoffen und zu lieben – durchaus über den Tod hinaus andauern. Ist das ein Indiz dafür, dass von dieser Gruppe noch kein »reifes«, d.h. »realistisches« Todesverständnis erreicht worden ist?

Wie kommen Kinder überhaupt darauf, dass es ein Leben nach dem Tode gibt? Liegt es etwa daran, dass sie entsprechend religiös instruiert worden sind? Zu dieser Frage gibt es zwei kontroverse Positionen. Für die eine steht der in Belfast tätige Psychologe Jesse Bering.[14] Er lehnt

12 Vgl. u.a. *Virginia Slaughter / Michelle Lyons*, Learning about life and death in early childhood, in: Cognitive Psychology 46 (2003) 1–20.

13 Vgl. *Sandor B. Brent / Mark W. Speece*, Adult Conceptualization of Irreversibility – Implications for the Development of the Concept of Death, in: Death Studies 17 (1993) 203–224; *Mark W. Speece / Sandor B. Brent*, The acquisition of a mature understanding of three components of the concept of death, in: Death Studies 16 (1992) 211–229.

14 Vgl. *Jesse M. Bering*, Intuitive conceptions of Dead agent's minds: The natural foundations of afterlife beliefs as phenomenological boundary, in: Journal of Cognition and Culture 2 (2002), 263–308; *Jesse M. Bering / David F. Bjorklund*, The natural emergence of Teasoning about afterlife as a developmental regularity, in:

entschieden die Meinung ab, Vorstellungen von einem Leben nach dem Tode würden »von außen«, also etwa durch eine religiöse oder weltanschauliche Erziehung verursacht. Das sieht er durch empirische Forschungen bestätigt, wie etwa der Studie, die er gemeinsam mit David F. Bjorklund durchgeführt und die erbracht hat, (1) dass sogar schon vier- bis sechsjährige Kinder ausgesagt hätten, biologische Vorgänge kämen mit dem Tod zum Erlöschen, (2) dass psychische und kognitive Vorgänge demgegenüber anders eingeschätzt würden: Während die jüngsten Kinder (4–6 J.) für ein Andauern beider über den Tod hinaus plädierten, hätten die älteren (10–12 J.) dieses eher nur auf die kognitiven Vorgänge bezogen; (3) dass mit Ausnahme von Vorschulkindern, die nicht zwischen verschiedenen psychischen Zuständen differenziert hätten, Kinder und Erwachsene dazu tendiert hätten, Toten epistemische, emotionale und voluntative Befindlichkeiten zuzusprechen. Diese Befunde, dass viele Menschen von früh an die Vorstellung hätten, dass der Tod zwar ein definitives Ende aller biologischen Funktionen bedeute, aber dass Vorgänge im emotionalen, kognitiven u.ä. Bereichen über den biologischen Tod hinaus weitergehen würden, lassen nach Bering und Bjorklund dafür sprechen, dass der Glaube an ein Leben nach dem Tode – hinzu komme noch, dass er universal verbreitet sei – nicht kulturell disponiert und somit sozialisatorisch angeeignet, sondern natürlich, von der Evolution her angelegt sei, gewissermaßen als ein Glaubensinstinkt.[15]
Eine dem entgegengesetzte Auffassung, nämlich dass die Vorstellung von einem Leben nach dem Tode nicht durch endogene, sondern durch exogene Faktoren bedingt sei, vertritt der bereits erwähnte Paul L. Harris.[16] Seinen empirischen Befunden zufolge entwickeln Kinder erst im Alter ab elf Jahren ein religiöses bzw. metaphysisches Verständnis vom Tode, und zwar neben dem von ihnen bereits ausgebildeten biologischen Verständnis. Verantwortlich dafür sei eine Umgebung, in der der Glaube an ein Leben nach dem Tod allgemein verbreitet sei und den Heranwachsenden vermittelt würde. Die Kinder würden dabei keine unauflösbare Spannung zwischen ihrem biologischen und religiösen Wissen sehen. Für die biologisch-körperlichen Dinge würden sie andere kausalen

Developmental Psychology 40 (2004) 217–233; *Jesse M. Bering / Carlos Hernández Blasi / David F. Bjorklund*, The development of ›afterlife‹ beliefs in religiously and secularly schooled children, in: British Journal of Developmental Psychology 23 (2005) 587–607; *Jesse M. Bering*, The folk psychology of souls, in: Behaviour and Brain Science 29 (2006) 453–462 [anschließend Kommentare zum Aufsatz (462–486) und eine Antwort des Autors (486–493)].

15 So der Titel des für 2011 angekündigten Buches: *Jesse Bering*, The belief instinct. The psychology of souls, destiny and the meaning of life, London / New York (forthcoming).

16 Vgl. *Paul L. Harris / Marta Giménez*, Children's acceptance of conflicting testimony: the case of death, in: Journal of Cognition and Culture 5 (2005) 143–164; *Paul L. Harris / Melissa A. Koenig* (Anm. 8); *Paul L. Harris / Rita Astuti*, Learning that there is life after death, in: Behavioral and Brain Sciences 29 (2006) 475f.

Zusammenhänge anführen als für die geistigen und seelischen Zustände. Während jene mit dem Tod erlöschen würden, würde sich für diese eine metaphysische Transformation vollziehen, sei es an einen anderen Ort, sei es in einer anderen Form. Dass die Kinder für das religiöse Wissen eine gewisse Plausibilität empfänden, führen er und Marta Giménez darauf zurück, dass Kinder mit zunehmenden Alter sich stärker des zerstörerischen Charakters des biologischen Todes bewusst würden und sie darum gern den als unvermeidlich und unersetzbar empfundenen Verlust des Toten – was sich irgendwann ja auch mit ihnen selbst ereigne – mithilfe der Übernahme einer weiterführenden Hoffnungsperspektive, wie Erwachsene sie bezeugen würden, in seiner brutalen Härte abmildern würden. Dabei sei es allerdings so, dass die Kinder nicht einfach das, was die Erwachsenen ihnen an Wissensbeständen oder an religiösen Überzeugungen darböten, einfach übernähmen, sondern sie würden dieses auf ihre Weise in ihr bereits vorhandenes Wissen zu integrieren versuchen. Die Frage drängt sich auf, was sich in dieser Hinsicht ereignet, wenn der Glaube an ein Leben nach dem Tode nicht mehr zu den gesellschaftlichen Selbstverständlichkeiten zählt bzw. wenn die Heranwachsenden unter den Erwachsenen auf unterschiedliche Ansichten darüber stoßen.

5 Ausblick

Wenn man bedenkt, dass hier nur ein Ausschnitt aus der gesamten vorliegenden Forschung vorgestellt werden konnte, ist es im Vergleich zur Diskussion hierzulande erstaunlich, wie intensiv sich in den letzten Jahren im angelsächsischen Raum vor allem die Entwicklungs- und Kognitionspsychologie mit der Todesthematik beschäftigt hat, nicht selten als einem Teilaspekt im Rahmen eines umfassenderen Forschungsinteresses. Dass das pädagogisch sowie speziell religionspädagogisch von hohem Interesse ist, braucht wohl kaum eigens begründet zu werden. Doch zu meinen, man bekomme seitens der Psychologie objektive Ergebnisse an die Hand, die man einfach übernehmen könne, erweist sich ein weiteres Mal als ein Irrtum. Das zeigt schon allein die kontroverse Debatte innerhalb der Psychologie selbst, die sich nicht nur auf die Validität der in der empirischen Forschung verwendeten Methoden bezieht. Darüber hinaus geht es wesentlich um die Frage der Reliabilität der zugrunde gelegten theoretischen Annahmen und ihrer jeweiligen Operationalisierung. Hier könnten auch die Religionspädagogik und Theologie zur Klärung beitragen, indem sie etwa das spezifisch christliche Verständnis vom Leben nach dem Tod daraufhin überprüfen würden, ob und inwieweit es mit den Vorstellungen von einem Leben nach dem Tod, wie sie in der psychologischen Diskussion anzutreffen sind, kompatibel und anknüpfungsfähig ist oder nicht. Das soll nur beispielhaft anzeigen, wie reizvoll und vielversprechend eine stärkere interdisziplinäre Kooperation auch auf diesem Gebiet ist.

2.5

Heinz Streib und *Constantin Klein*

Todesvorstellungen von Jugendlichen und ihre Entwicklung

Ein empirischer Beitrag

Thema dieses Beitrags ist die Entwicklung von Todesvorstellungen bei Jugendlichen. Aus einer umfangreichen Recherche der vorliegenden empirischen Forschung berichten wir zunächst von ausgewählten Studien, auf die wir uns kritisch und konstruktiv beziehen, stellen dann Design und – dies ist der Schwerpunkt dieses Beitrags – Ergebnisse einer eigens für diesen Beitrag durchgeführten Studie an der Universität Bielefeld vor.

1 Vorliegende empirische Untersuchungen

1.1 Nicht wie die Kinder? Studien zur Entwicklung von Todeskonzepten

Weit verbreitet unter denen, die mit Kindern und Jugendlichen professionell zu tun haben, ist ein einprägsames (und bevorzugt für Prüfungen memoriertes) Modell der Entwicklung des Todes-Konzepts in der Kindheit. Maßstab dieses Entwicklungsmodells ist ein »reifes«, »realistisches« Todeskonzept, das Erwachsenen unterstellt wird, mit den Merkmalen »Nonfunktionalität«, »Irreversibilität«, »Universalität« und »Kausalität« des Todes.[1] Diese vier[2] Merkmale wurden bereits in den 1980er Jahren von Speece und Brent aus einer Vielzahl von Einzelstudien herausdestilliert.[3] Es bleiben jedoch trotz umfangreicher Forschung in diesen Jahren die meisten Fragen offen: Sind es exakt vier Merkmale? Wie verläuft die Reihenfolge der Entwicklung dieser Subkonzepte? Und schließlich: Mit welchem Alter kann ein »reifes« Todeskonzept erwartet werden? Gravierender noch sind die Rückfragen, die religiösen und theologisch gebildeten Menschen sogleich einfallen: Ist ein reifes To-

1 Meist mit Berufung auf *Joachim Wittkowski*, Psychologie des Todes, Darmstadt 1990.

2 Zuweilen wird auch die »Kausalität« weggelassen. Andere Untersuchungen arbeiten teilweise auch mit einer erheblich größeren Anzahl von Subkonstrukten.

3 *Mark W. Speece / Sandor B. Brent*, Childrens Understanding of Death – A Review of 3 Components of a Death Concept, Child Development 55 (1984) 1671–1686.

deskonzept also dasjenige, das behauptet »Mit dem Tod hört das Leben einfach auf«? Piagets Realismus lässt grüßen.
Ein weiteres Problem ist, dass hier nur Kinder untersucht wurden und – ähnlich wie in der an Piaget orientierten Forschung – die weitere Entwicklung ausgeblendet wird. Interessanterweise haben Brent und Speece nach 10 Jahren in einer eigenen Untersuchung zusätzliche Komplexität gefunden und die Problematik nochmals geöffnet: Im Vergleich von Kindern und College-Studenten hat sich in ihrer Untersuchung gezeigt, dass die Erwachsenen auf der Skala für Irreversibilität weniger zustimmen – sozusagen »schlechter« abschneiden – als die Kinder.[4] Die dafür vorgetragene Erklärung, die auf einer inhaltsanalytischen Auswertung von freien Erläuterungen basiert, ist aufschlussreich: Erwachsene ziehen eine Vielzahl von modernen medizinischen, »philosophischen und spirituellen« Überlegungen in Betracht; die darauf aufbauende Schlussfolgerung der Autoren könnte weiterführend sein:

»Thus, such fundamental questions as in what way these philosophical and spiritual connotations develop during the course of childhood and adolescence, and how these developments interact with the development of notions concerning the naturalistic aspects of bodily death remain to be addressed.«[5]

In der Tat könnte sich Religion als die Achillesferse dieses fein ausgedachten Modells erweisen. Diese kritischen Rückfragen bedeuten freilich nicht, dass die Frage nach den vier Subkonzepten obsolet wäre, sondern viel eher, dass noch mehr zu berücksichtigen ist, um der Komplexität des Todeskonzepts und seiner Entwicklung gerecht zu werden. Darauf weist auch die Schlussforderung von *Brent und Speece* hin, von einem rein an Piaget orientierten Entwicklungsmodell abzurücken und zur Kenntnis zu nehmen, dass

»More recently, however, a number of investigators have suggested that concept development in general may be a more complex process, may extend over a longer period of the lifespan, and may result in more varied and individualized outcomes than those described or implied in this Piagetian-grounded approach.«[6]

Am Fall der Todesvorstellungen und ihrer Entwicklung zeigt sich also einmal mehr die Notwendigkeit der kritischen Diskussion und Revision einer kritiklosen Orientierung an der Piaget'schen Entwicklungslogik, wie dies der erste Autor an anderer Stelle vorgetragen hat.[7]

4 *Sandor B. Brent / Mark W. Speece*, Adult Conceptualization of Irreversibility – Implications for the Development of the Concept of Death, Death Studies 17 (1993) 203–224.
5 Ebd., 222.
6 Ebd.
7 *Heinz Streib*, Faith Development Theory Revisited: The Religious Styles Perspective, IJPR 11 (2001) 143–158; *Ders.*, Faith Development Research Revisited: Accounting for Diversity in Structure, Content, and Narrativity of Faith, IJPR 15

Um eine provozierende Frage zu stellen: Wie sind, wenn ein nach diesem Modell »reifes« Todeskonzept im Alter von 10 oder spätestens 13 Jahren voll entwickelt sein soll, Erwachsene – oder, um etwas vorzugreifen, der Teil unserer adoleszenten Interviewees – einzustufen, die an ein Weiterleben nach dem Tod glauben? Jedenfalls sollten, diese Schlussfolgerung kann bereits hier notiert werden, Religionspädagogen mit deduktiven Schlussfolgerungen zurückhaltend sein.[8]
Nicht ganz zu Unrecht ist es in der Forschung um dieses Vier-Subkonzept-Modell merkwürdig still geworden, denn die vier Subkonstrukte beruhen auf dem »Blick von oben«, von einem vermeintlich »reifen« Verständnis der Erwachsenen auf die (noch) unverständigen Kleinen. Stattdessen könnte man sich ja auch ein offenes empirisches Vorgehen vorstellen und wünschen, das durchaus mit Konstrukt-Komponenten arbeitet, aber erstens den vorurteilsbeladenen »Blick von oben« vermeidet und zweitens nicht nur auf den Tod als natürliches, biologisches Geschehen fixiert ist, sondern Vorstellungen vom Weiterleben nach dem Tod und auch die Angst vor dem Tod mit in die Untersuchung einbezieht. Vor allem aber: Religiosität, die in diesen Entwicklungsmodellen entweder sehr fragwürdig operationalisiert oder aber gar nicht in die Untersuchung einbezogen wurde, sollte unbedingt differenziert betrachtet werden.

1.2 Studien zu Todesvorstellungen und zur Religion Jugendlicher

Bereits in Surveys und Jugendstudien – exemplarisch sei auf die Shell-Studie und die ISSP 2008 hingewiesen[9] – wird ein Zusammenhang zwischen Religion und Todesvorstellungen nachweisbar, weil meist einige

(2005) 99–121; *Ders.*, Religion als Stilfrage. Zur Revision struktureller Differenzierung von Religion im Blick auf die Analyse der pluralistisch-religiösen Lage der Gegenwart, ARPs 22 (1997) 48–69; *Heinz Streib, Ralph W. Hood* und *Constantin Klein*, The Religious Schema Scale: Construction and Initial Validation of a Quantitative Measure for Religious Styles, IJPR 20 (2010) 151–172.

8 Solche Zurückhaltung wäre auch gegenüber Vorschlägen wie dem von *Godwin Lämmermann* (Über den Tod reden mit Grundschulkindern, EvErz 45 [1993] 655–667) geboten, der deduktiv von einer »Abhängigkeit« der kindlichen Todeskonzepte von der »allgemeinen kognitiven Entwicklung« a la Piaget schlussfolgert: »Die theologischen Vorstellungen von Auferstehung oder von Neuschöpfung der Welt haben hypothetischen Charakter und sind dem anschaulichen Denken der Grundschulkinder schlechterdings unverständlich. Insbesondere die theologisch durchaus sinnhafte und notwendige Verknüpfung von Tod und Auferstehung erweist sich didaktisch als nicht vermittelbar.« (661).

9 *Deutsche Shell Holding* (Hg.), Jugend 2006. Eine pragmatische Generation unter Druck. Frankfurt a.M. 2006. *Deutsche Shell* (Hg.), Jugend 2000. Opladen 2000; International Social Survey Programme 2008: Religion III (Dataset, 35 countries), www.gesis.org, 2010-04-28 (Die Daten für Deutschland sind *auch* enthalten in: Allgemeine Bevölkerungsumfrage der Sozialwissenschaften [ALLBUS] 2008 [Datafile], Köln/Mannheim 2009).

Fragen zur Religion und Fragen zu dem, was nach dem Tod kommt, in die Fragebögen aufgenommen wurden. Das kann jedoch für unser Anliegen kaum als Fortschritt bezeichnet werden, sofern die Einstellung zum Postmortalen mit einem oder wenigen Einzel-Items erhoben wird und man sich für Religiosität mit Antworten z.B. zu Mitgliedschaft und Partizipationsverhalten in Religionsgemeinschaften oder der Selbsteinschätzung als »religiös« oder »nicht religiös« begnügt. Freilich kann man damit relativ gut gesicherte und repräsentative Berechnungen – Oberflächenansichten sozusagen – durchführen und, soweit diese Surveys regelmäßig durchgeführt werden, Längsschnitte und Trends darstellen. Zur differenzierten Darstellung der Todesvorstellungen in ihrer Bezogenheit auf Religion kann man hier nicht viel erwarten.

Religionspsychologische Studien führen hier weiter. Exemplarisch sei auf zwei Studien aus neuer Zeit hingewiesen. Diese belegen auch für Jugendliche positive Beziehungen zwischen Religion und Todesvorstellungen und -einstellungen, genauer: zwischen Religion als »intrinsischer«, also als »von innen« und nicht primär äußerlich motivierter Lebenshaltung und der Bewältigung von Angst vor dem Tod und Vorstellungen von einem Weiterleben nach dem Tod.[10] Während die Einstellungen und Vorstellungen zum Tod und was danach kommt in diesen Studien mit gut differenzierenden Skalen erfasst werden, kann man die Untersuchung von Religiosität mit der intrinsic/extrinsic-Skala problematisieren, weil sie wenig Auskunft gibt über die religiösen Erfahrungen, die Gottes- und Jenseitsvorstellung sowie über die Stile des Umgangs mit Religion.

Hier markiert eine jüngst erschienene Studie aus Belgien einen Fortschritt. Dezutter, Luyckx und Hutsebaut[11] berichten die Ergebnisse einer Untersuchung zu Angst vor dem Tod und Vorstellungen vom Tod unter Jugendlichen in Belgien, die besonders darum bemerkenswert ist, weil sie hinsichtlich einer differenzierten Erfassung sowohl der Todesvorstellungen als auch von Religion neue Wege gegangen ist. Todesvorstellungen und Einstellungen zum Tod wurden anhand einer differenzierten Skala erhoben, die sowohl ein akzeptierendes Glauben an ein

10 Vgl. z.B. *Adam B. Cohen / John D. Pierce / Jacqueline Chambers / Rachel Meade / Benjamin J. Gorvine / Harold G. Koenig*, Intrinsic and Extrinsic Religiosity, Belief in the Afterlife, Death Anxiety, and Life Satisfaction in Young Catholics and Protestants, Journal of Research in Personality 39 (2005) 307–324; *Adrian Tomer* und *Grafton Eliason*, Life Regrets and Death Attitudes in College Students, Omega-Journal of Death and Dying 51 (2005) 173–195.

11 *Jessie Dezutter / Koen Luyckx / Dirk Hutsebaut*, »Are You Afraid to Die?« Religion and Death Attitudes in an Adolescent Sample, JPsT 37 (2009) 163–173. Vergleiche auch die Studie dieser Forschergruppe unter Erwachsenen: *Jessie Dezutter / Bart Soenens / Koen Luyckx / Sabrina Bruyneel / Maarten Vansteenkiste / Bart Duriez / Dirk Hutsebaut*, The Role of Religion in Death Attitudes: Distinguishing Between Religious Belief and Style of Processing Religious Contents, Death Studies 33 (2009) 73–92.

Weiterleben nach dem Tod als auch eine Auffassung vom Tod als natürlichem Prozess und schließlich Auffassungen wie Angst vor dem Tod und Vermeidung der Thematisierung von Tod einschließt.[12] Religion wurde nach einem Modell differenziert, das anhand einer horizontalen Achse ein *wörtliches* Verstehen von einem *symbolischen* Verstehenszugang differenziert und anhand einer vertikalen Achse die Bejahung bzw. Verneinung einer transzendenten Wirklichkeit unterscheidet.[13]
Die Ergebnisse dieser Studie, die auf umfangreichen Berechnungen wie Regressionsanalysen und Clusteranalysen beruhen, zeigen vor allem dies:

- ein wörtlicher Umgang mit Religion bei gleichzeitigem Glauben an eine transzendente Wirklichkeit (literal inclusion) ist ein starkes Indiz sowohl für den akzeptierenden Glauben an ein Weiterleben nach dem Tod (approach acceptance) als auch für Furcht vor dem Tod (fear of death);
- ein wörtlicher Zugang zu Religion bei gleichzeitiger Ablehnung einer transzendenten Wirklichkeit (literal exclusion) ist ein Indiz allein für Furcht vor dem Tod, nicht jedoch für akzeptierenden Glauben an ein Weiterleben nach dem Tod;
- ein symbolischer Umgang mit Religion bei gleichzeitigem Glauben an eine transzendente Wirklichkeit (symbolic inclusion) ist zwar ein Indiz für den akzeptierenden Glauben an ein Weiterleben nach dem Tod, doch nicht für die Furcht vor dem Tod;
- stärkstes Indiz für die Auffassung vom Tod als natürlichem Geschehen (neutral acceptance) ist ein symbolischer Zugang zu Religion bei gleichzeitiger Verneinung einer transzendenten Wirklichkeit (symbolic exclusion).

Diese Ergebnisse sind auch für einen Vergleich mit unseren eigenen, weiter unten präsentierten Ergebnissen interessant, denn einige Parallelen sind durchaus auffällig.

2 Das Design der hier vorgestellten Untersuchung

Auf dem Hintergrund dieses exemplarischen Einblicks in die vorliegende Forschung kann das Desideratum folgendermaßen formuliert werden: Es geht darum, die *differenzierte* Erfassung der Vorstellungen und Einstellung von Jugendlichen zum Tod und zugleich die *differenzierte*

12 *Paul T.P. Wong / Gary T. Reker / Gina Gesser,* Death Attitude Profile-Revised: A Multidimensional Measure of Attitudes toward Death, in: *Robert A. Neimeyer* (Hg.), Death Anxiety Handbook: Research Instrumentation and Application, Washington 1994, 121–148. Diese Skala wurde auch von *Tomer* und *Grafton* in ihrer Untersuchung verwendet.

13 Dieses Modell wird zurückgeführt auf *David M. Wulff*, Psychology of Religion. Classic and Contemporary Views, New York 1991 und liegt der Skala zugrunde, die sich als Postcritical Belief Scale (PCBS) zunehmender Beliebtheit erfreut (vgl. *Bart Duriez / Claudia Appel / Dirk Hutsebaut*, The German Post-Critical Belief Scale: Internal and External Validity, Zeitschrift für Sozialpsychologie 34 [2003] 219–226; *Dirk Hutsebaut*, Post-Critical Belief: A New Approach to the Religious Attitude Problem, JET 9 [1996] 48–66).

Erfassung ihrer Religiosität und religiösen Vorstellungen einen entscheidenden Schritt weiterzuführen.
Wenn es um eine differenzierte Erfassung von Religiosität und Todesvorstellungen geht, dürfte unser Weg plausibel sein, qualitative Methoden in den Vordergrund zu rücken und eine Interviewstudie zu planen.[14] Leitfrageninterviews erschienen uns als der ideale Weg. Darum haben wir, die beiden Autoren dieses Beitrags, zusammen mit den Studierenden in einem Seminar mit Schwerpunkt in forschendem Lernen an der Universität Bielefeld einen Leitfadenkatalog entwickelt. Von den drei Fragekreisen (»Wo begegnet uns der Tod?«, »Was passiert mit uns, wenn wir sterben?« und »Kannst Du Dich erinnern, wie Du als Kind zum ersten Mal mit dem Tod zu tun bekommen hast?«) bezieht sich der zweite mit direkten Unterfragen auf Todeskonzepte, Jenseitsvorstellungen und eine mögliche Verbindung mit den Verstorbenen.[15] Nach einem Interviewer-Training wurden von den Studierenden[16] 33 Interviews mit Jugendlichen im Alter zwischen 13 und 25 durchgeführt. Die Interviews wurden vollständig transkribiert und die Namen durch Pseudonyme ersetzt, ebenso wurden andere persönliche Merkmale unkenntlich gemacht.
Für eine differenzierte Erfassung von Religiosität stützen wir uns auf die differentielle Heuristik von Fowler[17], die ja durch die Revision in ein Modell religiöser Stile[18] nicht grundlegend in Frage gestellt, sondern allein aus ihrer a-priorisch-konzeptionellen Verflechtung mit der Entwicklungslogik Kohlbergs gelöst und in eine größere Offenheit empirischer Methodik geführt wurde. Dieses Modell ist differenzierter und konzeptionell besser plausibilisiert als die kontrastive Unterscheidung zwischen »wörtlichem« und »symbolischem« Verstehen, wenn auch Parallelen bestehen. Jedenfalls hat die klassische Faith-Development-Analyse den Vorteil, dass sie prinzipiell an jeder Art von Interviewtext durchgeführt werden kann.

14 Der Forschungsprozess, die Methoden und Auswertungsprozesse werden in diesem und dem nächsten Abschnitt in gebotener Kürze und dennoch hinreichend ausführlich dargestellt, nicht nur um Rechenschaft über das Zustandekommen der Ergebnisse zu geben, sondern auch um ein Beispiel vorzustellen, wie man bei Planung, Durchführung und Auswertung einer Untersuchung vorgehen kann, in der qualitative Forschung im Vordergrund steht, jedoch die qualitativen Ergebnisse auf quantitative Daten triangulatorisch bezogen werden.
15 Vgl. den vollständigen Interviewleitfaden im Anhang.
16 Wir danken ganz herzlich allen Jugendlichen, die sich zu einem Gespräch bereit erklärt haben; wir danken insbesondere auch den TeilnehmerInnen des Seminars, die die Interviews durchgeführt haben: Katharina Bolgen, Anna Giesbrecht, Ann-Christin Graé, Jessica Herrlein, Nadine Kahlert, Sven Luhmann, Anita Pufal, Juliane Schwarz, Alexandra Eva Stachel und Yannick Weber.
17 *James W. Fowler*, Stages of Faith. The Psychology of Human Development and the Quest for Meaning, San Francisco 1981; *James W. Fowler / Heinz Streib / Barbara Keller*, Manual for Faith Development Research, Bielefeld; Atlanta 2004.
18 *Streib*, 2005; *Streib*, 2001; *Streib*, 1997 (wie Anm. 7).

Trotz des Schwerpunkts unserer Untersuchung auf qualitativen Zugängen konnten quantitative Daten miteinbezogen werden. Eine weitere Informationsquelle zur differentiellen Betrachtung der Religiosität unserer jugendlichen Interviewees, jedenfalls soweit sie daran teilgenommen haben, ist die online-Umfrage »Jugend & Religion«.[19] Aus den in dieser Umfrage erhobenen detaillierten Daten wurden besonders die Antworten zu den religiösen Erfahrungen und Gottesvorstellungen genutzt und auf die einzelnen Interviews bezogen. Dieses Verfahren bestand aus folgenden Schritten: Aus den Antworten zu den religiösen Erfahrungen und den Gottesvorstellungen wurden Skalen gebildet, wie z.B. zu den Gottesbildern als Helfer, Erlöser oder Richter sowie zur Gewissheit der Liebe Gottes, zu mystischen Erfahrungen oder zu einem unpersönlichen Gottesbild. Aufgrund der Antworten in der Religious Schema Scale[20] konnten zwei Gruppen gebildet werden: diejenigen, die mit Wahrscheinlichkeit einen synthetisch-konventionellen oder mutuellen religiösen Stil (Fowlers Stufe 3) bevorzugen, und diejenigen, die den individuierend-reflektierenden Stil (Fowlers Stufe 4) bevorzugen. Dies ermöglichte, Mittelwerte für beide Gruppen zu bilden, wie diese in Tabelle 1 wiedergegeben sind.

Tabelle 1: Mittelwertdifferenzen in den Gottesvorstellungen von Jugendlichen verschiedener religiöser Stile

	Stil 3 (oder darunter)		Stil 4 (oder darüber)	
	Mittel-werte	Stand.-Abw.	Mittel-werte	Stand.-Abw.
Eschatologische Gerechtigkeit (5 Items; $\alpha = 0{,}72$)	**2,88**	0,78	**2,11**	0,72
Gewissheit der Liebe Gottes (5 Items; $\alpha = 0{,}94$)	**4,50**	0,72	**3,01**	1,12
Gottesbild: Helfer (3 Items; $\alpha = 0{,}89$)	**4,52**	0,73	**3,21**	1,26
Gottesbild: Erlöser (4 Items; $\alpha = 0{,}81$)	**4,01**	1,01	**2,57**	0,93
Gottesbild: Richter (5 Items; $\alpha = 0{,}81$)	**3,12**	1,11	**2,03**	0,73
mystische Erfahrungen (5 Items; $\alpha = 0{,}61$)	**3,70**	0,79	**3,29**	0,73
Gottesbild: unpersönlich (9 Items; $\alpha = 0{,}83$)	**1,96**	0,76	**2,73**	0,76

19 Diese online-Umfrage (www.uni-bielefeld.de/jugendumfrage_2009) wurde von *Carsten Gennerich* und *Heinz Streib* entworfen. Der hier verwendet Datensatz wurde im Juli 2009 exportiert.
20 *Streib/Hood et.al.* 2010.

Anmerkungen. Die Antworten wurden auf einer 5-Punkte-Skala (1 = trifft nicht zu; 2 = trifft eher nicht zu; 3 = unentschieden; 4 = trifft eher zu; 5 = trifft zu) erhoben. Fallzahlen für die Mittelwerte in Stil 2: N = 184, für die Mittelwert in Stil 4: N = 218. Signifikanzniveau: $p < 0.001$. Zuordnung zu den Stil-Gruppen wurde aufgrund der Antworten auf der RSS-Subskala ›truth of texts & teachings‹ vorgenommen. Quelle: Bielefelder online-Umfrage »Jugend & Religion«.

Die Daten ermöglichten aber auch, die Werte der Einzelfälle abzulesen und zu den Gruppen-Mittelwerten in Beziehung zu setzen. Die Ergebnisse werden weiter unten in den einzelnen Fallstudien jeweils in fallspezifischen Tabellen präsentiert.

3 Quantitative Ergebnisse im Überblick

30 Interviews[21] wurden in einer qualitativen Analyse inhaltsanalytisch ausgewertet und einer Faith-Development-Auswertung[22] unterzogen. In der Inhaltsanalyse wurde nach vordefinierten Kriterien Ja/Nein-Codes vergeben für sieben Inhaltsmerkmale: »Mit dem Tod hört das Leben einfach auf«, »Es gibt ein Weiterleben im Himmel«, »Der Tod ist ein Übergang in ein Weiterleben im Jenseits«, »Es gibt eine Hölle im Jenseits«, »Man kann mit Verstorbenen in Verbindung treten«, »Der Tod ist ein Übergang in ein anderes Leben auf der Erde« und »Der Tod ist eine Wartezeit zur Auferstehung«. Die Codierungen wurden in eine Datenbank eingetragen. In einer Clusteranalyse mit den sieben Inhaltsmerkmalen haben sich drei Gruppen klar herauskristallisiert, die wir wie folgt benannt haben: a) Nach dem Tod hört das Leben einfach auf (14 Fälle), b) Es gibt ein Weiterleben im Himmel (13 Fälle) und c) Der Tod ist ein Übergang in ein anderes Leben auf der Erde (Reinkarnationsvorstellungen; 3 Fälle). Es sind drei Merkmale in diesen Daten, das Alter der Jugendlichen, der Faith-Development-Gesamtscore und die Zugehörigkeit zu einem Todesvorstellungs-Cluster, die nun zu erstaunlichen Ergebnissen führen. In folgendem Streudiagramm (Abbildung 1) sind die Jugendlichen nach Alter und Faith-Development-Score verteilt.

21 Drei Interviews wurde aufgrund der schlechten Qualität von der Analyse ausgeschlossen.
22 *Fowler/Streib u.a.* 2004 (wie Anm. 15).

Abbildung 1: Verteilung der Jugendlichen nach Alter und Faith-Development-Score sowie nach ihrer Zugehörigkeit zu einem Todesvorstellungs-Cluster

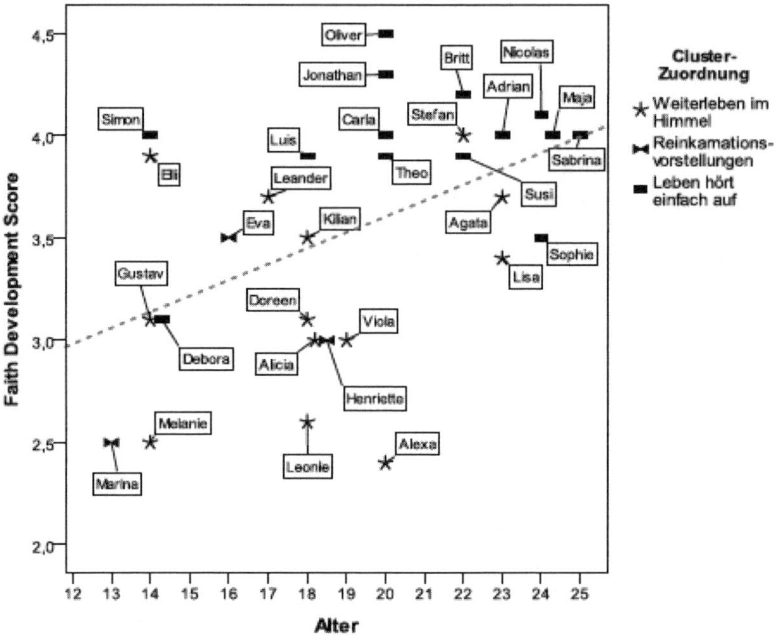

Allein diese Verteilung ist interessant, denn, wie die vom Programm generierte Durchschnittslinie anzeigt, ergibt sich ein Alterstrend bei den von uns untersuchten Jugendlichen: Die Jugendlichen mit 18 Jahren und darunter wurden in der Faith-Development-Analyse überwiegend dem synthetisch-konventionellen Stil, Jugendliche über 18 dem individuierend-reflektierenden Stil zugeordnet.

Wenn man zusätzlich die Clusterzuordnungen betrachtet, wird sichtbar, dass die Jugendlichen der Gruppe »Weiterleben im Himmel« oder Reinkarnationsvorstellungen mehrheitlich 18 Jahre alt oder darunter sind und dem synthetisch-konventionellen Stil zuzurechnen sind, während Jugendliche der Gruppe »Mit dem Tod hört das Leben einfach auf« eher älter sind und einen individuierend-reflektierenden Stil ausgebildet haben.

Freilich arbeitet diese von einem Statistikprogamm generierte Graphik mit klaren Zuordnungen und unterdrückt Zwischen- und Untertöne. Für einen Überblick über unser Gesamtsample und das Aufzeigen von Trends ist dies jedoch unvermeidlich. Gleichwohl sind bereits mit dieser Graphik einige provozierende Thesen zur Diskussion gestellt, die später aufgegriffen werden sollen. Dennoch muss damit gerechnet werden, dass die Einzelfälle immer auch noch Seiten und spezifische Profile haben, die in der Graphik verborgen bleiben. Darum soll sich unsere Aufmerksamkeit nun der qualitativen Analyse zuwenden, die ja im Mittelpunkt unserer Untersuchung steht.

4 Qualitative Ergebnisse: Fallstudien

Fallstudien können wie ein Zoom näher an den Einzelfall heranführen und vieles, was in quantitativen Analysen verborgen bleibt, erkennbar machen. Darunter sind erwartungsgemäß viele Charakteristika, die mit den quantitativen Ergebnissen übereinstimmen und diese bestätigen; dies wird durch die Daten-Triangulation, die wir mithilfe von Tabellen durchsichtig machen, überprüf- und nachvollziehbar. Fallstudien zeigen jedoch durch die qualitative Detailinterpretation immer auch das besondere Profil des Einzelfalls und somit individuelle Differenzen zu quantitativ erhobenen Merkmalen, z.B. auch zu den Gruppenzuordnungen. Auch dies wird in den nun folgenden sechs Fallstudien sichtbar.
Von diesen sechs Fällen sind die drei ersten der Cluster-Gruppe »Weiterleben im Himmel« zugehörig, die anderen drei der Cluster-Gruppe »Mit dem Tod hört das Leben einfach auf«.

4.1 *»dass man in 'ne Stadt kommt, dann da vielleicht weiter lebt« – Gustav*

Gustav, ein 14-jähriger Schüler, der sich für seine Auffassungen nicht nur auf den Religionsunterricht, sondern auch auf den Konfirmandenunterricht bezieht, ist in vieler Hinsicht ein typischer Fall für die Gruppe der jüngeren Jugendlichen in unserem Sample, die sich in synthetisch-konventionellem Stil ein wenig reflektiertes Bild vom Tod und was danach kommt machen:

> »Also wie gesagt, dass man in 'ne Stadt kommt, dann da vielleicht weiter lebt und dann vielleicht sei-, ähm Oma und Opa, die dann schon gestorben sind, dass man denen dann wieder begegnet. – Ja. Und dass man da dann halt äh für immer weiter lebt.«

Durch den wiederholten Gebrauch von »vielleicht« wird eine gewisse Unsicherheit erkennbar, die Zweifel aufkommen lassen, ob Gustav sich da so sicher ist. Doch Gustav beruft sich auf den Religionsunterricht und hat darin über Jesus erfahren und weiß von dort, dass er der Messias ist und »dass er die ganzen Sünden von den Menschen mitnimmt«. Aus dieser relativ unzusammenhängenden Wiedergabe von »Schul«-Wissen wird Gustavs konventionelle Orientierung deutlich; er gibt hier überwiegend das wieder, was er von Personen im Religions- und Konfirmandenunterricht, die es eigentlich wissen müssen, gehört und behalten hat. Auch erinnert er, dass sie sich im Religionsunterricht »und dann auch noch mit der Auferstehung« beschäftigt haben, was für ihn bedeutet, »dass es ähm ein Leben nach dem Tod auch noch gibt«.

»..wie ich vorhin schon gesagt hab', glaub' ich ja dran, dass man in Himmel kommt und da weiter lebt. – Und deswegen das auch mit Jesus, mit seiner Auferstehung.«

Mit Kreuz und mit Tod verbindet Gustav darum nicht so sehr Angst und Dunkelheit, sondern vielmehr Hoffnung und Helligkeit. Als sie im Konfirmandenunterricht ein Kreuz basteln und gestalten sollten, hat er sein Kunstwerk nicht schwarz, sondern in hellen Tönen gehalten: »Ja, schon das Hell, dass man weiterlebt und nicht alles zu Ende ist«. Für seine Vorstellung vom Weiterleben nach dem Tod beruft sich Gustav auf die Pastorin im Konfirmandenunterricht, die er so verstanden hat und in Erinnerung behalten hat: »Ja, sie meinte auch auf jeden Fall, dass ähm, dass das Leben weitergeht im Himmel – und dass man Gott begegnet da.«
Andererseits kennt Gustav auch ganz andere Auffassungen davon, was nach dem Sterben ist. Andere Jugendliche in der Konfirmandengruppe haben der Pastorin durchaus widersprochen und gesagt, »dass nach'm Tod einfach Schluss ist, dass man nichts mehr erlebt«. Mit dieser Meinung kann Gustav aber nichts anfangen. Nach seiner Begründung dafür gefragt, weist Gustav darauf hin, er sei ein »positiver Mensch«, und er fügt hinzu: »ich denke auch, wenn ich dann äh das hoffe und mich wünsche, dann passiert das auch«. Dies alles deutet auf einen synthetisch-konventionellen Stil, in dem man die Meinungen der Autoritätspersonen in der Gemeinschaft, der man sich unhinterfragt zugehörig fühlt, recht ungefragt übernimmt. Im Gesamtbild erscheint Gustav als ein Jugendlicher, der sehr mit seinen Kindheitsmustern verbunden ist, wozu der Glaube daran gehört, dass man nach dem Sterben in eine himmlische Stadt kommt und dort seinen verstorbenen Verwandten wiederbegegnet. Auch dass man eher am Grab zu den Toten beten kann, ist seiner Vorstellungswelt nicht fremd.

4.2 *»Es gibt mir schon irgendwie Halt, dass ich eben weiß, dass ich nach meinem Tod irgendwie nicht direkt weg bin sozusagen« – Leander*

Leander, 17-jähriger Schüler auf dem allgemeinbildenden Gymnasium, gibt sich in der online-Umfrage als gläubiger junger Mann zu erkennen. Zur Frage, »Gibt es einen Satz, der Ihnen hilft, wenn Sie mit einer bitteren Enttäuschung (z.B. Prüfung nicht bestanden) oder Notsituation (Feststellung einer schlimmen Krankheit; Tod eines geliebten Menschen) konfrontiert sind?«, schreibt Leander: »An Gott kann man sich immer wenden, denn er ist immer da und allgegenwärtig.« Im Interview erwähnt er, dass sein Vater Pastor ist und er von daher einiges Wissen über Bestattungsformen etc. hat.
Im Interview zeigt Leander aber keinen großen Unterschied zu anderen Jugendlichen, wenn er sagt, dass er sich zum Thema Tod »eigentlich nicht wirklich« Gedanken macht, es sei denn, es gäbe einen Todesfall in der Verwandtschaft, wie im letzten Jahr, als er auf der Beerdigung seines

Großvaters gewesen ist, wenn man im Religionsunterricht über den Tod redet oder – und das scheint ein Thema zu sein, das Leander durchaus beschäftigt –, wenn es um Nahtod-Erlebnisse geht. Denn auf die Frage, wie er sich vorstellt, dass es nach dem Tod weitergeht, sagt Leander:

»Also, ich glaube eigentlich, dass es nach dem Tod, dass es erst mal weitergeht, dass man eben nicht einfach, einfach weg ist, dass da einfach gar nichts mehr kommt und es gibt ja auch immer wieder diese Nahtod-Erlebnisse, von denen man liest und ich, ich glaube da schon dran, dass es da eben nach dem Tod irgendwie so ne Art, ja, Paradies sozusagen gibt, dass da alles schön ist und man zum Beispiel auch die Verstorbenen trifft, die man kannte aus der Verwandtschaft und sowas.«

Für die Verlässlichkeit von Nahtod-Erlebnissen beruft sich Leander auf einen Bericht aus der Verwandtschaft:

»Ähm, ich hab da Erfahrungen mit, dass aus meiner Verwandtschaft jemand so ein Nahtod-Erlebnis hatte und der dann so nen Bericht, der dann irgendwie überzeugend für mich klang, auch alles irgendwie mit dem übereingestimmt hat, was man eben nachgelesen hat und dann hab ich mich da auch näher mal informiert und ich … find das schon ziemlich glaubwürdig, weil bei vielen Menschen ja eigentlich das Selbe sozusagen aufgetreten ist.«

Und für Leander ist es eben der durch diesen Bericht bestätigte Glaube an Nahtod-Erfahrungen, der ihm Halt gibt:

»Ähm, es gibt mir schon irgendwie Halt, dass ich eben weiß, dass ich nach meinem Tod irgendwie nicht direkt weg bin sozusagen, dass ich eben irgendwo hinkomme an einen Ort, an dem ich auch Menschen wiedertreffe und ich glaube, das nimmt einem auch doch ein bisschen die Angst vorm Tod, dass eben nicht als … was empfunden wird, wo man komplett alleine ist.«

Auf die Frage nach anderen Jenseitsvorstellungen, etwa seinen Glauben an eine Hölle, sagt Leander, er finde es »schwierig, sich das vorzustellen.« Hingegen ist Leander durchaus wichtig, dass man mit den Verstorbenen in Verbindung bleiben kann:

»Also, ich kann mir schon denken, dass da irgendwie so ne Art Bindung besteht, wenn man wirklich sehr eng mit denen verwandt war, dass man denen, zum Beispiel, ähm, vielleicht durch Beten oder so man zu denen spricht oder wenn man eben am Grab mit den Personen spricht, dass die das vielleicht doch irgendwie mitbekommen, dass sie doch irgendwie im Himmel sind und auf uns herabschauen, so.«

Mit dieser Vorstellung, dass die Toten im Himmel sind und auf uns herabschauen, ist Leander kein Sonderfall in unserem Sample. Eine ganze Reihe der von uns interviewten Jugendlichen spricht davon, dass man mit den Toten sprechen, zu den Toten beten könne.
Das Bild von Leander, das sich in den quantitativen Daten der online-Befragung abzeichnet (siehe Tabelle 2), entspricht dem qualitativ gewonnenen Portrait.

Tabelle 2: Gottesvorstellungen von Leander im Vergleich mit den Gottesvorstellungen der Jugendlichen des Gesamtsamples, unterteilt nach religiöser Stilpräferenz

	Jugendliche aus der gesamten online-Umfrage		Leander*
	Mittelwerte bei Stil 3	Mittelwerte bei Stil 4	Einzelwert
Eschatologische Gerechtigkeit	**2,88**	**2,11**	**2,00**
Gewissheit der Liebe Gottes	**4,50**	**3,01**	**4,40**
Gottesbild: Helfer	**4,52**	**3,21**	**4,33**
Gottesbild: Erlöser	**4,01**	**2,57**	**2,75**
Gottesbild: Richter	**3,12**	**2,03**	**2,60**
mystische Erfahrungen	**3,70**	**3,29**	**3,80**
Gottesbild: unpersönlich	**1,96**	**2,73**	**2,22**

* Die Beantwortung des online-Fragebogens zeigt für Leander den Stil 3; Leanders Faith-Development-Score aufgrund des Interviews beträgt 3,7.

Die Antworten Leanders zur Religious Schema Scale zeigen eher noch einen synthetisch-konventionellen Stil an; aufgrund der Faith-Development-Evaluation seines Interviews sind für Leander allerdings nicht nur synthetisch-konventionelle, sondern auch individuierend-reflektierende Züge zu erkennen. Dem entsprechen auch die Antworten zum Gottesbild, die Leander in der online-Umfrage gegeben hat: Auf den Skalen »Gewissheit der Liebe Gottes«, »Gottesbild als Helfer« und »mystische Erfahrungen« liegen seine Antworten auf dem Niveau der Jugendlichen des Stils 3. Hingegen sehen wir in den quantitativen Ergebnissen durchaus auch Anzeichen für einen individuierend-reflektierenden Stil, wie seine Antworten zur »eschatologischen Gerechtigkeit« und zum »Gottesbild als Erlöser« zeigen. Im Gesamtbild erscheint Leander als Jugendlicher, der sich von den sehr wahrscheinlich zu seinen Kindheitsmustern gehörenden Vorstellungen einer Präsenz der Toten, die auf einen herab schauen und zu denen man beten kann, nicht gelöst hat, doch in Berichten über Nahtod-Erfahrungen einen Weg gefunden hat, eine Art explizite »Theorie« für seine Vorstellungen zu bilden.

4.3 *»Mir tut jeder Atheist leid. Weil – für den ist alles vorbei« – Lisa*

Lisa ist 23 Jahre alt, studiert Theologie und stammt aus einem Pfarrhaus. Lisa präsentiert, was das Alter angeht, eine Ausnahme in der Gruppe von Jugendlichen, die an ein Weiterleben nach dem Tod im Himmel glauben. Dabei bezieht sich Lisa auf konkrete Erfahrungen mit dem Tod in der eigenen Familie, aber auch auf ihre regelmäßige Anwesenheit bei Beerdigungen, bei welchen sie Orgel spielt. Gefragt nach ihrer Vorstellung von dem, was nach dem Tod kommt, antwortet Lisa:

»Ich hab' in meim Glauben und in dem, was ich weiß und was ich gelernt habe und in dem, wo ich mich befinde, 'ne, eine etwas vom biologischen Tatbestand abgehobene Vorstellung. [...] Ja gut, für den Mediziner ist der Mensch dann irgendwann tot und dann is' vorbei. Und dann werden Maschinen abgestellt unter Umständen und die Betreuung ist vorbei und dann wird 'n Totenschein ausgestellt und dann ist zu Ende. Und bei uns in der Theologie, beziehungsweise in diesen Wissenschaften sieht man das ja alles 'n bisschen anders insofern, als dass der Tod nun einen, ein, einen Übergang darstellt, in ein anderes Stadium. Äh und eben in, ja – wenn man, wie wir's so bekennen, in das ewige Leben hinein.«

Mit Überzeugung sagt Lisa:

»Also ich glaube daran, definitiv. Also ich glaube, ich mein', natürlich ist so, dass der irdische Körper irgendwie, da gibt's ja die üblichen Prozesse, der verfault und so weiter, da hat man nix mehr davon – aber ähm, ich persönlich glaube daran, dass es danach in irgendeiner Form weitergeht, wie nun das ewige Leben konkret aussehen wird, das weiß man ja nun nicht. [...] Es ist auch was Hoffnung-gebendes, ne? [...] Also absolut. Ähm – mir tut jeder Atheist leid. Weil – für den ist alles vorbei.«

Dementsprechend sagt Lisa auch, dass sie keine Angst vor dem Tod hat: »Ich habe wahnsinnige Angst davor, alleine zu sein und alleine zu sterben. Aber ich habe keine Angst vor dem Tod an sich.«
Interessant ist Lisas Antwort auf die Frage nach einer möglichen Verbindung mit den Verstorbenen. Hier wird auch die Präsenz von Kindheitsmustern erkennbar, von denen sich Lisa nicht explizit abgrenzt, auch wenn sie eine Kommunikation mit Verstorbenen ablehnt:

»... wenn ich bete, dann bet' ich zu Gott. Und dann bet' ich nicht zu meim Großvater. Ich bete auch nicht, lieber Gott, kannst du meim Großvater mal eben sagen, ähm das und das – das ist auch nicht der Fall. Ich weiß – oder, man hat auch immer das Gefühl, wenn es äh Verwandte sind – ähm, es gibt die noch, in dem Sinne. Ähm – und ähm man sagt immer so schön, er passt auf mich auf und – dieses Gefühl hat man mit Sicherheit auch irgendwann und mich führen auch oft Gedanken da hin, äh von wegen ja, vielleicht, was würde er sagen, wenn er das jetzt sehen würde, sag' ich mal. Ähm, aber eine, eine Verbindung jetzt, was irgendwelche ja, Mediumstätigkeiten angeht, sag' ich mal, daran, davon halt' ich überhaupt nichts.«

Lisa berichtet darauf von einer Bekannten, die, wie sie sagt »esoterisch angehaucht« sei, Karten lege und Tische rücke. Von alledem grenzt sich Lisa vehement ab und berichtet, dass man sich über bestimmte Themen nicht mehr unterhalten könne.
Lisas Interviewtext ist nicht eindeutig dem synthetisch-konventionellen Stil zuzuordnen; sie trägt ihre Überlegungen und Überzeugungen durchaus auch individuierend-reflektierend vor. Lisa kann »ich« sagen, eine eigene Position formulieren. Dennoch zeigt ihr Interview immer auch Züge von fragloser und wenig hinterfragter Übernahme des in ihrer Familie und kulturellen Umgebung Üblichen. Das Faith-Development-

Rating des gesamten Interviews zeigt mit einem Gesamtscore von 3,4 auch eine Überlagerung von beiden Stilen.
Dies spiegelt sich auch in den quantitativen Ergebnissen aus der online-Umfrage, wie dies in der folgenden Tabelle 3 ersichtlich ist: Lisas Antworten entsprechen denen der Stil-3-Gruppe auf den Skalen »Gewissheit der Liebe Gottes«, »Gottesbild als Helfer« und »unpersönliches Gottesbild«. Hingegen liegen ihre Antworten zu den spezifischen Fragen der »eschatologischen Gerechtigkeit« und, damit verbunden, des Bildes von Gott als Richter noch deutlich unter denjenigen der Gruppe des individuierend-reflektierenden Stils. Auf der Skala »mystische Erfahrungen« weist sie mit der Maximalausprägung einen Ausreißerwert von beiden Gruppenausprägungen auf, der insofern aber auch eher als individuierendes Merkmal (einer besonderen Relevanz der religiösen Erfahrungsdimension) gedeutet werden kann.

Tabelle 3: Gottesvorstellungen von Lisa im Vergleich mit den Gottesvorstellungen der Jugendlichen des Gesamtsamples, unterteilt nach religiöser Stilpräferenz

	Jugendliche aus der gesamten online-Umfrage		Lisa*
	Mittelwerte bei Stil 3	Mittelwerte bei Stil 4	Einzelwert
Eschatologische Gerechtigkeit	**2,88**	**2,11**	**1,60**
Gewissheit der Liebe Gottes	**4,50**	**3,01**	**4,60**
Gottesbild: Helfer	**4,52**	**3,21**	**4,33**
Gottesbild: Erlöser	**4,01**	**2,57**	**3,00**
Gottesbild: Richter	**3,12**	**2,03**	**1,60**
mystische Erfahrungen	**3,70**	**3,29**	**5,00**
Gottesbild: unpersönlich	**1,96**	**2,73**	**2,00**

* Die Beantwortung des online-Fragebogens zeigt für Lisa den Stil 3; Lisas Faith-Development-Score aufgrund des Interviews beträgt 3,4.

Lisa ist in unserem Sample eher untypisch, was das Alter betrifft; es ist jedoch wichtig, Lisa in der Gruppe »Weiterleben im Himmel« vorzustellen, weil so dem Eindruck gewehrt wird, an ein himmlisches Weiterleben würden nur die Jüngeren glauben. Es zeigt sich in Lisas Beispiel eben auch, dass es eine mehr reflektierte und explizite Art und Weise gibt, Kindheitsmuster zu bewahren und weiterzuentwickeln.

4.4 *»Wenn ich sterbe, dann bin ich auch wirklich tot und bleibe auch tot« – Carla*

Carla, eine 20-jährige Studentin, ist vom Tod nicht unmittelbar und emotional betroffen. Der einzige aus ihrer Familie, der gestorben ist, ist ihr Opa; aber da war Carla fünf Jahre alt. Damals, so erinnert sie sich, hat sie sich vorgestellt, dass ihr Opa halt irgendwann wiederkommt. Inzwischen hat sie die Irreversibilität des Todes verstanden. Und daher, Carla macht dies in ihrem ausführlichen Interview unmissverständlich deutlich, kann sie sich ein Weiterleben nach dem Tod einfach nicht vorstellen und lehnt dies ab bzw. schreibt dies der Kinderphase und der Traumwelt zu:

»Ja, also ich mein' es heißt, also was heißt, es heißt ja immer, aber es sagen ja viele, von wegen dass man im Himmel ja weiter lebt. Dass man, wenn man zu Gott kommt, dass dann halt ein neues Leben in dem Sinne beginnt, also ich mein', das kann sich zwar mit viel Fantasie vorstellen, also denk' ich schon, aber ob das wirklich so ist, das wag' ich dann doch zu bezweifeln, also ich kann's mir halt einfach nicht vorstellen. Also klar, ich, man kann sich's das so irgendwie ausmalen und wie das dann sein würde, klar, das hat man schon als Kind so gemacht, aber ich mein', klar so wissenschaftlich erklären kann man sich das halt nicht und wie das dann überhaupt passieren sollte, dass man wirklich, also dass die Seele sozusagen in den Himmel fliegt, ist irgendwie 'n bisschen schwer zu erklären und deshalb nicht wirklich, ja – wirklich für mich überzeugend. Von daher – sage ich einfach mal, dass wenn ich sterbe, dann bin ich auch wirklich tot und bleibe auch tot.«

Es ist auffällig, dass Carla sich zugleich von ihrer eigenen Phantasie als Kind und von einer empfundenen Mehrheitsmeinung ihrer Umwelt abgrenzt. Das zeigt eindeutig individuierend-reflektierenden Stil. Das Faith-Development-Rating von Carlas Interview ergab auch ein klares 4,0.

Diese an ihrem naturwissenschaftlichen, rationalen Weltbild orientierte Auffassung betrifft auch die Hölle, die sie eben auch in einer phantastischen Bilderwelt verortet. Carla verbindet die Vorstellungen vom Himmel und Hölle mit dem Gottesglauben. In ihrem Interview gibt sie sich jedoch nicht als Atheistin oder Agnostikerin zu erkennen, sondern:

»Von daher, also ich mein', ob es da Gott wirklich gibt, ich mein', das ist ja 'ne andere Sache. Aber – wenn der Mensch halt nach unten in die Erde kommt und der Mensch soll dann auffahren – ähm ... Ja. Also – sagen wir so, den Himmel, wo's, wo Gott sitzt in dem Sinne finde ich, ja damit kann man sich anfreunden – wenn man wirklich davon überzeugt ist, dass es Gott gibt, das ist natürlich 'ne andere Sache – aber, dass da wirklich dann alle Menschen sind, die gestorben sind, das finde ich, also das halte ich für ein Gerücht. Na ja das ist etwas übertrieben ...«

In den Ergebnissen der online-Umfrage (siehe Tabelle 4) ergibt sich ein ganz entsprechendes Bild: Am deutlichsten votiert Carla für ein »unpersönliches Gottesbild«, verneint »mystische Erfahrungen« tendenziell eher und findet das »Bild von Gott als Erlöser« eher wenig annehmbar.

Etwas schwächer, aber dennoch klar in der Gruppe des Stils 4 sind ihre Antworten auf den Skalen »Gewissheit der Liebe Gottes« und dem »Gottesbild als Helfer« oder »Richter«.

Tabelle 4: Gottesvorstellungen von Carla im Vergleich mit den Gottesvorstellungen der Jugendlichen des Gesamtsamples, unterteilt nach religiöser Stilpräferenz

	Jugendliche aus der gesamten online-Umfrage		Carla*
	Mittelwerte bei Stil 3	Mittelwerte bei Stil 4	Einzelwert
Eschatologische Gerechtigkeit	**2,88**	**2,11**	**2,40**
Gewissheit der Liebe Gottes	**4,50**	**3,01**	**3,20**
Gottesbild: Helfer	**4,52**	**3,21**	**3,33**
Gottesbild: Erlöser	**4,01**	**2,57**	**2,25**
Gottesbild: Richter	**3,12**	**2,03**	**2,60**
mystische Erfahrungen	**3,70**	**3,29**	**2,80**
Gottesbild: unpersönlich	**1,96**	**2,73**	**3,44**

* Die Beantwortung des online-Fragebogens zeigt für Carla den Stil 4; Carlas Faith-Development-Score aufgrund des Interviews beträgt 4,0.

Zusammengefasst: Carla erscheint als eine Jugendliche, die für die Gruppe »mit dem Tod ist alles aus« typisch ist. Individuierend-reflektierend und mit Berufung auf die »Wissenschaft« grenzt sich Carla von der Phantasiewelt ihrer Kindheit und ihrer Umgebung ab.

4.5 *»Ich glaube nicht, dass irgendwas Übermenschliches danach noch auf mich wartet« – Jonathan*

Jonathan, 20 Jahre alt zum Zeitpunkt des Interviews, berichtet von einprägenden Erfahrungen mit Tod und Beerdigung. Am stärksten in Erinnerung sind ihm Sterben und Beerdigung seiner »Ersatz-Oma«; dies liegt zwar sechs oder acht Jahre zurück, hat aber dennoch deutliche Spuren hinterlassen. Auch der zwei Jahre zurückliegende Tod eines guten Bekannten bei einem Autounfall fällt Jonathan in diesem Zusammenhang ein. Trotz – oder gerade wegen – der distanzierten Erzählung im man-Stil wird erkennbar, dass Jonathan hier sehr betroffen ist, wenn er sich daran erinnert. Er spricht also nicht bloß theoretisch über den Tod, sondern durchaus als Betroffener.

Jonathans Interview ist interessant und typisch für die Gruppe derer, die glauben, dass nach dem Tod alles vorbei ist; in seinem Interview wird jedoch eine Entwicklungsperspektive erkennbar, die der Interviewee selbst konstruiert: Auf die Frage, was mit uns nach dem Sterben geschieht, antwortet Jonathan zunächst mit Bemerkungen über seine Abgrenzung vom Kinderglauben, in dem er erzogen wurde, und sagt, dass er keine »große Verbundenheit mit Gott« habe und auch nicht betet. Daher formuliert Jonathan:

»Gut, was den Körper angeht, ist klar, man verwest dann halt, je nachdem, ob man halt mh bei ganzem Körper oder halt anders beigesetzt wird. – Ja, die Grund- ähm -einstellung hat man schon, dass danach halt noch irgendwas ist. [...] ist nur die Frage was. Also – ich glaube nicht, dass man halt diese Kindheitserzählungen weiter nachverfolgen kann, dass man dann oben auf 'ner Wolke sitzt oder so was.«

Nach *seiner* Wunschvorstellung gefragt, fügt Jonathan an:

»Meine Wunschvorstellung wär' natürlich, ähm irgendwie wiedergeboren zu werden, natürlich. – Obwohl ich das nicht ähm für realistisch halte, ähm es gibt ja auch Kulturen, die da sagen, ja – für jeden, der stirbt, wird jemand Neues geboren. [...] Insofern würd' ich das schon schön finden, wenn das wirklich so sein würde, auch wenn's nicht ich wäre, sondern – wenn's mir halt schlecht gehen würde und ich halt sterben würde und dafür wird dann halt n'neues Kind geboren, würd' ich schön finden. [...] Würd' mich halt nicht in meinem – ja, für mich persönlich halt freuen, sondern halt für die Familie und für das neugeborene Kind.«

Jonathan ist sich, wie diese Passagen zeigen, der Vielfalt von Vorstellungen in den Religionen bewusst und findet dabei eine Reinkarnationsvorstellung ganz attraktiv – als Wunschvorstellung. Doch tendiert er eindeutig zur Ablehnung eines wie auch immer gedachten postmortalen Schicksals:

»Und ähm, ich weiß nicht – also ich glaube nicht, dass irgendwas Übermenschliches danach noch auf mich wartet und dass man irgendwo wacht. Ja. [...] Und ich denke so Begriffe wie Hölle und so werden als Druckmittel, wurden da ganz klar verwendet, so dass man so'n bisschen die Eigenschaft dann des Menschen lenken konnte. – Mh – genereller geh' ich davon aus, dass das nicht existiert – ich geh' davon aus, dass jeder Mensch auch wenn er halt negative Dinge vollbringt, gleichbehandelt wird. Das heißt, es wartet auf ihn genau das Gleiche wie jemanden, der durchweg positive Dinge erlebt auf, ähm anderen Leuten entgegenbringt.«

Dementsprechend setzt Jonathan auch eher auf Hilfe aus dem Diesseits. Nach einem Satz gefragt, der ihn in Krisenzeiten trösten könnte, schreibt Jonathan in der online-Umfrage: »Die Familie ist bei mir«.

Die Faith-Development-Analyse von Jonathans Interview zeigt mit dem Gesamtscore von 4,3 das Überwiegen eines individuierend-reflektierenden Stils mit einigen Anzeichen eines dialogischen Stils. Dies spiegelt sich auch in Jonathans Antworten zu den Fragen im online-Fragebogen, wie Tabelle 5 darstellt: Auf allen Skalen zeigt Jonathan das Profil der Stil-Gruppe 4; extrem sind seine Antworten auf den Skalen »Gewissheit der Liebe Gottes«, »Gottesbild als Erlöser« und »unpersönliches Gottesbild«.

Tabelle 5: Gottesvorstellungen von Jonathan im Vergleich mit den Gottesvorstellungen der Jugendlichen des Gesamtsamples, unterteilt nach religiöser Stilpräferenz

	Jugendliche aus der gesamten online-Umfrage		Jonathan*
	Mittelwerte bei Stil 3	Mittelwerte bei Stil 4	Einzelwert
Eschatologische Gerechtigkeit	**2,88**	**2,11**	**2,20**
Gewissheit der Liebe Gottes	**4,50**	**3,01**	**2,20**
Gottesbild: Helfer	**4,52**	**3,21**	**3,33**
Gottesbild: Erlöser	**4,01**	**2,57**	**1,75**
Gottesbild: Richter	**3,12**	**2,03**	**2,40**
mystische Erfahrungen	**3,70**	**3,29**	**3,00**
Gottesbild: unpersönlich	**1,96**	**2,73**	**3,00**

* Die Beantwortung des online-Fragebogens zeigt für Jonathan den Stil 4; Jonathans Faith-Development-Score aufgrund des Interviews beträgt 4,3.

Insgesamt tritt uns in Jonathan ein Jugendlicher vor die Augen, der sich, wiewohl er sich seiner Kindheitsphantasien und gegenwärtigen Wunschvorstellungen bewusst ist, einem Realitätsprinzip unterwirft, das für ihn ein Weiterleben nach dem Tod ausschließt.

4.6 *»Eigentlich würd' ich ja sagen, wenn wir sterben, sind wir weg« – Britt*

Britt, eine 22-jährige Studentin, ist ein Beispiel dafür, wie schwankend die Vorstellung von dem, was nach dem Tod kommt, vielfach ist. Britt gehört zwar eindeutig zur Gruppe derjenigen, die glauben, dass mit dem Tod alles aus ist. Doch zeigt sich in ihrem Interview mit einiger Deutlichkeit, dass es nicht nur kognitive Entwicklungen sind, die die Entwicklung der Todesvorstellungen beeinflussen, sondern Erfahrungen und die damit verbundene Emotionalität eine wichtige Rolle spielen kann. Britts Vorstellungen von Tod und Sterben sind nicht ganz unabhängig vom Tod ihrer Oma, die erst kürzlich gestorben ist.
Auf die Frage, was mit uns nach dem Sterben geschieht, legt Britt in aller Offenheit dar, wie stark ihre Weltbildvorstellung von Wunschvorstellungen geprägt und beeinflusst wird:

»Und – wenn jeder stirbt, dann kommt er eben da oben in den Himmel. Da glaub' ich eigentlich nicht dran, aber ich glaube, dass ich mich auf längere Zeit doch auf diese Vorstellung versteife, weil – mich das einfach tröstet. [...] Wenn ich jetzt einfach weiß, nach'm Tod ist nichts mehr, es ist vorbei, ich seh' meine Oma nie wieder, damit komm' ich einfach nicht klar. [...] Und deswegen würd' ich mir diese Vorstellung jetzt so festhalten und – würd' ich ach glaub' ich auf Dauer dann irgendwie annehmen. Obwohl ich eigentlich innerlich weiß, ich glaub' es kommt nichts mehr, aber ich würde daran glauben. Dass da doch irgendwas wär'. Und dass man sich wieder sieht.«

Hier wird deutlich, dass die Weltbildvorstellungen nicht allein von kognitiv-strukturellen Kompetenzen abhängig sind, sondern vielmehr emotionale Faktoren eine starke Rolle spielen, besonders wenn es sich um ein Thema mit so stark emotionalen Komponenten handelt wie der Abschied von einer geliebten Person. Erstaunlich ist hierbei auch, wie selbst-reflexiv Britt mit diesen widerstreitenden Motiven umgeht.
Von daher kann sich Britt auch nicht zu einem radikal nihilistischen Todesverständnis durchringen, sondern gibt ihrer Suche nach Trost durchaus auch in ihrer Vorstellung Raum, wenn auch vage und eher andeutungsweise. Sie könnte sich noch was anderes vorstellen:

»Wenn wir sterben? Eigentlich würd' ich ja sagen, wenn wir sterben, sind wir weg – so, wie vor der Geburt, man fühlt nichts mehr, man sieht nichts mehr – man ist wirklich irgendwie vollkommen weg. Das wär' jetzt mein erster Gedanke. [...] Wie ich vorhin ja schon sagte – glaub' ich das ja nicht. Also – ich glaub's irgendwie schon, aber ich könnt' mir noch was anderes vorstellen, dass man irgendwie in den Himmel kommt. – Und wenn das so wäre, glaube ich, wenn man stirbt, dass dann, natürlich glaub' ich nicht, dass man mit Körper da oben hinkommt – weil der Körper ja wirklich irdisch auf der Erde irgendwie vor sich hin rottet. – Also ich glaube schon, dass man dann irgendwie mit den Gedanken oder mit der Seele dann in den Himmel kommt, wenn man stirbt.«

Die Faith-Development-Analyse des gesamten Interviews von Britt ergab einen Gesamtscore von 4,2, was auf eine klare Ausbildung des indivduierend-reflektierenden Stils deutet, verbunden mit der Offenheit für den Dialog mit anderen Vorstellungen. Diese Gesamtzuordnung wird bestätigt in den Antworten, die Britt auf die Fragen der online-Untersuchung gegeben hat, wie Tabelle 6 zeigt. Auf fast allen Skalen sind ihre Antworten eher noch ein Stück weiter als der Durchschnitt in der Stil-Gruppe-4. So sind für Britt die »Gewissheit der Liebe Gottes«, »Gott als Erlöser« oder v.a. als »Richter« eher fraglich; hinsichtlich »mystischer Erfahrungen« und einem »unpersönlichen Gottesbild« ist sie indifferent. Weniger klar entsprechen Britts Vorstellungen von »eschatologischer Gerechtigkeit« und ein Gottesbild von »Gott als Helfer« den mittleren Ausprägungen der Stil-4-Gruppe.

Tabelle 6: Gottesvorstellungen von Britt im Vergleich mit den Gottesvorstellungen der Jugendlichen des Gesamtsamples, unterteilt nach religiöser Stilpräferenz

	Jugendliche aus der gesamten online-Umfrage		Britt*
	Mittelwerte bei Stil 3	Mittelwerte bei Stil 4	Einzelwert
Eschatologische Gerechtigkeit	**2,88**	**2,11**	**2,40**
Gewissheit der Liebe Gottes	**4,50**	**3,01**	**2,60**
Gottesbild: Helfer	**4,52**	**3,21**	**3,67**
Gottesbild: Erlöser	**4,01**	**2,57**	**2,25**
Gottesbild: Richter	**3,12**	**2,03**	**2,00**
mystische Erfahrungen	**3,70**	**3,29**	**3,00**
Gottesbild: unpersönlich	**1,96**	**2,73**	**3,22**

* Die Beantwortung des online-Fragebogens zeigt für Britt den Stil 4; Britts Faith-Development-Score aufgrund des Interviews beträgt 4,2.

Insgesamt erscheint in Britts Interview eine Jugendliche, die aufgrund eigener Aussagen und aufgrund quantitativer Werte zur Gruppe derer zuzuordnen ist, die sagen, dass mit dem Tod alles aus ist. Doch zeigt das Interview mit Britt eben auch, dass mit der in der Forschung weitgehend üblichen Fokussierung auf reflexive, kognitive Aussagen nicht alles über eine Person erfasst wird: Emotionale Faktoren, prägende Erlebnisse und damit verbundene Wunschvorstellungen haben ebenso eine Bedeutung – und könnten gar dazu führen, diese Gruppen-Zuweisung mit einem vorsichtigen Fragezeichen zu versehen.

5 Zusammenfassung und Diskussion der Ergebnisse

Die Analyse der Interviews, die die Studierenden in einem Bielefelder Seminar geführt haben, kann folgendermaßen zusammengefasst werden:
(1) Aufgrund der Clusteranalyse fallen die Jugendlichen in unserem Sample vor allem in zwei Gruppen auseinander: »Mit dem Tod hört das Leben einfach auf« und »Es gibt ein Weiterleben nach dem Tod im Himmel«. Eine kleinere Gruppe bildet ein drittes Cluster: diejenigen, die an eine Reinkarnation glauben; in vieler Hinsicht jedoch haben die Fälle dieses dritten Clusters mehr Gemeinsamkeiten mit dem Cluster »Weiterleben im Himmel« (wenn man nur zwei Cluster bilden lässt, verschmelzen beide).
(2) Eines der besonderen Ergebnisse unserer Studie ist, dass sich ein klarer Zusammenhang zwischen den Todesvorstellungen und den Gottesvorstellungen der Jugendlichen gezeigt hat: Wer eine Vorstellung von

Gott als Helfer und Retter hat, glaubt mit sehr hoher Wahrscheinlichkeit auch an ein Weiterleben im Himmel und lehnt die Aussage ab, dass mit dem Tod das Leben einfach aufhört. Entsprechend wirkt sich auch die Gewissheit der Liebe Gottes auf die Todesvorstellungen aus. Umgekehrt zeigt sich ein deutlicher Zusammenhang zwischen Indifferenz in Bezug auf ein unpersönliches Gottesbild und der Verneinung eines Weiterlebens im Himmel bzw. der Auffassung, dass mit dem Tod alles aus ist.

(3) In unserem Sample wird ein Entwicklungstrend erkennbar, der sich in erster Linie am religiösen Stil festmachen lässt und in zweiter Linie einen Altersunterschied reflektiert: Jugendliche aus unserem Sample mit synthetisch-konventionellem Stil und einem Alter von 18 Jahren oder darunter glauben mehrheitlich an ein Weiterleben nach dem Tod im Himmel oder haben Reinkarnationsvorstellungen. Hingegen glauben die von uns befragten Jugendlichen oder jungen Erwachsenen, die einen individuierend-reflektierenden Stil entwickelt haben und über 18 Jahre alt sind, mehrheitlich, dass das Leben mit dem Tod einfach aufhört.

(4) Ein entsprechender Trend zeigt sich zur Frage, wie man mit Verstorbenen in Verbindung bleiben kann: Es sind wiederum mehrheitlich die synthetisch-konventionell denkenden, unter 18-jährigen Jugendlichen in unserem Sample, die sagen, man kann mit den Toten sprechen oder zu ihnen beten – wenn auch einige aus der Gruppe, die an ein Weiterleben im Himmel glauben, dies verneinen und eine bleibende Verbindung darin sehen, dass »man an die Toten denkt«. Hingegen sind unsere individuierend-reflektierenden denkenden und über 18-jährigen Jugendlichen ziemlich einhellig der Meinung, dass es eine Verbindung mit den Toten überhaupt nicht gibt. Nur eine Jugendliche (Agata) aus dieser zweiten Gruppe ist der Meinung, dass man mit okkulten Praktiken mit den Toten in Verbindung bleiben könne.

Man könnte nun an unsere Untersuchung die Rückfrage stellen: Wird hier nicht genau eine Entwicklung hin zum »Realismus« des »mit dem Tod hört das Leben einfach auf« nachgezeichnet und bestätigt? Ein solcher Trend (der ein Entwicklungstrend sein könnte) ist ja aufgrund der Faith-Development-Ratings, dem Alter und den darauf bezogenen Todeskonzepten unverkennbar. Andererseits käme eine solche Entwicklung zur »Realität« reichlich spät, und man kann die Entwicklung eines »reifen« Todeskonzepts bei allen unseren Interviewees voraussetzen – und beobachten.

Man kann die Entwicklung der Todeskonzepte in der Lebensgeschichte folgendermaßen skizzieren: Die Adoleszenz ist ein Lebensabschnitt, die Entwicklung der Todesvorstellungen bei Jugendlichen steht in einen größeren Entwicklungszusammenhang. Entgegen der Annahme, dass die Entwicklung eines »reifen« Todeskonzepts in der späten Kindheit vollzogen und abgeschlossen sei und dann Universalität, Nonfunktionalität, Irreversibilität und Kausalität des Todes (»mit dem Tod hört das Leben einfach auf«) die Oberhand gewonnen hätten, bildet vermutlich jedes Kind sich eine Vorstellung vom Weiterleben nach dem Tod im Himmel,

teilweise vermischt mit Reinkarnationsvorstellungen und bewahrt diese Vorstellung gewissermaßen parallel. Wann in der Kindheit sich diese Vorstellungen entwickeln, kann unsere Studie nicht dokumentieren; dazu ist Forschung mit Kindern notwendig und aufschlussreich, wie die neue Untersuchung von Eva Hoffmann.[23] Sehr wahrscheinlich aber bilden sich diese Vorstellungen in einem intuitiv-projektierenden Stil, den Fowler in Anlehnung an Piaget auch »magisch-numinos« nennt, oder in einem mythisch-wörtlichen Stil, in dem die vielen religiösen und religiös-kulturell geprägten Geschichten über den Himmel die Todesvorstellungen prägen. Über die weitere – komplexe – Entwicklung dieser Vorstellungen in der Adoleszenz eröffnet unsere Studie einige Einblicke.
Man wird unsere Ergebnisse so interpretieren dürfen: Unseren jüngeren und Stil 3 zuneigenden Interviewees fällt die Unterscheidung zwischen einer biologisch-natürlichen Erklärung und einer »theologischen« Interpretation nicht ganz so leicht wie den älteren Jugendlichen. »Dass man in 'ne Stadt kommt, dann da vielleicht weiter lebt«, sagt Gustav. Es zeigt sich in unseren Interviews aber genau die von den eisernen Protagonisten der Entwicklung eines »reifen« Todeskonzepts vernachlässigte und von Speece und Brent 1993 eingeklagte Dimension mit unübersehbarer Deutlichkeit: Vorstellungen vom Weiterleben nach dem Tod, die mit der Vielfalt von subjektiv-theologischen Vorstellungen verbunden sind, *gehören zur Entwicklung*: jeder unserer Interviewees weiß davon, auch wenn ein Teil sich davon abgrenzt und dies als kindliche Wunschvorstellung bezeichnet.
Die Gründe, den religiösen Stil zu wechseln, sind lebensgeschichtlich bedingt, vielfältig und komplex; sie hängen nicht allein an der kognitiven Entwicklung.[24] Aus den von uns geführten Interviews ergibt sich vielmehr als Hauptmotiv die Abgrenzung von den Kindheitsmustern und dem Kinderglauben; und diese Abgrenzbewegung scheint wesentlich damit zu tun zu haben, wie sich der Einzelne in seinem Weltbild zuhause fühlt, religiöse Identität entwickelt und diese vor sich selbst und seiner kleinen und größeren sozialen Umwelt rechtfertigen kann. Diese religiös-stilistische Identitätsbildung ist jedoch eine sensible Entwicklung und, wie unsere Interviewees zeigen, zuweilen fragmentarisch und fragil. Es sind gerade die älteren und überwiegend dem individuierend-reflektierenden Stil zugeordneten Jugendlichen, die hier durch eine gewisse

23 *Eva Hoffmann*, Interreligiöses Lernen im Kindergarten? Eine empirische Studie zum Umgang mit religiöser Vielfalt in Diskussionen mit Kindern zum Thema Tod, Münster 2009.

24 Es ist gerade die Faith-Development-Analyse, die anderslautenden Annahmen zum Trotz *nicht* an eine kognitiv-strukturelle Entwicklungslogik gebunden ist, besonders was die höheren Stufen angeht. Einer der ersten, der darauf mit Blick auf Osers Modell und scharfsinniger Kritik hingewiesen hat, ist *Rainer Döbert* (Oser/Gmünders Stadium 3 der religiösen Entwicklung im gesellschaftlichen Kontext: ein circulus vitiosus, in: *Karl E. Nipkow / Friedrich Schweitzer / James W. Fowler* (Hg.), Glaubensentwicklung und Erziehung, Gütersloh 1988, 144–162).

Unsicherheit und durch »Wunschvorstellungen« Zwischentöne erklingen lassen. Erinnert werden kann hier an Britts »Eigentlichkeit« (»eigentlich würd' ich ja sagen, wenn wir sterben, sind wir weg«). Bei Britt zeigt sich sehr deutlich, wie stark situative, emotionale Faktoren auf die stilistische Identität Einfluss nehmen können. Als anderes deutliches Beispiel ist auch an Lisa zu erinnern, die eher den Eindruck einer gewissen Stabilität ihrer Identität vermittelt und explizit zwischen einem »reifen« Todeskonzept, das sie souverän erläutern kann, und einer theologischen Interpretation der Wirklichkeit zu unterscheiden weiß.

Auf der anderen Seite der Lebensgeschichte ist mit Blick auf die weitere Entwicklung der Todesvorstellungen im Lebenslauf fraglich, ob ein mehrheitliches »Mit dem Tod hört das Leben einfach auf« im frühen Erwachsenenalter das Endstadium der Entwicklung ist. Die neuesten Ergebnisse des *International Social Survey Programme (ISSP 2008)*[25] weisen darauf, dass der Glaube an ein Weiterleben nach dem Tod im mittleren Erwachsenenalter (wieder) erheblich ansteigt und mehrheitsfähig wird: Unter den 30- bis 40-Jährigen – die ja teilweise zur Elterngeneration der von uns interviewten Jugendlichen gehören (!) – liegt die Rate derer, die ganz sicher an ein Weiterleben nach den Tod glauben, bei ca. 27%. In dieser aktuellen Umfrage erscheinen die 18- bis 20-Jährigen jungen Deutschen als diejenigen, die sich ein Weiterleben nach dem Tod am wenigsten vorstellen können (ca. 10% ganz sichere Zustimmungen). Man könnte dies auch als ein agnostisch-atheistisches Durchgangsstadium deuten, das geprägt ist durch die Faszination von der neu erworbenen Fähigkeit, individuierend zu reflektieren und Kindheitsmuster hinter sich zu lassen.

Religionspädagogik wird sich also ungeachtet der Entwicklung eines »reifen« (biologischen) Todeskonzepts auf die fortwährende Bedeutung der in der Kindheit erworbenen Vorstellungen eines Weiterlebens nach dem Tod im Himmel einzustellen haben. Dabei unterscheiden sich unserer Interviewstudie zufolge die jüngeren und eher dem synthetisch-konventionellen Stil zugeneigten Jugendlichen von den älteren, dem individuierend-reflektierenden Stil zugeneigten dadurch, dass den einen diese Vorstellung ans Herz gewachsen und selbstverständlich ist und die anderen sich von ihrem Kinderglauben distanzieren und zu distanzieren versuchen, aber auch gelegentlich spüren, dass sie nicht so leicht davon lassen können.

Die Aufgabe entwicklungsbezogener Religionspädagogik wäre vor diesem Hintergrund eine doppelte: einerseits die subjektiv-theologischen Vorstellungen der Kindheit vor dem unproduktiven Vorwurf der Naivität in Schutz zu nehmen – auch vor dem teilweise rigorosen Urteil des neu erworbenen individuierend-reflektierenden Stil der Jugendlichen selbst –, um die Jugendlichen über ihre Vorstellung vom »Weiterleben nach dem

25 Allgemeine Bevölkerungsumfrage der Sozialwissenschaften 2008 (Datafile, Vollversion), Köln/Mannheim 2009.

Tod« gesprächsfähig und nicht mundtot zu machen; andererseits dem religiösen Stil der Jugendlichen angepasste Inszenierungen theologischer Reflexion zu versuchen, die dazu anregen, in biblischen und theologischen Vorstellungen vom Tod und dem, was danach kommt, Alternativen und Neues zu entdecken. Denn so viel dürfte auch deutlich geworden sein: Nur wenige Aussagen unserer jugendlichen Interviewees würden theologischer Examinierung standhalten.

Interviewleitfaden zur Untersuchung der Todesvorstellungen Jugendlicher

- **Einleitungsfrage: Erwartungen/Assoziationen zum Thema des Interviews?**
- **Wo begegnet uns der Tod? Bei welchen Gelegenheiten beschäftigst Du Dich mit dem Thema Tod?**
  - Fernsehen/Nachrichten, Filme, Computerspiele, Musik, Bücher, Werbung?
  - An welchen Orten wird man an den Tod erinnert? (Krankenhaus? Friedhof?)
  - Friedhof? Warst Du schon mal auf einem Friedhof?
  - Kennst Du verschiedene Formen der Bestattung? Welche? (Erd-, Feuer-, See- etc. -bestattung)
  - Warst Du schon mal bei einer Bestattung dabei? Wie war das? Welche Bedeutung hat die Bestattung?
  - Wie könnte man damit umgehen, wenn man einen Menschen verloren hat?
- **Was passiert mit uns, wenn wir sterben?**
  - Wie könnte es nach dem Tod weitergehen? Wie stellst Du Dir das vor?
  - Was verbindest Du mit solchen Begriffen wie …? (Himmel, Hölle, Nirwana, Wiedergeburt/ Reinkarnation, Gericht)
  - Was denkst Du – wie könnte man mit Verstorbenen in Verbindung bleiben?
  - (Vorstellungen in Bezug auf den eigenen Tod?)
  - (Vorstellungen in Bezug auf die eigene Bestattung?)
- **Kannst Du Dich daran erinnern, wie Du als Kind zum ersten Mal mit dem Tod zu tun bekommen hast?**
  - Hast Du weitere Erfahrungen mit Tod und Sterben? Welche?
  - Redet Ihr in der Familie / in der Schule über das Thema Tod? Wie? Bei welchen Gelegenheiten?
  - Hast Du mal einen toten Menschen gesehen? Wie war das für dich? (Toten berührt?)
- **Gibt es noch etwas, dass Du zum Thema Tod gern erzählen möchtest?**

Dr. Heinz Streib ist Professor für Religionspädagogik an der Universität Bielefeld und Leiter der dortigen Forschungsstelle Biographische Religionsforschung; *Constantin Klein* ist wissenschaftlicher Mitarbeiter an der Universität Bielefeld und arbeitet mit in der Forschungsstelle Biographische Religionsforschung.

2.6

Reiner Sörries

Anonyme Bestattungen und Friedhöfe im Internet

Die Bestattungskultur als Indikator für den Wandel eschatologischen Denkens

Kirchhöfe waren im Mittelalter heilige Orte und die geweihten Gräber heilsnotwendig für das ewige Leben. Nach der Reformation sprach man von Gottesäckern, auf denen die Verstorbenen ruhten und die Lebenden Trost und die Verkündigung des Evangeliums von Jesus Christus erfahren sollten. Im Zuge der Aufklärung haben sich die Friedhöfe zu vernünftigen Bestattungsplätzen entwickelt, auf denen nach den Grundsätzen von Hygiene und Ordnung beigesetzt wurde. Allein an diesen drei Phasen der Friedhofskultur wird deutlich, dass sich die Bedeutung und Gestaltung der Friedhöfe in der Geschichte mehrfach gewandelt hat und mit ihr auch das Denken und der Glauben der Menschen. Sehr markant war etwa auch die Einführung der modernen Feuerbestattung mit dem ersten Krematorium 1878 in Gotha, wobei für die Freidenker die Kremation zu einem Fanal in der Leugnung der Auferstehung geriet.
Wenn man also heute von einem Wandel der Bestattungskultur spricht, dann ist dies nichts Außergewöhnliches, sondern lediglich ein weiterer Veränderungsprozess. Nach einer 2000-jährigen Friedhofsgeschichte ist allenfalls ungewöhnlich, dass die Menschen in zunehmendem Maße den Friedhöfen den Rücken kehren. An die Stelle der kollektiven Bestattung auf solidarisch betriebenen Friedhöfen, die von der Kirchengemeinde oder der Kommune unterhalten werden, tritt die persönlich verantwortete Totenfürsorge mit möglichst individuell erscheinenden Beisetzungsarten. Auch die Nutzung des Internet für virtuelle Friedhöfe und digitale Gedenkseiten ist ein durchaus normaler Vorgang, denn schon immer hielten neue Medien rasch auch Einzug in die Gedenkkultur, man denke nur an die Erfindung der Fotographie, die als sog. Post-mortem-Fotografie Ende des 19. Jahrhunderts eine rasche Blüte erlebte, und die Fotos der Verstorbenen fanden sich auf den Grabsteinen.
Was zudem überrascht ist, sind die gegenläufigen Tendenzen im Bestattungs- und Gedenkverhalten, wenn einerseits mit einer anonymen Beisetzung das Gedenken an einen Verstorbenen radikal zu verschwinden erscheint und andererseits gerade über die Nutzung digitaler Speicher eine Art virtuelle Unsterblichkeit angestrebt wird. Das Verhalten der Menschen scheint übrigens in manchen Bereichen des Lebens wider-

sprüchlich zu sein, so auch in der Trauerkultur. Und es passt dann doch irgendwie zusammen: anonym bestatten und digital gedenken![1]
Der gegenwärtige Trend zu einer veränderten, vor allem sehr differenzierten Bestattungskultur hat viele Gründe. Für zahlreiche Menschen stehen ganz offenkundig praktische Erwägungen im Mittelpunkt, die – etwa in Umfragen – auch ausgesprochen werden. Aber der Wandel zeitigt zudem mentale Veränderungen des Denkens über den Tod hinaus und damit eine eschatologische Dimension, worüber eher selten gesprochen wird. Die neue Eschatologie ist freilich nicht mehr an die Vorstellung von den ›vier letzten Dingen‹ oder andere christlich-dogmatische Glaubenssätze gebunden, sondern schwadroniert durch die Weltanschauungen zwischen ›alter‹ Esoterik und ›neuem‹ Posthumanismus. Dabei ist zwar schwer auszumachen, ob sich die Menschen dieser Art Synkretismus bewusst sind, aber sie sind keineswegs gedankenlos. Das Jenseits hat seinen Stellenwert durchaus behalten. Nach einer aktuellen Studie der Bertelsmann-Stiftung glauben zwei Drittel aller Deutschen an ein Weiterleben nach dem Tod.[2] Ungleich schwerer als ›Ja‹ oder ›Nein‹ zu ermitteln ist die Antwort auf die Frage, wie dieses Leben nach dem Tod aussieht. Der Beitrag, den die Bestattungskultur zur Beantwortung beiträgt, soll hier skizziert werden.

1 Der Trend zu anonymen und alternativen Bestattungen

Es ist eine Binsenweisheit, dass die Zahl der anonymen Beisetzungen in Deutschland in den letzten Jahren stark zugenommen hat. Die Friedhofsverwalter beklagen allerorten angesichts wachsender Leerstände auf den Friedhöfen diesen Trend, der – falls er sich ungebrochen fortsetzt – riesige finanzielle Probleme mit sich bringt und zur Schließung von Friedhöfen führen muss. An sich sind anonyme Beisetzungen, sogar anonyme Sammelbeisetzungen bis in die 1920er Jahre zurückzuverfolgen, aber einen beachtenswerten und schließlich dramatischen Anstieg erlebten sie seit den 1980er Jahren. Damals verließen erstmals Menschen in einer großen Zahl die angestammten Konventionen, zu denen das gekennzeichnete und gepflegte Grab gehörte, und wählten einen eigenen, selbstbestimtmen Weg. Es muss hinzugefügt werden, dass dies die Zeit war, in der die Hospizbewegung in Deutschland Fuß fasste und die Würde und Selbstbestimmung des Menschen auch im Sterben einforderte. Seitdem hat die Forderung nach Verwirklichung der Autonomie des Menschen auch ›die letzten Dinge‹ erreicht; sie bestimmt seitdem das Bestattungs- und Trauerverhalten und ermöglichte die Loslösung

1 *Martin Venne,* Anonym Bestatten – Digital Gedenken, in: Friedhof und Denkmal 44 (1999, Heft 1), 17–24.
2 Welt-online vom 3. April 2009: http://www.welt.de/vermischtes/article3495328/Viele-Deutsche-glauben-an-ein-Leben-nach-dem-Tod.html (8.11.09).

von angestammten Traditionen: Menschen trauern heute, wie sie wollen – und sie bestatten auch so.
Es muss hinzugefügt werden, dass diese Entwicklung – bei aller Verkürzung der gesellschaftspolitisch intendierten Unterschiede – in beiden deutschen Staaten ziemlich parallel verlief. In der DDR wurde das erste Hospiz in Halle an der Saale 1985 eingerichtet, und die anonymen Urnengemeinschaftsanlagen entwickelten sich zumindest in den ostdeutschen Großstädten zur führenden Beisetzungsart.
Mit der Jahrtausendwende wurde der Trend zur anonymen Beisetzung jedoch abgelöst oder zumindest ergänzt durch die Tendenz zu alternativen Formen.[3] Am Anfang dieser neuen oder modifizierten Entwicklung entstand mit der Eröffnung des ersten Friedwaldes in Deutschland im Reinhardswald bei Kassel die Möglichkeit zur Beisetzung in der Natur, und in der Folge entwickelte der Bestattungsmarkt eine Vielzahl neuer Produkte von der Verstreuung der Asche an allen denkbaren Orten über die häusliche Aufbewahrung der Urne bis zum Erinnerungsdiamanten oder zur exklusiven Weltraumbestattung. Wenn auch mit Ausnahme der florierenden Naturbestattung die alternativen Beisetzungsarten noch einen geringen Anteil an der Gesamtzahl der Bestattung haben, so hat allein die heute zur Wahl stehende Vielfalt der Alternativen das Denken der Menschen verändert. Nach einer 2007 durchgeführten repräsentativen Studie von TNS Infratest im Auftrag von Aeternitas wünschen nur noch 51% der Bundesbürger für die eigene Beisetzung das übliche Erd- oder Urnengrab auf einem Friedhof, während die Akzeptanz für das herkömmliche Grab zehn Jahre zuvor noch bei 87% lag.[4]
Die Mentalität der deutschen Gesellschaft hat sich stark verändert, und dies gilt nun erstaunlicherweise sogar für den eigentlich sehr stabil-traditionellen Bereich der Bestattungskultur. Dass Menschen heute ›etwas anderes‹ wollen, hat mit ihrer Entdeckung der Selbstverwirklichung zu tun, teilweise mit ganz praktischen Überlegungen, teilweise aber auch mit den neuen und sympathischen ›Bildern‹, die mit den alternativen Beisetzungen verbunden sind. Es sind Bilder, die das Jenseits irgendwie leichter und erträglicher erscheinen lassen. Bevor wir uns ihnen zuwenden, müssen jedoch auch die ganz vernünftigen Gründe genannt werden.

2 ›Vernünftige‹ Gründe für anonym und alternativ

In nahezu allen Lebensbereichen hat sich der Mensch daran gewöhnt, Entscheidungen nach Kalkulation und vernünftigen Überlegungen zu treffen, das gilt ganz besonders bei der Inanspruchnahme von Dienst-

3 *Reiner Sörries,* Alternative Bestattungen. Formen und Folgen. Ein Wegweiser, Frankfurt a.M. 2008.
4 http://www.aeternitas.de/inhalt/news_und_trends/2007_04_05__09_47_16/show_data (8.11.09).

leistungen und beim Erwerb von Produkten. Brauche ich dieses, gerade jetzt, in welcher Ausstattung und Preislage? Standen solche Erwägungen im Bestattungsfall zugunsten einer normierten Pietät lange Zeit eher im Hintergrund, so werden sie heute immer öfter angestellt. Dies gilt für den Preisvergleich von Bestattungsdienstleistungen ebenso wie beim Gebührenvergleich für Grabarten. Dabei kann die anonyme Bestattung, in der Regel die kostengünstigste Grabart auf einem Friedhof, allein aus praktischen und finanziellen Gründen zur ersten Wahl werden. Die Höhe der finanziellen Belastung ist jedoch nur eine Seite der Medaille; auf der anderen steht ganz deutlich der Wunsch nach einer Entpflichtung von der Grabpflege. Viele Menschen können und wollen nicht dauerhaft die Grabpflege garantieren, weil sie aufgrund der heute erwarteten Mobilität auf dem Arbeitsmarkt schon morgen von einem Umzug betroffen sein können oder weil sie aufgrund ihres hohen Alters die Pflege des Grabes bei einer Ruhefrist von 20 oder mehr Jahren nicht mehr überschauen können. Hier kann die anonyme Beisetzung eine Lösung bedeuten, doch mit dem Aufkommen der vielfach und vielfältig angebotenen Gemeinschaftsgrabanlagen werden auch diese teilweise sogar zu einer hochpreisigen Alternative.

Von vernünftigen Überlegungen sieht der Mensch eigentlich nur dann ab, wenn Emotionen mit im Spiel sind. Das kann das Hobby betreffen oder den Urlaub, den Kauf eines Fahrzeuges oder die Gestaltung der Lebensfeste. Oftmals wird bei einer Hochzeitsfeier nicht nach den Kosten gefragt, weil sie einfach nur schön, groß, romantisch oder beeindruckend sein soll. Ähnliches gilt auch für die Bestattung. Bei der Beisetzung eines geliebten Menschen treten finanzielle Erwägungen meist ebenso zurück, soweit die sozialen Verhältnisse nicht anderes gebieten.

Ein Todesfall löst vor allem dann Emotionen aus, wenn ein Mensch mitten aus dem Leben gerissen wird oder eine Familie zerstört wird. Bei der wachsenden Zahl von alten und alleinstehenden Menschen, auch Singles, wächst auch die Zahl der Verstorbenen, um die nicht getrauert wird. In diesen Fällen wird ein von der Vernunft geleitetes Bestattungsverhalten zur Regel werden.

3 ›Unvernünftige‹ Gründe für anonym und alternativ

Neben den genannten vernünftigen Gründen für eine anonyme oder alternative Beisetzung steigt aber auch die Zahl jener Beisetzungswünsche, die ein deutlich ›unvernünftiges‹ Bestattungsverhalten erkennen lassen und nur aus der emotionalen Gefühlswelt der Betroffenen heraus zu verstehen sind. Es ist nicht vernünftig, mit einem ungeheuren Aufwand an Technologie, Energie und Kosten einen minimalen Teil der Asche eines Verstorbenen mittels einer Rakete in den interstellaren Raum zu schicken oder nach einer mehrfachen Umkreisung des Planeten Erde beim Wiedereintritt verglühen lassen. Aber eine solche Weltraumbestattung kann der Gefühlswelt des oder der Betroffenen so entsprechen, dass er hierfür weder Kosten noch Mühen scheut. Die Entscheidung für eine orbitale Bestattung kann mit der beruflichen oder gedanklichen Biographie eines Menschen zusammenhängen. Und damit wird schon deutlich, dass heute Beisetzungsformen gewählt werden, die zur Individualität eines Menschen passen und diese in gewisser Weise posthum fortsetzen. Mit der posthumen Gestaltung des individuellen Lebens bewegen wir uns bereits zumindest am Rande der Eschatologie. Die Art der Beisetzung wird zu einer Prolongierung der irdischen Existenz in einen nachtodlichen Bereich hinein. Mag die sog. Weltraumbestattung – immerhin bleibt dabei der größte Teil der Kremationsasche auf der Erde zurück – ein seltenes Extrembeispiel sein, so steht sie doch beispielhaft für diesen Wunsch nach einer Identität zwischen diesseitiger und jenseitiger Existenz.

Eine Familie, die ihr Kind verloren hat, das sich schon in jungen Jahren nur mit Science-Fiction-Weltraumabenteuern befasst hat, wählte konsequenterweise für ihren Liebling eine Weltraumbestattung. Gerade bei existenziell einschneidenden Todesfällen wird die Entscheidung der Bestattungsart elementar von Gefühlen und Bildern geleitet, die mit einer bestimmten Form der Totenfürsorge verbunden ist. Solche ›Bilder‹ spielen auch bei der Naturbestattung im Wald eine wesentliche Rolle, denn der Wald ist in aller Regel mit positiven Gefühlen aufgeladen. Die Natur bedeutet für viele Menschen der modernen Industriegesellschaft das Sinnbild einer heilen, unbefleckten Welt, in der noch alles in Ordnung ist. Wie zutreffend solche Gefühle – etwa angesichts des Waldsterbens – sind, ist dabei unerheblich, wenn die Emotion regiert. Dass bei einer Naturbestattung – so der Slogan der Anbieter – die Natur die Grabpflege übernimmt und damit davon entbindet, kann als Motiv hinzutreten und zeigt, wie verschränkt die Motive der handelnden Personen sein können.

Der Wald löst aber nicht nur allgemein positive Gefühle aus, sondern kann auch zum Sinnbild des ewigen Naturkreislaufes werden, und der Verstorbene kehrt seinerseits in diesen ewigen Kreislauf von Werden und Vergehen zurück. Auch mit diesem Argument werben Friedwald & Co und haben Erfolg u.a. bei Menschen, die esoterisch gestimmt sind. In einer Gesellschaft, in der eine dogmatisch nicht gebundene Spiritualität gegenüber der Religiosität verfasster Kirchen und Konfessionen an Bedeutung gewinnt, verlieren die traditionellen Bestattungssitten an Bedeutung. Was vernünftig oder unvernünftig ist, entscheidet das Individuum für sich. Dies kann man sich am Beispiel des sog. Fried-Juwel verdeutlichen. Der Anbieter wirbt damit, einen Halbedelstein mit der Asche des Verstorbenen zu energetisieren, um damit einerseits die Kraft und das Wesen des geliebten Menschen dauerhaft zu binden und andererseits die dem Halbedelstein ohnehin innewohnende Ausstrahlung zu nutzen: »Die Edelsteinbestattung ist eine moderne Bestattungsalternative mit Wurzeln in der traditionellen Steinlehre. Dabei wird ein Edelstein hoher Qualität, der Fried-Juwel, in einem speziellen Prozess mit der

Kremationsasche in Verbindung gebracht und dabei energetisiert. Von der modernen Psychologie werden dem Fried-Juwel wirksame Dienste bei der Trauerbewältigung bescheinigt, da er den Trauernden in die Lage versetzt, seine verlorenen Lieben auf eine besondere Weise für immer bei sich zu haben.«[5] Für viele, die sich für einen Fried-Juwel entscheiden, mag gerade das *für immer* eine hohe Bedeutung haben. Man mag aus einer rationalen Sicht heraus diesen Gedanken für unvernünftig halten, wer jedoch in dieser Gedankenwelt zuhause ist, lässt sich von dieser Sichtweise nicht beeinflussen. Immerhin gibt es seit der Aufklärung Menschen, die Religion für unvernünftig halten, ohne dass sich Christen deshalb von ihrem Glauben abbringen lassen.

3.1 Vorsorge für das posthume Schicksal

In den letzten Jahren hat die Zahl der Menschen, die alles für ihre Bestattung schon im Voraus regeln, stark zugenommen. Dies kann aus sehr praktischen Gründen erfolgen, wenn man den Angehörigen die finanzielle Belastung durch die eigene Bestattung ersparen will. Doch viele Menschen verbinden die materielle Absicherung mit der Festlegung aller Modalitäten der Trauerfeier und der Grabart, als würde man selbst Teilnehmer der eigenen Beisetzung sein und die schöne Aussicht vom Grab aus noch genießen können. Rational betrachtet, sind derartige Vorstellungen unvernünftig, und doch wird die Bestattungsvorsorge heute von vielen ›Experten‹ geradezu empfohlen. Bestatter, die gerne Vorsorgeverträge abschließen, vertreten hier dieselbe Meinung wie Hospiz-Verantwortliche, die Festlegungen für den Todesfall als Teil der Lebensstrategie und Sterbevorbereitung ansehen. In den Bestattungswünschen der Lebenden kommen nun die Vorstellungen über die postmortale Existenz zum Ausdruck: In der Seebestattung spielen die Bilder von Wind, Wellen und unendlicher Weite eine ähnlich Rolle wie Ruhe, Stille und Erhabenheit in einem Wald. Der Wunsch nach dem Verstreuen der Asche von einem Ballon aus mag aus der Sehnsucht nach Freiheit und Ungebundenheit resultieren. Es gibt daneben aber auch das ganz andere, fast antikische Bestreben, in der Welt sichtbar zu bleiben. Seit Mitte dieses Jahrzehnts entstehen auf dem Friedhof Ohlsdorf in Hamburg wieder Mausoleen, wie wir sie aus der klassischen Antike oder der großbürgerlichen Friedhofskultur des 19. Jahrhunderts kennen. Postklassizistische Grabhäuser kosten dabei einen sechsstelligen Euro-Betrag, den eine wachsende Zahl von Menschen aufzubringen bereit ist, um etwas Bleibendes zu hinterlassen und ihre Existenz über den Tod hinaus zu sichern. Menschen bestatten heute nach ihren Vorstellungen und ihrem Vermögen, und sie täten es nicht, wenn sie keine Vorstellungen vom ›Jenseits‹ hätten. Die vielfältigen Bestattungsmöglichkeiten erlauben es den Menschen heute, ihren persönlichen Vorstellungen Ausdruck zu verleihen.

5 http://www.friedjuwel.de/index2.html (15.11.09).

Man gewinnt aus dieser Betrachtung schon den Eindruck, dass die Zahl von 70%, die an eine nachtodliche Existenz glauben, nicht aus der Luft gegriffen ist, doch trifft man dabei auf eine sehr individuelle Eschatologie, die ihren Deutehorizont auf ganz eigenen Wegen findet.

3.2 Bilder für die posthume Existenz

Von entscheidender Bedeutung sind die mit einer Bestattungsart verbundenen Bilder, die im Kopf der Menschen existieren. Dabei erinnere man sich, dass auch die christliche Eschatologie Bilder bemüht, um ihre Jenseitsperspektive auszudrücken: Paradies, Himmel, ewiges Leben, das himmlische Jerusalem usw. Die eschatologische Dimension verweigert sich einer rationalen Sprache. Wenn sich ein Schweizer Anbieter für Naturbestattungen ›Oase der Ewigkeit‹[6] nennt, dann greift er bewusst auf traditionelle, nahezu biblische Bilder zurück und kleidet sie in das erlebbare Gewand der erhabenen Walliser Bergwelt, wo sich über blühenden Almwiesen die schneebedeckten Gipfel der Viertausender erheben. Im Evangelischen Sonntagsblatt vom 26. November 2006 resümierte Martin Bek-Bayer: »Auch wenn Christen die Gewissheit auf eine himmlische Stadt ihrer Seele haben: Vielen gefällt schlicht der Gedanke, hier auf der Alm dem Himmel ein bisschen näher zu sein.«
Neben den vernünftigen Gründen, die für eine alternative Bestattung sprechen, spielen die Bilder im Kopf eine entscheidende Rolle. Das Frühe Christentum drückte seine postmortale Existenz gerne im Bild einer idyllischen Hirtenlandschaft oder einer maritimen Szenerie aus, in der es sich angenehm und gut leben lässt. Beliebt war auch das Bild des Jona, der unter seiner Schatten spendenden Kürbislaube ruhte. Weit ist die Oase der Ewigkeit nicht von der Vorstellung einer beschaulichen sorgenfreien Existenz im Jenseits entfernt, sie ist mit ihrer realen Örtlichkeit der Wirklichkeit aber entschieden näher.
Ebenso real und greifbar erweist sich der Erinnerungsdiamant, der in einem hochkomplizierten technischen Verfahren aus der Kremationsasche eines Verstorbenen erzeugt wird und die dauerhafte Verbindung mit dem geliebten Menschen verheißt. Lediglich insoweit haben sich die Bilder geändert, als sie heute durch greifbare Realitäten unterstützt werden. Freilich kennt mit Grabstein oder Erinnerungsbild auch unsere Tradition reale Anhaltspunkte der fortdauernden Existenz eines geliebten Menschen, doch wandelt sich die Erinnerungskultur mit den neuen Möglichkeiten und Medien wie die Mode.

3.3 Digitale Ewigkeiten

Wenn es manchen Menschen heute immer noch etwas eigenartig anmutet, dass die Erinnerungskultur sich im Internet ausbreitet, und die Zahl

6 http://www.naturbestattungen.de (15.11.09).

der virtuellen Friedhöfe und digitalen Gedenkseiten zunimmt, dann muss man sich nur daran erinnern, dass mit dem Aufkommen der Fotografie im 19. Jahrhundert dieses damals neue Medium sofort von der Trauer- und Erinnerungskultur aufgegriffen wurde. Gemalte Totenportraits und Totenmasken waren vorausgegangen, die jedoch aufgrund des höheren Aufwandes nur den gehobenen Schichten zugänglich waren. Begierig bediente man sich nun in breiten Kreisen der Bevölkerung dieser sensationellen und erschwinglichen Foto-Technik, um ›lebensechte‹ Totenportraits herzustellen. Sie füllten Bilderrahmen, Fotoalben und schmückten als Porzellanfotos die Grabsteine. Allein anhand der Geschichte des fotografischen Totenportraits lässt sich eine Geschichte der Todesvorstellungen schreiben[7], und dies wird auch mit dem Internet geschehen. Und während Fotos vergilben, traut man dem digitalen Cyberspace Dauerhaftigkeit in unserer vergänglichen Welt zu.
Wie kein anderes Medium erlaubt das Internet dem Erinnerungswilligen, seine Kreativität zu nutzen, ohne dass dadurch große Kosten entstehen müssen. Gleichzeitig entsteht eine sehr viel größere Individualität und Intimität, als es die normierte Bestattungskultur bisher kannte. Und ebenso entsteht eine globale Öffentlichkeit für diese Formen des Gedenkens, denn das Internet kennt keine Grenzen. Jedes virtuelle Totengedenken ist von jedem PC dieser Welt aus abzurufen. Allein diese Diskrepanz zwischen Intimität und Öffentlichkeit verweist auf die Unentschiedenheit unserer Gedenkkultur, von der man noch nicht genau weiß, wohin sie strebt, doch ist die Tendenz zu Dauerhaftigkeit und Ewigkeit durchaus beachtenswert. So ist auch das anonyme Grab an sich kein Hinweis auf den Verlust der Hoffnung über den Tod hinaus, es ist kein Indiz für das endgültige Verschwinden aus dieser Welt, denn es kann um verschiedene Formen der Dauerhaftigkeit ergänzt werden.
Hinsichtlich virtueller Friedhöfe ist es also nicht erstaunlich, dass es sie gibt, es überrascht eher, dass sie sich noch nicht so durchgesetzt haben, wie man es vielleicht erwarten würde. Das World Wide Web beflügelt unsere Kommunikation ja immerhin seit 1993, aber während es sonst unsere Lebenswirklichkeit bereits sehr stark verändert hat, sind virtuelle Friedhöfe noch kein üblicher Standard der Trauerkultur. Die bereits Mitte der 1990er Jahre gestarteten ersten deutschen Portale wie die Marko First Hall of Memory (1998) haben ihrerseits schon wieder das Zeitliche gesegnet. Kommerzielle Erfolge werden die digitalen Friedhöfe erst nach einer gewissen Anlaufzeit verzeichnen. Allerdings steigt die Nutzung des Mediums dort an, wo tatsächlich echte Trauerarbeit zu leisten ist, weshalb es besonders viele Portale im Umfeld von verstorbenen Kindern, Früh- und Totgeburten gibt. Und dann überrascht es auch nicht, wenn die Zahl der virtuellen Friedhöfe für Tiere fast größer ist als die für verstorbene Menschen. Die noch vergleichsweise schmale Akzeptanz soll jedoch nicht darüber hinwegtäuschen, dass das Internet die Einstel-

7 *Katharina Sykora*, Die Tode der Fotografie, München 2009.

lung zu Sterben und Tod in ganz grundlegender Weise beeinflusst.[8] Es liefert Informationen zu allen Themen, vermittelt Kenntnisse aus anderen Kulturen und Weltanschauungen, erlaubt rasche Preisvergleiche und ermöglicht die ungehinderte Präsenz aller Denkweisen von A wie Aberglaube bis Z wie Zweitbestattung.

3.4 Echte Ewigkeiten

Lassen auch die alternativen Beisetzungsarten erkennen, dass sie Ausdruck von postmortalen, eschatologischen Vorstellungen sein können, sie können sie auch verschweigen. Eine namentlich nicht gekennzeichnete Grabstätte auf der grünen Wiese oder im dichten Wald muss nicht bedeuten, dass der Verstorbene oder die Hinterbliebenen keine Jenseitsperspektive besitzen. In dieser Weise ist die Bestattungskultur keineswegs eindeutig. Oder vielleicht ist es sogar so: Je konkreter der Glaube an ein Jenseits wird, desto mehr kann auf eine sichtbare Erinnerung verzichtet werden. Die heutige Sterbeforschung im Umfeld esoterischer Denkweisen spricht so konkret von einem Weiterleben nach dem Tode und behauptet, dies sogar wissenschaftlich empirisch beweisen zu können, dass der christliche Auferstehungs*glaube* das Nachsehen hat. Eine wesentliche Grundlage der Sterbeforschung bilden die Berichte von Nah-Tod-Erfahrungen, wie sie der US-amerikanische Arzt Raymond A. Moody in seinem Buch ›Life after Life‹ 1975 erstmals publiziert hat.[9] Inzwischen ist die Sterbeforschung ein fester Bestandteil postmoderner Eschatologie. Einer ihrer Hauptvertreter ist Bernard Jacoby: Es gibt ein Leben nach dem Tod. Und das Leben vor dem Tod ist eine Schule für das Leben nach dem Tod, lautet eine seiner Hauptaussagen.[10]
Wissenschaftlicher gibt sich der moderne Transhumanismus, der die Machbarkeit des ewigen Lebens propagiert. Transhumanisten verstehen sich als die Avantgarde der technisierten Gesellschaft. Sie glauben, dass sich der Mensch mit Hirnimplantaten und Gendoping optimieren ließe, und freuen sich auf ihr Leben nach dem Tod.[11] Die veränderten Bestattungsgewohnheiten lassen solche Vorstellungen von einer postmortalen oder ewig irdischen Fortexistenz allerdings nicht eindeutig erkennen, sie bieten in ihrer Neuausrichtung lediglich einen Hinweis auf anders gelagerte eschatologische Denkweisen. Und wer so von der wie auch immer

8 *Reiner Sörries,* »Ganz klar: Beim Ficken möchte ich sterben!« Sterbekultur und Todespräsenz im Internet, in: *Thomas Sternberg / Martin Dabrowski* (Hg.), Internet: Realität und Virtualität. Die gesellschaftsverändernde Kraft eines Alltagsmediums, Münster 2007, 84–104; auch online: http://www.kath.de/internet/soerries/soerries_tod_im_internet.pdf.

9 *Raymond A. Moody,* Leben nach dem Tod. Die Erforschung einer unerklärlichen Erfahrung, Hamburg ^{34}2002.

10 *Bernard Jacoby*, Wir sterben nie, München 2007.

11 DIE ZEIT 07.10.2004 Nr.42.

gearteten Fortdauer des Lebens überzeugt ist, wird zwangsläufig der Bestattung eines Menschen nur wenig Gewicht beimessen.

4 Nichtbestattung der Toten

Als ein weiteres Indiz für eine neue Umgehensweise mit Endlichkeit und Unendlichkeit kann die Nichtbestattung der Toten angesehen werden. Zwar verstößt scheinbar die Plastination von Leichen gegen die gesetzlich vorgeschriebene Bestattungspflicht, doch wird sie nun seit Jahren öffentlich betrieben und findet in den Ausstellungen der Körperwelten Gunther von Hagens ein Millionenpublikum. Das Bleiben des Körpers scheint zumindest für manche Menschen, die sich den Künsten des Plastinators anvertrauen, ein wichtiges Motiv zu sein. Wir sind dabei, neue Mumien zu schaffen, und treten damit gleichzeitig in die Spuren einer langen kulturgeschichtlichen Tradition, die sich durch die Menschheitsgeschichte zieht.[12]
Wer auf die erwarteten oder erhofften Segnungen der medizinischen und biogerontologischen Forschung vertraut, wie sie der Transhumanismus verspricht, lässt seinen Körper oder sein Gehirn für eine gewisse Zeit mittels kryotechnischer Verfahren einfrieren, um ihn zu gegebener Zeit wieder auftauen zu lassen. Die Menschheit steht am Beginn einer Entwicklung, in der die religiöse oder spirituelle Hoffnung auf ein Leben nach dem Tod durch das Vertrauen auf eine reale biologische Unsterblichkeit ersetzt wird. Und am Ende dieses Weges stünde dann tatsächlich der Verlust der Bestattungskultur, weil es keine Toten mehr zu bestatten gäbe. Welche Probleme dann von der Menschheit zu bewältigen wären, muss hier nicht erörtert werden.

5 Zusammenfassung

Die heute im Wandel begriffene Bestattungskultur hat verschiedene Facetten. Sie ist zum einen von praktischen Erwägungen geleitet, zum anderen macht sie deutlich, dass das Denken über den Tod hinaus nicht aufgehört hat. Der postmoderne Mensch hat das eschatologische Denken nicht aufgegeben, aber es entfaltet sich heute in viele Richtungen.[13] Die Widersprüchlichkeit in der Art und Weise von Bestattung und Gedenken zwischen anonymem Verschwinden und der Herstellung von Dauer zeigt

12 *Alfried Wieczorek u.a.,* Mumien. Der Traum vom ewigen Leben. Katalog zur gleichnamigen Ausstellung in Mannheim, Mainz 2007.

13 *Reiner Sörries*, Das Jenseits im postmodernen Denken. Verschwinden oder Bleiben als Motive zeitgenössischer Bestattungskultur, in: Mumien und Museen. Remmagazin Sonderveröffentlichung 2 (Kolloquium zur Ausstellung MUMIEN – Der Traum vom ewigen Leben, Mannheim 2008, 19–27).

am ehesten, dass sich das Denken über den Tod hinaus in einem noch nicht ausgereiften Übergangsprozess befindet. Die religiöse und kirchliche Eschatologie hat ihr Monopol eingebüßt und befindet sich heute in einer Konkurrenz der Weltanschauungen. Der postmoderne Mensch ist für das jenseitige Denken durchaus aufgeschlossen, aber er neigt dazu, sein Vertrauen auf die glaubhaft empirischen oder naturwissenschaftlich abgesicherten Transzendenzen und Ewigkeiten zu setzen. Dabei ist es durchaus bemerkenswert, dass zumindest die esoterischen Gedankenspiele um Reinkarnation und Fortexistenz gegenüber den religiösen Botschaften an Glaubwürdigkeit gewinnen.

Dr. Reiner Sörries ist Geschäftsführer der Arbeitsgemeinschaft Friedhof und Denkmal und Direktor des Zentralinstituts und Museums für Sepulkralkultur in Kassel; außerdem ist er apl. Professor für Christliche Archäologie und Kunstgeschichte an der Theologischen Fakultät der Universität Erlangen.

3

Vertiefungen

3.1

Magnus Striet

Durchkreuzte Zeit

Eine theologische Reflexion des Zeitphänomens

1

Es ist eines der großen Rätsel, vor das sich der Mensch seit jeher gestellt sieht: die Zeit.[1] Dieses Rätsel scheint den Menschen nicht ruhig zu lassen. Über die Gründe hierfür lohnt es sich nachzudenken. Ganz offensichtlich ist es nicht nur ein neutrales wissenschaftliches Interesse, das nach dem Phänomen der Zeit fragen lässt. Kaum zufällig findet sich eine der Reflexionen des Zeitphänomens, die bis heute unüberholt sind, in den *Confessiones* des Augustinus.[2] Die *Confessiones* sind zwar alles andere als ein autobiographischer Bericht. Es handelt sich um Reflexionen, die bezogen auf den Menschen einen verallgemeinernden Anspruch erheben. Und dennoch ist ihnen abzulesen, dass sie im wahrsten Sinne des Wortes interessiert sind. Über die Zeit nachzudenken wird Augustinus deshalb zum Bedürfnis, weil er um die menschliche Instabilität, um die stets durch die Vergänglichkeit der Zeit bedrohte Identität weiß. Umso bedrohlicher aber muss es dem nach Stabilität suchenden Ich werden, dass ihm die Zeit im Prozess des Nachdenkens über sie zu einem undurchsichtigen Rätsel wird.
Im letzten Jahrhundert hat diese Erfahrung von Instabilität wie kaum ein anderer Hans Blumenberg auf den Punkt gebracht. Immer wieder variiert ist das Thema der Zeit bei ihm aufzufinden. Insbesondere der seit Jahrhunderten intensiv das Bewusstsein bestimmende Kontrast zwischen einer unermesslichen, sich keiner menschlichen Vorstellungskraft fügenden Weltzeit und der Kürze der menschlichen Lebenszeit hat Blumenberg beschäftigt.[3] Die Misere des Menschen wird dem Menschen so drastisch vor Augen geführt. Nicht nur, dass die Gewissheit des Todes bedrohlich in das Leben hineinragt, sie trotz aller unvermeidlichen Ver-

1 Was Zeit an sich ist, ob es überhaupt objektiv in allen notwendigen Dimensionen erfassbar ist, was Zeit *ist*, kann hier nicht erörtert werden. Vgl. *Klaus Mainzer*, Zeit. Von der Urzeit zur Computerzeit, München ^{5}2005; *ders.*, Zeitpfeil und Zeitsymmetrie. Von der physikalischen Zeit zur Lebenszeit und Ewigkeit, in: *Edmund Arens* (Hg.), Zeit denken. Eschatologie im interdisziplinären Diskurs (= QD; 234), Freiburg u.a. 2010, 127–151.

2 Vgl. hierzu *Kurt Flasch*, Was ist Zeit? Augustinus von Hippo. Das XI. Buch der Confessiones. Historisch-Philosophische Studie. Text – Übersetzung – Kommentar, Frankfurt a.M. 1993.

3 *Hans Blumenberg*, Lebenszeit und Weltzeit, Frankfurt a.M. 1986.

drängungsleistungen mal still mal laut begleitet, macht diese Misere aus. Sondern mehr noch dürfte es das Gefühl einer gottverlassenen Einsamkeit sein, welches das Bewusstsein angesichts der Erfahrung der Unermesslichkeit der Zeit beschleicht. Die im 19. und 20. Jahrhundert sich abzeichnenden Prozesse einer Entzauberung der Welt (Max Weber) sind in ihrer Motivlage kaum angemessen zu ergründen, wenn man sie nicht auch angesichts dieser Zeiterfahrungen ausdeutet. Deren unvermeidliche Konsequenz ist die Dezentrierung des Menschen. Einstmals Krone der Schöpfung, muss sich der Mensch fragen, ob er vielleicht doch nur das Zufallsprodukt einer evolutiven Werdewelt ohne »Finale ins Nichts« (Friedrich Nietzsche) sein könnte.

2

Sowohl bei Augustinus als auch bei Blumenberg ist zu beobachten, dass beide primär an der Dimension und Struktur von Zeit interessiert sind, wie sie das subjektive Bewusstsein bestimmt. Auch bei Nietzsche ist dies noch eindeutig der Fall. Es ist das Leiden an der Zeit, das sich hinter der trostlosen Zeitvorstellung einer ins Unendliche sich verlierenden Zeit äußert. Ein Gott, der die Zeit befristet und ihr ein Ende setzt, ihr jedenfalls so ein Ende setzt, dass sie nicht einfach ins Unermessliche weiterläuft und alles darüber zu einer auf ewig verlorenen Vergangenheit werden lässt, ist bei Nietzsche aus dem Bereich des Möglichen verschwunden. Dieser die Zeit befristende Gott musste bei Nietzsche sterben, da er lebensverneinend wirkte. Nietzsches Gegenentwurf ist das spielende Kind, das die Zeit verstreichen lässt, das so unangefochten durch das Leben mit der Welt und sich eins ist, dass es die Welt bejaht, als ob sie ewig wiederkehrte. Der Unterschied zwischen Gut und Böse, Gut und Schlecht ist eingeebnet, die Negativität aufgehoben in den reinen Schein. In Martin Walsers neuester Novelle *Mein Jenseits* heißt es: »Ich habe gelernt, so leise zu schreien, dass ich mich selbst nicht mehr höre.« Unmittelbar zuvor aber steht geschrieben, in einer Mischung aus Wehmütigkeit und ästhetisierender Affirmation: »Aber dass der Glauben die Welt schöner macht als das Wissen, stimmt doch.«[4] Die Frage *Was ist Wahrheit?* spielt keine Rolle mehr, darf sie nicht mehr spielen. Die Erlösung – was davon bleibt – geschieht im Schein, in der Verklärung der Gegenwart. Die Zeit *ist* erfüllt, im Schein. Die Melancholie stört nur noch leise im Hintergrund.

Man kann fragen, was dieses sich auf das Präsens beziehungsweise die erlebte Gegenwart affirmativ konzentrierende Zeitempfinden bezogen auf vielzählige Religionsphänomene der Gegenwart bedeutet. Dass die Gegenwart keineswegs einfach religionsvergessen ist, sondern sich ganz im Gegenteil religionsproduktive Tendenzen identifizieren lassen, wird

4 *Martin Walser*, Mein Jenseits. Novelle, Berlin 2010, 81f.

in der religionssoziologischen Forschung immer wieder vermerkt.[5] Signifikant »für die aufgeklärte Welt« sei, so Robert Menasse, dass sie »nicht nach Gott« fragt. Gerade dies aber garantiere die fortdauernde Präsenz der Religion in dieser Welt: »Dies ist der moderne Gott, der Gott der aufgeklärten Welt: unbewiesen, aber als unbewiesener anerkannt, allerdings anerkannt bloß als Begründung einer Religion und nicht der Welt, und somit Ausdruck der aufgeklärten Dreifaltigkeit: Vernunft, Freiheit, Säkularisierung.« Gott hat sich »vom Schöpfer der Welt zur Gründungslegende der Institution Religion gewandelt. Er war nun sozusagen der alte Herr, der sich aus dem operativen Geschäft zurückgezogen hatte, und das Geschäft heißt jetzt Religion.«[6]

Stimmt diese Hermeneutik des Religiösen in der Gegenwart, handelt es sich bei den vitalen Phänomenen um Religiositäten ohne Gott, so müsste man auch sagen: Sie stellen einen Bruch mit dem Denken der Zeit dar, wie es die klassische Eschatologie ausgeprägt hat. Zwar ist nie befriedigend bestimmt worden, wie sich die Ewigkeit Gottes zur Linearitätsvorstellung von Zeit verhält, wie sie etwa im Begriff des Gerichts vorausgesetzt wird. Als Konsens galt aber, dass die Weltzeit und damit die Lebenszeiten der Einzelnen auf eine Zukunft hinlaufen, die Gott selbst heißt. Gott setzt in dieser Vorstellungswelt der Zeit ein Ende, ohne dass die Zeit einfach ein Ende hätte. Dass es bezogen auf die künftige Zeit kein Wissen geben kann, es der Glaube ist, der hier projizierend wirkt, ist selbstverständlich.[7] Es gibt keine Anschauung von dem, was kommt (oder eben auch nicht kommt). Aber umgekehrt gilt auch, dass Glaubensannahmen nicht notwendig falsch sein müssen. Solange ein Gott denkbar bleibt, der zu handeln und eine sich durch Linearität auszeichnende Zeit zu gewähren vermag, sind die Annahmen des Glaubens, die notwendig in ihn eingehenden menschlichen Projektionen und Sehnsüchte, nicht widervernünftig. Wenn aber die Hoffnung des Glaubens darauf zielt, dass Gott sich in seinem eschatologischen Handeln auf die geschichtlich gewordene Identität des Menschen bezieht, so impliziert diese Hoffnung die zeittheoretische Annahme, dass es auch eschatologisch eine subjektivitätsermöglichende Zeit geben wird. Die Differenz zur Jetztzeit bestünde dann darin, dass das Leiden am Leiden aufhört: dass Gott so rettend und versöhnend wirksam geworden ist, dass der Schmerz ein Ende hat und das Vergehen der Zeit nicht mehr bedrückt. Bezogen auf die Ausprägung der eschatologischen Hoffnung zeigt sich so aber, dass diese ganz offensichtlich von Selbstreflexionen des Menschen abhängen. So wie ich über die Eschata denke, denke ich über den

5 Vgl. »Den Unterschied deutlich machen«. Ein Gespräch mit dem Münchener Soziologen Armin Nassehi, in: Herder Korrespondenz 63 (2009).

6 *Robert Menasse*, Permanente Revolution der Begriffe, Frankfurt/M., 27f.

7 Vgl. immer noch grundlegend hierzu *Karl Rahner*, Theologische Prinzipien der Hermeneutik eschatologischer Aussagen, in: *ders.*, Schriften zur Theologie, Bd. 4, Einsiedeln 1960, 401–428.

Menschen. Kant hat nicht zufällig die berühmte Trias seiner Fragen *Was kann ich wissen? Was soll ich tun? Was darf ich hoffen?* in die Frage *Was ist der Mensch?* münden lassen.[8] In dieser Frage des Menschen nach sich selbst fasst sich das gesamte menschenmögliche Fragen zusammen. Und sie beinhaltet faktisch immer auch eine Antwort auf die Frage nach dem letzten Grund aller Wirklichkeit.

3

Dies hängt damit zusammen, dass die menschliche Reflexivität von einer Dynamik bestimmt ist, die in ihrem Freiheitsgrund liegt. Reflektiert die Reflexivität des Menschen erst einmal auf sich selbst, erweist sich ihr diese eigentümliche Dynamik. In jeder konkreten Reflexion zeigen sich bereits andere Möglichkeiten, auf die sich die Reflexion richten kann. Ist dies reflexiv zu Bewusstsein gebracht, so ist zugleich das Moment der Unbedingtheit im Vermögen der Reflexivität zugegeben. So ist jetzt nicht nur verstehbar zu machen, warum seit der Antike die Frage *Warum ist überhaupt etwas und nicht vielmehr gar nichts?* die Gemüter bestimmt und religionsproduktiv wirkt. Sondern es ist auch zu erklären, warum im Beantworten dieser Frage sich der Mensch eine Antwort auf die Frage *Was ist der Mensch?* gibt. Denn je nachdem, wie der Mensch den letzten Grund aller Wirklichkeit bestimmt, bezieht er auch Stellung gegenüber der Frage, ob der Mensch nur ein Kuriosum der Evolution ist, das sich selbst bestimmen kann, ja das sogar der Moralität fähig ist, das aber wieder ins Nichts verschwindet, oder aber ob der Mensch tatsächlich das von Gott bejahte Ebenbild ist. Und er verhält sich in der Beantwortung dieser Frage auch zu der Möglichkeit, die Erlösung in einem Schein zu wollen, die alle Differenzen und Antagonismen dieser Geschichtszeit als nur scheinbare meint entlarven zu können. Diese knappen Überlegungen sollen anzeigen, wie sich das Geflecht von anthropologischer Beschreibung und eschatologischen Begriffen fügt. Fakt ist, dass immer Projektionen stattfinden, die ihren Ausgangspunkt in der reflexiven Selbstbestimmung des Menschen haben. Aber sie müssen deshalb, weil es Projektionen sind, noch nicht falsch sein. Sie sind die Projektionen eines sich durch Freiheit auszeichnenden bewussten Lebens, das sich in diesen Projektionen zu sich selbst verhält – spätestens dann, wenn es eine dieser Projektionen wählt.

Der projektive Charakter ist auch auf die Beobachtung zu beziehen, dass die Eschatologie selbst eine Geschichte hat und deshalb historisierbar ist. Wollte man dies verneinen, müsste man die markanten Differenzen zwischen den geschichtlich ausgeprägten eschatologischen Vorstellungen

8 *Immanuel Kant*, Logik, in: ders., Schriften zur Metaphysik und Logik (= Werkausgabe Bd. VI), Frankfurt/M. 1977, A 26.

verschweigen.[9] Obschon aber offensichtlich geschichtliche Generierungsprozesse bezogen auf diese Vorstellungen anzusetzen sind, müssen sie noch nicht falsch sein. Die Zivilisierung der Eschatologie im 20. Jahrhundert ist das Resultat einer intensivierten Exegese, angesichts der Ambivalenz der biblischen Schriften vielleicht sogar mehr noch das Resultat einer philosophischen Reflexion des Gottesbegriffs. Es lässt sich in dem Punkt zusammenfassen, dass Gott, um überhaupt akzeptabel für den Menschen sein zu können, sich nicht jenseits einer dem Menschen möglichen Moralität bewegen darf. Ob Gott so ist, kann nur vertraut werden. Glaube ist ausgedeutete Erfahrung. Und war zumeist kontrafaktisch riskiert. So lassen sich auch viele biblische Texte verstehen. Aber weil der Glaube ausgedeutete Erfahrung ist, er immer auch seine Zeit in sich aufnimmt, was soziologisch heißt: dass er sozial konstruiert ist, kann nicht nur der Zivilisierungsprozess des geglaubten Gottes wieder abbrechen, können neue Eschatologien ausgeprägt werden, sondern kann auch das die Hoffnung wach haltende »Bewusstsein von dem, was fehlt« (Jürgen Habermas) geschichtlich erlöschen. Wenn man mit einer tatsächlich kontingenten Geschichte rechnet, so kann nichts garantieren, wohin sich die Geschichte und mit ihr das Bewusstsein entwickelt. Daraus folgt nicht, dass Religion abstirbt. Aber es könnte sein, dass eine subjektsensible Religion, wie es die jüdische und die christliche sind, wieder vergeht, sie das menschliche und kulturelle Bewusstsein nicht mehr normativ zu bestimmen vermag. Ob eine Gesellschaft, die nicht mehr aus dieser Erinnerung lebt, noch dieselbe ist, darf gefragt werden.

Die Bedingungsverhältnisse sind diesbezüglich komplex. Die von Jesus selbst praktizierte und in und mit seinem Leben bis ins Äußerste hinein vertretene Exegese des Gottes, der die Sehnsucht des Menschen mit sich selbst erfüllen will, erschließt sich nur so lange, wie ein ambitionierter Subjektbegriff kulturell und gesellschaftlich-politisch präsent ist. Umgekehrt ist die historische These zu riskieren, dass ein in biblischen Traditionen aufgebrochenes Denken, das sich auf das Individuelle verpflichtet, Achtsamkeit gerade gegenüber den Marginalisierten, den Bedürftigen und Traurigen pflegt, ganz entscheidend zum Aufbruch in die Moderne beigetragen hat. Zwar wird man diese historische Vermutung auch nicht überstrapazieren dürfen. Und vor allem darf aus ihr kein Normativitätsverhältnis abgeleitet werden. Praktizierte Menschlichkeit ist nicht davon abhängig, ob Menschen ein Gottesbewusstsein entwickeln oder nicht. Jedenfalls nicht auf der Geltungsebene betrachtet. Und dennoch können (jedenfalls bestimmte) religiöse Überzeugungen eine maßgeblich Rolle in der Ausbildung des Moralitätsbewusstseins darstellen. Aber was bleibt dann von der Eschatologie für das Gegenwartsbewusstsein? Wenn die Drohbotschaft eines kommenden Gerichts den Menschen weder bestimmen darf, weil sie theologisch fragwürdig, ja falsch ist, noch bestimmen

9 Vgl. zuletzt *Michael N. Ebertz*, Endzeitbeschränkungen. Zur Zivilisierung Gottes, in: *Edmund Arens* (Hg.), Gott denken, 171–189.

soll, da moralische Selbstbestimmung und grundsätzlicher noch: die (soweit dies überhaupt möglich ist) Projektion eigener Identität ausschließlich um ihrer selbst willen geschehen und nicht aus einem autoritären Gottesgestus erfolgen soll? Ja auch nicht darf, wenn das Niveau erreichbarer Identitätsmöglichkeit nicht unterboten werden soll?

4

Ich schließe mit drei Thesen.

(1) Solange auf einem strikten Zusammenhang zwischen dem kommenden Gericht und der geschichtlichen Weltzeit bestanden wird, solange darauf insistiert wird, dass das Individuelle inkommensurabel ist, ist die Gegenwart als unabgeschlossene zu betrachten. Die erhoffte Unabgeschlossenheit der Geschichte wirkt sich sowohl auf das Problem der instabilen Struktur endlicher Existenz als auch auf die empörende Erfahrung von Unrecht aus. Denn jeweils wird ein Gott ins Spiel gebracht, der das, was gewesen ist, nicht einfach in der Vergangenheit belässt, sondern es neu öffnet auf eine Zukunft hin. Als kommende Zukunft bleibt das Vergangene dann in der Gegenwart präsent. Es wird als etwas erinnert, gegenwärtig gesetzt, das nach Zukunft verlangt.

(2) Dieser – freilich nur in der Logik des Glaubens setzbaren – im Bundesschluss zugesagten eschatologischen »Weltengagiertheit Gottes«[10] korrespondiert dann, wenn sie tatsächlich geglaubt wird, eine entsprechende menschliche und politisch organisierte Praxis. Da dieser Glaube strikt antignostisch ist, verweigert er sich, in der Erkenntnis oder gar im ästhetisch verklärenden Schein Erlösung zu finden. Entweder das wird erlöst, was heißen will: gerettet und versöhnt, was geschichtlich gewesen ist, oder aber der Glaube verabschiedet sich aus dem Glauben Jesu. Auf den fleischgewordenen Logos kann sich nur berufen, wer die Gottespraxis und den Schrei des Gekreuzigten im Ohr behält. In der Logik dieses Logos kommt es nicht darauf an, dass die Welt anders interpretiert, sondern dass sie verändert wird. Weil aber der Möglichkeitshorizont des Menschen eng gestrickt ist, muss er die Vollendung der Geschichte Gott selbst überantworten. Deshalb bleibt auch die Rede von der Allmacht Gottes unverzichtbar für den Logos dieses Glaubens. Sie »stiftet ein Band der Solidarität zwischen Lebenden und Toten, das der eschatologischen Vision von der universalen Gerechtigkeit und einem dafür geschärften Gewissen entspricht. Sie allein garantiert, dass die verheißene Zukunft auch

10 *Johann Reikerstorfer*, Weltfähiger Glaube. Theologisch-politische Schriften (= Religion – Geschichte – Gesellschaft; 35), Wien u.a. 2008, 148.

eine rettende Zukunft für die Vergangenheit ist und so auch die Gegenwart verheißungsvoll zu erreichen vermag.«[11]

(3) Allerdings drängt sich dieser eschatologischen Hoffnung das so bedrückende Problem der Theodizee in aller Schärfe auf. Selbstverständlich gibt es die Dankbarkeit für das Seindürfen, adressiert sich diese an Gott, aber: Gerade deshalb drängt sich die Frage auf, warum die Welt so ist, wie sie ist. Eschatologisch die Frage der Theodizee nicht zu stellen, an der Legitimität der Frage zu zweifeln, warum die Welt nicht ein wenig menschlicher sein könnte, hieße die Einheit von Erlöser- und Schöpfergott aufzugeben. Es wäre zu fragen, ob die Harmlosigkeit so mancher Gottrede der Gegenwart nicht Ausdruck der (tief verdrängten) Verzweiflung ist, diese Einheit nicht mehr festhalten zu können. Die Empirie nährt den Zweifel, unnachgiebig. Die Welt scheint ihren Gang zu gehen, die Bitten unerhört zu bleiben. Aber wenn die Hoffnung auf den Gott, der Schöpfer des Himmels ist, aber eben auch Schöpfer der Erde, abstirbt, wird das Bewusstsein von der im Vergleich zur Weltzeit so unendlich knappen Lebenszeit unerträglich. Ganz abgesehen davon, dass eine anamnetisch moralische Sensibilität, die auch noch die Toten mit einschließt, an sich selbst verstummen müsste. Eschatologische Begriffe sind praktische Begriffe. Sie bestimmen das Bewusstsein, unausweichlich. Sie können unmenschlich werden, indem sie das Vergangene aus sich herausdrängen, und sie können ermutigen, beim Vergangenen zu bleiben.

Dr. Magnus Striet ist Professor für Fundamentaltheologie an der Universität Freiburg i.Br.

11 Ebd., 159.

3.2

Ottmar Fuchs

Menschliche Gerechtigkeit: in Gottes Gerechtigkeit aufgehoben und überboten

1 Ein praktisches Thema

Seitdem ich mich um die Bedeutung des »Jüngsten Gerichts« bemühe,[1] werde ich immer wieder gefragt, warum ich als praktischer Theologie dieses an sich bisher weitgehend nur systematisch-theologisch erörterte Thema von den »Letzten Dingen« bearbeite. Man könnte diese Themengenerierung als eine »Dogmatik bei Gelegenheit« bezeichnen. Das heißt: Die Anlässe, warum ich mich mit diesem Thema beschäftige, sind immer pastorale gewesen. Das Gerichtsthema reicht bis in meine Kaplanszeit hinein, wo ich diese Ängste in Bezug auf den Tod und auf das, was danach kommt, gerade auch auf die Hölle hin, selbst wenn sie angezweifelt oder abgelehnt wird, nicht nur bei älteren Leuten unglaublich vital erlebt habe. Seitdem hat mich diese pastorale Fragestellung nicht mehr losgelassen. Im Grunde ist es die Aufarbeitung eines kollektiven Traumas der Kirchengeschichte, dieser jahrhundertealten Angst vor einem gnadenlos strafenden Gott, mit der Angst vor dem unvorbereiteten Tod. Das steckt tief, nach den Untersuchungen von Mentalitätshistorikern auch bei den nicht mehr zur Kirche dazugehörigen Menschen. Sie projizieren auf die Kirchen immer noch die religiöse Angst, obgleich sie gar keine direkte Erfahrung davon haben und auch nicht wahrnehmen können, dass in den Kirchen seit einem halben Jahrhundert über Gericht und Hölle fast gar nicht mehr gesprochen und gepredigt wird. Bestimmte Medienprodukte und Filme tun das ihrige, diese Projektionen aufrechtzuerhalten.

Gerade bei diesem Thema ist mir einmal mehr klar geworden: Das kann nicht nur biblisch aufgearbeitet werden. Ich wollte wissen: Wie sieht es wirklich aus, wenn sich Dogma – von den »Letzten Dingen« – und Pastoral bzw. Religionspädagogik gegenseitig erschließen, etwa in Bezug auf die Sehnsucht nach Gerechtigkeit. Es galt, zu ihrem zentralen Gegenwartsbezug, die anderen beiden konstitutiven Grundlagen der praktischen Theologie ernst zu nehmen: die Bibel und das, was systematisch-theologisch gelehrt und in Dogmen gefasst wurde, und ob das jetzt eine Lebensbedeutung hat oder nicht.

1 Vgl. *Ottmar Fuchs*, Das Jüngste Gericht. Hoffnung auf Gerechtigkeit, Regensburg [2]2009.

Im christlichen Glauben muss Gott auch nicht in den schlimmsten Tiefen und Untiefen menschlichen Lebens verabschiedet werden. Ein beträchtlicher Anteil der gegenwärtigen ökumenischen Praktischen Theologie konzentriert sich auf die empirische Untersuchung der »gelebten Religion«, leistet sich nur dann Korrelationen mit traditionellen Inhalten, wenn sie noch plausibel sind, gönnen aber der Theologie kein oder zu wenig eigenständiges kritisches Gewicht mit jenen Vorstellungen aus der christlichen Tradition, die gegenwärtige Religiosität irritieren würden, wie die biblischen und dogmatischen Vorstellungen von Stellvertretung, Sühne, Gericht oder ähnliches.[2]. Und dabei müsste man nur genauer hinschauen: in tieferen Erfahrungen der Menschen von Freude und Leid, in ihrer Fähigkeit, sich für andere einzusetzen und stellvertretend Verantwortung der Sühne und der rettenden Hingabe für andere zu übernehmen.

Es gibt nicht wenige, und es sind gerade die besseren Filme, die in intensiver Weise davon erzählen, wie Menschen für andere ihr Leben riskieren und auch hingeben. Wenn ein Glaube nicht mehr diese Gebrochenheiten und Außerordentlichkeiten des Lebens erreicht und darin Bedeutung gewinnt, dann wird er auch für alles andere bedeutungslos, weil er für den Ernstfall nichts taugt.

In unseren Schulen fragen christliche Schüler und Schülerinnen auf Grund der religiösen Profiliertheit der muslimischen Schüler und Schülerinnen auch wieder neu danach, was ihr eigenes christliches Profil ist. So erzählen Lehrer und Lehrerinnen, dass muslimische Schüler und Schülerinnen eine klare Vorstellung von Gericht und Himmel besitzen, während die christliche Jugend fast gar nichts dazu sagen kann. Was sagen wir anderen, wenn sie uns fragen?

2 Auferweckung als radikale Neuschöpfung

Es war eine enorme Inkulturationsleistung der frühesten Vätertheologie, den Glauben an die Auferstehung mit der in der griechisch-platonischen Tradition gegebenen Vorstellung von einer unsterblichen Seele zu verbinden.[3] Es ist allerdings die Frage, ob dieses Vorstellungsmodell für alle Folgezeiten gilt oder ob sich jede Zeit von neuem auf die biblische Vorlage vom Ganztod des Menschen bezieht, um diese Vorstellung mit der je eigenen Gegenwart und ihren Voraussetzungen in Verbindung zu bringen. Dabei muss man nicht übersehen, was die griechisch-platonische Tradition in ihrem Anliegen ausdrücken wollte: nämlich dass es

2 Vgl. *Ruth Fehling*, »Jesus ist für unsere Sünden gestorben.« Heil für damals Heil für heute? – Eine praktisch-theologische Hermeneutik, Dissertation Tübingen 2009, erscheint Stuttgart 2010.

3 Vgl. *Thomas Marschler*, Theologische Impulse. »Ich erwarte die Auferstehung der Toten«, in: Zur Debatte (2010) 3, 45–47.

eine personale Kontinuität zwischen Diesseits und Jenseits gibt, die ja auch die Voraussetzung dafür ist, dass die Auferstandenen für das, was sie in diesem Leben getan und unterlassen haben, ins Gericht geführt werden.
Im Zusammenhang aktueller, auch naturwissenschaftlich grundierter Anthropologie gibt es heute allerdings eine gesteigerte Möglichkeit, wieder dichter an die biblische Anthropologie anzuknüpfen: nämlich angesichts der Unmöglichkeit, etwas Geistiges jenseits seiner leiblichen Ermöglichung zu denken. Ohne die neurologischen Voraussetzungen im Gehirn gäbe es keinen Gedanken.[4] Aber auch und vor allem angesichts der Opfer der Geschichte, wofür in der Moderne vor allem Auschwitz steht, kann der Tod nicht radikal genug gedacht werden, jedenfalls nicht so, als wäre er doch nicht so schlimm, weil ja noch »etwas« überlebte. Und der Tod Jesu entpuppte sich als Schmierentheater, wenn er nicht absolut gedacht wäre. Auch das paulinische »Sein in Christus« beinhaltet ja gerade jene Tauftheologie, in der die Getauften auf Christi Tod getauft sind und durch dessen Radikalität hindurch mit ihm zur Auferstehung gelangen.[5]
Um die »Subjektkontinuität zwischen vor- und nachtodlicher Existenzform« braucht man sich keine Sorge zu machen, wenn der Glaube an die Schöpfungsmacht Gottes sich nicht nur auf die Schöpfung des Diesseits, sondern auf die Neuschöpfung des Jenseits bezieht und Gott zutraut, diese Kontinuität in der Auferstehung neu zu erschaffen und derart zu garantieren.[6] Auch die Frage nach der zeitlichen Zwischenexistenz zwischen individuellen und allgemeinem Gericht muss nicht über eine ontologische Subjektkontinuität der Seele rekonstruiert werden, sondern kann auch anders gedacht sein: nämlich dass es eine durch Gott ermöglichte Verbindung von Gegenwart und vollendeter Zukunft gibt, so dass wir daran glauben dürfen, dass unsere Verstorbenen »jetzt« schon in der neuen Welt leben. Dafür steht die katholische Heiligenverehrung. Es geht hier also nicht um die Ausfällung der Zeit, sondern um die in Gott ermöglichte Verbindung mit einer anderen Zeit und einem anderen Ort, der zwar in der Zukunft liegt, der uns jetzt aber in Gott gegenwärtig ist.[7]
Wenn man die Seele nicht als menschliche Unsterblichkeitsmacht in das Jenseits hinein interpretiert, dann kann auch die evangelische Einsicht Raum gewinnen, dass wir uns im Tod ganz genommen und durch Gottes Schöpfungsmacht ganz, das heißt auch in einer ganz neuen Weise, wiedergegeben werden. Die Seele ist kein Organ menschlicher Unzerstörbarkeit, sondern drückt die Geöffnetheit des Menschen auf Gott hin aus,

4 Vgl. dazu *Ottmar Fuchs*, Die Liturgie des Leibes, in: *Thomas Freyer* (Hg.), Der Leib. Theologische Perspektiven aus dem Gespräch mit Emmanuel Lévinas, Ostfildern 2009, 102–144, 102–106.

5 Anders als *Marschler*, Theologische Impulse (Anm. 3), 47.

6 Vgl. dazu *Fuchs*, Gericht (Anm. 1), 188–189.

7 Vgl. ebd., 190–192; mit Replik auf *Marschler*, Theologische Impulse (Anm. 3), 47.

die Sehnsucht über den Tod hinaus, zugleich mit dem Verzicht darauf, weder im Leben noch im Tod »ewig« wie Gott sein zu wollen, sondern alles und die letzte Rettung von ihm zu erhoffen. Die Fähigkeit des Menschen, die mit der Seele benannt wird, nämlich über den Tod hinauszudrängen, bedeutet nicht, dass sie über den Tod hinaus mitgebracht wird. Dies schließt nicht aus, dass es auch heute Kulturen und Vorstellungswelten gibt, wo die griechisch-platonische Vorstellung inkulturationsfähiger ist als eine andere. So gelten meine Überlegungen hier nicht generalistisch, sondern im Sinne jener praktischen Hermeneutik, in der sich die Offenbarung als Begegnungsgeschehen zwischen biblischer und kirchlicher Botschaft auf der einen und jetzt lebenden Menschen auf der anderen Seite ereignet. Wichtig ist in jedem Fall, dass die Hoffnung über den Tod hinaus trotz ihrer kontrafaktischen Qualität ansprechbar ist. Damit sind wir bei jener pluralen praktischen Hermeneutik, in der Paulus seine eschatologischen Einsichten bis zu ihrer Widersprüchlichkeit adressatenbezogen zum Ausdruck bringt. Von der situativen Bedeutung für die Empfänger und Empfängerinnen her entwickelt und begründet er auch jeweils seine Gedanken über die Rettung über den Tod hinaus.[8]

3 Rettung für alle?

Man weiß, dass die Attentäter des 11. September kurz vor dem Einschlag gebetet haben. Vorne im Cockpit sitzen die Attentäter und beten für ihr Martyrium. Im hinteren Teil die Kabinenbesatzung und die Passagiere. Viele von ihnen werden, den Tod vor Augen, wohl ebenfalls gebetet haben. Welchen Gott gibt es: den der Gebete aus der Kabine oder jenen der Gebete aus dem Cockpit? Es gibt den Gott, der beide hört. Ich wage nicht zu sagen, dass nicht auch das Gebet der Attentäter ein Gebet ist. Gott wird im Gericht allerdings den einen anders begegnen als den anderen. Seine Liebe gilt allen, doch wird sie bei Opfern und Tätern völlig unterschiedliche Erfahrungen auslösen. Ich glaube, dass Gott beide rettet. Auf der einen Seite wird er diejenigen retten, die als unschuldige Opfer ums Leben kamen. Aber er wird auch die Attentäter retten, aber *wie* werden sie erfahren, wofür Gott eigentlich steht: nämlich für die Rettung aller, für das Heil aller, und zwar auch schon für das diesseitige Heil aller?

Dieser Hoffnungsblick über den Tod hinaus bedeutet für das Diesseits eine ganz bestimmte religionskritische Einstellung, die uns sowohl nach innen im Christentum selber wie auch in der interreligiösen Begegnung

8 Vgl. *Marlies Gielen*, Universale Totenaufweckung und universales Heil?: 1 Kor 15,20–28 im Kontext paulinischer Theologie, in: Biblische Zeitschrift 47 (2003) 1,86–104. Zur jeweils kontextverursachten Unterschiedlichkeit bis Widersprüchlichkeit neutestamentlicher Schriften vgl. *Ottmar Fuchs*, Praktische Hermeneutik der Heiligen Schrift, Stuttgart 2004, 324–327, auch 104ff.

bevorsteht, nämlich scharf zu unterscheiden zwischen heilsegoistischen und heilsuniversalen Religionen. Hier kommt unabweisbar zum Vorschein, dass ein hochintensiver Glaube immer dann zerstörerisch ist, wenn er die Glaubensgrenzen zu Heilsgrenzen macht und das Heil für die anderen Menschen davon abhängig macht, wie weit sie den eigenen Glauben übernehmen. Wenn sie das nicht tun, sind sie gar nicht mehr wert zu leben. Das ist die Grundversuchung jeder Religion. Wenn sich ein solcher Fundamentalismus dann noch mit einer Gewaltbereitschaft verbindet, die bis in den Himmel hinein belohnt wird, gibt es keine Grenzen mehr.

Das bedeutet für die Religionen, jede Art von Selbstfundamentalisierung aufzugeben und die in ihnen verkündete Liebe und Barmherzigkeit Gottes, ohne die es weder die Bibel noch den Koran gäbe, nicht an die Glaubensgrenzen zu binden, sondern generativ zu verstehen: »Weil es bei uns so ist, gilt das für alle.« Wenn die Religionen nicht in diese Richtung gehen, werden sie von Gesellschaften, die etwas von Humanität und Solidarität halten, für ihren Aufbau nicht beansprucht, sondern in einem dann durch und durch berechtigten Laizismus marginalisiert werden. Wo aber fundamentalistische Heilsreligionen die politische Ordnungsmacht in einem Staat haben, werden sie nicht nur nach innen viel Leid für die Nichtdazugehörigen produzieren, sondern auch jeder Art von globaler Solidarisierung entgegenwirken. Das ist die religionskritische Grundbotschaft des 11. September.

Das Unglaubwürdige und oft auch Abstoßende, mitunter auch Gefährliche ist für viele das Binnenhafte, das Religionen mit den Jenseitsvorstellungen verbinden: Es geht gar nicht um die großen Fragen der Gerechtigkeit in der Welt, sondern darum, ob die Menschen zum eigenen »Laden« gehören oder nicht, ob sie den eigenen Glauben annehmen und in die eigene Religion sich integrieren oder nicht. Hier dienen die Jenseitsvorstellungen eher der Aufrechterhaltung der eigenen Glaubensgemeinschaft und ihrer Durchsetzungsfähigkeit als dem Dienst an der Welt. Das denken viele: Wenn Gott wirklich der wäre, der nur die Minderheiten seiner Anhänger retten und alle anderen in die Hölle werfen würde, müsste man ihn um der Menschen Willen beseitigen.

Mit einer solchen Kritik glaubt man auch das Christentum zu treffen. Zwar hat sich das Christentum durch die Geschichte hindurch oft so verhalten, dass die nicht zum eigenen Glauben Gehörigen weniger Wohlergehens- und Lebensrecht, auch über den Tod hinaus, hatten als die eigenen Gläubigen. Und viele Menschen, nicht zuletzt auch viele Gläubige, unterstellen dem christlichen Glauben nach wie vor diese exklusivistische Einstellung zwischen Innen und Außen, zwischen Heil und Unheil, zwischen Glaube und Vernichtung. Es ist ein böses Armutszeugnis des Christentums, dass bis zum heutigen Tag Millionen von Menschen Angst vor der religiösen Angst haben und sich deshalb solche Schwarz-Weiß-Einteilungen der Welt und der Nachwelt nicht mehr einjagen lassen wollen. Auch wenn viel davon Projektion ist, gibt es leider auch eine

Menge von Erfahrungen in der Geschichte des Christentums, die solchen Projektionen Nahrung gaben, und leider auch geben, wenn man die explodierenden fundamentalistischen Anteile des Christentums mit scharfen Höllendrohungen insbesondere in den Vereinigten Staaten, aber auch zunehmend in Europa wahrnimmt.

Benedikt XVI. macht in seiner Enzyklika »Spe salvi« unmissverständlich deutlich, dass sich die Möglichkeit der Hölle eben nicht auf Glaube oder Unglaube bezieht, sondern auf den Gegensatz von Gut und Böse. Er spricht von »Menschen, die dem Hass gelebt und die Liebe in sich zertreten haben. Dies ist ein furchtbarer Gedanke, aber manche Gestalten gerade unserer Geschichte lassen in erschreckender Weise solche Profile erkennen. Nichts mehr wäre zu heilen an solchen Menschen, die Zerstörung des Guten unwiderruflich: Das ist es, was mit dem Wort Hölle bezeichnet wird.«[9] Die Reaktion des kommenden Richters auf die Menschen wird also nicht primär festgemacht am Glauben, sondern an dem, was auch Mt 25 verdeutlicht: nämlich wie solidarisch beziehungsweise zerstörerisch Menschen gelebt und gehandelt haben: »Denn ich war hungrig, und ihr habt mir zu essen gegeben …« (Mt 25,34). Auch die Geschichte vom reichen Prasser und vom armen Lazarus weist in diese Richtung (Lk 16,19–31).

Es ist die von vielen innerhalb der Kirchen und außerhalb der Kirchen oft wenig beachtete Lehre der Kirche, dass die Glaubensgrenzen nicht mit den Heilsgrenzen identisch sind, sondern dass vielmehr im Glauben selbst die universale Liebe allen Menschen gegenüber behauptet wird. Auch nochmals der vergleichbar kleinen Anzahl von Bösen gegenüber, wie sie der Papst mit der Hölle in Verbindung bringt.

4 Begrenzte Bilder unbegrenzter Hoffnung

Aber diese Liebe ist nicht läppisch, als könnte alles von ihr *unterschiedslos* umfangen werden. Umfangen ist alles von ihr, aber so, dass sie schärfste Widersprüche anmeldet, zwischen Gut und Böse, zwischen Opfern und Tätern, zwischen Tod und Leben. Um der Liebe willen gibt es keine Kompromisse mit der Lieblosigkeit, mit der Unterdrückung und Zerstörung von Menschen. Wenn es eine neue Welt ohne den Bösen und ohne das Leid gibt, dann müssen die Todesmächte der gegenwärtigen Welt gestoppt werden, aber nicht einfach, als wäre nichts geschehen, sondern so, dass alles Leid und alle Zerstörung, dass alles Böse und alles Gewalttätige dieser Weltgeschichte dem Vergessen entrungen wird und in denen aufgesucht wird, die Entsprechendes erlitten beziehungsweise getan haben.

9 *Benedikt XVI.*, Enzyklika »Spe salvi«, vom 30.11.2007 (Verlautbarungen des Apostolischen Stuhls Nr. 179), Bonn 2007, Nr. 45.

Die Bibel nennt in vielen Texten diesen Vorgang »Gericht«, ein für uns unvorstellbar dramatisches Geschehen, für das uns verschiedene Bilder geschenkt sind, die in ihrem Zusammenhang aber nie gefügig sind, die ineinander knirschen und die so umso deutlicher erfahren lassen, dass es sich nur um Bilder handelt, die eine Richtung andeuten, deren tatsächliche Erfüllung uns noch einmal ganz anders zuzukommen vermag, als wir es uns vorstellen können. Zumal die Bilder selbst immer auch mit unseren gegenwärtigen Problemen, Ängsten und Hoffnungen zu tun haben, also, wie schon bei Paulus gesehen, kontextuell abhängig sind.
So ist die Scheu berechtigt, das Geheimnis Gottes, das uns im Tod in einer unvorstellbaren Weise begegnet, in Vorstellungen und Bilder zu fassen. Zugleich ist es aber auch wieder notwendig, eine Vorstellungsfähigkeit von dem zu entwickeln, was »danach« kommt. Dabei darf es durchaus offen und frei bleiben, dass die einen Gläubigen Bilder notwendiger haben als die anderen, die Gott von vornherein über den Tod hinaus vertrauen können. Die am 16. August 2008 verstorbene große Frau des Deutschen Katholizismus, der Ökumene und der Frauensolidarität, Anneliese Lissner, hat in dem Dankesbrief nach ihrem 80. Geburtstag in einem Gedicht formuliert:

> »Oh Mensch, bedenk die Ewigkeit,
> denn damit endet deine Zeit'.
> Was das bedeutet, weiß ich nicht,
> doch bin ich voller Zuversicht!«

Ob man/frau nun mehr oder weniger Bilder und Bedeutungen über den Tod hinaus benötigt, eines ist in jedem Fall zu beherzigen: Alle Hoffnung ist noch einmal dem Geheimnis Gottes selber zu überantworten. Es kann nie um einen ungehörigen Zugriff auf Gott und auf das gehen, was nach dem Tod kommt, sondern um ein vorsichtiges Ertasten dessen, in welche Richtungen und Farben das Künftige erlebbar ist. Es ist nicht die Sprache des Habens und des Zugriffs, sondern die Sprache der Hoffnung: Auf unsichtbare Hoffnung hin sind wir gerettet (vgl. Röm 8,24–25).
Diese Beziehung der Hoffnung gelingt nur, wenn sie auf einen hoffnungsvollen Inhalt bezogen ist, also wenn Gott unsere Rettung und nicht ein Satan und unsere Vernichtung ist. Und hoffnungsvoll ist dieser Blick über die Todesgrenze hinaus dann, wenn all das, was die Menschen getan und erlitten haben, sich nicht einfach in dieser Rettung auflöst, als wäre das alles nicht geschehen, sondern darin eine Bedeutung gewinnt, die alle als endgültige Herstellung der Gerechtigkeit und einer ganz und gar nicht billigen Versöhnung erfahren; dass es weder eine Versöhnung auf Kosten der Gerechtigkeit noch eine Gerechtigkeit auf Kosten der Versöhnung geben wird. Die Hoffnung also, dass es am Ende für alle eine Rettung geben kann, aber nicht einfach so, als würde Gott die Leiden der Opfer und die Taten der Täter nicht ernst nehmen, als ob es ihm nachträglich egal wäre, wie wir hier gelebt haben. Dann hätte er sich die Inkarnation sparen können.

5 Gegensätze, die Unterschiede machen

Um dieser Botschaft willen gibt es keine Möglichkeit, auf die Gerichtsverkündigung zu verzichten. Gleichzeitig ist es sicher nicht einfach, so vom Jüngsten Gericht zu sprechen, dass nicht bei den Hörern und Hörerinnen wieder alte Vorstellungen von Hölle und Angst einschnappen. Gotthard Fuchs hat von der christlichen Kunst gesprochen, »sich recht ängstigen zu lernen«.[10] So geht es in der neuen Verkündigung des Gerichts gewissermaßen um eine Therapie an jenen unrechten und zerstörerischen Ängsten, die weniger der Hoffnung auf Gott als der Herrschaft durch Menschen gedient haben. Eigentlich geht es gar nicht um Gottesangst, sondern um jenen Furchtanteil in der Gottesbeziehung, die in der Ehrfurcht vor dem geheimnisvollen, allmächtigen und unbegreiflichen und koextensiv mit seiner Unendlichkeit zugleich kompromisslos liebenden Gott zuhause ist.

Nochmals zu den Bildern und Vorstellungen: Es war schon davon die Rede, dass sie durchaus mit unseren gegenwärtigen Problemen zu tun haben dürfen.[11] Im Anschluss an Hans Blumenberg spricht Gotthard Fuchs vom Gerichtsverlust als einem empfindlichen Schaden in gegenwärtigen Zivilisationen. Mit dem Abhandenkommen des Glaubens an Gottes Gericht explodieren die gegenseitigen Verurteilungen genauso wie die Abwehr dieser Verurteilungen durch die »Kunst, es nicht gewesen zu sein«, mit permanenten Entschuldigungen und Selbstrechtfertigungen, die wiederum bei der Beschuldigung der anderen landet und so den Teufelskreis der Verurteilungen wieder von der anderen Seite her schließt.[12] Dass fast alle Konflikte nur noch über Rechtsanwalt und Gericht angegangen werden, ist ein erschreckender Ausdruck dieser Gerichtsmanie, der permanenten Angst, zu kurz zu kommen, und der verlorenen Fähigkeit, Gott zumindest das letzte Gericht und das letzte Wort zu überlassen.

Die kirchliche Verkündigung vom letzten Gericht, das dem Gott vorbehalten bleibt, der in Christus mit falschem Recht selbst verurteilt wurde und der vom Kreuz her noch die Täter in seine Versöhnung aufnimmt (vgl. Lk 23,34), ist also nicht nur von elementarer befreiender Bedeutung für die Einzelnen, sondern auch von heilender Kraft gegenüber den Selbstüberforderungen und Zerstörungsanteilen einer Gesellschaft. Ganz zu schweigen von den das Leben verdunkelnden Depressionen, die von verdrängten Schuldgefühlen herrühren, ob sie auf wirklich eigener oder egozentrisch angeeigneter Schuld gründen. Die Sehnsucht nach Schuldvergebung übersteigt oft die Möglichkeiten der Therapie, Schuld im Ge-

10 Vgl. *Gotthard Fuchs*, Gerichtsverlust. Von der christlichen Kunst, sich recht ängstigen zu lernen!, in: Katechetische Blätter 120 (1995) 3, 160–168.

11 Zum Verhältnis von Zeit und Vorstellung, von kulturellen Erfahrungen und Gerichtsbildern vgl. *Fuchs*, Gericht (Anm. 1), 54–76.

12 Vgl. *G. Fuchs*, Gerichtsverlust (Anm. 10).

spräch zu benennen und zu »bearbeiten«. Und gerade jetzt ist die Pastoral der Kirche in ihren strukturellen Zwängen[13] so zeit- und kommunikationsarm, dass es kaum gelingt, Menschen im Beichtsakrament die Antizipation des künftigen Gerichts als Aufdecken und Vergeben von Schuld zu vermitteln.[14]

6 Gericht als Gnade zur Versöhnung

Für Glaube und Verkündigung wird es wichtig sein, die unterschiedlichen Bilder, die Bibel und Tradition für die Vorstellung des Jüngsten Gerichts bereithalten, in ihrer Bedeutung und in ihrer gegenseitigen Bedeutungsbegrenzung zu erschließen. So bleibt das dominante Bild vom Jüngsten Gericht gültig, in dem die Guten von den Bösen getrennt werden, doch ist die Bedeutung dieses Bildes auch wieder zu begrenzen mit der Einsicht, dass es nur eine Momentaufnahme im großen Prozess des Gerichtes darstellt. Denn die meisten werden einmal auf der einen und einmal auf der anderen Seite sein, und der richtende und zugleich versöhnende Blick des Richters wird es ermöglichen, dass sich die Menschen gegenseitig anschauen und aneinander entdecken, worin sie sich gegenseitig getragen und geliebt oder gehasst und zerstört haben.[15]
In die Unvorstellbarkeit dieser Gerichtsdynamik hinein können wir, bezogen auf den einzelnen Menschen, die nachvollziehbare Vorstellung entwickeln: Es ist dies ein Vorgang, wo Tätern aufgeht, was sie getan haben, wo sie abgrundtief der Schmerz darüber ergreift, genauso abgrundtief und in der Intensität unendlich, wie das Leiden, das sie zugefügt haben. Es hängt alles davon ab, dass sich die Täter in diese Begegnung hineinbegeben und dass sie sich nicht verweigern. Und Sünder beziehungsweise Sünderinnen waren wir alle in unterschiedlichen Zusammenhängen und Ausformungen.
Dies geschieht im unerschöpflichen Raum der Versöhnung Gottes, in dem erst das Unmögliche möglich wird, nämlich die Versöhnung der Täter mit Gott und mit den Opfern, die nicht die Gerechtigkeit verletzt, weil sie die Täter elementar, durch ihre ganzen schmerzempfindlichen Phasen hindurch (seelisch und leiblich), restlos zum schutzlosen und radikal geöffneten Resonanzkörper dessen werden lässt, was sie getan oder versäumt haben. Ähnliches gilt selbstverständlich auch für das Gegenteil des Bösen, für die Menschen, die in Liebe und Solidarität gelebt haben: Sie dürfen sich dann in unendlicher Freude und Bestätigung angesichts der betreffenden Personen und angesichts der unendlichen Liebe Gottes

13 Vgl. *Johann Pock*, Gemeinden zwischen Idealisierung und Planungszwang, Wien/Berlin 2006; *Ottmar Fuchs*, Im Innersten gefährdet. Für ein neues Verhältnis von Kirchenamt und Gottesvolk, Innsbruck 2009, 108–110.
14 Vgl. *Fuchs*, Gericht (Anm. 1), 245–256.
15 Vgl. ebd., 110–165.

als Resonanzkörper dessen erfahren, was sie an Liebe und Solidarität geschenkt haben.
Das Gericht ist also ein für uns unbegreifbares, umfassendes Begegnungsgeschehen, mit unvorstellbarer Intensität und Dynamik. Die Menschen sind darin nicht ungefragte Gegenüber eines von oben nach unten erfolgenden Gerichts mit einer verordneten Strafe, sondern die »Strafe« ereignet sich in diesem Geschehen selbst als die nicht auferlegte, sondern in uns selbst angesichts der Opfer aufbrechende Schmerz- und Sühnebewegung. »Aber in dem Schmerz dieser Begegnung, in der uns das Unreine und Kranke unseres Daseins offenbar wird, ist Rettung« (Spe salvi Nr. 47). Der Begriff des »Schmerzes« ist allerdings ein analoger, der dem, was geschehen wird, unähnlicher sein wird als ähnlich, aber er deutet gleichwohl die Richtung an, auf die hin wir hoffen dürfen. Für jedes bessere Bild müsste man dankbar sein, doch finde ich keines.

7 Gerechtigkeit in der Gnade

Im ökumenischen Zusammenhang ist zugleich daran festzuhalten, dass dies nicht die Leistung und das Verdienst der Sünder und Sünderinnen selbst ist, sich in diesen Reueschmerz hineinzubegeben, sondern das er von Grund auf ermöglicht wurde durch die unendliche Versöhnungsmacht, durch die Gnade Gottes, die in der Auferstehung bereits beginnt und durch das Gericht hindurch trägt und rettet. Es handelt sich also, jenseits jeder »eschatologischen Werkgerechtigkeit«, um die eschatologische Wirksamkeit jener unbedingten Rechtfertigungsgnade, die von den Menschen allerdings unterschiedlich, zwischen Freude und Leid, erfahren wird, je nach dem Leben, das sie hinter sich haben. Dies ist der Anteil der Gerechtigkeit im eschatologischen Gnadengeschehen, nicht als Bedingung, sondern als Auswirkung der Gnade. Die Alternative wäre, dass die unterschiedslos geschenkte Liebe Gottes keine Unterschiede machte, was das hiesige Leben für das Gericht egalitär und damit letzteres obsolet sein ließe. So kann Benedikt XVI. schreiben: »Aber es ist ein seliger Schmerz, in dem die heilige Macht seiner Liebe uns brennend durchdringt, so dass wir endlich ganz wir selber und dadurch ganz Gottes werden. So wird auch das Ineinander von Gerechtigkeit und Gnade sichtbar« (Nr. 47).
Indem ich diesen Gerechtigkeitsanteil in der Versöhnungsgnade formuliere, muss ich ihn auch schon wieder aus der Hand in die Unverfügbarkeit Gottes geben. Die Neuschöpfung im Gericht übersteigt alle unsere Vorstellungen, aber erst nachdem sie uns in der christlichen Botschaft gegeben wurden. Nur in dieser unauflösbaren Dialektik gilt die Einsicht des Paulus – ohne dass das Leiden damit nicht genug ernst genommen würde: »Ich bin überzeugt, dass die Leiden der gegenwärtigen Zeit nichts bedeuten im Vergleich zu der Herrlichkeit, die an uns offenbar werden soll« (Röm 8, 18). In der Unbedingtheit Gottes werden zwar die

menschlichen Bedingtheiten nicht gelöscht, aber unendlich überboten. Die menschliche Sehnsucht nach ausgleichender Gerechtigkeit bis hin zum Schrei nach Gerechtigkeit werden nicht zuschanden, aber müssen sich nicht mit dem Ausgleich begnügen, sondern werden in eine Unerschöpflichkeit an Gottes Gerechtigkeit, die in ihrer Liebesdynamik niemals aufhört, aufgenommen, in solcher Unendlichkeit, dass diese Gerechtigkeit auf keinen Ausgleich angewiesen ist und jeden Ausgleich überschwänglich und überbordend überbietet. Völlig unnötig und deplatziert ist es deshalb, auch nur den Hauch eines Gedankens daran zu verlieren, mit dem Reueschmerz ein Anrecht auf Rettung verbinden zu können oder zu müssen. Er ist völlig selbstwertig, für nichts instrumentalisierbar, und begibt sich frei und absichtslos in die Hand Gottes.

Auch das Gleichnis von den Arbeitern im Weinberg (Mt 20,1–16) verbietet es, die Vorstellung von der Gerechtigkeit in der eschatologischen Gnade als rechnerischen und kalkulierbaren Ausgleich anzunehmen. Die Gnade kann frei jeglichen Ausgleich übersteigen, so dass Täter aus der geschenkten Liebe heraus noch viel mehr oder aber auch viel weniger Reue leiden »wollen« oder »müssen«, als was sie an Leid zugefügt haben.

Auch die kirchliche Lehre hinsichtlich der Hölle (ohne dass die Kirche es jemals gewagt hätte, von auch nur einem Menschen positiv zu behaupten, dass er in der Hölle wäre, im radikalen Gegenteil zu den vielen Heiligen im Himmel) verbietet es uns, so auf die Rettung aller Menschen zu schauen, als hätten wir diese Rettung und damit Gott selbst in seinem zukünftigen Handeln im Griff oder als hätten wir im Griff, dass sich alle Menschen in das Gericht hineinbegeben. Gleichwohl ist es uns nicht verboten, die Hoffnung auch für die Verdammtesten noch aufrechtzuerhalten, als Hoffnung auf der Basis der unendlichen Liebe und Versöhnung Gottes selbst. Hans Urs von Balthasar hat die Frage gestellt: Wenn Christus selbst am Karsamstag in den Abgrund der Hölle hineintritt und so tief geht, dass er mit seiner Solidarität auch den Verlorensten nochmals nach unten hin überholt, ob nicht dann doch auch der verlorenste Mensch sich angesichts einer solchen Liebe, die zugleich der tiefste Grund seiner Freiheit ist, tatsächlich erweichen ließe? Wir haben die Antwort auf diese Frage nicht im Griff. Aber die Frage bleibt hoffnungsvoll offen!

Wir dürfen unsere Hoffnung auf beide Bilder hinausstrecken, auf die Gerechtigkeit und auch die Barmherzigkeit, auf die Verurteilung der Täter und auf die Rettung der Opfer und, im Durchgang durch den in der unendlichen Versöhnung Gottes ermöglichten Reueschmerz[16], auch der Täter, von uns Sündern und Sünderinnen überhaupt. Für alle, die sich in das Gericht hineinbegeben, wird es zur Gnade. Nur für den, der sich ihm

16 Zur Aufweichung der Härte des Bösen im Angesicht des gekreuzigten Richters vgl. *Jan-Heiner Tück*, Das Gericht Jesu Christi, in: Konturen (Rothenfelser Burgbrief) 02/03, 3–9, 8f.

verweigert, der sich überhaupt nicht in den Gerichtsprozess hineinbegibt, würde es zum Fluch. Doch dieser Konjunktiv wird zum Irrealis, wenn man korrigierend das Dogma vom universalen Gericht aufruft.[17]
Von daher versteht man die Darstellung der Auferstehung der Toten in der Nürnberger Lorenzkirche, wo sich der Teufel auf den Grabstein kniet, um die Toten nicht herauszulassen. Denn gibt es eine Auferstehung der Toten, dann hat der Schöpfer noch etwas mit den Menschen vor, sowohl mit ihrer Vergangenheit wie auch mit ihrer Zukunft. Nur wer ewig tot bleibt, kann nicht als Auferstandener oder als Auferstandene in das Gericht hineingenommen und in dessen Dramatik verurteilt, versöhnt und gerettet werden. Christine Lavant hat es richtig gesehen: Gott, wenn er denn ein Gott ist, den die Schöpfung etwas angeht, »ist uns die Auferstehung schuldig!« Damit die unerhörten Klagen genauso gehört werden können wie der Dank für alles, was gut und wunderschön war, und damit Gott die eingeklagten und ersehnten Antworten geben und endlich mit der vollkommenen Schöpfung selbst antworten kann.

8 Und die Opfer?

Noch schwieriger als die Frage danach, wie die Täter zur Versöhnung gelangen, ist die Frage danach, wie dies den Opfern möglich sein wird. Denn die Versöhnung selber ist, wie die Begegnungen zwischen Opfern und Tätern zum Beispiel in den Versöhnungsprozessen in Südafrika gezeigt haben, auch für die Opfer selbst ein schmerzlicher Prozess. Müssen also die Opfer auch im Gericht »leiden«? Noch zu dem, was sie schon erlitten haben? Wäre gerade dies nicht ungerecht?
Diese Fragen sind die schwierigsten, die in den endzeitlichen Tag hineinreichen. Und doch gibt es Spuren im menschlichen Leben, in den Geschichten der Heiligen und der Bibel, die darauf hoffen lassen, dass es den Opfern nicht nur geschenkt werden wird, sondern dass es ihr eigenes tiefstes Anliegen ist, versöhnt in den Himmel zu gelangen. Es sind Spuren, die mit Feingefühl und im Verzicht darauf zu lesen sind, damit »Antworten« in der Hand zu haben.
Die Heilige Teresa von Ávila stellt im »Buch des Leidens« (Kapitel 32) die Frage: »Sehen wir jemanden … in großen Bedrängnissen oder großen Leiden, so werden wir anscheinend naturhaft von Mitleid gepackt, und sind seine Schmerzen heftig, so empfinden wir sie höchst lebendig. Aber eine Seele in alle Ewigkeit zur Folter aller Folter verurteilt zu sehen: Wer könnte so etwas ertragen?« Und: »Um nur eine einzige (Seele) … vor so unerträglichen Qualen zu bewahren, hätte ich sicherlich mit Freuden vielfachen Tod erlitten …« Was hier geschieht, kann man nicht einfach nur so denken und sagen, sondern nur annähernd »erspüren«,

17 Vgl. *Fuchs*, Gericht (Anm. 1), 127ff.

wenn und insofern der gläubige Mensch mit dem in den Abgrund steigenden Christus mitleidend mit in dieses Dunkle geht.
Werden also die Opfer zur Versöhnung ja sagen können? Wir dürfen hoffen: Vom Kreuz her darf jene Spur verfolgt werden, dass es auch in der Sehnsucht der Opfer liegt, nicht auf den Status der »Opfer« festgenagelt zu bleiben, und auch, nicht andere zu ewigen Opfern zu machen. Diese Befreiung vom Opfersein kann aber nicht als Leistung gefordert werden, vielmehr darf daran gedacht werden, dass Christus die Opfer in sein eigenes Opfersein am Kreuz aufnimmt und ihnen genau an diesem Ort das ermöglicht, was er selbst von dort aus getan hat, nämlich den Tätern zu vergeben. So dass sie nicht allein gelassen werden, sondern getragen sind von der in Christus am Kreuz für alle Welt zum Vorschein kommenden Versöhnung, die jetzt alle Macht hat. So dass sie an der Seite des Gottessohnes und in ihm von der göttlichen Versöhnungsmacht unterfangen sind. Ja noch mehr: Mit Christus, der vom Kreuz her für die Täter betet, beten sie selbst, vom Gebet Christi getragen, für die Verurteilten.
So sei die oben zitierte Frage der Heiligen Teresa nach der Rettung derer, die in der »Hölle« sind, in den Himmel hinein verlagert, nämlich in der Frage danach, ob denn die Seligen das Bewusstsein aushalten können, dass Menschen sich ewig selbst zerstören.

9 Das Gericht der Menschen mit Gott

Die unerschöpfliche Versöhnungskraft Gotte würde allerdings nicht zu Ende gedacht sein, würde sie nicht auch die Offensive der Menschen gegen Gott beinhalten. Diese Spur finde ich insbesondere in der Bibel darin, dass dieses Leben in der Beziehung zu Gott selbst Fragen offen lässt, die in diesem Gericht geklärt werden müssen. Insbesondere die Fragen der leidenden Menschen, die in den Klagepsalmen beten: Warum hast Du uns verlassen? Und auch in so mancher Erzählung von Heiligen und in vielen Geschichten von Christen und Christinnen kommt immer wieder die Vorstellung durch, wie sie der große Theologe Romano Guardini kurz vor seinem Tod gesagt haben soll: »Bevor Gott an mich Fragen stellt, will ich meine Fragen an ihn stellen.« In der Tat, bevor es eine neue Welt geben kann, muss das Verhältnis zwischen Mensch und Gott geklärt sein. Warum hat es diese alte Welt gegeben? Warum hat er sie so geschaffen und so zugelassen? Warum mit so viel Grausamkeit und mit so viel Leid? Die klagenden und anklagenden Fragen sind ja bis zum Tod nicht beantwortet worden. Und so werden sie hineinragen in die richterliche Begegnung mit Gott. Die Frage Jesu am Kreuz: »Warum hast Du mich verlassen und bis in den Tod hineingegeben?«, diese Frage überlebt den Tod, wenn denn die Opfer ihren Tod überleben dürfen.
Die Menschen werden klagen und anklagen. Die Opfer, weil ihr Leben zerstört wurde, die Täter aber auch: warum Gott nicht verhindert hat,

dass sie so waren und wurden, warum das Böse so mächtig über sie sein konnte. Nicht die Schuld der Täter soll verkleinert werden. Sie bleiben für das Schlimme verantwortlich. Aber dass es überhaupt eine Welt gibt, in der Menschen böse sein *können*, für diese Bedingung der Möglichkeit des Bösen sind nicht die Täter zur Verantwortung zu ziehen, sondern Gott selbst, der es zugelassen hat, dass ihm diese Schöpfung derartig aus den Händen geglitten ist. Die Bibel spricht immer wieder davon, dass Gott für beides verantwortlich ist, für das Gute und letztlich auch für das Böse, insofern er ihm in dieser Welt Raum gegeben und es nicht verhindert hat. Deswegen klagt Hiob, und Gott bestätigt ihn im Recht seiner Klage.

Was wird der so angefragte Gott antworten? Wie wird er diese Welt und sich rechtfertigen? Jedenfalls kann er uns nicht mit einer Sinnantwort kommen, dass alles einen notwendigen Sinn gehabt habe. Was soll das nur für ein Sinn sein, dem so viel an Leid zu opfern war? Was soll das für eine Notwendigkeit sein, die die Not nicht gewendet hat? Nein, mit einer solchen Sinnantwort, mit der er selbst »aus dem Schneider« wäre und auch relativ unbeteiligt sein könnte (weil ja alles seinen Sinn hatte), kann er bei den leidenden Menschen keine Glaubwürdigkeit erringen. Nein, es muss eine Antwort sein, die nicht unterhalb des Niveaus dessen ist, was in der Geschichte erlitten wurde.

Eigentlich ahnen wir in unserem Glauben schon, wie er antworten wird: Er wird auf seinen Sohn, auf Jesus von Nazareth deuten und sagen: »Ich war alle Stunden des Leidens bei Euch.« Gott hat sich nicht herausgehalten, sondern hat im menschgewordenen Gottessohn das Leiden der Menschen an sich herangelassen, auch das Leiden eines Menschen, der sich um der Barmherzigkeit und Gerechtigkeit willen der Gewalt der Menschen ausliefert, bis zum Folterschmerz und bis zum Tod am Kreuz. Und Gott wird im Gericht offenbaren, dass er nicht nur in Jesus das Leiden der Menschen erfahren hat, sondern dass er, wie Paulus im Röm 8,26 sagt, im Geist des Auferstandenen alle Leiden der Menschen mitgelitten hat. Angesichts des an Intensität und Tiefe unendlichen Leidens in der Geschichte kann es wohl nur ein allmächtiger Gott sein, der eine derart allumfassende Compassion (Mitleiden) aufzubringen vermochte.

Dies wird er uns noch vor jeder Sinnantwort offenbaren: dass er sich nicht herausgehalten hat, dass er nicht von außen zugeschaut hat, sondern dass er selbst in dem gleichen Maße das Leid der Menschen erlebt hat, wie diese es erlebt haben. Nur dadurch können die Opfer ihn als durch und durch glaubwürdig erfahren und ihn als den annehmen, der das Gericht gegen die Täter führen wird: nämlich nicht nur als der Anwalt der Opfer, sondern als durch und durch Mitbetroffener. An seiner Antwort wird bereits zu erfahren sein, dass Leid nur mit dem »aufgewogen« werden kann, was es selber ist, auch auf der Seite des Schöpfers und hier mit seinem substanziellen Mitleiden. Unterhalb dieses Niveaus kann es keine befriedigende Antwort Gottes auf die Klagen der Opfer geben.

Von daher ist der Tod Jesu Christi nicht nur als Gottes Sühne für die Menschen zu verstehen, sondern als Sühne Gottes selbst für diese Schöpfung, weil es in ihr so viel Böses und so viel Leid gibt und weil er letztlich für alles verantwortlich ist. In Christus macht er sich selbst zur Sünde (2 Kor 5,21), zum Schuldigen, zum Mittäter. So wird Gott am Ende auf seinen Sohn zeigen, wie damals in der Taufe Jesu im Jordan, und sagen: Dies ist mein geliebter Sohn, in dem ich mein eigenes Sühneleiden im Leiden der Menschen offenbare.
Aber: Gott geht weder in seinem Mitleiden noch in seinem Sühneleiden auf. Er steht dem Leid auch und dazu dem Bösen in Allmacht gegenüber! Sonst gäbe weder eine Hoffung auf das Gericht noch auf den Himmel.

Dr. Ottmar Fuchs ist Professor für Praktische Theologie an der Katholisch-Theologischen Fakultät der Universität Tübingen.

3.3

Jürgen Moltmann

Das Kommen Gottes und die Neuschöpfung aller Dinge

1. Die neue Eschatologie

1.1 Nicht das Ende, sondern der Anfang

Die traditionelle Eschatologie steht am Ende der Dogmatik und wirkt oft wie ein unangenehmer Anhang. Sie handelte vom »Ende aller Dinge« (Kant), vom »Ende der Geschichte« (Hegel) oder vom »Ende der Welt«. Paul Althaus nannte sein bekanntes Werk »Die letzten Dinge« (1922), Hans Urs von Balthasar hatte es dramatischer als »Das Endspiel« (1983) bezeichnet. Was sind »die letzten Dinge«? Im persönlichen Leben: »Tod, Gericht und ewiges Leben«; in der Weltgeschichte: der Endkampf zwischen Gott und den Teufeln im Tal von Harmagedon, oder »auf zum letzten Gefecht«; im Blick auf die Welt: Weltvernichtung oder Vergöttlichung des Kosmos. Im Zentrum aller letzten Erwartungen steht das große Weltgericht, in dem Gott mit Lohn und Strafe die endgültige Abrechnung vornimmt.

Die neue Eschatologie beginnt nicht mit dem Ende von etwas, sondern mit dem Anfang des Neuen, mit dem Anfang der Totenauferstehung in der Auferweckung Christi von den Toten, mit dem Anfang des Reiches Gottes in der rechtfertigenden Gerechtigkeit des Evangeliums und mit dem Anfang der Neuschöpfung aller Dinge im Christsein. Auch das Ende Christi, es war schließlich sein wahrer Anfang (E. Bloch). Aus den Linien der Weltgeschichte und der Naturgeschichte lassen sich nur Mutmaßungen über ein gutes, meistens jedoch nur ein schlechtes Ende der Welt anstellen. Der tragende Grund, das treibende Motiv und zukunftseröffnende Ziel christlicher Hoffnung ist die Auferstehung Christi. Christlicher Glaube ist im Kern Auferstehungshoffnung, und christliches Leben ist der Anfang der ewigen Lebendigkeit: *Incipit vita nova*.

1.2 Nicht die Ewigkeit, sondern die Zukunft

Hoffnung wird nicht durch die Ewigkeit Gottes, sondern durch die Verheißung seiner Zukunft ins Leben gerufen. Offb 1,4 spricht von dem Gott, »der da ist und der da war«, im dritten Glied aber nicht »und der da sein wird«, wie griechisch die ewige Gegenwart des Göttlichen in allen drei Zeiten ausgedrückt wird, sondern »der da kommt«. Das Kommen Gottes zu seinem Volk, zu seiner Menschheit, zu seiner Erde ist der Fokus der alttestamentlichen Prophetie. In diesem Erwartungshorizont wurde das Kommen Christi »in diese Welt« aufgefasst und die Einwohnung des Heiligen Geistes in den Herzen, in der Gemeinde und der Natur erfahren, so dass alles: die Zeichen der Natur, die Sehnsucht des Herzens, die Liebe zum Leben und das Leiden an Tod und Vergehen auf das Kommen Gottes verweisen. Auch das Gebet Jesu richtet sich nicht auf die Ewigkeit des Himmels, sondern auf das Reich Gottes »wie im Himmel so auf Erden«. Nicht die Kategorie Ewigkeit ist die Denkform der Hoffnung, sondern die *Kategorie Novum*: der neue Bund, die neue Schöpfung, das neue Leben, das neue Lied. Die »präsentische Eschatologie« der augenblicklichen Ewigkeit ist keine Eschatologie, sondern Mystik.

1.3 Die Geschichte: alt und neu

Wer ein »Ende der Geschichte« erwartet, zählt seit alters her die Zeitalter der Welt. Wie die Welt in sieben Tagen erschaffen wurde, so läuft ihre Zeit in sieben Weltaltern ab, sagt der Dispensationalism. Also wird die Welt mit jedem Tag älter und kommt ihrem Ende immer näher. Auch Luther und Melanchthon waren davon überzeugt. Den »Zeichen der Zeit« zufolge leben wir heute kurz vor ihrem Ende, das keiner aufhalten kann und es auch nicht versuchen soll: Unsere Zeit läuft ab, Doomsday kommt, die Frommen werden zuvor entrückt, wehe den Hinterbliebenen. Die Kategorie, in der Propheten und Apostel die Geschichte Gottes erfahren, ist nicht das Älterwerden und ihr Tod, sondern die Geburt und der neue Anfang. Das ist die prophetische Erfahrung: »Gedenket nicht an das Alte und achtet nicht auf das Vorige, denn siehe ich will ein Neues schaffen, jetzt soll es aufwachsen und ihr werdet es erfahren« (Jes 43,19). »Siehe, ich will einen neuen Himmel und eine neue Erde schaffen« (Jes 65,17). Das ist die Christuserfahrung: »Ist jemand in Christus, ist er eine neue Kreatur« (2 Kor 15,17), und in die Vollendung lockt die universale Verheißung Gottes: »Siehe, ich mache alles neu« (Offb 21,5). Im Lichte dieser Zukunftshoffnung wird die Vergangenheit nicht zum Inbegriff der Vergänglichkeit, denn an ihrem Ende steht nicht der Tod. Sie wird zur »vergangenen Zukunft« (R. Kosellek), denn an ihrem Ende steht die Auferstehung der Toten und die Wiederbringung aller Dinge. Es macht einen großen Unterschied, ob man die Geschichte als Zeit des Todes ansieht oder als Zeit des Lebens. Das christliche Zeitgefühl ist die Morgenröte des neuen Tages Gottes (Röm 13,12). Sie wirft auch auf die Totenfelder der Vergangenheit ein Licht der Erlösung.

1.4 Dualismus oder Universalismus?

Die meisten traditionellen Eschatologien sind dualistisch in der endgültigen Scheidung der Gerechten von den Ungerechten, der Gläubigen von den Ungläubigen, wir von den anderen. Beginnen wir aber nicht mit den

Menschen, sondern mit Gott, dann wird hinter diesen Dualen der allumfassende Horizont des kommenden Gottes sichtbar. In Christus »wird alles zusammengefasst, was im Himmel und auf Erden ist« (Eph 1,10). Gott hat durch ihn »alles versöhnt, es sei im Himmel oder auf Erden« (Kol 1,20). Weil die Zukunft der Versöhnung das neue Leben ist, darum wird »alles« neu geschaffen, damit Gott »alles in allen« sein kann (1 Kor 15,28). Was wird »neu«? Gott kommt, um in allem, was er geschaffen hat, einzuwohnen. Die universale *Schechina Gottes* verwandelt alle Geschöpfe so, dass sie an seiner ewigen Lebendigkeit teilnehmen können. Was damit vernichtet wird, ist das vernichtende Nichts, die Sünde nicht der Sünder; der Tod nicht das Sterbliche. Ist das die letzte Perspektive der christlichen Auferstehungshoffnung, dann müssen wir das große Weltgericht – altes Symbol für die endgültigen Scheidungen und für den Eingang zur Hölle – völlig neu interpretieren.

2 Auf dem Weg zur »neuen Schöpfung«

Liest man die Bibel nicht nur wie gewöhnlich von vorn nach hinten, sondern auch einmal umgekehrt von hinten nach vorn, dann fällt ein besonderes Licht von Offenbarung 21 auf Genesis 1: Genesis 1 schildert nur den Anfang einer Schöpfung, die zu ihrem wahren Wesen erst in Neuschöpfung aller Dinge kommt. Genesis 1 bezeichnet nur den ersten Akt der Schöpfung einer Welt, die im Reich der Herrlichkeit Gottes zu ihrer Vollendung kommt. Um es einfach auszudrücken: Die wahre Schöpfung liegt noch vor uns, nicht hinter uns, wir kommen nicht von ihr her, sondern gehen auf sie zu. Ein schönes Zeichen dafür, den Anfang im Licht der Vollendung zu lesen, gibt die katholische Liturgie für die Osternacht: Es wird die Schöpfungsgeschichte gelesen. Die Schöpfung beginnt mit ihrer Auferweckung aus dem Dunkel des Chaos ins Licht des Kosmos, und die Auferweckung aus der Macht des Todes ins Reich des Lebens ist die Neuschöpfung der Welt zu ihrer bleibenden Gestalt. Das ist die eschatologische Lesart der Schöpfung »im Anfang« und des gegenwärtigen Schöpfungsprozesses im Licht ihrer Zukunft.

2.1 *Die Schöpfung im Anfang* ist tatsächlich der Anfang des göttlichen Schaffens. Zwar wohnt nach Hermann Hesse jedem Anfang »ein Zauber inne«, der Schöpfung im Anfang aber wohnt schon der Zauber ihrer Vollendung inne. Der Schöpfungssabbat weist auf die kosmische Schechina hin. Also ist diese Schöpfung zukunftsoffen und kein geschlossenes System. Sie liefert die Bedingungen für die Geschichte der Menschen und die Naturgeschichte, aber kein Bild von einem Paradies, das verloren gehen und wiedergewonnen werden kann. Wird ihre Zeit mit der Schöpfung mitgeschaffen, dann ist diese Schöpfung auch veränderlich, denn Zeit wird nur an Veränderungen wahrgenommen. Alle Geschöpfe sind korrumpierbar, aber sie sind auch heilbar.

Diese Schöpfung ist da, aber sie muss nicht da sein. Die Kinderfrage: Warum ist überhaupt etwas, und nicht vielmehr nichts?, wird theologisch mit dem freien Entschluss Gottes beantwortet. Gott musste nicht schaffen, die Liebe hat Gott aus sich herausgezogen und ins Abenteuer dieser Schöpfung gebracht. Liebe ist die Selbstmitteilung des Guten, darum ist diese Schöpfung liebenswert und erfreulich. Sie ist nicht göttlich, aber sie entspricht Gott, darum ist sie nicht sinnlos, sondern ist ein Wunder in sich selbst.

Dass eine nichtgöttliche, endliche Welt mit dem unendlichen Gott koexistieren kann, setzt eine Art Selbstbeschränkung Gottes voraus: Gott nimmt sich zurück, um seinen Geschöpfen Zeit und Raum und ihre spezifische Freiheit zu lassen, und erwartet ihre Antwort. Nach der ersten Schöpfungsgeschichte haben Geschöpfe ihre eigenen Aufgaben: Die Erde soll Pflanzen und Tiere »hervorbringen«, die Sterne sollen Tag und Nacht sowie die Jahreszeiten »scheiden« usw. Wenn sie diese Aufgaben verfehlen, tritt eine kosmische Zerrüttung ein.

Im Blick auf das Chaos, aus dem diese Schöpfung ins Dasein gerufen wird, ist endlich zu erkennen, dass Schöpfung aus dem Chaos auch immer vom Chaos bedroht wird. Im Meer und in der Nacht ragt das Chaos in die Schöpfung hinein und macht sie zu einer bedrohten Schöpfung. In ihrer Vollendung, die Offenbarung 21 beschrieben wird, werden diese Bedrohungen aus der Schöpfung ausgeschieden. Im himmlischen Jerusalem wird kein Dunkel der Nacht mehr sein, denn die Herrlichkeit Gottes wird alles mit Lichtglanz erfüllen. Und für die Menschen gilt, dass nicht nur ihre Sünden vergeben werden, sondern auch die Möglichkeit zur Sünde überwunden wird, nicht nur der Tod, sondern auch die Sterblichkeit nicht mehr sein wird, wenn Gott »alles in allen« wird.

2.2 Die Tradition hat durchweg von einer fertigen Schöpfung und ihrer Erhaltung durch Gottes Vorsehung gesprochen. Sie hat die Zukunft der Anfangsschöpfung im *fortgehenden schöpferischen Prozess Gottes* unterschätzt. Im Alten Testament aber wird das singuläre Wort für das göttliche Schaffen »barah« öfter für Gottes Wirken in der Geschichte verwendet als für das Schaffen im Anfang. Im weitergehenden Schöpfungsprozess handelt es sich im Blick auf den Anfang um *Bewahrung*, im Blick auf das Ziel jedoch um *Innovation*: »Siehe, ich will ein Neues schaffen, jetzt soll es aufwachsen« (Jes 43). Was für ein Schaffen ist das? Es ist kein voraussetzungsloses Schaffen aus dem Nichts, sondern ein Schaffen von Neuem aus Altem, also ein »Erneuern« (Ps 104,30); die Emergenz neuer Formen und neuer komplexer Verbindungen. Die biologischen Evolutionstheorien geben einen guten Einblick in den innovativen Schöpfungsprozess, die Abstammungslehre blickt in diesem Prozess einseitig zurück, die neuen Emergenztheorien blicken nach vorn.

Wie soll man sich das bewahrende, welterhaltende Wirken Gottes vorstellen? Gottes Macht besteht nicht darin, dass er mit unerforschlichem Willen vom Himmel her alles beherrscht, sondern dass er von unten alles

umfängt und »trägt«. Die Exodusgeschichte stellt diese Macht so dar, »wie ich euch auf Adlersflügeln getragen habe« (2 Mos 1,9). Für dieses geduldige und zielbewusste Tragen gibt es ein weibliches Bild, »wie eine Mutter ihr Kind an der Brust trägt« (4 Mos 11,12), und ein männliches Bild, »wie ein Vater seinen Sohn auf den Schultern trägt« (5 Mos 1,31). Im Neuen Testament wird von Christus nach dem Vorbild des leidenden Gottesknechts aus Jes 53 gesagt, dass er der Welt Sünde und der Welt Leid trägt. Der Hebräerbrief fasst das kosmologisch zusammen: »Der alle Dinge trägt durch sein kräftiges Wort« (1,3). Der Gott, der so »trägt«, gleicht nicht dem willkürlichen Göttervater Zeus im fernen Himmel, sondern eher dem treuen Atlas, der die Erdkugel auf seinen Schultern trägt. Das ist auch für die persönliche Lebensgeschichte wichtig: »Ja ich will euch tragen bis zum Alter hin und bis ihr grau werdet. Ich will es tun, ich will heben, tragen und erretten« (Jes 46,4).
Symbol für das innovative Schaffen Gottes ist der *Sonnenaufgang* am Morgen des Tages: »All Morgen ist ganz frisch und neu …« Symbol für das welterhaltende Schaffen Gottes ist die *Erde*, die uns und alles Lebendige trägt.

2.3 Aussagen über die Zukunft der Geschichte und *die Vollendung der Schöpfung* werden am Leitfaden der geschichtlichen Erfahrungen und der Phänomene der Naturgeschichte gemacht, sonst werden sie spekulativ und verlieren die Bodenhaftung. In den prophetischen und apostolischen Visionen der Zukunft der Geschichte und der Schöpfung finden wir zwei Formprinzipien: 1. die Negation des Negativen und 2. die Erfüllung der Verheißungen und Antizipationen. In dieser doppelten Form sind Zukunftsaussagen realistisch und futurisch zugleich. Die Negation des Negativen lautet: »Es wird kein Leid, kein Schmerz, kein Geschrei mehr sein, und der Tod wird nicht mehr sein« (Offb 21,4). Damit wird der offene Raum für das Positive abgesteckt. Die Erfüllung der geschichtlichen Gotteserfahrungen sagt: »Siehe da, die Hütte Gottes bei den Menschen. Gott wird bei ihnen wohnen, und sie werden sein Volk sein« (Offb 21,3). Himmel und Erde, der unsichtbare und der sichtbare Kosmos werden so geschaffen, dass sie Gott in sich aufnehmen können. Sie werden zum kosmischen Tempel, in dem Gott zu seiner Ruhe kommen kann. Dann wird die unmittelbare Gegenwart Gottes alles erfüllen. Die Mächte des Chaos und der Vernichtung werden vom Antlitz der Erde verschwinden. Das ist die kosmische Einwohnung Gottes in seiner vollendeten Schöpfung, die alles durchdringende *Schechina*. Auf sie weist schon der Schöpfungssabbat hin, an dem Gott selbst ganz da ist und zu seiner Ruhe kommt. Auf sie weisen die Einwohnungen Gottes in seinem Bundesvolk Israel hin und seine Wanderungen mit seinem Volk durch die Exile dieser Welt. Auf sie weist die Menschwerdung des ewigen Logos hin und die Einwohnung des Heiligen Geistes.
Die »neue Schöpfung« ist keine andere Schöpfung, aber eine Schöpfung, die in der Gegenwart Gottes anders wird. Worin besteht der Unter-

schied? Nach dem 2. Petrusbrief (3,13) wird auf der »neuen Erde« »Gerechtigkeit wohnen« Gerechtigkeit ist ein Name Gottes, der Recht schafft und das Zerrüttete zurecht bringt. Die »Sonne der Gerechtigkeit« (Mal 3,20) bringt allem Sterblichen das Leben.

3 Das große Weltgericht: der Sonnenaufgang der Gerechtigkeit

Nach der traditionellen Eschatologie ist das große Weltgericht das Ende, danach kommt nichts mehr, darum heißt es auch das »jüngste Gericht«. Die Frommen kommen in den Himmel, die Gottlosen in die Hölle.

Dies irae
Dies illa:
Solvet seclum
In favilla.

Die Waage der Gerechtigkeit
Die Gerechtigkeit Gottes, die im Gericht vollstreckt wird, ist die vergeltende Gerechtigkeit (justitia distributiva). Darum steht auf den Bildern der Erzengel Michael vor dem Thron des Richters mit der Waage in der Hand. Woher kommt dieses Bild? Es stammt aus dem ägyptischen Totengericht: Der Gott Anubis prüft das Zünglein an der Waage, der Gott Thot registriert die bösen Taten, der Richter Osiris spricht das Urteil, und unten lauert das Höllentier, um die Verdammten zu fressen. Entspricht das der biblischen Erfahrung der Gerechtigkeit Gottes? Im Alten Testament gibt es vergleichbare Vorstellungen des göttlichen Zorns, der auf menschlichen Frevel reagiert und die Gottlosen bestraft, aber es überwiegt eine ganz andere Vorstellung von der göttlichen Gerechtigkeit. In Psalm 96 lesen wir:

»Es freue sich der Himmel und es jauchze die Erde
… denn Er kommt, denn Er kommt, die Erde zu richten.
Er wird die Welt richten mit Gerechtigkeit
Und die Völker mit seiner Wahrheit«.

Die Sonne der Gerechtigkeit
Diese Gerechtigkeitsvorstellung stammt aus Babylon: Der König war zugleich der Richter und stand im Dienst des Sonnengottes Samas. Die göttliche Gerechtigkeit ist wie die Sonne, die morgens aufgeht, alles zum Leben erweckt und das Erschlaffte aufrichtet. Gerecht ist, wer zurechtbringt, wer heilt und gesund ist, wer rechtschaffen lebt. Der Richter-König sorgt dafür, dass der Starke den Schwachen nicht schädigt und den Witwen und Waisen zu ihrem Recht verholfen wird. Er schützt auch die Natur vor menschlicher Zerstörung. Wie die Psalmen und Propheten zeigen, hat Israel diese kosmologische Gerechtigkeitsvorstellung aufgenommen. Symbol für diese schöpferische Gerechtigkeit ist die Sonne,

die »Sonne der Gerechtigkeit« und die Sonne, die Gott aufgehen lässt über Böse und Gute (Mt 5,45). Der Apostel Paulus nennt sie die »rechtfertigende Gerechtigkeit« (justitia justificans).
Wenden wir diesen Gerechtigkeitsbegriff auf das große Weltgericht an, dann lässt sich Jesus gut als der Richter verstehen. Das Gericht ist dann nicht mehr täterfixiert, sondern schafft zuerst den Opfern von Unrecht und Gewalttat Recht und bringt dann die Täter zurecht. Es ist kein Gericht nur nach den Werken, sondern zuerst nach den Leiden. Es ist ein soziales Richten zwischen Tätern und Opfern, es ist ein kosmisches Richten über zerrüttete Verhältnisse auf dem ganzen Erdkreis. Dieses Gericht ist nicht das Letzte, sondern das Vorletzte: Es dient der Neuschöpfung aller Dinge auf der Grundlage der Gerechtigkeit. Das Gericht steht nicht als Abrechnung im Dienst der Sünde und des Todes, sondern kreativ im Dienst der neuen Schöpfung. Sein Sinn ist nicht Zorn und Vergeltung, sondern das Erbarmen Gottes und der Sieg des Lebens. Es ist der Richter, der spricht: »Siehe, ich mache alles neu«.

4 »Warten und Eilen zur Zukunft des Herrn«

Nach 2 Petr 3,12 sollen Christen »warten und eilen« zur Zukunft Christi. Das klingt wie ein Widerspruch, ist aber keiner. *Warten* heißt nicht: abwarten, sondern erwarten, und erwartend ist man auf die versprochene Zukunft ausgerichtet. Wer in solcher Erwartung lebt, passt sich nicht den Zuständen an, die dem Erwarteten widersprechen. Erwarten heißt widerstehen. Wartenkönnen heißt, niemals zu resignieren und vor allem sich selbst niemals aufzugeben, sondern in gespannter Aufmerksamkeit zu wachen. Wartenkönnen ist auch Treue zur verheißenen Zukunft. In der Nazidiktatur war für die widerständige Bekennende Kirche das Wort Jes 26,13 wichtig: »Herr, unser Gott, es herrschen wohl andere Mächte über uns als du, aber wir gedenken doch allein an dich und deinen Namen«.
Eilen heißt, aus dem Raum in die Zeit übertragen, die Grenzen vorhandener Wirklichkeit zu überschreiten und die Zukunft der göttlichen Gerechtigkeit nach Möglichkeit und Vermögen vorwegzunehmen. Schaffen wir etwas Recht denen, die Gewalt leiden, leuchtet Gottes Wahrheit in ihre Welt hinein; wir »eilen der Zukunft des Herrn« entgegen, wenn wir ökologisch die Gerechtigkeit vorwegnehmen, die auf der »neuen Erde« wohnen soll.
»Warten und Eilen« heißt für mich: *Widerstehen* und *Vorwegnehmen*. Damit heiligen wir unser Leben und werden der Zukunft Gottes gewiss.

Literaturhinweis

J. Moltmann, Das Kommen Gottes. Christliche Eschatologie, Gütersloh 1995.
– Im Ende – der Anfang. Kleine Hoffnungslehre, Gütersloh 2003.

- »Sein Name ist Gerechtigkeit«. Neue Beiträge zur christlichen Gotteslehre, Gütersloh 2008, 118–136.
- Sonne der Gerechtigkeit. Das Evangelium vom Gericht und der Neuschöpfung aller Dinge.

Dr. Dr. h.c. mult. Jürgen Moltmann ist Professor em. für Systematische Theologie an der Evangelisch-Theologischen Fakultät der Universität Tübingen.

3.4

Klaus von Stosch

Auf der Suche nach einer neuen Form eschatologischen Denkens

Verlegenheiten und tastende Antworten

1 Zur Neuausrichtung der Eschatologie im 20. Jahrhundert

Der Traktat der Eschatologie hat im Laufe des 20. Jahrhunderts insbesondere durch den Einfluss von Theologen wie Hans Urs von Balthasar und Karl Rahner eine folgenschwere und sehr zu begrüßende hermeneutische Neuorientierung erfahren. War es in der Neuscholastik noch selbstverständlich, Himmel, Hölle und Fegefeuer als »Orte« zu verstehen, wurde es im Laufe der zweiten Hälfte des 20. Jahrhunderts allgemein klar, dass diese traditionellen Zustände oder Orte als Begegnungserfahrungen mit Christus zu deuten sind. So schreibt etwa Hans Urs von Balthasar in einer immer wieder zitierten Passage:

> »Gott ist das Letzte Ding des Geschöpfs. Er ist als Gewonnener Himmel, als Verlorener Hölle, als Prüfender Gericht, als Reinigender Fegfeuer. … Er ist es aber so, wie er der Welt zugewendet ist, nämlich in seinem Sohn Jesus Christus, der die Offenbarkeit Gottes und damit der Inbegriff der ›Letzten Dinge‹ ist.«[1]

Christus ist dieser Deutung zufolge also derjenige, der uns eschatologisch begegnet, und die Art unserer Reaktion auf diese Begegnung bestimmt unsere Existenz nach dem Tod. Die Hölle meint demnach nicht einen Ort der Qualen oder einen Zustand der Bestrafung, zu dem man kommt, wenn man zu viel gesündigt hat. Die Hölle erscheint vielmehr als etwas, das sich der Mensch selbst bereitet. Sie ist nach der Deutung der modernen christlichen Theologie die Weigerung des Menschen, sich von der in Christus Gestalt gewordenen Liebe Gottes verwandeln und sich in die Beziehung, die Gott ist, hineinnehmen zu lassen. Durch diese Weigerung kann der Mensch zwar nicht ändern, dass er in Gott hineingeschaffen und dem unwiderruflichen Angebot der Gemeinschaft mit ihm ausgesetzt ist. Wenn sein Leben aber ein definitives Nein zur Wirklichkeit Gottes, also zu Beziehung, Liebe und Wahrheit ist, kann er durch die Begegnung mit Christus im Tod nicht zur Gemeinschaft mit Gott befähigt werden. Wenn ein Mensch jede Beziehung zur Qual macht, so wie es Jean-Paul Sartre in der »Geschlossenen Gesellschaft«

1 *Hans Urs von Balthasar*, Umrisse der Eschatologie, in: *Ders.*, Verbum Caro. Skizzen zur Theologie I, Einsiedeln 1960, 282 und 292.

beschreibt, wird ihm die Ermöglichung ewiger Beziehungswirklichkeit zur niemals endenden Hölle. Die Hölle wird demnach nicht mehr als Strafe durch Gott gedacht, sondern als eine Art Selbstbestrafung. Durch die eigene, in der Sünde gründende Liebesunfähigkeit wird die Erfahrung der eschatologisch entschiedenen unbedingten Liebe Gottes zur Qual.

Auch die Qual des Fegefeuers wird demnach nicht mehr als von außen auferlegt gedacht. Überhaupt bereitet das Fegefeuer nicht körperliche Qualen, sondern öffnet die Augen für die eigene Unfähigkeit, der Vollkommenheit, mit der ich geliebt werde, entsprechen zu können. Quälend ist dabei die Konfrontation der eigenen Lieblosigkeit mit unbedingter Liebe. Quälend ist die Begegnung der eigenen Lebenslügen und Verdrehungen mit der Wahrheit selbst.

Das Fegefeuer meint in der Perspektive moderner christlicher Theologie die (schmerzhafte) Befreiung von diesen Lieblosigkeiten, Verdrehungen und Lebenslügen durch Christus. So wie uns die Augen schmerzen, wenn wir in die Sonne schauen, so schmerzt die Begegnung mit der Wahrheit und Liebe, die Christus für uns ist, im Tod. Und so wie wir mit unserer eigenen Kraft nicht dazu in der Lage sind, ständig in die Sonne zu schauen, so können wir nur durch Gott selbst befähigt werden, unbedingter Liebe und Wahrheit standzuhalten. Eben dieses Befähigtwerden hat uns Gott in Christus versprochen. Er hat uns dies in einem Menschen versprochen, der selber die Dunkelheiten dieses Lebens durchgemacht hat und der uns, als dieser mit uns Solidarische, zur Gemeinschaft mit Gott ruft und befähigt.

Die Begegnung mit ihm im Tod bedeutet für uns also einen zugleich schmerzhaften und heilend-befreienden Übergang aus dem verborgenen In-Gott-hineingeschaffen-Sein (in) dieser Welt in das unausweichliche Schauen seiner Nähe, das die christliche Tradition als visio beatifica bezeichnet. Der Gott in Menschengestalt ist es also, der sich eschatologisch mir zur Seite stellt und mich zur Liebe einlädt. Nur wenn ich mich dieser Einladung definitiv verweigere, wartet die Hölle auf mich, also die dauernde, selbst gewählte Verweigerung von Beziehung. Wenn ich mich dagegen dieser Einladung anvertraue, darf ich auf einen Verwandlungsprozess hoffen, der mich schließlich mit allen Fasern meines Daseins in die Liebe Gottes einstimmen lässt.

Auch wenn die hier skizzierte Neuausrichtung der Eschatologie einen wichtigen Fortschritt im theologischen Denken darstellt und nicht wieder rückgängig gemacht werden kann, führt sie bei näherer Betrachtung in Verlegenheiten, die Anstöße für unterschiedliche Anläufe einer Neuformatierung eschatologischen Denkens sein können. Einigen dieser Problemkreise will ich mich im Folgenden zuwenden, um auf diese Weise einige Züge einer neuen Form eschatologischen Denkens zu benennen.

2 Eine erste Verlegenheit: Das Schicksal nicht zur Freiheit erwachter Menschen

Die Plausibilität der modernen Eschatologie hängt wesentlich davon ab, dass sie vom erwachsenen, seiner Freiheit bewussten Menschen aus denkt. Der Prozess des Fegefeuers wird gedacht als Transformation einer Freiheit, die sich an vielen Stellen ihrer eigenen Bestimmung verweigert hat und die deshalb von Gott verwandelt werden muss. Für diesen Gedanken ist es unerlässlich, dass die zu vollendende Person selbst eine eigene Freiheit besitzt, die von Gott verwandelt werden kann. Denn nach der modernen Theologie ist es völlig klar, dass der Mensch nicht von Gott manipuliert oder gegen seinen Willen verwandelt wird, sondern dass Gott in seinem Verwandlungsprozess ausgeht von der endlichen Freiheit und um deren Zustimmung wirbt. Was ist nun aber mit Menschen, die vor ihrem Tod nicht zum Freiheitsbesitz gelangt sind? Was ist mit so schwer Behinderten, dass man bei ihnen nicht von einer echten, auch zur Schuld fähigen Willensfreiheit sprechen kann? Was ist mit Kleinkindern und Babys, ja vor allem mit ungeborenen Kindern oder bei der Präimplantationsdiagnostik aussortierten Embryonen? Was ist mit den unzähligen Menschen, bei denen keine zu sich selbst gekommene endliche Freiheit vorliegt? Diese eigentlich sehr nahe liegende Frage bringt die moderne Theologie in eine nicht geringe Verlegenheit. Denn die Antwort der Tradition, dass Gott diese Menschen vollendet und sie uns gleichstellt, kann sie kaum denkerisch plausibilisieren. Wie sollte Gott Menschen, die nie zur Freiheit gekommen sind, mit Menschen, die sich in ihrer Freiheit selber dazu bestimmt haben, sich zu wählen und fortzuentwickeln, gleichstellen? Angesichts der ganzen Emphase, mit der in der gegenwärtigen Theologie die freie Entwicklung des Menschen betont wird, kann man kaum die Konsequenz vermeiden, dass es deutlich wünschenswerter ist, als Freiheitswesen vollendet zu werden, als ohne Erwachen der eigenen Freiheit. Wenn die Besonderheit des Menschseins so sehr an seiner Freiheit und Liebesfähigkeit festgemacht wird, wie das in der gegenwärtigen theologischen Anthropologie der Fall ist, erscheint die Unmöglichkeit der eigenen Freiheitsentwicklung als unersetzlicher, auch durch Gott nicht kompensierbarer Verlust. Denn die von Gott vollendete Gestalt des Embryos wird niemals die Möglichkeit gehabt haben, durch die eigene Freiheit und Liebe hindurch die eigene Identität zu bestimmen, so dass dieser Embryo auch nicht in seiner Identität von Gott vollendet werden, sondern nur mit einer neuen Identität geschaffen werden kann.

Da Embryonen, kleine Kinder oder Schwerstbehinderte aber nichts dafür können, wenn sie nicht zum eigenen Freiheitsgebrauch kommen und sich zu ihrer Identität nicht verhalten können, wäre es von Gott sehr ungerecht, sie schlechter zu stellen als andere Menschen, die mehr Möglichkeiten als sie hatten. Ja, man muss sogar von einem echten Mangel in seiner Schöpfungsordnung sprechen, wenn man nicht annimmt, dass die

Unschuldigen in angemessener Weise die ihnen entgangenen Möglichkeiten eröffnet bekommen. Nimmt man deshalb an, dass Gott sie kompensieren kann, also dass er sie als Freiheitswesen vollendet, obwohl sie nie zum eigenen Freiheitsgebrauch gekommen sind, so wird sofort die Theodizeefrage virulent. Wenn Freiheit auch ohne eigenen Freiheitsgebrauch vollendet werden kann, wieso macht Gott das dann nicht öfter und lässt es so oft zu, dass Freiheit in derart barbarischer Weise missbraucht wird? Wenn Gott die Freiheit eines Embryos vollenden kann, ohne den Embryo erst zur Freiheit erwachen zu lassen, hätte er das auch bei Hitler tun und der Welt ihre größte Katastrophe ersparen können?

Für Molinisten ist das genannte Problem vermutlich nicht so gravierend, weil Gott ja ihrer Konzeption zufolge weiß, wie sich die nicht zur Freiheit erwachten Personen verhalten hätten, wenn sie freie Wesen geworden wären. Doch der modernen Theologie sind derartige Lösungen eigentlich verwehrt, weil sie in viel radikalerer Weise als die Tradition die Freiheit des Menschen ernst nimmt und von seiner Freiheit her denkt. Auch dürfte gerade die molinistische Sichtweise die Theodizeefrage in unerträglicher Weise verschärfen. Will moderne Theologie diese Lösung vermeiden, so fragt sich umso dringlicher, wie sie sich in ihrem eschatologischen Denken der Wirklichkeit unzähliger nicht zum eigenen Freiheitsgebrauch gekommener Menschen stellt? Was erhofft sie für unmündige und ungeborene Kinder?

Kein Geringerer als Karl Rahner hat angesichts derartiger Fragen den in der christlichen Tradition überraschenden Vorschlag entwickelt, dass es eine »postmortale Freiheitsgeschichte« für den geben könne, »dem eine solche Geschichte in seinem irdischen Leben versagt war«. Von diesem Gedanken her fragt er, ob nicht ein wiederholtes Erdenleben für diejenigen Menschen »als denkbar eingeräumt werden könnte, die in diesem irdischen (oder ersten) Leben nicht zu einer letzten personalen Entscheidung gekommen sind«[2]. Dieser Gedanke wirkt auf den ersten Blick bestechend, weil er es erlaubt, an den Stärken der modernen Eschatologie festzuhalten und zugleich eine plausible Brücke zu den östlichen Religionen und ihren Vollendungshoffnungen zu schlagen. Ist Rahner also wieder einmal eine geniale Lösung einer Aporie der Schultheologie gelungen?

Mir scheint hier Vorsicht geboten und noch einige Denkarbeit vonnöten zu sein. Denn wenn man angesichts der Verlegenheiten der christlichen Eschatologie Anleihen bei östlichen Denkfiguren macht, handelt man sich neue Probleme ein, die zumindest ausreichend bedacht sein wollen. Ich will nur einige nennen.

2 *Karl Rahner*, Fegfeuer, in: *Ders.*, Schriften zur Theologie, Bd. XIV, Einsiedeln/Köln/Zürich 1980, 435–449, hier 446f. zit. n. *Franz-Josef Nocke*, Der Glaube an die Auferstehung und die Idee der Reinkarnation, in: *Hans Kessler* (Hg.), Auferstehung der Toten. Ein Hoffnungsentwurf im Blick heutiger Wissenschaften, Darmstadt 2004, 279–295, hier 282.

Will man die Reinkarnationslehre für die christliche Eschatologie fruchtbar machen, wird man sie zuallererst von der Karmalehre lösen müssen. Sonst würde die Frage unausweichlich, ob der Mensch hier nicht für etwas in Haftung genommen, das er nicht zu verantworten hat.[3] Darüber hinaus ist die Karmalehre nicht gerade förderlich dabei, das der Aufklärung so wichtige kategorische Nichtseinsollen bestimmter Formen des Unrechts anzuerkennen. Denn in dieser Lehre hat man bei keinem Leid oder Unrecht die Gewähr, dass es den Betroffenen nicht völlig zu Recht trifft, da es vielleicht eine Bestrafung für Vergehen in einem anderen Leben darstellt. Von daher wird man sich sicher davor hüten, die Karmalehre zu übernehmen, wobei es allerdings gar nicht so einfach ist, eine sinnvolle Reinkarnationstheologie auszubilden, die die Karmalehre konsequent vermeidet.

Doch selbst wenn dies gelingt, bleibt eine Reihe von Problemen ungelöst. So wird man als erstes die Frage zu beantworten haben, wie man eigentlich das Subjekt denken will, das sich reinkarniert, ohne dabei die Bedeutung des Leibes für dessen Subjektsein abzuwerten. Führt die Seelenwanderungslehre nicht zwangsläufig zu einer problematischen Form des Dualismus, den gerade die christliche Eschatologie vermeiden will?[4] Selbst wenn man die hinduistische Standardantwort an dieser Stelle akzeptiert, die von einem feinstofflichen Körper der Seele spricht[5], fragt sich, ob hier die konkrete Leibhaftigkeit des einzelnen Subjekts ernst genug genommen wird. Außerdem könnte man fragen, woher die vielen feinstofflichen Körper der heutigen Menschen eigentlich herkommen.

Antwortet man auf derartige Fragen deshalb im buddhistischen Sinne, dass es keinen Träger der Identität, kein Ich und keine Seele gibt, die den Tod überdauert[6], so hat man das beschriebene Gerechtigkeitsproblem zwar gelöst und den Dualismus vermieden. Dafür hat man allerdings auch das gesamte Hoffnungspotenzial christlichen Glaubens aufgegeben. Von daher wird man also an einem gemäßigten Dualismus festhalten müssen, von dem aus man auch die Reinkarnationslehre verteidigen

3 *Gisbert Greshake*, Tod – und dann? Ende – Reinkarnation – Auferstehung. Der Streit der Hoffnungen, Freiburg 1988, 71.

4 Wie lässt sich Individualität erhalten, wenn diese doch an konkrete Materie gebunden ist [vgl. *Hans Waldenfels*, Gottes Wort in der Fremde. Theologische Versuche II, Bonn 1997 (Begegnung, 5, 349)]? Waldenfels sieht hier die große ungelöste Frage des Reinkarnationsgedankens (vgl. ebd., 356).

5 Vgl. *Ronald Zürrer*, Reinkarnation. Die umfassende Wissenschaft der Seelenwanderung. 4., vollst. überarb. u. aktual. Aufl., Neuhausen/Altenburg 2000, 56f.; vgl. *Carl-A. Keller*, Hinduistische Lehren vom Wesen und Wirken des Karman, in: Reinkarnation – Wiedergeburt aus christlicher Sicht, Freiburg (Schweiz) / Zürich 1987 (Weltanschauung im Gespräch; 2), 9–23, hier 12.

6 Vgl. *Hans Wolfgang Schumann*, Seelensucher gegen Seelenleugner. Die Wiedergeburtslehren der indischen Religionen, in: *Perry Schmidt-Leukel* (Hg.), Die Idee der Reinkarnation in Ost und West, München 1996, 14–28, hier 23.

könnte. Eine ernsthafte Anfrage an diese Theorie scheint mir allerdings darin zu bestehen, dass dieses Denken zwangsläufig zu einer Abwertung der Bedeutung des einzelnen Lebens beiträgt: »Die befristete Zeit und die Grenze des Todes sagen, daß Leben schlechterdings Ernstfall ist.«[7] Eben diese Vorstellung verschwindet, wenn ich eine Reinkarnation annehme. Wird unter diesen Umständen der Mensch als Person in seiner einmaligen, unverlierbaren Würde ernst genug genommen? Oder wird das Leben im Letzten bagatellisiert, insofern keine Entscheidung mehr definitives Gewicht hat?[8] Diese Einwände würden allerdings nur dann durchschlagen, wenn eine generelle Reinkarnationstheorie angenommen würde, nicht aber, wenn es nur um die Reinkarnation nicht zu eigenem Freiheitsgebrauch gelangter Personen geht, wie Rahner sie in Erwägung zieht. Auch wenn man also aus christlicher Sicht darauf besteht, dass ich mich insofern wichtig nehmen muss, als ich von Gott wichtig genommen werde[9], kann man fragen, ob man diese Wichtigkeit wirklich auch Personen zusprechen sollte, die noch nicht gelernt haben, »Ich« zu sagen. Jedenfalls ist eine Abkehr von der letzten Ernsthaftigkeit der Grenze des Todes bei nicht zur Freiheit erwachten Wesen ja das Ziel unserer Überlegungen gewesen, so dass man es ihnen jetzt schlecht zum Vorwurf machen kann.

Wirklich überzeugen könnte der hier vorgetragene Gedanke natürlich erst, wenn er im Gespräch mit den östlichen Religionen, insbesondere mit dem Hinduismus, sorgfältig entwickelt würde. So wie ich ihn hier einführe, erscheint er noch zu stark als metaphysische Ad-hoc-Apologetik. Überzeugend wäre er erst, wenn er sich als Bestandteil einer erfahrungsgesättigten Theorie ausweisen ließe. Ob das gelingen könnte, ist mir nicht klar. Das lässt sich nur herausfinden, wenn wir uns nicht in apologetischer Absicht, sondern mit einem echten Erkenntnisstreben dem interreligiösen Dialog aussetzen. Vielleicht könnte das ja auch ein erstes Merkmal einer innovativen Form eschatologischen Denkens darstellen, dass im Gespräch mit anderen Religionen – und nicht in apologetischer Frontstellung gegen sie – versucht wird, Aporien der gegenwärtigen Eschatologie zu überwinden. Auch bei einer anderen Verlegenheit christlicher Eschatologie scheint mir das interreligiöse Gespräch angezeigt zu sein: nämlich bei der Frage nach der Leiblichkeit der Auferstehung.

7 *G. Greshake*, Tod – und dann?, 67.

8 *Jan Badewien*, Reinkarnation – Treppe zum Göttlichen?, Konstanz 1994 (Reihe »Apologetische Themen«; 5), 105: »Eine Bagatellisierung des Diesseits ist aber nicht Sache Jesu und nicht Sache des christlichen Glaubens.«

9 Vgl. *Frank Jehle*, Wie viele Male leben wir? Seelenwanderung und Auferstehung, Zürich/Düsseldorf 1996, 98.

3 Zur Leiblichkeit der Auferstehung

So entschieden christliche Eschatologie immer die Leiblichkeit der Auferstehung betont hat, so unklar ist, was damit eigentlich genau gemeint ist. Was genau bedeutet es, wenn ich hoffe, dass ich über den Tod hinaus da bin? Gibt es dann noch Menschen, die mir näher sind als andere? Wie lebe ich die Beziehungen zu ihnen? Gibt es noch so etwas wie Sexualität oder den Genuss von einem guten Wein? Gibt es noch Wandel und Dynamik oder ein ewiges Jetzt? Kann ich überhaupt ernsthaft noch denken, dass ich bin, wenn der Auferstehungsleib doch sicher sehr von meinem Körper verschieden ist?
Die in diesen Fragen angefragte Unanschaulichkeit der Leiblichkeit der Auferstehung ist wahrscheinlich auch ein wichtiger Grund dafür, warum viele unserer Zeitgenossen sich von dieser Vorstellung abwenden und die scheinbar leichter vorstellbaren östlichen Vorstellungen bevorzugen oder dem Ideal der Auferstehung das Ideal der Bejahung dieses endlichen Lebens entgegenstellen. Schon Feuerbach vertrat den Standpunkt, dass eine Rettung aus dem Tod gar nicht erforderlich sei – zumindest dann, wenn der Tod nicht vorzeitig komme. Der Skandal menschlichen Leidens und Sterbens bestehe allein darin, dass diese oft zu früh kommen – eine Gegebenheit, die sich durch den medizinischen Fortschritt immer mehr entdramatisieren lasse, so dass der Tag, an dem der Tod seinen Schrecken verloren habe, nicht mehr fern sei[10]. Kann man diese Vorstellung Feuerbachs noch als naiven Fortschrittsglauben abtun, so ist die Fortführung dieses Gedankens bei Friedrich Nietzsche deutlich schwerer abzuweisen. Ist – so könnte man mit Nietzsche fragen – der Gedanke einer Verwandlung in die Ewigkeit hinein nicht eine sehr ambivalente Vorstellung? Liegt der Reiz des Lebens nicht gerade in seiner Begrenztheit? Zwar fällt es uns manchmal schwer zuzugeben, dass der Preis für diesen Reiz der Tod ist. Manchmal hätten wir den Charme dieses Lebens mit all seinen Begegnungen mit liebenswerten und verabscheuungswürdigen Menschen auch gerne, ohne ein Ende fürchten zu müssen. Aber das hieße, etwas logisch Widersprüchliches zu wünschen. Ohne Ende würde alles seine Wichtigkeit und seinen Reiz verlieren. Man kann nicht das Leben annehmen und zugleich seine Begrenztheit leugnen. Und sind das Schöne an diesem Leben nicht gerade seine Zwiespältigkeiten und Ungereimtheiten? Ist es nicht herrlich, das Gefühl des Verliebtseins zu genießen, gerade weil wir wissen, dass es wieder endet? Natürlich macht uns dieses Ende manchmal auch wieder Angst. Aber können wir wirklich wünschen, den Anlass für diese Angst zum Ver-

10 Zu Feuerbachs Ideal des natürlichen Todes vgl. *Jürgen Werbick*, »Dies Leben – dein ewiges Leben!«? Die Kritik am christlichen Auferstehungsglauben und ein fundamentaltheologischer Versuch, ihn zu verteidigen, in: *Hans Kessler* (Hg.), Auferstehung der Toten. Ein Hoffnungsentwurf im Blick heutiger Wissenschaften, Darmstadt 2004, 211–233, hier 217.

schwinden zu bringen? Gibt es wirklich etwas Größeres, als gemeinsam das Hier und Jetzt auszukosten? Oder müsste man nicht mit Nietzsche sagen:

»Ich will immer mehr lernen, das Nothwendige an den Dingen als das Schöne sehen: – so werde ich Einer von Denen sein, welche die Dinge schön machen. Amor fati: das sei von nun an meine Liebe. ... Wegsehen sei meine einzige Verneinung! Und, Alles in Allem und Grossen: ich will irgendwann, einmal nur noch ein Ja-sagender sein!«[11]

Dieser emphatischen Lebensbejahung Nietzsches kann das Christentum mit Blick auf die Opfer und Besiegten der Geschichte nicht einfach kritiklos zustimmen. Dennoch wird es in seiner Rede von einer Auferstehung des Leibes zu klären haben, wie es diesen ja auch christlich nachvollziehbaren Wunsch nach Bejahung der eigenen Existenz aufnehmen kann. Was also genau meinen Christen, wenn sie eine Auferstehung des Leibes erhoffen?
Bei allen Unklarheiten, die in der Diskussion um diese Frage bestehen, ist zumindest weitgehend anerkannt, was die Leiblichkeit des Menschen nicht meint. Die Leiblichkeit des Menschen ist nicht einfach ein anderer Ausdruck für seine Körperlichkeit, d.h. der Auferstehungsleib ist etwas anderes als der materielle Körper des Menschen. Denn verstünde man Auferstehung als Restitution des irdischen Körpers, so würde man etwa nicht gut erklären können, wie Bestandteile eines Leibes restituiert werden können, die beispielsweise zwischenzeitlich von einem Kannibalen verspeist wurden – um nur eines von vielen oft zitierten Gegenargumenten zu nennen. Ulrich Lüke bringt den hier zu berücksichtigenden Gedanken prägnant auf den Punkt, wenn er schreibt:

»Die stets transitorische Materialität, derer sich der achtzigjährige Greis sterbend entledigt, hat keine andere und größere Bedeutung als die Materialität, derer er sich als fünfzigjähriger oder zwanzigjähriger Mann lebend und in diversen Stoffwechseln entledigt hat und die womöglich längst materieller Bestandteil eines anderen Menschen ist.«[12]

Es führt also nicht weiter, eine Restitution des Körpers zu verlangen, weil sich schon während unseres irdischen Lebens die Materialität unserer Körper viel stärker verändert, als uns das oft bewusst ist. Leiblichkeit muss von Körperlichkeit unterschieden werden, so dass wir uns keine Gedanken machen müssen, »wie voll oder wie leer die Gräber der Auferstandenen sind, weil wir dort ohnedies nur Leichname, aber keine Per-

11 *Friedrich Nietzsche*, Die fröhliche Wissenschaft, in: *Ders.*, Kritische Studienausgabe, Bd. 3, Neuausgabe München 1999, 343–651, hier Buch IV, Nr. 276.
12 *Ulrich Lüke*, Auferstehung – im Tod? Am Jüngsten Tag, in: *Hans Kessler* (Hg.), Auferstehung der Toten. Ein Hoffnungsentwurf im Blick heutiger Wissenschaften, Darmstadt 2004, 234–251, hier 247.

sonen, keine geistbegabten und auf Andere hin eröffneten Subjekte finden würden«[13].

Klar ist andererseits aber auch, dass die Auferstehung des Leibes etwas anderes meint als die Unsterblichkeit oder eine Auferstehung der Seele. Die Unsterblichkeit der Seele wird in der katholischen Tradition verteidigt, um eine kreatürliche Identität über die Todesgrenze hinaus denken zu können, an die der Auferstehungsleib anknüpfen kann. Wieso sollte Gott auch in einem Akt der Neuschöpfung einen Verbrecher wie Hitler in seiner ganzen Widerwärtigkeit neu schaffen? Wie kann überhaupt eine eigene Freiheit und Identität des Menschen gedacht werden, wenn er erst einmal mit Leib und Seele tot ist und nur durch die Auferstehung wieder lebt? Die Durchschlagskraft derartiger Fragen kann man sich leicht mit Hilfe eines Gedankenexperiments verdeutlichen, das Peter van Inwagen entwickelt hat, wenn er fragt, ob Gott im Jahr 458 eine Manuskript-Seite des Augustinus wiedererstellen kann, die Arianer 457 verbrannt haben[14]. Es kann kein Zweifel daran bestehen, dass Gott im Jahr 458 eine Manuskriptseite aus dem Nichts erschaffen kann, die der aus dem Jahr 457 in jeder Hinsicht gleicht. Aber kann er die zerstörte Seite selber wieder herstellen, kann er also gewissermaßen die Geschichte ungeschehen machen? In Bezug auf die Manuskriptseite mag diese Frage noch müßig erscheinen. Aber in Bezug auf die Identität eines Menschen gibt sie ernste Probleme auf. Wie sollte Gott nicht nur eine identische Kopie von mir restituieren, sondern mich selbst, wenn ich doch wirklich tot bin?

Die katholische Tradition versucht dieses Problem zu vermeiden, indem sie eine unsterbliche Seele als Träger menschlicher Identität annimmt. Doch auch die Lösung der katholischen Tradition ruft Verlegenheiten hervor. Denn wird die Möglichkeit einer anima separata einmal zugestanden, fragt sich, wozu diese denn überhaupt wieder einen Körper bzw. Leib annehmen sollte, wenn es doch auch ohne ihn geht. Oder mit Thomas Schärtl gesprochen:

»Warum verbleibt eine Seelensubstanz nach dem Tod nicht einfach in einem körperlosen Zustand? … oder warum sollte diese Entität überhaupt je in einem verkörperten Zustand existiert haben? … was gewinnt eine ›eingekörperte‹ Seele an substanziellen Eigenschaften, wenn sie als anima separata bereits über kognitive Kapazitäten und Aktionsfähigkeit verfügen sollte?«[15]

Von daher ist es fragwürdig, wer genau Träger der Identität auch über den Tod hinaus sein kann. Wenn beispielsweise Michael Hüttenhoff personale Identität an dieser Stelle an der Instanz der Erinnerung festmacht und damit die »Erinnerung an das irdische Leben als die grundlegende

13 *Thomas Schärtl*, Auferstehung denken. Metaphysische Hintergrundfragen, Concilium 42 (2006) 551–562, hier 560.

14 Vgl. zur Diskussion des Beispiels *Thomas Schärtl*, Was heißt »Auferstehung des Leibes«? In: *Franz Gruber u.a.* (Hg.), Homo animal materiale, Linz 2008.

15 *Th. Schärtl*, Auferstehung denken, 557.

Dimension der den Tod übergreifenden Identität« des Menschen denkt, fragt sich, wer denn Träger dieser Identität sein kann[16]. Wie immer man diese Frage entscheidet und wie immer man die Möglichkeit einer unsterblichen Seele beurteilt, so ist es in jedem Fall klar, dass sich Gott im Auferweckungshandeln weder den menschlichen Körpern noch ihren Seelen zuwendet, sondern einer anderen Instanz, »den menschlichen Leibern …: ihrer durch und durch leibhaft-gemeinschaftlichen Geschichte, der Sehnsuchts- und Verwundungsgeschichte, dem leibhaftigen Hunger und Durst der Leidenschaften, der Bio-Graphie, die sich als Leib-Charakter – als Leib-Prägung – allen Gliedern und Sinnen, allem Fühlen und Erleben eingeschrieben hat.«[17] Leiblichkeit meint also mein konkretes Sosein, gewissermaßen die endliche Verfasstheit meines endlichen Geistes – »sie ist die Exteriorität des endlichen Geistes, seine Passivität, seine Affizierbarkeit, sein Gerufen- und Bezogensein«[18].

Damit ist eine Antwort auf die oben gestellten Fragen allerdings erst angedeutet. Interessant ist, dass es eine ganze Reihe von christlichen Autoren gibt, die gerade aus dem Gespräch mit der jüdischen Theologie und Religionsphilosophie Impulse beziehen, um an dieser Stelle das Denken der christlichen Theologie zu schärfen und die Bedeutung der Leiblichkeit des Menschen neu in den Blick zu nehmen[19]. Abermals scheint es also das interreligiöse Gespräch zu sein, das der christlichen Theologie aus einer ihrer Verlegenheiten heraushelfen könnte – diesmal nicht der Dialog mit den östlichen Religionen, sondern der mit dem Judentum.

Gerade die Auseinandersetzung mit dem Judentum weist freilich noch auf eine der wichtigsten Baustellen einer aus dem interreligiösen Gespräch heraus neu formatierten Eschatologie hin: Muss man das Gericht im Blick auf den jüdisch-christlichen Dialog tatsächlich als Begegnung mit Jesus von Nazareth deuten, oder darf man die Begegnung mit dem göttlichen Logos an dieser Stelle so weit fassen, dass man nicht von einer eschatologischen Falsifizierung des jüdischen Glaubens ausgehen muss? Bei aller Wertschätzung des Judentums in der zeitgenössischen christlichen Theologie und bei aller Betonung der zwei Ausgänge des Alten Testaments ist die eschatologische Frage bisher ungelöst (und durch die Neuformulierung der Karfreitagsfürbitte neu virulent geworden), ob das Gericht auch ohne Bezugnahme auf Jesus von Nazareth gedacht werden darf. Da ich diese Frage aber bereits an anderer Stelle diskutiert habe und demnächst noch in einer eigenen Publikation angehen will, gehe ich ihr hier nicht weiter nach, sondern wende mich noch einer

16 *Michael Hüttenhoff*, Ewiges Leben. Dogmatische Überlegungen zu einem Zentralbegriff der Eschatologie, in: ThLZ 125 (2000) 863–880, hier 878.

17 *J. Werbick*, »Dies Leben – dein ewiges Leben!«?, 224.

18 *Th. Schärtl*, Auferstehung denken, 560.

19 Vgl. nur *Thomas Freyer* (Hg.), Der Leib. Theologische Perspektiven aus dem Gespräch mit Emmanuel Levinas, Mainz 2009; *Erwin Dirscherl,* Grundriss Theologischer Anthropologie. Die Entschiedenheit des Menschen angesichts des Anderen, Regensburg 2006.

weiteren Verlegenheit moderner Eschatologie zu, die nun weniger mit dem Gespräch mit anderen Religionen als mit dem Gespräch mit den Naturwissenschaften und der Philosophie zu tun hat: die Frage nach dem Verhältnis Gottes zur Zeit.

4 Gott und die Zeit

Nach Aussage des Freiburger Fundamentaltheologen Magnus Striet »besteht die vielleicht schwierigste dogmatische Aufgabe der Zukunft darin, das Verhältnis Gottes zur Zeit einer Überprüfung zu unterziehen«[20]. Es liegt auf der Hand, dass diese Überprüfung von größter Wichtigkeit für das Themenfeld der Eschatologie ist.

Für den Hauptstrang der philosophisch-theologischen Tradition war es lange Zeit selbstverständlich, die Ewigkeit Gottes als Zeitlosigkeit und Gott deshalb als schlechterdings jenseits der Zeit zu denken. Die Wurzeln dieser vor allem von Boethius[21] ausgearbeiteten Vorstellung liegen in der neuplatonischen Gottesidee, derzufolge Gott aufgrund seiner Transzendenz und Einheit nicht anders als unveränderlich und zeitlos gedacht werden kann.[22] Gott besitzt dieser Tradition zufolge sein gesamtes Leben vollkommen gleichzeitig in einem ewigen Jetzt. Alles ist für ihn gegenwärtige Fülle, und es wird von ihm so gesehen, als ob es unmittelbar vor ihm gegenwärtig sei.[23]

Boethius geht also davon aus, dass Gott schlechterdings jenseits der Zeit ist und dadurch zu jedem Punkt der Geschichte gleichzeitig sein kann. Er illustriert dieses Verständnis durch das Beispiel eines auf einem Berg thronenden Beobachters, der eine Prozession von Menschen überblickt, die am Fuß des Berges vorbeizieht.[24] Unmittelbar neben der Prozession steht ein anderer Beobachter, der sie ebenfalls beobachtet. Dieser Beobachter am Fuße des Berges sieht die Prozession – so wie wir Menschen den Ablauf der Geschichte erleben – sukzessive, in einer zeitlichen Ab-

20 *Magnus Striet*, Monotheismus und Schöpfungsdifferenz. Eine trinitätstheologische Erkundung, in: *Peter Walter* (Hg.), Das Gewaltpotential des Monotheismus und der dreieine Gott, Freiburg/Basel/Wien 2005 (QD 216), 132–153, hier 151.

21 Vgl. vor allem die berühmte Definition der Ewigkeit bei *Boethius*, De consolatione philosophiae / Vom Trost der Philosophie. Lat.-dt. Hrsg., übers. u. erl. v. E. Gegenschatz u. O. Gigon, Zürich ^{4}1990, 262: »Aeternitas igitur est *indeterminabilis* vitae tota simul et perfecta possessio.«

22 Vgl. dazu die kritischen Überlegungen bei *W. Hasker*, A philosophical perspective, in: *Charles Pinnock* u.a., The openness of God. A biblical challenge to the traditional understanding of God, Downers Grove / Ill. 1994, 126–154, hier 129; *Ders.*, God, time, and knowledge, Ithaca / N.Y. 1989, Kap. 8f.

23 Grundlage dieser Möglichkeit ist nach Boethius Gottes spezifische Erkenntnisart der *intelligentia* (im Unterschied zur menschlichen *ratio*), die es ihm ermöglicht, alles Wissen mit einem Blick zu erfassen.

24 Vgl. *Boethius*, De consolatione philosophiae, 262f.

folge von früher und später. Der Beobachter auf dem Berg aber erkennt ebenso wie Gott alles auf einmal in einem Blick von oben herab.
Die Ewigkeitskonzeption des Boethius hat großen Einfluss auf die weitere philosophische und theologische Theoriebildung genommen und vor allem in der Gestalt ihrer Vermittlung bei Thomas von Aquin die metaphysische Tradition bis heute geprägt. Sie läuft für die Eschatologie darauf hinaus, dass der Mensch nach seinem Tod in die ewige Gleichzeitigkeit Gottes hinein ausgezeitigt wird. Das Fegefeuer bekommt so den Charakter einer Transformation aus der Zeit heraus, während in der *visio beatifica* jede Form von Dynamik und Entwicklung unmöglich ist.
In jüngster Zeit mehren sich vor allem im englischsprachigen Raum die Zweifel an der klassischen Ewigkeitskonzeption. Entzündet hat sich die neuere Diskussion in erster Linie an der Frage, ob es bei der Unterstellung der Zeitlosigkeit eines allwissenden Gottes überhaupt noch menschliche Willensfreiheit geben kann. Wenn nämlich Gott in seiner ewigen Zeitlosigkeit die gesamte Geschichte sieht, dann steht in seiner Perspektive zu jedem Zeitpunkt t_1 bereits fest, was zum Zeitpunkt t_2 geschehen wird. Wie kann aber ein Mensch zum Zeitpunkt t_2 noch frei sein, eine Handlung a auszuführen, wenn schon zum Zeitpunkt t_1 feststand, ob er a ausführen wird oder nicht? Oder mit einem viel diskutierten Beispiel der neueren Debatte ausgedrückt: Cuthbert will am kommenden Samstag einen Leguan kaufen. Wenn Gott das bereits heute mit unfehlbarem Wissen weiß, ist Cuthbert Samstag nicht mehr frei, den Leguan nicht zu kaufen.[25]
Die Lösung des Boethius und des Thomas scheint mir an dieser Stelle den entscheidenden Punkt des Problems zu verfehlen. Denn die Aussage, dass Gott gegenwärtig weiß, wie sich A in Zukunft entscheiden wird, lässt sich umformen in die Aussage, dass es gegenwärtig wahr ist, dass Gott weiß, wie sich A in Zukunft entscheiden wird. In der zweiten Fassung wird darauf geachtet, dass Gott als jenseits der Zeit zu denken ist und entsprechend das göttliche Wissen ohne zeitlichen Index gedacht.

25 Vgl. *William Hasker*, The foreknowledge conundrum, in: IJPR 50 (2001) 97–114, hier 98. Im Rahmen meiner Themenstellung ist es nicht möglich, alle Feinheiten dieser durch den Beitrag von *Nelson Pike*, Göttliche Allwissenheit und freies Handeln, in: *Christoph Jäger* (Hg.), Analytische Religionsphilosophie, Paderborn u.a. 1998 (UTB 2021), 125–145, angestoßenen neueren Diskussion nachzuzeichnen. Traditionelle Theologen sehen in einer derartigen Grundsatzkritik am Allwissenheitsbegriff einen Generalangriff auf das christliche Gottesbild und den mit ihm zusammenhängenden Schöpfungsgedanken (vgl. *H.C. Schmidbaur*, Gottes Handeln in Welt und Geschichte. Eine trinitarische Theologie der Vorsehung, St. Ottilien 2003 [MthS.S 63], 577), weswegen die Debatte an dieser Stelle gelegentlich leidenschaftlich und polemisch geführt wird. Im Rahmen dieses Beitrags will ich nur auf einige Argumente gegen das traditionelle metaphysische Verständnis des Verhältnisses Gottes zur Zeit aufmerksam machen, ohne die Debatte im Einzelnen nachzeichnen zu können (vgl. als ausführliche Auseinandersetzung mit dieser Thematik neben den soeben zitierten Aufsätzen *Brian Leftow*, Time and eternity, Ithaca/London 1991; *Linda Zagzebski*, The dilemma of freedom and foreknowledge, New York 1991).

Dennoch besteht bei beiden Formulierungen dasselbe in dem Beispiel des Leguankaufes angerissene Problem: Auch wenn es sich bei dem göttlichen Wissen nicht mehr um ein *Vorher*wissen handelt, so scheint die Tatsache, dass Gott ein gegenwärtig wahres Wissen von Cuthberts zukünftiger Entscheidung hat, immer noch der menschlichen Willensfreiheit zu widersprechen. Denn wenn Gottes Wissen aufgrund seiner Gleichzeitigkeit zu jedem Augenblick der Geschichte gegenwärtig wahr ist, folgen aus seiner Allwissenheit die gleichen Freiheit verunmöglichenden Konsequenzen wie aus seinem Vorauswissen.[26] Insofern kann es nicht verwundern, dass viele Theologen und Philosophen vor allem im Diskussionskontext der analytischen Philosophie das boethianisch-thomistische Ewigkeitsverständnis bzw. die Rede von der Zeitlosigkeit Gottes und sein praktisches Wissen um die kontingente Zukunft für unvereinbar mit der menschlichen Willensfreiheit halten.[27] Führte Luther diese Einsicht noch dazu, die menschliche Willensfreiheit zu leugnen, geht die Tendenz gegenwärtiger Theologie dahin, lieber Gottes Verhältnis zur Zeit neu zu denken, zumal es noch weitere Gründe gibt, die gegen die Annahme einer strikten Zeitlosigkeit oder Überzeitlichkeit Gottes sprechen.

So ist es beispielsweise bedenklich, dass es in dieser Konzeption die Zeit eigentlich, nämlich aus der Perspektive Gottes, gar nicht gibt. Die Unterscheidung zwischen Vergangenheit, Gegenwart und Zukunft erscheint so aus der Perspektive Gottes als Illusion.[28] Da aber allein Gottes Perspektive als die objektiv wahre angesehen werden kann, scheint diese Unterscheidung nicht wirklich zu existieren[29] und die Rede von einer offenen Zukunft auf einer Täuschung zu beruhen.[30] Sicher kann man nach Einstein auch physikalisch die Zeit nur noch als relative Größe fassen und wird sie nach Kant nicht ohne Bezugnahme zu menschlichen Anschauungsformen diskutieren. Aber das bedeutet nicht, dass man sagen kann, dass es sie eigentlich gar nicht gibt. Sonst müsste man fragen, ob diese Sichtweise der Zeit die Leidensgeschichte der Menschheit ernst genug nimmt. Wird die Unbedingtheit der Forderung nach einem Ende sinnlosen Leidens nicht trivialisiert oder gar ad absurdum geführt, wenn es

26 Vgl. *Armin Kreiner*, Gott im Leid. Zur Stichhaltigkeit der Theodizee-Argumente, Freiburg/Basel/Wien 1997 (QD 168), 292f.

27 Vgl. *Peter Vardy*, Das Gottesrätsel. Antworten auf die Frage nach Gott. Übers. v. C. Wilhelm, München 1998, 104; *Brian J. Shanley*, Aquinas on God's causal knowledge. A reply to Stump and Kretzmann, in: American Catholic Philosophical Quarterly 72 (1998) 447–457, hier 457.

28 Vgl. *Richard Creel*, Divine impassibility, Cambridge 1986, 96: »In brief, either a thing is changing or it is not. If God does not know it as changing but we know it as changing, then one of us is mistaken, and it surely is not God. Therefore if eternalism is true, then experience of change is an illusion.«

29 Vgl. *A. Kreiner*, Gott im Leid, 294.

30 Vgl. *Arthur N. Prior*, The formalities of omniscience, in: Phil. 37 (1962) 114–129, hier 128.

eigentlich gar keine Dauer gibt und damit auch kein Fortdauern des Leidens? Und in umgekehrter Stoßrichtung gefragt: Wie ist es mit Gottes Güte vereinbar, dass das Leiden niemals wirklich vorbei und die Tränen der Trauernden niemals wirklich getrocknet sein werden, weil sie aus der zeitlosen Perspektive Gottes immer gegenwärtig bleiben?[31]

Die Behauptung einer strikten Zeitlosigkeit Gottes bringt aber noch weitere Probleme mit sich. Sie scheint kaum zu dem von Christen bekannten personalen Gott-Welt-Verhältnis zu passen[32], weil Gott weder bewegt noch verändert werden und damit gar nicht auf Menschen reagieren kann.[33] Wenn Gott als zeitlos gedacht wird, kann kaum noch von einem lebendigen Gott die Rede sein[34], und die Vorstellung eines mit seiner Schöpfung interagierenden Schöpfers ist kaum noch aufrechtzuerhalten.[35] Der Akt der Inkarnation kann dann genauso wenig gedacht werden[36] wie die Verwandlung und Vollendung der Zeit in Gott.[37] Im

31 Vgl. *K. Ward*, The temporality of God, 162: »The torture of children is always as present to God as the happiness of the blessed. Evil is never truly destroyed, and tears are never truly wiped away.«

32 Vgl. jedoch als Versuch, Gottes Personsein mit seiner Zeitlosigkeit zusammenzudenken, *W.L. Craig*, Divine timelessness and personhood, 109–124.

33 Vgl. *Keith Ward*, The temporality of God, in: IJPR 50 (2001) 153–169, hier 163; vgl. *Charles Pinnock*, Systematic theology, in: *Ders.* u.a., The openness of God, 101–125, hier 121: »Timelessness limits God. If he were timeless, God would be unable to work salvation in history, would be cut off from the world, have no real relationship with people and would be completely static. ... Putting it positively, the Creator of time and space is at the same time the One who most perfectly experiences time. God loves time and enters into the experience of time, not only in the incarnation but always.« Dadurch sei keine Einschränkung der Vollkommenheit Gottes gegeben – im Gegenteil: »It would be a serious limitation if God could not experience surprise and delight. The world would be a boring place without anything unexpected ever happening« (ebd., 123).

34 Vgl. *Paul Tillich*, Systematische Theologie I, Stuttgart ^{3}1956, 315: »Wenn wir Gott einen lebendigen Gott nennen, behaupten wir, daß er Zeitlichkeit und damit eine Beziehung zu den Modi der Zeit in sich begreift.«

35 Vgl. *Antje Jackelén*, Zeit und Ewigkeit. Die Frage der Zeit in Kirche, Naturwissenschaft und Theologie, Neukirchen-Vluyn 2002, 116. Entsprechend schwierig ist es, die These von der Zeitlosigkeit Gottes mit dem biblischen Zeugnis zu vereinbaren (vgl. *Ingolf U. Dalferth*, Gott und Zeit, in: *Dieter Georgi / Hans-Günter Heimbrock / Michael Moxter* [Hg.], Religion und Gestaltung der Zeit, Kampen 1994, 9–34, hier 10). Nach Magnus Striet müsste man sogar fragen, »ob nicht auch ein aus dem Nichts schaffender Gott bereits zeitlich existieren muss, um schaffen zu können, und zwar deshalb, weil der Begriff des Schaffens transzendentallogisch Zeitverhältnisse voraussetzt« (*Magnus Striet,* Offenbares Geheimnis. Zur Kritik der negativen Theologie, Regensburg 2003 [ratio fidei; 14], 250).

36 Magnus Striet beispielsweise betont, dass Inkarnation nur möglich ist, »wenn Gott in einem realen Verhältnis zur Zeit steht« (*M. Striet*, Offenbares Geheimnis, 251) und dass Inkarnation nicht richtig erfasst werden kann, »ohne eine Bestimmbarkeit Gottes durch die Zeit hinzuzudenken« (*M. Striet*, Monotheismus und Schöpfungsdifferenz, 151).

37 Vgl. *H.C. Schmidbaur*, Gottes Handeln in Welt und Geschichte, 538f.

Übrigen ist völlig unklar, wie eine Beziehung der Gleichzeitigkeit zwischen einem zeitlosen und zeitlichen Wesen gedacht werden soll.[38] Umgekehrt scheint aber auch die Alternative, Gott als durch die Zeit bestimmtes Wesen und seine Ewigkeit als immerwährende Dauer zu denken, in Aporien zu führen. Denn nimmt man das christliche Theologumenon der *creatio ex nihilo* ernst, wird man die Zeit nicht als Vorgegebenheit Gottes akzeptieren können, sondern muss sie als etwas von Gott Geschaffenes ansehen.[39] Doch die Geschöpflichkeit der Zeit bedeutet nicht, dass sich Gott in seiner Beziehung zur Welt nicht an sie binden könnte. Swinburne hat diesen Gedanken etwas überpointiert dadurch ausgedrückt, dass er von einer freiwillig gewählten Gefangenschaft Gottes in der Zeit spricht. So wie Gottes Allmacht nicht ausschließe, freie Willensentscheidungen der Menschen zu respektieren, könne auch Allwissenheit weiterhin von Gott prädiziert werden, wenn Gott um der Freiheit der Menschen willen eine echte Offenheit der Zukunft ermögliche. Der scheinbare Nachteil einer Verzeitlichung Gottes ließe sich dieser Überlegung folgend also dadurch vermeiden, dass Gottes dadurch entstehende Abhängigkeit von der Zeit als frei gewählte gedacht wird.[40] Der Vorzug dieser Konzeption ist, dass ein Gott, der nicht schon vor der Erschaffung der Welt alles vorherwusste, besser in dem Sinne als dialogisch-personal gedacht werden kann, dass er mit uns interagieren und auf unsere Entscheidungen und Handlungen reagieren kann.[41] Zudem können einem in immerwährender Dauer existierenden Gott problemlos alle Handlungen zugeschrieben werden, die die biblische Tradition vom jüdisch-christlichen Gott behauptet. Gerade wenn man das Verhältnis zwischen Gott und Mensch als Freiheitsverhältnis fassen möchte, kann man die Zeitlichkeit Gottes durchaus als Vollkommenheit auffassen.[42] Zumindest ist der dadurch in Kauf zu nehmende Kontrollverlust über die

38 Die Definition der ET-Simultanität bei *Eleonore Stump* und *Norman Kretzmann*, Ewigkeit, in: *C. Jäger* (Hg.), Analytische Religionsphilosophie, 161–195, hier 173, scheint mir das Problem eher zu beschreiben als zu lösen.

39 »Die wahre Ewigkeit schließt … die Potentialität zur Zeit in sich« (*Karl Barth*, Die Kirchliche Dogmatik II/1. Bd. 9: Die Wirklichkeit Gottes, Zürich 1987, 696). Sie ist, »ohne selbst Zeit zu sein, als schlechthinniger *Grund* der Zeit zugleich die schlechthinnige *Bereitschaft* für sie« (ebd.).

40 Vgl. *Richard Swinburne*, Gott und Zeit, in: *C. Jäger* (Hg.), Analytische Religionsphilosophie, 196–217, hier 213: »In dem Maß, in dem er Gefangener der Zeit ist, hat er gewählt dies zu sein.« Im Übrigen hat das Ewigkeitsverständnis der metaphysischen Tradition auch unangenehme Folgen für die Allmachtsthematik, insofern Gott bei ihrer Annahme retroaktive Kausalität zugebilligt werden müsste, d.h. ihm müsste die ausgesprochen kontraintuitive Möglichkeit zugebilligt werden, Ereignisse der Vergangenheit zu verändern (vgl. ebd., 204f).

41 Vgl. *William P. Alston*, Divine action: shadow or substance? In: *Thomas F. Tracy* (Hg.), The God who acts Philosophical and theological explorations, University Park / PA 1994, 41–62, hier 44.

42 Vgl. *K. Ward*, The temporality of God, 160–165.

Zukunft dann keine Unvollkommenheit, wenn wirklich autonome Freiheit der Geschöpfe als wünschenswert angesehen wird.[43]
Bei allen Vorzügen, die eine Loslösung des Gottesbegriffs aus dem metaphysischen Konstrukt der Zeitlosigkeit mit sich bringt, muss der Gottesbegriff dennoch so konzipiert werden, dass nicht nur die Nachteile der Zeitlosigkeit vermieden werden, sondern Gott immer auch Herr über die Zeit bleibt.[44] Entsprechend sollte Ewigkeit nicht als immerwährende Dauer unserer Zeit konzipiert werden.[45] Angemessener scheint es mir, Gott – wie Pannenberg[46], Menke[47] und Metz[48] – als die Zukunft der Zeit zu verstehen, die ihr immer wieder neu Freiheitsmöglichkeiten eröffnet. Metaphysisch würde es daher naheliegen, von einer »Einheit von Zeitlosigkeit und Vielzeitigkeit« in Gott zu sprechen[49], oder, wie die Prozesstheologie, einen zeitlichen und einen unzeitlichen Pol in Gott zu denken.[50] Wir dürfen Gott also weder als strikt zeitlos noch als der Zeit unterworfen denken, Ewigkeit kann weder als Zeitlosigkeit noch als immerwährende Dauer konzipiert werden. Vielmehr könnte man hier die trinitätstheologische Denkfigur des unterscheidenden In-Beziehung-Set-

43 Vgl. *ebd.*, 165. Wie weiter oben bereits angemerkt, meint wirkliche Autonomie wirkliche, nicht von Gott begrenzte Selbstgesetzgebung; sie sagt nichts gegen die bleibende Abhängigkeit des Menschen von Gott und auch nichts gegen den göttlichen Ursprung menschlicher Autonomie.

44 Vgl. *K. Ward*, The temporality of God, 168.

45 Vgl. *P. Tillich*, Systematische Theologie I, 315: »Ewigkeit ist weder Zeitlosigkeit noch Endlosigkeit der Zeit.«

46 Vgl. *Wolfhart Pannenberg*, Systematische Theologie I, Göttingen 1988, 443: »Gott ist ewig, weil er keine Zukunft außer sich hat, sondern die Zukunft seiner selbst und alles von ihm Verschiedenen ist.« Ähnlich argumentiert der schon erwähnte *M. Striet*, Offenbares Geheimnis, 251–254.

47 Vgl. *Karl-Heinz Menke*, Der Gott, der jetzt schon Zukunft schenkt. Plädoyer für ein christologische Theodizee, in: *Harald Wagner* (Hg.), Mit Gott streiten. Neue Zugänge zum Theodizee-Problem, Freiburg/Basel/Wien 1998 (QD 169), 90–130, hier 129f.

48 *Johann Baptist Metz* und *Johann Reikerstorfer*, Theologie als Theodizee – Beobachtungen zu einer aktuellen Diskussion, in: ThRev 95 (1999) 179–188, hier 186: »Die biblische Gottesrede ist eine temporale Rede, die Gott nicht als ein Jenseits zur Zeit, sondern als ihr rettendes Ende weiß.«

49 *I.U. Dalferth*, Gott und Zeit, 30; vgl. *A. Jackelén*, Zeit und Ewigkeit, 139. Ewigkeit umfasst dieser Konzeption zufolge »sowohl Unvergänglichkeit und Unvordenklichkeit als auch Jederzeitigkeit und Zeitmächtigkeit« (ebd., 141).

50 In der Prozesstheologie werden die folgenden beiden Pole innerhalb der Realität Gottes unterschieden: zum einen sein abstraktes Wesen, das ewig, absolut, unabhängig und unveränderlich ist; zum anderen seine konkrete Aktualität, die zeitlich, relativ, abhängig und in dauernder Veränderung begriffen ist. Vgl. die an dieser Stelle von der Prozesstheologie inspirierten Überlegungen von *John Polkinghorne*, An Gott glauben im Zeitalter der Naturwissenschaften. Die Theologie eines Physikers. Aus dem Engl. v. G. Etzelmüller, Gütersloh 2000, 72. *Ders.*, The metaphysics of divine action, in: *R. Russell / N. Murphy / A. Peacocke* (Hg.), Chaos and complexity. Scientific perspectives on divine action, Vatikan-Notre Dame / Ind. 1995, 147–156, hier 156.

zens verwenden und mit Barth von dem Ineinanderwirken unterschiedlicher Gestalten der Ewigkeit in Gott sprechen.[51] Gott wäre demnach nicht zeitlos, sondern überzeitlich, d.h. seine Ewigkeit bezieht sich in positiver Weise auf die Zeit, und er begleitet uns durch die Zeit.[52] Das uns zugewandte und für uns ausgesagte Dasein Gottes wäre also zeitlich strukturiert, ohne dass man Gott in seiner Selbstursprünglichkeit verzeitlichen müsste.

Was bedeuten diese Überlegungen nun für das eschatologische Geschehen? Auch die ewige Gemeinschaft mit Gott könnte als Dynamik der Liebe gedacht werden, die dem Menschen Entfaltungs- und Entwicklungsräume schenkt, in der er seine transformierte Freiheit ergreifen kann. Nicht nur das Transformationsgeschehen in die Ewigkeit Gottes hinein (Fegefeuer), sondern auch die Gemeinschaft mit ihm (Himmel) wäre als Prozess zu deuten und könnte zeitlich gedacht werden.[53] Nach der Reise zu Gott beginnt die Reise in Gott, könnte man mit einem Bild der islamischen Mystik sagen. Angesichts der Relativität der Zeit wird man diese Form von Zeitlichkeit anders denken dürfen als unsere Zeit. Aber eben nicht als radikale Verschiedenheit zur Zeit, sondern als Fülle der Zeit, um einen Ausdruck der christlichen Tradition zu verwenden.

Von seiner zeitlichen Struktur her könnte man das Vollendungsgeschehen unter den genannten Voraussetzungen folgendermaßen denken: Durch den christlichen Glauben ist jedem Menschen zugesagt, dass er in seinem Tod Jesus Christus begegnet und durch ihn aus dem Tod gerettet wird. Diese Begegnung ereignet sich wahrscheinlich entlang der Geschichte in einem eigenen Modus der Zeit und eröffnet einen Verwandlungsprozess, in dem die Welt zur ewigen Gemeinschaft mit Gott befähigt wird und alles Zeitliche in eine neue Form von Zeitlichkeit transformiert wird.

»Die Verwandlung geschieht *im* Augenblick des Todes. Das schließt aber nicht aus, dass diese Verwandlung nicht ihrerseits prozessual gedacht werden kann, wenn wir bedenken, dass sie konstitutiv das Hineingenommenwerden in das Leben Gottes und das Partizipieren am Leben der anderen einschließt. … Erst wenn sozusagen ›am Ende aller Tage‹ *alle* verwandelt sind, bin auch ich *endgültig* verwandelt, weil dann mein Leib in ein *endgültiges* Ausdrucksgefüge von Relationen überführt worden ist.«[54]

51 »Man kann und muß hier wie in der Trinitätslehre selbst von einer Perichorese, einem Ineinandersein und Ineinanderwirken der drei Gestalten der Ewigkeit reden« (Barth, Die Kirchliche Dogmatik, 721). Ob man diese Gestalten allerdings als Vorzeitlichkeit, Überzeitlichkeit und Nachzeitlichkeit fassen sollte, müsste noch genauer überlegt werden.

52 Vgl. ebd., 702.

53 Vgl. die ähnlich ausgerichteten vom AT her argumentierenden Überlegungen bei *M. Hüttenhoff,* Ewigkeit, 867.

54 *Th. Schärtl,* Was heißt »Auferstehung des Leibes«?, 36.

Das Jüngste Gericht findet also insofern für alle Menschen am Ende der Geschichte statt, als es in diesem Übergang von der Zeit in die Ewigkeit in der Begegnung mit Christus stattfindet. Diese Begegnung mit Christus ist das Jüngste Gericht. Die Ermöglichung dieser Begegnung ist die Auferstehung, ihr weiter oben ausgeführter reinigend-schmerzhafter Charakter ist das Fegefeuer, das totale Sichverweigern der dabei zu Tage tretenden Beziehungswirklichkeit ist die Hölle. Der Himmel schließlich wäre das freudige Ja zur Begegnung Gottes in Christus. Alle diese Begegnungen wären als zeitlich strukturierte Prozesse zu deuten, die unsere Zeit in eine andere Form von Zeit verwandeln.
Die Annahme einer Zwischenzeit zwischen individuellem Tod und dem Ende der Universalgeschichte schafft in diesem Zusammenhang mehr Probleme, als sie löst, da sie das Postulat einer anima separata einfordert – mit allen oben beschriebenen Problemen dieser Konzeption[55]. Wesentlich eleganter ist die Lösung, dass mit dem Tod des Einzelnen eine neue Form von Zeit eröffnet wird, in der alle Ereignisse der Geschichte so in einen Transformationsprozess eingehen, dass am Ende dieses Prozesses die Vollendungswirklichkeit mit Gott stehen kann.
Mir scheint ein prozessuales Denken von Gott und der menschlichen Vollendung in ihm genauso wie eine genauere Reflexion der Anregungen anderer Religionen für die christliche Selbstverständigung vonnöten zu sein, um in der christlichen Eschatologie aus den oben skizzierten gegenwärtigen Verlegenheiten herauszufinden. Vielleicht kann die Zeitlichkeit der uns zugewandten Seite Gottes ja Ermutigung sein, im Gespräch mit anderen Weltbildern neue Wege eschatologischen Denkens sub specie humanitatis auszubilden und die eigene Verwundbarkeit als Tugend theologischer Reflexionen zu entdecken.

Dr. Klaus von Stosch ist Professor für Katholische Theologie (Systematische Theologie) und ihre Didaktik an der Fakultät für Kulturwissenschaften der Universität Paderborn.

55 Entsprechend ist Lüke zuzustimmen, dass die »Alternative Auferstehung entweder im Tod oder am Jüngsten Tag« überholt ist: »Die Auferstehung im Tod ist die Auferstehung am Jüngsten Tag« (*U. Lüke*, Auferstehung – im Tod?, 248).

3.5

Bernhard Dressler

Vorüberlegungen zu einer zeitgemäßen Eschatologiedidaktik

1 Was ist mit den Bildern vom »Jüngsten Gericht« verloren gegangen?

Ende der 1980er Jahre an einem heißen Vormittag in der 1008 geweihten Kirche Santa Maria Assunta auf der Insel Torcello nahe bei Venedig. Nach dem flirrenden Licht über der Lagune müssen sich die Augen erst an das kühle Halbdunkel der romanischen Basilika gewöhnen. Zumeist als deutsche Bildungsbürger erkennbare Touristen durchschreiten mit beeindruckten Mienen den Sakralraum. Allerdings beugt sich nirgendwo ein Knie. Man könnte sich an die Stimmung in einem Museum erinnert fühlen: eine Art Andacht – aber nicht wie in einem Gottesdienst, sondern derart reflexiv gebrochen, dass das distanzierte Autonomiebewusstsein unberührt bleibt. Ein Vater, ca. 40, 68er-Schnauzbart, randlose Brille, teure Kamera vorm Bauch, DuMont-Kunstreiseführer in der Hand, mit seiner vielleicht 12jährigen Tochter, Köpfe im Nacken, steht vor dem riesigen, die gesamte Westwand füllenden Mosaik mit dem Jüngsten Gericht. Drastische Bilder der Höllenstrafen im unmittelbaren Kontrast zur Glückseligkeit der Geretteten. Im Vorübergehen schnappe ich auf, wie er offenbar gerade eine Frage nach der Bedeutung der schaurigschönen Darstellung beantwortet: »Weißt du, früher, vor tausend Jahren, lebten schrecklich dumme Menschen, die glaubten an Gott und an die Hölle. Die ließen sich von den Herrschenden mit solchen Drohungen einschüchtern.« Ich sehe gerade noch, wie sich der Blick des Mädchens leert. Für was soll sie sich entscheiden? Für die Dummheit, die solch ein eindrucksvolles Kunstwerk hervorbringt? Oder für die Aufgeklärtheit ihres Vaters, die diese Kunst im Lichte einer gleichsam hämischen Nüchternheit entzaubert? – Und was würde er zu sagen haben, wenn sie trotz seiner Erklärung nach den Königen und Bischöfen fragen würde, die unter den Verdammten zu entdecken sind?

»Säkulare Sprachen, die das, was einmal gemeint war, bloß eliminieren, hinterlassen Irritationen. Als sich Sünde in Schuld, das Vergehen gegen göttliche Gebote in den Verstoß gegen menschliche Gesetze verwandelte, ging etwas verloren.«[1] Bilanzierte Jürgen Habermas in seiner Rede bei der Verleihung des Friedenspreises des Deutschen Buchhandels 2001 den zu beklagenden Verlust illusionslos genug? Geht gegenwärtig nicht mehr verloren als die Rede von Sünde, nämlich viel elementarer ein Bewusstsein überhaupt von Schuld? Wo Schuldbewusstsein – aus Gründen, die noch zu erwägen sind – immer weniger zur Deutung und Gewichtung der eigenen Lebenserfahrungen gehört, erlischt auch das Bedürfnis nach Versöhnung, und die Erlösungsverheißung der christlichen Religion läuft ins Leere. »Moralische Empfindungen«, so Habermas weiter, »die bisher

1 *Jürgen Habermas*, Glauben und Wissen, Frankfurt a.M. 2001, 24.

nur in religiöser Sprache einen hinreichend differenzierten Ausdruck besitzen, können allgemeine Resonanz finden, sobald sich für ein fast schon Vergessenes, aber implizit Vermisstes eine rettende Formulierung einstellt. Eine Säkularisierung, die nicht vernichtet, vollzieht sich im Modus der Übersetzung.«[2] Wird hier tatsächlich eine *säkularisierende*, d.h. in ein grundlegend anderes (Habermas würde vermutlich sagen: nachmetaphysisches) Wirklichkeitsverständnis transformierende Übersetzungsleistung gefordert, oder ist eine solche, auf allgemeine Resonanzfähigkeit zielende Kommunikabilität nicht auch von *religiöser* Rede, gleich ob in Predigt, Seelsorge oder Unterricht, zu verlangen? Einerseits. Andererseits: Was kann eine solche, den kirchlichen Binnenjargon aufsprengende religiöse Sprache leisten, wenn das »fast schon Vergessene« auch kaum noch »implizit vermisst« wird?

Was also geht mit den Bildern vom Jüngsten Gericht verloren? Die Einschüchterungswirkung einer Strafdrohung? Die Hoffnung auf Rettung? Ein realistisches Verhältnis zu Schuld und Versagen? Oder ist das alles schon *vor* dem Verlust der Bilder verloren gegangen? Bedarf ein *memento mori*, ein Eingedenken der Befristung des Lebens, durch das sich Lebensernst und Lebensfreude wechselseitig bedingen, der Bilder vom Weltenende und vom Gericht? Wie sonst als durch die Erwartung, dass auch die Mächtigen dem Gericht unterworfen sind, bleiben Herrschaftskritik und die Hoffnung auf Gerechtigkeit wach, nachdem alle innerweltlichen Erlösungsideologien so brutal entzaubert wurden? Mit wie viel positiver Resonanz können die »neuen Atheisten« von der »Giordano-Bruno-Stiftung« rechnen, wenn sie demnächst, den Vorbildern von London und Barcelona folgend, auf Linienbussen deutscher Städte großflächig plakatieren: »Wahrscheinlich gibt es Gott nicht. Hör auf, dir Sorgen zu machen, und genieße das Leben«? Und wie wäre dem moralischen Desaster zu begegnen, wenn diese Stiftung demnächst wieder wie schon bei der Gegenveranstaltung zum Weltjugendtag 2005 in »religionsfreien Zonen« ihre Verachtung für die christliche Religion damit begründet, dass Jesus ein »jenseitiges Auschwitz mit Engeln als Selektionären an der himmlischen Rampe« verkündigt habe?[3]

Hier stellen sich nicht nur rhetorische Fragen. Große Teile des kirchlichen Personals ebenso wie viele Religionslehrerinnen und -lehrer, jedenfalls auf protestantischer Seite, attestieren sich selbst Defizite in der Sprachfähigkeit gegenüber eschatologischen Themen.[4] Freilich helfen solche Defizitanzeigen kaum weiter, wenn man nicht auf die bloße Fortschreibung eines kirchlichen Binnenjargons hinaus will. Es ist keine

2 *Habermas*, Glauben (Anm. 1), 29.

3 *Reinhard Bingener*, Die Agenda des Neuen Atheismus. Eine Stiftung im Hunsrück vermarktet den Unglauben, Frankfurter Allgemeine Zeitung, Nr. 69, 23.03.2009, 3.

4 Vgl. mit Blick auf Befunde der IV. Kirchenmitgliedschaftsuntersuchung der EKD: *Heinrich Bedford-Strohm* (Hg.), »... und das Leben der zukünftigen Welt«. Von Auferstehung und Jüngstem Gericht, Neukirchen-Vluyn 2007, 7–13.

ganz neue Einsicht, dass dieser Jargon und sein unreflektierter Umgang mit den biblischen Endzeitbildern wenig Aussicht auf »allgemeine Resonanz« hat, jedenfalls bislang in Europa gottlob nur bei fundamentalistischen Minderheiten. Mit Blick auf den brandgefährlichen evangelikalen Chiliasmus, der in den USA bis in die Kommandohöhen der Regierung reichte, ist das eher mit Erleichterung als mit Bedauern festzustellen.[5] Wahrscheinlich war aber die Suche nach einer resonanzfähigen *Sprache* auch deshalb relativ erfolglos, weil die Ablösung apokalyptischer Bilder, derer sich die biblische Eschatologie bedient, bisher *in der Sache* nicht überzeugend gelang. Es geht also um ein theologisches Sachproblem mindestens so sehr wie um ein Sprachproblem. Theologisch kann es nicht nur um Fragen der Rekonstruktion des Gehalts eschatologischer biblischer Vorstellungen gehen, sondern ebenso sehr um eine Zeitdiagnose, auf welche Probleme und Mentalitäten der christliche Glaube an Gottes Verheißungen gegenwärtig stößt und wie diese Probleme und Mentalitäten in religiöser Hinsicht zu verstehen sind. Angesichts dieser Sachlage kann auf die Frage nach einer zeitgemäßen Eschatologiedidaktik nur mit einigen höchst vorläufigen Prolegomena geantwortet werden.

2 Eschatologie: Endgültiger Abschied von der Apokalyptik

Eschatologie ist seit Rudolf Bultmanns Entmythologisierungsprogramm weitgehend zu einer theologischen Residualkategorie geworden, zu einem pauschalen Auffangbegriff für alles, was den christlichen Glauben vom weltlichen Sachverhaltswissen unterscheidet. Sie ist nicht länger als die Lehre über ein der Endzeit zuzuordnendes Geschehen zu verstehen. Mit dem Ende hat sie nur noch zu tun, insofern sich an der Frage nach dem Tod und nach einer Hoffnung über den Tod hinaus das menschliche Gottesverhältnis entscheidet. Es geht um »*letzte* Dinge«, insofern der Tod dem Leben ein Ende setzt. Mit einer im Vergleich zu den Synoptikern, von der Johannes-Apokalypse ganz zu schweigen, deutlicheren Gewichtung auf dem Johannes-Evangelium und auf Paulus betonte Bultmann den Glauben an die Gegenwart des Heils bei den ersten Christen im Sinne einer »*präsentischen* Eschatologie.«[6] Das ist nicht unumstritten.[7] Gewiss kann man sich fragen, ob damit nicht ein modernes

5 Vgl. hierzu *Walter Sparn*, Chiliastische Hoffnungen und apokalyptische Ängste. Das abendländische Erbe im neuen Jahrtausend, in: *Bernd U. Schipper* und *Georg Plasger* (Hg.), Apokalyptik und kein Ende?, Göttingen 2007, 207–228.

6 *Rudolf Bultmann*, Geschichte und Eschatologie, Tübingen [3]1979.

7 Bultmanns Schüler Ernst Käsemann hielt die Apokalyptik für die »Mutter aller christlichen Theologie« (*Ernst Käsemann*, Die Anfänge christlicher Theologie, in: *ders*. Exegetische Versuche und Besinnungen II, Göttingen 1964, 100. Besonders profiliert dagegen: *Hans Weder*, Gegenwart und Gottesherrschaft, Neukirchen-Vluyn 2001. Zwischen christlicher Eschatologie und der jüdisch-antiken Apokalyptik ist

Zeit- und Geschichtsverständnis auf die neutestamentlichen Texte projiziert wird. Den vorneuzeitlichen Vorstellungen eines die Welt und die Geschichte herrlich regierenden Gottes, der mit seinem Regimente sichtbar Anfang und Ende setzt, unterliegen die biblischen Texte auch dann, wenn sie sich von der apokalyptischen Bildwelt ihrer Zeit fernhalten und die Spekulationen über Zeitpunkt und Dramaturgie des Weltendes zurückweisen.[8] Diese Vorstellungen können wir nicht mehr teilen.[9] Auch wenn Bultmanns Lesart ihre eigene Zeitbedingtheit nicht ganz leugnen kann, folge ich der Deutung einer »präsentischen Eschatologie«, weil sie überzeugenden Rückhalt an der überwiegenden Tendenz der Texte selbst findet, die das »schon jetzt«, mit dem sich Gottes Verheißungen bereits erfüllt haben, in Spannung zu dem »noch nicht« setzen: Noch seufzt und ängstigt sich alle Kreatur und wartet auf Erlösung (Röm 8,19ff), noch sehen wir nur schemenhaft ein dunkles Bild und warten darauf, von Angesicht zu Angesicht zu erkennen, wie wir schon erkannt worden sind (1 Kor 13,12). Aber in Jesus Christus hat sich Gott bereits der Welt gezeigt. In den Taten und Worten Jesu war das Reich Gottes bereits »mitten unter uns« (Lk 17,21), und »mitten unter uns« ist Christus, wenn wir das Ereignis seines *Gekommenseins* in Wort und Sakrament vergegenwärtigen (Mt 18,20). Die theologische Denkfigur einer »präsentischen Eschatologie« sieht gerade von der modernen Vorstellung eines zielgerichteten Zeitablaufs ab und folgt darin Jesu Zeitverständnis, das den linearen, chronologischen Ablauf durch den *kairos* einer erfüllten Gegenwart unterbrochen sieht.[10] Und so können wir auch von seiner *Wieder*kunft anders als in katastrophischen Endzeitszenarien denken und reden.[11] Die Hoffnung auf seine Parusie drückt aus, dass die Spannung zwischen dem

zumindest analytisch zu unterscheiden, auch wenn apokalyptische Motive im Neuen Testament rezipiert werden.

8 Die wohl prominenteste für viele andere Belegstellen: Lk 17,20ff. Unabhängig von der Frage nach dem messianischen Selbstverständnis Jesu ist es wohl dieses Verständnis der verborgenen Gegenwart des Reiches, die ihn von der Bußpredigt des Täufers unterscheidet.

9 Wenn wir die Rede von Gericht und Endzeit metaphorisch lesen, muss das doch im Bewusstsein geschehen, dass die biblischen Texte aller Wahrscheinlichkeit nach nicht *als* metaphorische Texte geschrieben wurden.

10 *Michael Theunissen*, Negative Theologie der Zeit, Frankfurt a.M. 1991, 287f.

11 Dem Sonderfall der neutestamentlichen Johannesapokalypse kann ich hier nicht näher nachgehen. Bibelkundlich-stoffliche Vollständigkeitsmaßstäbe reichen zur Begründung der Behandlung dieses Textes im Religionsunterricht nicht aus. Wenn überhaupt, dann gehört er in den Unterricht, wenn es um die Aufhellung der Herkunft apokalyptischer Motive und Ikonographien in zeitgenössischen Medien oder in der Literatur geht. Apk wird dabei dann vor allem gegen Missverständnisse und gegen biblizistische Interpretationen zu schützen sein. Es ist ein Unterschied ums Ganze, ob mit der Bildwelt antiker Apokalyptik einer verfolgten Christenheit Mut gemacht werden sollte oder ob dieser Text in anderen Rezeptionskontexten, gar noch von derzeitig Mächtigen, als Endzeitprophetie gelesen wird: Dann nämlich wird er nahezu unvermeidlich zu »aller Rottenmeister Gaukelsack« (Martin Luther).

»schon jetzt« und dem »noch nicht« sich nicht einfach zugunsten des »schon jetzt« auflösen wird. Aber anders, als es die Apokalyptik sieht, befinden wir uns als Christen nicht in der zwar drängenden, zugleich aber gedehnten, weil leeren Zeit eines Warteraums, in dem die Zeit nur vertrieben, aber nicht erlebt werden kann. Und der christliche Glaube ist nicht ein nur Eingeweihten anvertrautes Geheimwissen, mit dem der Code des Endzeitdramas dechiffriert werden kann. Wenn wir als nachneuzeitliche Menschen mit Schleiermacher Religion als die Anschauung des Unendlichen im Endlichen verstehen, also als eine besondere Weise der Deutung einer Erfahrung, so müssen wir uns dabei zwar des ungeheuren Abstandes zur biblischen Vorstellungswelt bewusst bleiben. Es ist aber dennoch möglich, den christlichen Glauben so zu verstehen, weil er sich schon in seinem Ursprung nicht der Offenbarung durch kosmische Zeichen verdankt (Mk 8,11f), die keiner weiteren Deutung bedurft hätten. Zwar hat die neutestamentliche Exegese im Kontext der religionsgeschichtlichen Schule (am wirkmächtigsten Albert Schweitzer[12]) Jesu Präsenzbewusstsein und die Intensität seiner Kindschaftsbeziehung zu Gott als »Naherwartung« im Kontext apokalyptischer Zeitströmungen zu verstehen gegeben. Die davor einflussreiche kulturprotestantische Identifikation des Gottesreiches mit dem kulturellen Fortschritt und der Humanisierung der Lebensverhältnisse (wie auch die katholische Identifikation des Reiches mit der römischen Kirche) ist aber aus grundsätzlicheren Erwägungen zu Recht gescheitert. Sie unterlief die biblische Fundamentalunterscheidung zwischen Gott und Welt, von der Haltlosigkeit ihres hybriden Geschichtsoptimismus ganz zu schweigen. Auch die zwischenzeitlichen Konjunkturausschläge einer durchaus in geschichtlichen Kategorien gedachten Eschatologie in der zweiten Hälfte des vergangenen Jahrhunderts haben sich nun wieder weitgehend abgeflacht: Entweder – wie im Falle Jürgen Moltmanns – weil sie mit der Erkaltung utopischer Energien und mit der Entkräftung des Mobilisierungspotenzials globaler Vernichtungsdrohungen die stimulierende Wirkung ihres politischen Kontextes verloren haben; oder – wie im Falle Wolfhart Pannenbergs – weil sich Theologie im Kontext eines wachsenden (›postmodernen‹) wissenschaftstheoretischen Differenzbewusstseins nicht als Universalwissenschaft denken lässt und die Einsicht nicht mehr zu hintergehen ist, dass sich Heils- und Weltgeschichte unterschiedlichen, inkommensurablen Wahrnehmungs- und Deutungsperspektiven verdanken und in unterschiedlichen Zeiten und Räumen spielen.

Nunmehr also rückt die Eschatologie »von der ›letzten‹ Stelle der Dogmatik an die erste: Sie betrifft die Voraussetzungen und Kriterien der Theologie: Das Kommen Gottes zur Welt in Jesus Christus. Beschrieb der Begriff ›Eschatologie‹ früher die ›nachzeitliche‹ Welt, so ist er heute zur Umschreibung all dessen geworden, was Gott und Welt unterschei-

12 *Albert Schweitzer*, Geschichte der Leben-Jesu-Forschung, Stuttgart 1984 (UTB).

den ... Das eigentliche Material der Eschatologie sind die in der Bibel bezeugten Verheißungen Gottes.«[13] Aber eben: Verheißungen als unterschieden von raum-zeitlich vorgestellten Wahrsagungen. Es geht um eine Poetologie der Hoffnung: Mit welchen Sprachbildern können wir Hoffnung ausdrücken und wach halten? Die Bibel bietet keine eschatologische Dogmatik, sondern vielfältige und durchaus spannungsreiche Bilder vom ewigen Leben. Mit der – von Dietrich Bonhoeffer akzentuierten – Unterscheidung zwischen Letztem und Vorletztem[14] wird die Differenz zwischen dem Machbaren und Notwendigen gegenüber dem Unverfügbaren profiliert und das, was nicht unmittelbar unserem Handlungsvermögen unterliegt, unter den »eschatologischen Vorbehalt« gestellt: Wir können uns unser Heil nicht selbst machen. Der eschatologische Vorbehalt wird für eine christliche Selbst- und Weltdeutung gleichsam zum entscheidenden Vorzeichen vor allem Denken und Handeln. Das ist kein Verlust, sondern ein Läuterung. Darüber, dass sich raumzeitliche Jenseitsvorstellungen aufgelöst haben, besteht kein Grund zur Klage.

Die *theologisch* gebotene Einsicht, dass der Satz »Gott ist Schöpfer der Welt« nicht auf ein Ereignis in Raum und Zeit referiert, ist nicht zuletzt durch naturwissenschaftliche Erkenntnisse bestärkt worden. Es ist ein Verdienst der Evolutionstheorie, dass Gott und sein Handeln nicht mehr mit Objekten empirischer Erkenntnis verwechselt werden können. Was für die Naturgeschichte an Entmythologisierung gilt, ist für die Menschheitsgeschichte und das Zukunftsdenken allerdings noch nachzuholen. Gott, aber auch so etwas wie »Sinn«, ist weder in der Natur noch in Geschichtskonstruktionen zu suchen, sondern in den Kontingenzen des Lebens, die deshalb auch nicht zu »bewältigen«, sondern zu bejahen sind. Es sind die Erfahrungen des jetzt gelebten Lebens im Lichte der Gottesbeziehung, die uns eine Hoffnung im Blick auf unser Leben und das Ende der Welt einstiften. Wie die Schöpfungszeit ist auch die Endzeit keine raumzeitliche Größe, sondern eine Deutekategorie. So wie die Schöpfungstheologie sich von kosmologischen Spekulationen zu verabschieden hat, hat die Eschatologie Zukunftsspekulationen zu meiden. Religiöse Gewissheit ist keine Folgerung aus raumzeitlich gedachten Ereignissen am Anfang und am Ende der Welt, sondern die raumzeitlichen Bilder vom Anfang und vom Ende sind Extrapolationen religiöser Lebenserfahrungen. Der Dank dafür, dass Gott »*mich* geschaffen hat samt aller Kreatur« (Martin Luther), steht am Ursprung des Schöpfungsglaubens.[15] Und dass Gott die Schöpfung noch erhält, nicht aus Gründen,

13 *Peter Biehl / Friedrich Johannsen*, Einführung in die Glaubenslehre. Ein religionspädagogisches Arbeitsbuch, Neukirchen-Vluyn 2002, 226.

14 »Um des Letzten willen muss vom Vorletzten die Rede sein« (Dietrich *Bonhoeffer*, Ethik, hg. v. Ilse Tödt u.a., DBW 6, München 1992, 133).

15 So wenig wir auf Gottesbilder verzichten können, zielt religiöse Bildung doch darauf ab, dass diese Vergegenständlichungsneigung reflexiv gebrochen wird, niemals also das »Gottesverhältnis als solches zu vergegenständlichen. Was wir uns

sondern aus Liebe (»weil es ihm gefällt«), ist nur im Lichte erfahrener Liebe als einer im wörtlichen wie im metaphorischen Sinne lebensschaffenden Kraft zu verstehen, die für eine naturalistische Weltsicht gar nicht oder bestenfalls als nützliche Illusion existiert. So wie die Verbindung von Schöpfungsglauben und Kosmologie aus Gott eine Ursache des Evolutionsgeschehens (und damit ein Wissensobjekt) zu machen droht, unterliegt die Verbindung von Eschatologie und Geschichte der Gefahr, Gott zu einem innerweltlichen Movens der Weltgeschichte zu machen – mit dem Ergebnis, dass aus der Weltgeschichte das Weltgericht wird.[16] Dieser totalitären Folgerung hat sich der christliche Glaube um Gottes Willen zu verweigern.

3 Kalte Apokalyptik. Eschatologie und ernüchterter Fortschrittsglaube

Wenn die Evolutionstheorie es nicht mehr zulässt, in der Rückschau auf die Naturgeschichte eine teleologische Bestimmtheit anzunehmen, so gilt dieser Verlust von Zielgerichtetheit auch für die Zukunftserwartungen. Mehr noch: Das Wissen um vergangene »Klimakatastrophen«, die Wahrscheinlichkeit, dass verheerende Meteoritenscheinschläge mehrfach den Richtungssinn der Evolution verändert haben, macht den planetarischen Untergang der Menschengattung denkbar, bevor ohnehin das Sonnensystem kollabiert. Zumindest im Gedankenexperiment stellt sich die Frage, ob der christliche Glaube, nachdem er die Erschütterung durch das Erdbeben von Lissabon 1755 überlebt hat, den globalen Winter nach einem Meteoriteneinschlag oder nach dem Ausbruch der Yellowstone-Caldera überleben würde? Im Blick auf die Tragfähigkeit des Gottvertrauens und ihr Lebensgefühl ist es für die meisten Menschen vermutlich belanglos, ob globale Katastrophen menschengemacht oder natürlich verursacht sind. Der noachitische Bund (Gen 8,22), das Versprechen dauerhafter Stabilität der Naturordnung im schönen Zeichen des Regenbogens, ist jedenfalls zerbrochen und kann nur noch in dem Sinne gelten, dass Gott keinen Menschen aufgibt. Unabhängig von anthropogenen Ursachen planetarischer Gefahren: Der ökologische Normalfall ist nicht das stabile Gleichgewicht.
Schon die Entdeckung des Ozonlochs gab der ökologischen Krise eine andere Dimension als das Waldsterben. Das gegenwärtige Mentalitätsklima unterscheidet sich grundlegend von den fieberhaften Endzeitängsten der 1980er Jahre (Tschernobyl und Nachrüstung), aber auch von der

davon raumzeitlich vorstellen, kann es niemals umfassen oder erschöpfen. Das bedeutet aber umgekehrt, dass das Bitten … die *einzige Weise* ist, wie wir der Koordination von Gottes Reich und unserem Handeln innewerden« (*Dietrich Korsch*, Dogmatik im Grundriß, Tübingen 2000, 216).

16 Kritisch hierzu mit Blick auf aktuelle Tendenzen: *Sparn*, Chiliastische Hoffnungen (Anm. 5).

kurzzeitigen Hoffnungskonjunktur im Zeichen einer »Friedensdividende« (nicht zu reden von Fukuyamas »Ende der Geschichte«) nach 1989.[17] Zwei in ihrer historischen Dimension ganz unterschiedliche Konstellationen treten ins Bewusstsein und verstärken sich wechselseitig: dass wir in einem erdgeschichtlich schmalen Zeitfenster günstigen Klimas und abwesender Globalkatastrophen leben – und dass wir auf der Nordhalbkugel nach dem Zweiten Weltkrieg eine historisch kurzzeitige Phase ökonomischer Prosperität und relativer sozialer Stabilität durchlebten, die seit einiger Zeit zu Ende geht.

Und warum dann doch keine Endzeitstimmung, jedenfalls keine fiebrige, apokalyptisch aufgeladene Endzeitstimmung? Vielleicht, weil wir zwar seit dem Bericht des Club of Rome von 1972 *nach* der Prognose, aber noch *vor* dem Eintritt des Schlimmsten leben – und weil sich die Zeit zwischen Prognose und Eintritt in mancher Hinsicht schon als sehr dehnbar erwiesen hat.[18] Natürlich gibt es Zukunftsängste aufgrund mannigfacher Verunsicherungen. Die ökologisch motivierte Angst tritt dabei zunehmend zurück hinter die näherliegend scheinende Sorge um die ökonomische Zukunft. Aber noch mehr als die realen Bedrohungen löst die Entwertung von Lebensdeutungsmustern und Orientierungswissen, mit denen man bisher sein Leben führte und interpretierte, Ängste aus. Die Mehrheit der Jugendlichen, das zeigen die Shell-Jugendstudien von Fall zu Fall mit geringer Varianz, reagiert darauf weder mit Panik noch mit Zorn, sondern mit einer traurigen Nüchternheit. Die Vorstellungen vom guten Leben ziehen sich ganz ins Private, und dort vor allem in Bilder einer noch nicht von ökonomischen Kalkülen korrumpierten Gemeinschaftlichkeit zurück.[19] Zwar macht ein ins Negative gewendeter Fortschrittsglaube gelegentlich noch Anleihen bei apokalyptischen Bildern. Aber auch der Weltuntergangsthrill im Kino, die Konjunktur von Filmen wie Armageddon (1998), Deep Impact (1998), The Day After Tomorrow (2004) scheint doch deutlich rückläufig. Wir leben derzeit in der seltsamen Konstellation, dass der langfristige Erwartungshorizont vieler Menschen immer noch katastrophisch ist, ihre aktuelle Lebenseinstellung demgegenüber eher indifferent, nüchtern, teils sogar gelassen – das Paradoxon einer kalten Apokalyptik. Rüdiger Safranski hat diese

17 Interessant ist, wie ein inmitten der Umbrüche von 1989 erarbeitetes Lehrbuch eher vergeblich versucht, die Spannung zwischen dem Zeitgeist vor und nach dem Wendedatum zu überbrücken: *Karsten Petersen*, Die Apokalypse im Hinterkopf. Denken, Glauben und Handeln in katastrophalen Zeiten (Werte und Normen, Ethik/Religion 2), Göttingen 1990.

18 »Allzu oft haben sich die Trendforscher getäuscht; nahezu achtzig Prozent der futurologischen Prognosen aus den letzten fünfzig Jahren waren schlicht falsch, während tatsächlich umwälzende Ereignisse und Entwicklungen … nicht antizipiert werden konnten« (*Thomas Macho*, Prognose statt Utopie? Zur Geschichte des Umgangs mit der Zukunft, in: Forschung&Lehre 4/09, 249).

19 *Andreas Feige / Carsten Gennerich*, Lebensorientierungen Jugendlicher, Münster u.a. 2008.

Ambivalenz, die mir für das gegenwärtige Lebensgefühl charakteristisch zu sein scheint, bereits am Anfang der 1990erJahre pointiert beschrieben:

»Das Große und Ganze und seine Zukunft, die öffentliche Zukunft also, ist zu einer Art Gewissen geworden. Jede Zeitungslektüre kann als Kapuzinerpredigt wirken: ›Was tust du gegen das Abschmelzen der Polarkappen, was tust du gegen das Ozonloch?! – Du musst dein Leben ändern!‹ Ich und die Polarkappen, Ich und das Ozonloch – das scheinen die zeitgemäßen existentiellen Situationen zu sein ... So etwas hält kein Mensch aus. Und so geschieht, was in ähnlich gelagerten Fällen immer geschehen ist: man lässt sich auf das Spiel der Spaltungen ein. Da gibt es die öffentliche Zukunft und die private. Der beruhigende Gedanke an die Alterversorgung koexistiert friedlich mit der leidenschaftlichen Apokalypsepredigt. Mit jeder Liebesgeschichte und Wohnungseinrichtung, mit jedem Arbeitsvertrag und Buchprojekt zweigen wir uns aus einer Zukunft, die uns kaum eine Chance lässt, eine kleine private Zukunft ab, die uns, nur mäßig von der öffentlichen Katastrophenvermeidungsethik gebremst, weiterwursteln lässt. Wir sind, ob wir das merken oder nicht, mit der Gewitztheit des ›als ob‹ imprägniert.«[20]

Symptomatisch für die ambivalente Situation zwischen ungebrochenem Machbarkeitsglauben und nervöser Sensibilität für Untergangsszenarien ist der globale Klimawandel. Selbst wenn seine anthropogenen Ursachen als bewiesen gelten können, ist doch zugleich das Bewusstsein dafür gewachsen, dass es in erdgeschichtlich jüngster Vergangenheit zu dramatisch raschen Klimawechseln *ohne* menschliche Verursachung kam und dass es keinen Grund für die Annahme gibt, die Klimakonjunkturen seien mit der wissenschaftlich-technischen Zivilisation ausgelaufen und wir lebten *nicht* in einer befristeten Zwischeneiszeit. Mit aller moralischen Einschüchterung, die die Behauptung mit sich führt, der Klimawandel sei Resultat der industriellen Produktions- und Lebensweise, wird dennoch suggeriert, wir verfügten über politisch zu entscheidende Möglichkeiten, den Klimawandel zu stoppen – als könnten wir für berechenbare Erfolge an ein paar Stellschrauben drehen. Die Komplexität klimatischer Entwicklungen wird damit grandios unterschätzt. Vor allem aber: Es werden jene humanen Gründe ausgeblendet, die nun tatsächlich dafür sprechen und politisch dazu motivieren könnten, nicht länger mit dem ungehemmten Verbrauch fossiler Brennstoffe und anderer Ressourcen der dünnen Biosphäre fortzufahren: zum Beispiel Gründe globaler Gerechtigkeit oder eines »guten Lebens«, das sich keinen ökonomischen Imperativen fügt.

Noch einmal: Unsere Situation ist merkwürdig unentschieden. Fortschrittsoptimismus wird zu einer Minderheitenoption. Geschichtsphilosophien sind nicht mehr denkbar. Die Utopien von einem guten Ende schrumpfen ins Private. Die Lebenshaltung, alles für machbar und für

20 *Rüdiger Safranski*, Warum die Vergangenheit meinen Bedarf an Zukunft deckt; in: *Peter Sloterdijk* (Hg.), Vor der Jahrtausendwende. Berichte zur Lage der Zukunft, Frankfurt a.M. 1990, 197f.

reparabel, zugleich aber auch mit dem Hinweis auf gesichtslose gesellschaftliche Strukturen kaum jemanden für verantwortlich und schuldfähig zu halten, behauptet sich noch neben der Einsicht, dass wir in fragilen und unübersichtlichen Verantwortungszusammenhängen leben. Die Grundparadoxie unserer Zeit, dass bei wachsenden Verfügungsmöglichkeiten Machbarkeit und Zuträglichkeit immer weiter auseinanderklaffen, schlägt noch in der Negation des Machbarkeitsglaubens durch, wenn etwa der Aufruf zur ökologisch gebotenen Bescheidenheit sich mit der Anmaßung verbindet, die »Schöpfung« zu retten.

Das Bewusstsein von der Gemachtheit unserer Lebensverhältnisse – kaum noch etwas erscheint als natürlich oder schicksalhaft – reibt sich an der wachsenden Einsicht in die Nichtmachbarkeit, die Unverfügbarkeit gelingenden Lebens. Zudem: Wo alles machbar erscheint und sich zugleich kaum noch etwas steuern lässt, verändern sich die Begriffe von Verantwortung und Schuld. Nicht erst einige naturalistische Hirnforscher erklären den Schuld-Begriff für sinnlos. Bei wachsender Reichweite aller Wirkungen unseres Handelns sind wir zugleich global involviert und durch die Überkomplexität der globalen Ursachenzusammenhänge überfordert. Insofern unsere Intentionen und Handlungsfolgen sich nicht mehr deutlich aufeinander beziehen lassen, wird der Schuldzusammenhang totalisiert und eben damit entmoralisiert. Wo alle an allem schuldig zu sein scheinen, verliert die Rede von Verantwortung ihren Sinn. Damit aber droht auch die Gerichtsrede ins Leere zu laufen. Schuld verwandelt sich in die kleinere Münze reparabler Schulden, von Sünde ganz zu schweigen, *oder* in einen totalen und damit individuell nicht zurechenbaren Verstrickungszusammenhang. Das erscheint vor dem Hintergrund früherer religiös motivierter Strafphantasien als Gewinn – und ist doch auch ein Verlust.[21] An Überzeugungskraft eingebüßt haben im religiösen Kontext auch die Metaphern des Gefährlichen, des Abgründigen, der Schärfe. Unbedingtheitsansprüche geraten in den Verdacht fundamentalistischen Eifers. Wir haben uns an die Pluralität der Wahrheiten und die Toleranz gegenüber Verfehlungen gewöhnt – widerwillig gewöhnen müssen oder erleichtert gewöhnen dürfen. Und lässt es sich so nicht leichter, gelassener, sogar barmherziger leben? Wenn auch vielleicht spannungsärmer, gleichmütiger, sogar langweiliger – solange die Katastrophenängste ausgeblendet bleiben.

21 Wie weit hier auch der Rückgang ödipaler Konfliktsituationen im Kontext veränderter Familienkonstellationen und Erziehungsstile zu bedenken wäre, bedürfte genauerer Erörterung. Es gibt jedenfalls Gründe für die Annahme, dass an die Stelle der Schuldthematik zunehmend eine Schamproblematik tritt, verbunden mit der auf Dauer gestellten narzisstischen Kränkung, vor den Ansprüchen anderer wie des eigenen Selbst nicht genügen zu können. Erhellend hierzu eine Vielzahl kultursoziologischer Analysen von *Thomas Ziehe* in der Folge seiner Untersuchung »Pubertät und Narzißmus«, Frankfurt a.M. 1975.

4 Ausblicke auf didaktische Erschließungen

Eschatologische Themen werden seit geraumer Zeit kulturhermeneutisch in den Kontext apokalyptischer Motive in Kunst und Literatur[22], vor allem aber auch in der Werbung, im Kino und in der Pop-Kultur gestellt.[23] Nun ist es grundsätzlich sinnvoll, mit dem Material zu arbeiten, an dem die eschatologischen Hoffnungen und die apokalyptischen Schreckensszenarien gegenwärtig am deutlichsten ablesbar sind – also nicht, weil moderne Medien vermeintlich »jugendgemäß« sind, sondern weil das thematisch-stofflich geboten und ergiebig erscheint. Allerdings gebe ich zu bedenken, dass sich religiöse Bildung nicht in Kulturhermeneutik erschöpfen darf – so sehr sie darin auch eine ihrer Aufgaben sehen muss. Sie findet darin nicht ihr Proprium im Vergleich zu anderen schulischen Fächern, die sich diesem Thema mit dem gleichen Material widmen können: Deutsch, Kunst, Politik etc. Auch Stefan Pauler[24] schlägt vor, an säkularisierte apokalyptische Motive anzuknüpfen, überbetont dabei allerdings die vermeintlich konstitutive Bedeutung apokalyptischer Motive für den christlichen Glauben. Diese Motive will er nicht den Endzeitphantasien gewisser Sekten überlassen. Jedoch ist diese Gefahr, jedenfalls gegenwärtig in unseren Breiten, gering. Ihre Bekämpfung zu einer Hauptaufgabe des Religionsunterrichts zu machen, schießt am Ziel vorbei.

Ich würde den Akzent anders setzen: Nicht einfach das Bedenken letzter Dinge steht im Zentrum des Religionsunterrichts, sondern die Kritik am Totalitätsdenken, mit dem Letztbegründungsansprüche erhoben werden[25]: Der Sinn der Welt und unseres Lebens gehört unter den eschatolo-

22 Siehe dazu die mit Bezug auf Ziele des schulischen Lehrplans gut ausgewählte kunst- und literaturgeschichtliche Materialsammlung: BR-online (CollegeRadio), Ein Buch mit sieben Siegeln (http://www.br-online.de/wissen-bildung/collegeradio/medien/religion/apokalypse/didaktik/). Eine Fundgrube: Apokalypse. Schreckensbilder in der deutschen Literatur von Jean Paul bis heute. Ein Lesebuch. Ausgewählt und kommentiert von *Jürgen Engler*, Berlin 2005.

23 Eine exemplarische Auswahl:
– *Thomas Bickelhaupt / Uwe Böhm / Gerd Buschmann*, »Wann kommt die Flut?« – Sintflut und Arche als massenmediale apokalyptische Symbole in der populären Kultur zur Jahrtausendwende – exemplarische Inhaltsanalyse eines Musikvideos mit methodischem Analysemodell und unterrichtspraktischem Material (2002), http://www.theophil-online.de/praxis/mfpraxi4.htm.
– *Uwe Böhm / Gerd Buschmann*, Apokalypse in der Popmusik. Oder: Messianische Visionen aus Mannheim, in: Popmusik – Religion – Unterricht, Münster ^{3}2006, 67ff.
– *Thomas Klie*, »Test it. Verheißungen der Waren-Religion« und »Wünsch dir was. Verheißene Traumzeit im Fun-Punk der Toten Hosen«, in: *ders.*, Religionsunterricht in der Berufsschule: Verheißung vergegenwärtigen. Eine didaktisch-theologische Grundlegung, Leipzig 2000, 198ff und 210ff.

24 *Stefan Pauler*, Apokalyptik im Religionsunterricht. Neun Thesen (http://www.theophil-online.de/praxis/mfpraxi3.htm).

25 Zur Differenz zwischen Letztgültigem und Letztbegründungen siehe auch *Thomas Klie*, Verheißung (Anm. 23), 195.

gischen Vorbehalt. Die pointierte Stellungnahme von Johannes Kubik ist zustimmungsfähig: »Mit gutem Grund kommt die Eschatologie im Religionsunterricht fast nie als *eigenes* Thema vor.«[26] Sie ist als eine Dimension in unterschiedlichen Themen auszuweisen, wobei bestimmte Themen als besonders »eschatologie-affin« gelten können:

- Zeit und Zukunft(serwartungen)
- Endlichkeit, Tod und Vorstellungen über den Tod hinaus
- Schuld und Gericht.

Natürlich gehört in den Religionsunterricht die Frage, welche Hoffnungen, Bilder und Gedanken die letzten Worte begleiten, wenn wir das apostolische Glaubensbekenntnis sprechen. Aber mit den drei genannten Themenfeldern wird gleichsam ein *cantus firmus* intoniert, der verschiedenste Thematiken begleitet. Generell wird man sagen können: Was früher mit der Frage nach einer offenen Zukunft angesprochen wurde, verschiebt sich heute aus wissenschaftstheoretischen und aus wissenssoziologischen Gründen zur Frage nach den Gründen und Konsequenzen der Offenheit einer nichtnaturalistischen Weltdeutung. Daran kann theologisch angeknüpft werden. Es geht im Religionsunterricht ganz grundsätzlich um die *Kontrafaktizität* tragfähiger Selbst- und Weltdeutungen, darum, dass die Deutungsmuster des eigenen Lebens nicht im Modus der Veranschaulichung sachverhaltlichen Wissens einleuchten können. Dies ist zugleich der Kern der Bildungsaufgabe des Religionsunterrichts.
Generell ist zu bedenken: Es gibt gravierende Unterschiede in den Erfahrungshintergründen und Mentalitäten, mit denen sich die Lehrpersonen und die Lernenden bei diesem Thema begegnen. Religionslehrkräfte waren überrepräsentativ häufig involviert in die apokalyptischen Angstszenarien und die utopischen Energieschübe, aber auch in die Selbstgerechtigkeitsrituale der Ökologie- und Friedensbewegung der 1970er und 1980er Jahre. Diese Mentalitätslagen sind, wie auch immer gebrochen und modifiziert, bei der Generation der älteren Religionslehrkräfte oft noch virulent. Die Nüchternheit der heute jungen Generation ist ihr oft fremd und wird oft vorschnell als privatistisches Desengament oder Indifferenz denunziert.[27]

– Zeit und Zukunft(serwartungen)

Wie wir die Zeit bzw. die Zeitlichkeit unserer Existenz erleben, ist unserer Reflexion im Befangenheitshorizont – im blinden Fleck – unserer Welt- und Selbstbeobachtung zumeist entzogen, so sehr leben wir *in* der

26 *Johannes Kubik*, Eschatologie, in: *Michael Wermke u.a.* (Hg.), Religion in der Sekundarstufe II. Ein Kompendium, Göttingen 2006, 281.

27 Vgl. etwa das in Form einer Selbstanklage an den Anfang eines ansonsten theologisch und didaktisch klug zusammengestellten Lehrbuchs gestellte Gedicht »schwarz und weiß. die zeiten haben sich geändert«, in: *Benno Haunhorst*, Heute beginnt der Rest des Lebens. Kurs Eschatologie (Konturen 6. Arbeitsbücher für den Religionsunterricht in der Sekundarstufe II), Düsseldorf 1995, 5.

Zeit. Umso mehr liegt hier eine wichtige Aufgabe des Religionsunterrichts – anknüpfend an dem Paradox, dass schon Kinder und Jugendliche trotz eher gewachsener freier Zeit ein bedrängendes Gefühl von Zeitverdichtung und -verknappung haben. Für nichts mehr Zeit zu haben, schon gar nicht für das eigene Leben, wird zur Zivilisationskrankheit. Hier liegt nicht nur ein Thema auf der Hand, sondern auch ein Modus seiner Bearbeitung: Zu bildendem Lernen gehört der Mut zur Verlangsamung.[28] Entscheidend ist, wie das Verhältnis der Gegenwart zur Zukunft gedacht wird. Auch nach dem Ende der politischen Utopien, die das Opfer von Menschenleben zu rechtfertigen beanspruchten, ist die Menschenwürde weiterhin durch die Tendenz bedroht, Menschen als Mittel für übergeordnete Zwecke zu sehen, sei es für die ökonomische Prosperität, sei es für den allgemeinen Fortschritt der Menschheit. Zukunft und Eingedenken der Vergangenheit gehören zusammen, sonst werden die Opfer der Geschichte auch rückblickend gerechtfertigt, statt dass *ihre* Erlösung als Voraussetzung *unserer* eigenen Erlösungshoffnung gelten kann.[29] Die Dignität des Augenblicks ist stark zu machen: Die Gegenwart ist nicht der Zukunft zu opfern. Mit dem Ende der Utopien drohen freilich Hoffnungsenergien so weit depotenziert zu werden, dass sie auch keine Kraft mehr für das Erleben erfüllter Gegenwart spenden. Mit dem *telos* droht der *kairos* zu verschwinden. Die *Präsenz* des Heils in den Reich-Gottes-Gleichnissen ist in diesem Zusammenhang ein wichtiges Thema.[30] Die Hoffnung auf Glück und Heil darf nicht mehr dem Geschichtsverlauf aufgebürdet werden. Es gibt keinen Fortschritt im Glück, allenfalls einen Fortschritt hinsichtlich der Bedingung der Möglichkeit der Glückserfahrung für eine wachsende Zahl von Menschen. Dies immerhin bleibt dann auch jenseits der Utopien als *politische* Aufgabe ins Verhältnis zum eschatologischen Vorbehalt zu setzen: »Selbst wenn wir nicht auf einen neuen Himmel und eine neue Erde am Ende aller Zeiten hoffen, gebietet die Liebe uns, das Menschenmögliche zu tun, damit die Menschlichkeit nicht verkümmere und das Menschengeschlecht nicht verkomme … Wir können in der Humanisierung der Erde nicht das letzte Ziel des christlichen Glaubens erblicken, aber wir können auf diese Erde auch nicht verzichten.«[31]

28 Als schlimmster Feind religiöser Bildung erweisen sich Stoffdruck und neuerdings das der Verzweckung von religiösem Lernen geschuldete *teaching for the test*.

29 Als ein Standardtext des Religionsunterrichts in der Sekundarstufe II sollte in diesem thematischen Zusammenhang *Walter Benjamins* »Engel der Geschichte« gelten (Geschichtsphilosophische Thesen [9]; in: *Ders*., Zur Kritik der Gewalt und andere Aufsätze, Frankfurt a.M. 1965, 84f).

30 *Hans Weder*, Zugang zu den Gleichnissen Jesu. Zur Theorie der Gleichnisauslegung seit Jülicher; in: Ev.Erz 41 (1989) 384–396.

31 *Heinz Zahrnt*, Glauben unter leerem Himmel, München/Zürich 2002, 244f. Ich beziehe mich hier u.a. deswegen auf Zahrnt, weil Auszüge aus seinen im positiven Sinn populärwissenschaftlichen Büchern nach wie vor für den Religionsunterricht der Sekundarstufe II zu empfehlen sind.

– Endlichkeit, Tod und Vorstellungen über den Tod hinaus

Vom Thema »Zeit und Zukunft(serwartungen)« ist direkt eine Brücke zum Thema der Endlichkeit unserer Existenz, dem Fluchtpunkt der Eschatologie, zu schlagen. »Heute beginnt der Rest des Lebens« lautet der programmatische Titel bei Benno Haunhorst.[32] Es geht um das *memento mori*, um das Eingedenken des strengsten Gedankens der christlichen Religion: dass wir in Fristen leben. Anders wäre der Impuls: »Du musst dein Leben ändern«, Jesu Ruf zur Umkehr, nicht zu denken. Wie weit aber kann und darf der Religionsunterricht als eine Bildungsveranstaltung Schüler gleichsam – kerygmatisch formuliert – »in die Entscheidung rufen«? Ist andererseits ein Religionsunterricht zu legitimieren, in dem sich Schüler nicht vor diese Frage gestellt sehen? Vielleicht reicht es ja, dass die Bearbeitung der Missverständnisse, denen die christliche Religion ausgesetzt ist, in der Hoffnung geschieht, dass der Ruf in die Entscheidung, wenn er denn einmal zu Ohren kommt, auch tatsächlich gehört und verstanden wird. Auf eine verantwortliche, dem schulischen *Bildungs*auftrag nicht entgegenstehende Weise kann dieses Problem bearbeitet werden, indem Todesvorstellungen der Jugendlichen *im Blick auf ihre jeweiligen Konsequenzen für die Lebensführung* thematisiert werden. Hier ist mit »materialistischen Konzepten« neben »Privatmythologien, Interesse an Nahtod-Erfahrungen und Reinkarnationsvorstellungen« zu rechnen.[33] Johannes Kubik schlägt vor, die Frage nach dem »Auferstehungsglauben« bzw. an ein »Weiterleben nach dem Tod« ins Zentrum zu rücken. Didaktisch betont er »die Notwendigkeit, die Frontstellung ›Volltod versus Unsterblichkeit‹ zu umgehen, weil sie heutigen Schüler/innen unverständlich ist. Jugendliche, die die Unsterblichkeitsvorstellung favorisieren, sollten darin nicht kritisiert werden. Angemessen ist dagegen eine sachliche Abgrenzung christlicher Auferstehungsvorstellungen zu buddhistischen Reinkarnationsvorstellungen.«[34] Dem ist zuzustimmen. Entscheidend ist freilich, jede Spekulation zu vermeiden, jeden Anschein, wir könnten etwas darüber *wissen*, ob und was uns nach dem Tod erwartet. Stattdessen ist zu fragen, welches Lebensverständnis sich mit dem Todesverständnis verbindet. Dass im Buddhismus gerade nicht auf die Wiedergeburt gehofft wird, sondern darauf, den Kreislauf von Leben, Tod und Reinkarnation einmal durchbrechen und verlassen zu können, darf ebensowenig ausgeblendet bleiben wie die Frage, wie wir uns *als für unser Leben verantwortliche Person* würden verstehen können, wenn wir uns als in ein ewiges Rad unterschiedlicher

32 *Benno Haunhorst*, Rest des Lebens (Anm. 27). Vgl. *Ernst Lange*, Nicht an den Tod glauben, Bielefeld 1975, 101: »Today is the first day of the rest of your life«.
33 *Ulrike Baumann*, Die Frage nach dem Ende, in: *Ulrike Baumann / Rudolf Englert / Birgit Menzel / Michael Meyer-Blanck / Agnes Steinmetz:* Religions-Didaktik. Praxishandbuch für die Sekundarstufe I und II, Berlin 2005, 134.
34 *Kubik*, Eschatologie (Anm. 26), 286.

Existenzen verflochten sehen würden. »Aus diesem Grunde richtet sich mein Haupteinwand gegen die Reinkarnationsidee auch nicht gegen die Vorstellung von einer Wiederverkörperung als solcher – da sehe jeder selbst zu! – , sondern gegen die sich in ihr darstellende Leistungsreligion, die, statt auf Gott zu vertrauen, sich dem Karma unterwirft und damit das Thema verfehlt.«[35]

– Schuld und Gericht

Mit Jugendlichen, die aufgrund religiöser Gerichtsdrohungen an einer »Gottesvergiftung«[36] leiden, ist heute kaum zu rechnen. Dennoch sollte alles vermieden werden, was Ängste schüren (oder ein entsprechendes Vorurteil bestätigen) könnte, indem u.a. die Metaphorizität der biblischen Gerichtsbilder als *unser* exegetisches Muster (im wahrscheinlichen Unterschied zum Weltbild der antiken Autoren) expliziert wird. Gewiss ist der beim Kirchenvolk populären Formel zuzustimmen, dass die Frohbotschaft anstelle der Drohbotschaft treten soll. Das darf allerdings kein weichgespültes Wohlfühlchristentum intendieren. Wenn aus Angst vor dem Vorwurf, schwarze Pädagogik zu betreiben, die Rede von Schuld vermieden wird, dann trägt das eher zur Trivialisierung und zur Verharmlosung der christlichen Religion bei, als dass es Angstfreiheit und psychische Gesundheit fördern würde.
Wie lassen sich Gericht und Hoffnung verbinden, ohne dass das eine das andere dementiert? Eine Möglichkeit könnte darin gesehen werden, das Gericht mit der Unverborgenheit meines Lebens vor den Augen Gottes zu identifizieren (vgl. Hebr 4,13). Es ist gewiss die ganze Schöpfung, an der sich der Gerichtswille Gottes vollzieht. Aber es ist auch *mein* Leben, das unter der Gerichtsankündigung steht. Das Endgericht wird unmittelbar verknüpft mit der individuellen Existenz. Sein Ernst hängt nicht an apokalyptischen Szenarien, sondern an dieser individuellen Zuspitzung. Allerdings ist weder der Verlust des Sündenbewusstseins einfach zu überspielen, noch lässt sich angesichts einer beliebigen Tageszeitungslektüre behaupten, dass Christus als Richter der Herr der Geschichte sei. Der Gedanke an einen lieben Gott, der alles schon wieder in Ordnung bringen wird, ist beim täglichen Blick auf die Opfer von Krieg, Krise und Terror so schwer erträglich, wie die Vorstellung eines Weltenrichters fraglich geworden ist. Aber es empört das Gerechtigkeitsgefühl, dass jemand von denen, die bedenkenlos Menschen quälen und töten oder die sich »nur« durch die Übervorteilung anderer Menschen bereichern, nicht zur Rechenschaft gezogen wird, wenn er von menschlicher Gerichtsbar-

35 *Zahrnt*, Glauben (Anm. 31), 256.
36 *Tilmann Moser*, Gottesvergiftung, Frankfurt a.M. 1976. Dieser eine Zeitlang aus dem Religionsunterricht kaum wegzudenkende Text thematisierte wahrscheinlich immer schon eher eine Projektion der Lehrkräfte als ein Problem der Mehrheit der Schülerinnen und Schüler.

keit unerreicht bleibt. Eben dieser Impuls kommt auch in den großen Gerichtsbildern unserer Kunsttradition zum Zuge: Sie bedrohen nicht nur die Betrachter, sondern halten die Hoffnung auf Gerechtigkeit wach, indem sie Kaiser und Päpste unter den Verdammten zeigen. Dem vorschnellen Gedanken einer »Allversöhnung«[37] ist die Frage entgegenzuhalten, ob es vorstellbar ist, dass beim Ewigen Gastmahl Gottes Adolf Hitler neben Anne Frank zu Tisch sitzt?
Der Gedanke der Unverborgenheit meines Lebens vor Gott wurde von der schwarzen Pädagogik mit dem Spruch »Der liebe Gott sieht alles« verdorben. Zu den Schockerlebnissen des vergangenen Jahrhunderts gehört aber auch die Entdeckung der Psychoanalyse, dass das Ich nicht Herr im eigenen Haus ist. Das kränkt unseren Anspruch auf Selbstmächtigkeit und Selbstdurchsichtigkeit. Aber es entlastet auch von dem Anspruch, vollkommen für uns selbst verantwortlich zu sein. Das Phantasma der Selbstdurchsichtigkeit hat zu tun mit dem Zwangsgedanken der vollkommenen Selbstbeherrschung. Dass Gott uns ins Herz blicken kann, das kann – so besehen – von dem Zwang zur Selbstdurchsichtigkeit entlasten und erscheint dann nur dem Selbstbeherrschungszwang als unerträgliche Kontrolle. Der Schöpfer ist auch unser Hermeneut: Er kennt sein Geschöpf besser als es sich selbst. Wir haben Anteil am Verbot, uns von Gott ein Bild zu machen. So müssen wir uns auch kein vollständiges Bild von uns selbst machen. Vielleicht lässt sich der Zusammenhang von Gericht und Durchschautheit so sehen: In den Visionen vom Endgericht sind Bilder überliefert, die es uns ermöglichen, die Hoffnung auf eine versöhnende Gerechtigkeit mit der Weigerung zu verbinden, eigene Schuld zu verharmlosen. So können wir um die Vergebung unserer Schuld bitten, ohne diese Bitte als Reflex auf eine Strafdrohung verächtlich zu machen. Schon im Gestus der Bitte um Vergebung stellt sich ein Verhältnis zu unserer Schuld ein, mit dem sie anerkannt werden kann, ohne uns zugleich in einen ausweglosen Zirkel von Geständnis, Strafangst und Selbstrechtfertigung verstricken müssen. Ohne Erschrecken ist kein Gericht denkbar – ist freilich auch kein bewusstes Leben führbar, das unsere Schuld nicht verdrängt. An unserer Fähigkeit wie an dem Verhängnis, schuldig zu werden, hängt auch unsere menschliche Würde. Es ist nicht als eine Drohung, sondern als eine Verheißung zu verstehen, dass wir »alle offenbar werden vor dem Richterstuhl Christi« (2 Kor 5,10).

Dr. Bernhard Dressler ist Professor für Praktische Theologie mit dem Schwerpunkt Religionspädagogik am Fachbereich Evangelische Theologie der Universität Marburg.

37 Hierzu abwägend: *Kubick*, Eschatologie (Anm. 26), 283.

3.6

Folkert Rickers

Eschatologie und Religionspädagogik

Bildungstheoretische Aspekte

1 Einführung

In seiner Analyse religionspädagogischer Konzeptionen und Materialien der letzten 50 Jahre ist *Rainer Lachmann* zu dem Ergebnis gekommen, dass von einzelnen Arbeiten abgesehen die Eschatologie in der Religionspädagogik in ihrer ganzen Breite nur noch von »marginaler« Bedeutung sei.[1] Weithin sei z.B. in Lehrplänen überhaupt »Fehlanzeige« zu erstatten; und was den Religionsunterricht angehe, so sei eine »Randstellung der christlichen Eschatologie … auch heute noch ein unübersehbares Faktum«. Diese Einschätzung deckt sich mit meiner Durchsicht des unterrichtlichen Materials zum Thema der letzten drei Jahrzehnte, bedarf aber einer gewissen Einschränkung. Denn sie betrifft wohl im Wesentlichen den Bereich *kosmologischer* Eschatologie, also der Rede von Himmel, Hölle, Paradies, Jüngstem Gericht, Fegfeuer u.a., während die individuelle Eschatologie in Beiträgen zum Themenkreis »Kind, Sterben und Tod« derzeit jedenfalls geradezu Konjunktur hat.[2] Es scheint so, als habe sich das religionspädagogische Interesse an der Eschatologie ganz auf diesen Bereich verlagert.

Die gemessen an der Bedeutung des Lehrstücks von den letzten Dingen außerordentlich geringe Beachtung der kosmologischen Eschatologie in der Religionspädagogik ist zunächst verständlich. Denn die eschatologischen Topoi sind auch in historisch-kritischer Sicht kaum anschlussfähig für die Lebenspraxis der Jugendlichen. Himmel und Hölle werden vielleicht noch als Metaphern in Anspruch genommen zur Identifizierung von Situationen der eigenen Erfahrungswelt.

Nun wird man nicht nur mit Lachmann bedauern müssen, dass ein grundlegendes theologisches Thema für die religionspädagogische Arbeit einfach ausfällt, sondern auch, dass den Jugendlichen damit zugleich ein genuiner Zugang zum Verständnis der neutestamentlichen Schriften

1 Vgl. dazu den Beitrag von Rainer Lachmann in diesem Band, bes. den Abschnitt »8. Bilanz und Ausblick«.

2 Vgl. dazu die Beiträge von *Elisabeth Hennecke, Norbert Mette, Elisabeth Naurath, Martina Plieth* und *Ute Pohl-Patalong, Heinz Streib* und *Constantin Klein* in diesem Band. – »Einen regelrechten Boom erlebt das Thema ›Tod und Sterben‹« (Pohl-Patalong).

vorenthalten wird. Denn die meisten von ihnen lassen sich erst verstehen, wenn man sie als eschatologische Texte liest, und das heißt im zeitgenössischen Zusammenhang als »apokalyptische«. Das ist – wie ich meine – ein Sachverhalt von fundamentaler Bedeutung, den es auch für die Religionspädagogik neu in den Blick zu nehmen gilt. »Apokalyptik« ist *die* Form, in der sich seinerzeit jüdische Eschatologie artikuliert hat. Die Bewegung entsteht im zweiten vorchristlichen Jahrhundert; Jesus ist von ihr ebenso berührt wie Paulus. Daraus ergibt sich die religionspädagogische Aufgabe, einen neuen, auch Jugendliche ansprechenden Zugang zur Apokalyptik zu finden. Das soll im Folgenden geschehen durch die Analyse von einschlägigen Texten aus der jüdischen Antike, aus denen man wesentliche Aspekte der Apokalyptik erschließen kann. Dabei geht es aber nicht nur um Information und Kenntnisnahme, sondern vor allem um den Versuch, in Überwindung der einseitigen historisch-kritischen Perspektive, die kaum mehr als Entmythologisierung bzw. Entlarvung zu bieten vermag, das Wesen der Apokalyptik neu zu verstehen und für unsere Zeit dadurch zu rezipieren, dass andere als innertheologische Gesichtspunkte zu ihrem Verständnis einbezogen werden, allen voran politische und sozialgeschichtliche. In gesellschaftskritischer Deutung hat die Eschatologie des antiken Judentums wesentlich die Bildungstheorie Heinz-Joachim Heydorns geprägt, wie im letzten Abschnitt der Arbeit gezeigt werden kann – die einzige ihrer Art.

2 Frühjüdische Apokalyptik[3]

Nicht recht im Bewusstsein von Kirche, Theologie und Religionspädagogik ist der Umstand, dass das alte Israel über mindestens ein Jahrtausend keine Eschatologie ausgebildet hat.[4] Sie war eine ausgesprochene Diesseitsreligion und hat damit offenbar gut gelebt – anders als wohlmeinende spätere Kritiker argwöhnen.[5] Nach dem Tod vegetierten die Toten noch eine Weile im Totenreich (Scheol), auf das Jahwe keinen Zugriff hatte. Das war's. Das Ideal war, ein langes Leben und zahlreiche

3 Eine Gesamtdarstellung gab es zuletzt in einer zwar schon etwas länger zurückliegenden, aber für den didaktischen Zweck gut geeigneten Publikation *von Walter Schmithals,* Die Apokalyptik. Einführung und Deutung, Göttingen1973. – Zur neueren Diskussion, in der aber eher Detailprobleme verhandelt werden, wenngleich natürlich im Rahmen eines Gesamtverständnisses der Apokalyptik, vgl. *Michael Becker / Markus Öhler* (Hg.), Apokalyptik als Herausforderung neutestamentlicher Theologie (WUNT 214), Tübingen 2006; *Bernd U. Schipper / Georg Plasger* (Hg.), Apokalyptik und kein Ende (BTSP 29), Göttingen 2007; *Wolfgang Harnisch,* Rhetorik und Hermeneutik in der Apokalyptik und im Neuen Testament, Stuttgart 2009.

4 Zum Folgenden: *Folkert Rickers,* Sprechen über den Tod. Ein problemorientiertes Unterrichtsmodell (GTBS 753), Gütersloh 1980; vgl. aber auch den Beitrag von Liess in diesem Band.

5 Das ist auch die Auffassung von Liess in diesem Band.

Nachkommenschaft zu haben wie Abraham. Niemand hegte jenseitige Erwartungen. Erst Mitte des zweiten vorchristlichen Jahrhunderts drangen sie ein. In der Auseinandersetzung mit den hellenistischen Besatzungsmächten, wie sie im Danielbuch beschrieben wird, entsteht das Problem, was aus den gefallenen Widerstandskämpfern (Märtyrern) einerseits und aus den Abtrünnigen vom Glauben an Jahwe andererseits werden soll. Jahwes Gerechtigkeit steht dabei auf dem Spiel. Ausgleichende Gerechtigkeit wird nun dadurch hergestellt, dass den einen Auferstehung von den Toten und ewiges Leben verheißen, anderen ewige Verdammnis angedroht wird. Beide stehen bei Daniel wie auch bei anderen Apokalyptikern nicht isoliert da, sondern sind fest eingebunden in das Grundschema apokalyptischen Denkens, das von allen seinen Vertretern – so sehr sie auch im Einzelnen differieren – geteilt wird: Alle haben sie eine ganz und gar negative Einstellung zur vorfindlichen Wirklichkeit, mit ihren Machtstrukturen und ihrer sittlichen Verderbnis; die gegenwärtige Welt taugt nur noch zum Untergang (»dieser« bzw. »alter« Äon).[6] Und es wird immer schlimmer. Der Untergang wird als ein bald eintretendes Ereignis erwartet: Nach einer längeren Periode der Drangsal (Naturkatastrophen, Elend politischer Unterdrückung etc.) wird Jahwe die alte Welt zerstören und eine Zeit und Welt (= neuer Äon) heraufführen von ewiger Herrlichkeit.[7] Zuvor aber wird er im großen Endgericht (noch nicht bei Daniel!) Rechenschaft verlangen und die Schafe von den Böcken scheiden. Zu diesem Zwecke werden auch die Toten leiblich auferstehen, alle zum gleichen Zeitpunkt (*kollektiver* Auferstehungstyp); nur vereinzelt findet sich auch die Vorstellung, dass das Individuum unmittelbar nach seinem biologischen Tod zum Leben erweckt wird (*individueller* Auferstehungstyp). Ganz unterschiedlich ist dabei die Vorstellung vom neuen Äon; allerdings scheint es nirgendwo eine rein geistige, rein jenseitige Größe zu sein, eher ist zu denken an eine Fortsetzung dieser Welt, allerdings unter gänzlich anderen, nämlich idealen Bedingungen. Der Tag »x« wird als nahe bevorstehend gedacht. Über den konkreten Zeitpunkt gehen die Meinungen weit auseinander. Er gab zu reichlich Spekulationen Anlass: Apokalyptiker waren Menschen, die die neue Welt Gottes visionär offenbarten und alle möglichen Berechnungen anstellten, wann sie Einzug halten würde.

6 »Er ist voller Mühsal und Qual, angefüllt mit Gefahren und Nöten, Trauer und Tränen zeichnen ihn aus. Der Tod regiert in ihm. Unfrieden und Ungerechtigkeit füllen ihn an. Er heißt der Äon der ›Schmerzen‹« (*Schmithals,* Die Apokalyptik, 14–15).

7 »Die Zeit des ewigen Friedens bricht an, die goldene Zeit des Paradieses kehrt zurück. Gott wohnt mitten unter den Seligen. Die Sünde als Wurzel allen Übels wird an der Wurzel ausgerottet, so daß die ›Sünde von nun an bis in Ewigkeit nicht mehr genannt werden wird‹. Die Gerechten, die in jenen Äon Eingang finden, ›werden alle Engel im Himmel werden, ihr Antlitz wird vor Freude leuchten‹. Sie sind den Sternen vergleichbar und tragen die reinen Kleider himmlischen Glanzes« (*Schmithals,* Apokalyptik, 15).

Die apokalyptischen Vorstellungen sind allerdings nicht der jüdischen Religionswelt entnommen, sondern der iranischen. Letztere wird in Anspruch genommen, um zu zeigen, dass die an der gesellschaftlichen Wirklichkeit Leidenden, die Armen, die Hungernden, die Unterdrückten etc., zwar momentan keine Chance sehen, ihr Schicksal zu ändern, wohl aber mental eine zukünftige neue Welt entwerfen können, in der die sozialen Widersprüche gelöst sind. Entstehung und Entwicklung der Apokalyptik weisen auf einen sozialen Verursachungszusammenhang hin und sind nicht einfach Entfaltungen religiöser Bedürfnisse und religiösen Bewusstseins.

Belegen lässt sich diese Schau an Daniel 12 und/oder der ersten Vision des 4. Esrabuches, der zweiten Bildrede im Buch Henoch, Texte, die sich – in gekürzter Form – auch für den Unterricht eignen, damit sich Schüler/innen eine authentische Vorstellung von apokalyptischer Literatur und Vorstellungswelt verschaffen können.

(1) Der Verfasser des *Danielbuches* ist einer, der sich der anonymen Autorität eines frommen Mannes der israelitischen Frühzeit unterstellt und ihn in Kap. 7–12 von seinen *Visionen* berichten lässt.[8] Sein einziges Thema ist der Anbruch des Gottesreiches, den er aus einer Gesamtschau der Geschichte als jetzt kurz bevorstehend ansagt. »Jetzt« ist die Zeit der Bedrückung des jüdischen Volkes unter der Gewaltherrschaft des griechischen Königs Antiochos IV. Epiphanes (175–163 v. Chr.). Angaben über den künftigen Status des Gottesreiches macht er nicht, denkt aber wohl an ein irdisch-geschichtliches Reich. In ihm werden die gesetzestreuen Juden Eingang finden, die auch in politischer Bedrückungszeit am Glauben der Väter festgehalten haben. Besonders beeindruckt haben dabei die Widerstandskämpfer aus der Makkabäerzeit, die ihre Glaubenstreue mit dem Tod bezahlt haben.

Durch einen kurzen Schülervortrag könnte in das Buch Daniel, seine Entstehungszeit und in die Geschichtsschau des Daniel eingeführt werden.[9] Der für den Unterricht vorgeschlagene Text enthält wesentliche Merkmale einer apokalyptischen Weltsicht, die im Unterrichtsgespräch erhoben werden können: Vision; allgemeine (kollektive) Totenauferstehung; jene Zeit; Endzeit als Zeit der Bedrängnis; ewiges Leben; ewige Verdammnis; Herstellung von ausgleichender Gerechtigkeit; individuelle Auferstehung des Visionärs; Berechnung des Tages »x«. Es ist im Übrigen nicht erforderlich, dass jede exegetische Einzelheit verstanden wer-

8 Zum Folgenden *Schmithals,* Apokalyptik, 143.

9 Dabei könnte die Einführung in das Danielbuch bei Schmithals, 142–144, zugrunde gelegt werden. Gut geeignet für den didaktischen Zweck ist aber auch der Abschnitt »Weltende als Ziel der Universalgeschichte im Buch Daniel« bei *Klaus Koch,* Daniel und Henoch – Apokalyptik im antiken Judentum, in: *Schipper,* Apokalyptik, 35–40. – Die folgenden didaktischen Überlegungen sind bezogen auf die Sekundarstufe II, im Prinzip aber auch auf die Sekundarstufe I.

den muss.[10] Es kommt darauf an, das Wesen der Apokalyptik, den apokalyptischen Gesamtduktus, die apokalyptische Dynamik zu erfassen. Das gilt auch für den nächsten Text.

(2) Das sog. *äthiopische Henochbuch* ist eine Sammlung von ehemals selbstständigen apokalyptischen Textstücken, die sich besonders in ihren eschatologischen Aussagen nicht ohne weiteres harmonisieren lassen. Entstanden sind die Texte vermutlich im 2. und 1. Jahrhundert, in den ältesten Traditionen also zeitgleich mit dem Danielbuch.

Der für den Unterricht vorgeschlagene Text stammt aus den »Bildreden«, umfassend die Kapitel 45–54.[11] Wie beim Danieltext können seine Schlüsselbegriffe und typischen Vorstellungen leicht erhoben werden: jener Tag / in jenen Tagen; ewiger Segen; ewige Verdammnis; Gericht; Enthüllung von Geheimnissen; Menschensohn; [ewige] Gerechtigkeit; Könige werden von Thronen gestoßen; Vision; Offenbarung; allgemeine Totenauferstehung.

Wegen der Länge des Textes sollte so vorgegangen werden, dass durch Schülerreferat Einleitungsfragen[12] sowie die Kapitel 45–50 vorbereitet werden, die anderen Kapitel Textvorlage sind, besonders das Kapitel 51 mit der Überschrift »Die Totenauferstehung«.

Wie ist diese apokalyptische Bewegung der frühjüdischen Welt zu verstehen? Das sollte im Unterricht diskutiert werden, wobei die folgenden Gesichtspunkte hilfreich sein könnten: *Rationalistisch gesehen* haben wir es mit Vorstellungen zu tun, die rein spekulativ sind, lediglich dem historisch Interessierten eine sonderbare Welt des Geistes und der Frömmigkeit erschließen, aber keinen philosophischen Erkenntnisgewinn bieten. In *theologischer* Hinsicht bieten sich Ansatzpunkte an: Es wird immer wieder zum Ausdruck gebracht, dass Gott für die Gerechtigkeit steht. Aber er erscheint eben auch als der unerbittliche Rächer. Der Gedanke an seine Barmherzigkeit tritt zurück, wird fast ausschließlich auf die Glaubenstreuen bezogen. Seine Herrschaft relativiert jede Herrschaft auf der Erde. Schließlich wird gesagt, dass Gott der Herr der Geschichte ist. Die religiöse Vorstellungswelt ist allerdings an das antike Weltbild gebunden. *Schmithals* versteht die Texte im Sinne der *existentialen Interpretation* als »Ausdruck eines spezifischen Daseinsverständnisses, das sich auch in nicht apokalyptischen Weisen ausdrücken kann und das bis

10 Hilfreich aber ist für den Einzelfall immer noch: *Normann W. Porteous,* Das Danielbuch, Göttingen 1962.

11 Der Text ist abgedruckt in: *E. Kautzsch* (Hg.), Die Apokryphen und Pseudepigraphen des Alten Testaments II: Die Pseudepigraphen, Darmstadt ^{4}1975, 262–266.

12 Dabei könnte die Einführung in das Buch Henoch bei *Schmithals,* 145–147, zugrunde gelegt werden. Gut geeignet für den didaktischen Zweck ist aber auch der Abschnitt »Das Gefälle der Weltgeschichte zwischen Urzeit und Endzeit nach dem ersten Henochbuch, bei *Klaus Koch,* Daniel und Henoch – Apokalyptik im antiken Judentum, in: *Schipper,* Apokalyptik, 41–47.

in unsere Gegenwart hinein in vielfältiger Gestalt begegnet.«[13] Er erläutert das aber nicht näher. In der *Philosophie* kann die Apokalyptik unter die Utopien eingereiht werden (Bloch), den allgemeinen *Hoffnungsimpuls* bloßlegend, der als allgemeiner Anstoß allen hilft, nicht zu resignieren, sondern die gegenwärtigen schlechten Verhältnisse zu transzendieren.[14] Schließlich gibt es – wie bereits angedeutet – den *sozialkritischen* Zugang. Die Apokalyptik erscheint dann als Spiegel der schlechten gegenwärtigen Verhältnisse und wahrt die durch nichts zu erschütternde und drängende *Hoffnung,* dass es Veränderungen geben kann und wird. Dabei ist entscheidend, dass es nicht auf die religiöse Vorstellungswelt ankommt, in die solche Hoffnung gekleidet ist. Das ist Zeitkolorit. Es kommt auch nicht darauf an, dass man sich ganz und gar auf das Eingreifen Jahwes verlässt, nicht einmal ein kooperatives menschliches Engagement erwähnt, sondern ganz allein auf den *Glauben an eine grundsätzliche Veränderung* überhaupt, für die Jahwe steht.

Man muss nicht die verschiedenen Zugänge als sich gegenseitig ausschließende sehen. Aber dass die Texte in sozialen Zusammenhängen, als Reaktionen auf gesellschaftliche Krisen, entstanden sind und nicht einfach Ergebnisse theologischer Diskussionen und aus rein religiösen Bedürfnissen abzuleiten sind, liegt auf der Hand. Sie verdanken sich wohl in erster Linie einer derart gärenden und revolutionären Zeit, dass die notwendige Revolution, die radikale Umwälzung aller Dinge nur noch durch Gott selbst denkbar erscheint, ohne das Zutun des Menschen. Er allein wird die neue Schöpfung heraufführen. Schmithals, der dem sozialkritischen Ansatz kritisch gegenübersteht, liefert gleichwohl gute Argumente, die auf einen politischen und sozialen Ursprung der Apokalyptik hindeuten.[15] Er hält es zwar für sehr schwierig, konkrete politische und soziale Verhältnisse zu benennen, kommt dann aber doch zu dem bemerkenswerten Resümee: »Nun kann allerdings kein Zweifel daran sein, dass es ›apokalyptische‹ Situationen gegeben hat, das heißt Zeiten,

13 *Schmithals,* Apokalyptik, 5.

14 Vgl. *Ernst Bloch,* Religion im Erbe. Eine Auswahl aus seinen religionsphilosophischen Schriften, München/Hamburg 1967, 78–86. – Die Vorstellung einer allgemeinen Totenauferstehung in der Apokalyptik versteht Bloch als »Sieg der Erwürgten«. »Trotzdem behielt die Heimzahlung aller Lebenden nach dem Tod, aller Toten nach dem großen Appell einen revolutionären Wunschsinn für die Mühseligen und Beladenen, die sich realiter nicht zu helfen wussten oder im Kampf unterlagen« (S. 85).

15 *Schmithals,* Apokalyptik, 105–114. – Vgl. auch: *Roman Siebenrock,* »Seht, ich mache alles neu«. Thesen zur Hermeneutik eschatologischer Bilder und Aussagen im Zeitalter der säkularen Apokalyptik, in: *Thomas Herkert / Matthias Remenyi* (Hg.), Zu den letzten Dingen. Neue Perspektiven der Eschatologie, Darmstadt 2009, 23: »Die Apokalyptik entsteht bevorzugt im Kontext politischer Verfolgung und Unterdrückung; in höchster Sorge um die Identität des Gottesvolkes in seinem Glauben an die Geschichtsmächtigkeit Jahwes, des einen und einzigen Gottes. In diesem Kontext … liegen aber auch die Wurzeln der Auferstehungshoffnung in der frühen Theologie des Martyriums.«

die so sehr mit Leid und Vernichtung, Umsturz und Bedrängnis angefüllt waren, dass eschatologisch gestimmte Kreise für diese Welt überhaupt keine Hoffnung mehr sehen und ihre Hoffnung ganz auf den neuen, kommenden Äon konzentrierten. Dass eine derartige politische Zeitlage die Ausbildung apokalyptischen Daseinsbewusstseins gefördert haben könnte, wird man nicht in Abrede stellen dürfen.«[16] Die Apokalyptik sei dementsprechend wesentlich eine »Armenfrömmigkeit« gewesen. »Dass jene Kreise, die auf der Lichtseite des Lebens standen, im allgemeinen wenig Neigung zeigten, sich apokalyptischem Gedankengut zu öffnen, wird man freilich annehmen dürfen. Wer die Vorzüge des geschichtlichen Daseins genießt, wird die Geschichte als solche kaum total negieren können.«[17]

Es gilt, mit der Apokalyptik für die Religionspädagogik eine Tradition neu zu erschließen, die in Theologie und Kirche in den letzten Jahrzehnten nur eine sehr geringe Rolle gespielt hat. Sie wurde natürlich als religionsgeschichtliches Bezugsmaterial zum besseren Verständnis biblischer Texte in Anspruch genommen. Genauer betrachtet aber wurde ihr kein eigener Erkenntniswert zuerkannt. Die Apokalyptik ist allerdings mehr als spekulative religiöse Zukunftsansage. Sie ist ein sozialer Spiegel jeweiliger Gegenwart und entfaltet darin eine eigene *eschatologische Dynamik*, in der Menschen in unsäglicher Not sich nicht einfach mit der leidgesättigten Gegenwart abfinden, sondern im utopischen Gegenentwurf ihre letzte Möglichkeit sehen und in ihm Trost finden. Interessant sind nicht die (reichlich beliebigen und reichlich phantasievollen) Spekulationen auf die Zukunft, sondern jener Geist, der nicht aufgibt, wo das Menschenmögliche nicht zum Ziel geführt hat. Ziel des Unterrichts wäre es, dass Jugendliche von der *eschatologischen Dynamik der Apokalyptik* berührt werden könnten.

Von eigenem Erkenntniswert für das Verständnis des Wesens von Apokalyptik in historischer wie gegenwärtiger Gestalt sind die Weltuntergangsszenarien in der neueren deutschen Literatur.[18] Man kann auch an ihnen sehen, dass sie Widerspiegelungen der Bedrohungen für die Welt sind, Ansagen für ihren möglichen Untergang. Sie wollen Menschen aufrütteln, sich den Bedrohungen entgegenzustellen. Es wäre reizvoll, die literarischen Texte, die wenigstens mittelbar darauf abheben, dass diese Welt durch das Tun des Menschen noch gerettet werden kann, mit der historischen Apokalyptik zu vergleichen. – In eine ganz andere Richtung geht die Deutung von U. Körtner. Apokalyptik sieht er als ein allgemei-

16 *Schmithals,* Apokalyptik, 106–107.

17 *Schmithals,* Apokalyptik, 108–109.

18 Vgl. die Übersicht bei *Henry Holze,* Die apokalyptische Schau der Geschichte an Beispielen zeitgenössischer Literatur, in: *Henry Holze u.a.,* Hoffnung gegen Apokalyptik (Bekenntnis. Fuldaer Hefte 29), Hannover 1986.

nes Phänomen, dessen »Daseinsverständnis« er darauf prüft, »inwiefern es sich uns als Versuch der Verarbeitung von Weltangst erschließt«.[19]

3 Jesus und das Reich Gottes

Mit der Apokalyptik hielt Mitte des 2. Jahrhunderts vor Christus eschatologisches Denken im eigentlichen Sinn in Israel Einzug, das es in dieser Form bis dahin nicht gegeben hatte und das auch in keiner anderen Kultur vertreten wird. Auch Jesus war von ihm erfasst, und seine Botschaft von dem nahe herbei gekommenen »Reich Gottes« bzw. dem »Königtum Gottes« (basileia tou theou) ist ohne diesen Hintergrund nicht zu verstehen. Jesus übernahm diesen Begriff aus der israelischen Tradition (Königsmetaphorik), revitalisierte ihn im Rahmen seiner apokalyptischen Erwartung und entwickelte an ihm seine Vorstellung einer künftigen Welt.[20] Inwieweit Jesus mit diesen und anderen Übernahmen auch als Apokalyptiker bezeichnet werden kann, ist umstritten und wesentlich abhängig davon, was als Inhalt des Reiches Gottes angesehen wird. Insgesamt besteht in der Darstellung über Jesus eher der Trend, ihn von apokalyptischen Belastungen freizuhalten. Wie auch immer man das sehen mag – so viel ist erkennbar, dass Jesus ausgeht von einer gegenwärtigen verderbten Welt, dem alten Äon, und einer erhofften neuen Welt des ewigen Friedens, dem neuen Äon, Reich Gottes genannt. Allerdings nimmt bei ihm das Verhältnis beider Reiche zueinander eine spezifische Form an. Es finden sich in der Jesusüberlieferung nämliche Worte, in denen davon ausgegangen wird, dass das Reich Gottes bald anbrechen wird *(futurische Eschatologie),* und solchen, in denen zum Ausdruck gebracht ist, dass das Reich bereits jetzt besteht. Der Widerspruch kann aber so gelöst werden, dass Jesus zwar wie alle Apokalyptiker am Tage »x« mit dem Anbruch des Reiches rechnet, mit Gericht und Totenauferstehung, aber zugleich davon ausgeht, dass das Reich Gottes bereits begonnen hat bei denen, die den Willen Gottes tun, wie Jesus ihn verstanden hat *(präsentische Eschatologie)*. Man kann sozusagen sofort damit beginnen, das Reich Gottes zu realisieren. Es findet also in der Gemeinschaft derer um Jesus jetzt bereits statt, wird gleichsam antizipiert, wird aber erst in der Zukunft vollendet. Charakteristisch für Jesus ist allerdings, dass er für den Tag »x« keinerlei Spekulationen terminlicher Art vornimmt.

Inhaltlich qualifiziert ist das Reich Gottes durch den Ruf zur Umkehr von einem nicht dem Gesetz entsprechenden ethischen Wandel. Es wird realisiert, wenn man sich im Tun der Gerechtigkeit übt, die Liebe zum

19 *Ulrich H.J. Körtner,* Weltangst und Weltende. Eine theologische Interpretation der Apokalyptik, Göttingen 1988, 84.

20 Vgl. dazu und zum Folgenden: *Gerd Theißen / Annette Merz,* Der historische Jesus. Ein Lehrbuch, Göttingen 1996, 223–255; hier: 228–231.

Nächsten beachtet, die alle Menschen einschließt, auch die Feinde, und sich der religiös und gesellschaftlich Deklassierten annimmt.
Für die Vertiefung dieser Position werden als Lektüre Lk 14,12–46, Mt 25,31–46, Mk 13 und Lk 17,21 vorgeschlagen. Zur näheren Deutung dieser drei Textstellen wird auf die exegetische Literatur verwiesen. Hier geht es lediglich darum zu zeigen, wie Jesus bzw. die Jesusbewegung den Zusammenhang mit der Apokalyptik gewahrt, modifiziert und deren *eschatologische Dynamik* aufgenommen haben:
(1) In Lk 14,12–46 fordert Jesus auf, Tischgemeinschaft zu halten mit den Armen, den Krüppeln, Lahmen und Blinden. Das sei bereits Handeln im Reiche Gottes. Erzählt wird dann das Gleichnis vom großen Abendmahl: Die geladenen Gäste sagen einer nach dem anderen ab. Deshalb nötigt der Gastgeber die Armen, Krüppel, Lahmen und Blinden zu Tisch. Die Geladenen aber haben sich selbst aus dem eschatologischen Mahl im Reiche Gottes ausgeschlossen.
(2) Mt 25,31–46 ist – ganz apokalyptisch – die Rede vom Endgericht. Kriterium für den Eingang in das Reich Gottes ist die Liebe zu denen, die Mangel leiden und der Hilfe bedürftig sind. Ewige Pein und ewiges Feuer wird denen angedroht, die Hilfe versagt haben; den Gerechten aber wird ewiges Leben in Aussicht gestellt.
(3) Mk 13 hat von den drei Stellen am meisten apokalyptisches Kolorit. Jesus legt dar, welche Greuel und Trübsale kommen und noch auszuhalten sind, bevor der Tag »x« kommt. An diesem Text kann noch einmal vertieft werden, wie detailliert und farbig sich die Apokalyptiker aller Schattierungen das Kommen des Reiches ausgemalt haben. Es ist sicher kein Text von Jesus selbst, weil er weder einen ethischen Impuls enthält noch etwas vom Geist präsentischer Eschatologie spüren lässt. Er ist eher ein Spiegel apokalyptischer Strömungen und apokalyptischer Frömmigkeit in einzelnen Urgemeinden;[21] und natürlich ist er letztlich eine Komposition des Evangelisten Markus, verfasst in der heute nur noch schwer erkennbaren krisenhaften gesellschaftlichen Situation jener Gemeinden, die er anspricht.[22]

21 Zum Verständnis von Mk 13 vgl. besonders den Abschnitt »Markus 13 und die apokryphe Petrusapokalypse, in: *Bernd Kollmann,* Zwischen Trost und Drohung – Apokalyptik im Neuen Testament, in: *Schipper,* Apokalyptik, 65–70.

22 »Im Hintergrund von Mk 13 steht der Jüdische Krieg mit der Eroberung Jerusalems und der Zerstörung des Tempels, die auf der Folie apokalyptischer Menschensohntheologie als unmittelbares Endgeschehen interpretiert werden. Das Auftreten von Irrlehrern, Kriegen, Erdbeben und Hungersnöten, die in Mk 13,5–8 als Zeichen für den Beginn der eschatologischen Wehen gelten, gehört zum festen Repertoire apokalyptischer Visionen. Von den Adressaten der apokalyptischen Bilder konnten diese Bilder unmittelbar auf zeitgeschichtliche Ereignisse bezogen werden. Auch die in Mk 13,9–13 angesprochenen Verfolgungen durch jüdische und römische Instanzen dürften konkrete Ereignisse in der Nachfolge Jesu wiederspiegeln« (*Kollmann,* Zwischen Trost und Drohung, 66).

(4) Lk 7,21 ist einer der Sprüche, die die Eigentümlichkeit der Auffassung vom Reich Gottes bei Jesus sichtbar machen: »Das Reich Gottes kommt nicht so, dass man's beobachten kann, man wird auch nicht sagen: Siehe, hier ist es! Oder: Da ist es! Denn siehe, das Reich Gottes ist mitten unter euch.«[23] Der Text scheint ganz im Gegensatz zu den apokalyptischen Ausführungen bei Jesus zu stehen. Aber beurteilt vom Gesamtduktus der Eschatologie Jesu ist es nur möglich, ihn *präsentisch eschatologisch* zu verstehen. Jesus will deutlich machen: Das Reich Gottes ist bereits angebrochen. Es kommt hier den Pharisäern gegenüber auf den Akzent an.

4 Eschatologische Dynamik

Man könnte andere biblische Traditionstücke heranziehen, um weiter zu zeigen, wie sehr die Apokalyptik das Leben auch der Urgemeinden bestimmt hat, vor allem natürlich die Apokalypse des Johannes.[24] Aber es mag schon bei dieser Übersicht deutlich geworden sein, welche eschatologische Dynamik sie bereits in vorchristlicher Zeit, dann aber besonders bei Jesus entfaltet hat. Diese galt es zu herauszustellen und darauf hinzuwirken, dass Jugendliche durch sie berührt werden können. Das ist ein eminent politischer Vorgang von weitreichender Bedeutung; denn er hebt darauf ab, eine Einstellung anzustoßen, die besagt: In der Bewältigung der großen Menschheitsprobleme (Bevölkerungsexplosion, Rassismus, Klimakatastrophe, Atomkraft, Rüstungsexplosion, Überalterung unserer Gesellschaft, Globalisierung, Verschmutzung der Meere, Seen und Flüsse, Dritte Welt u.a.) bedarf es nicht nur Menschen, die sich engagieren, sondern Menschen, die immer aufs Neue bereit sind, Bilder einer neuen Gesellschaft und Menschheit zu entwerfen, um sie mit der Realität abzugleichen, Menschen jedenfalls, die sich nicht entmutigen lassen, wie z.B. Leute von Greenpeace oder amnesty international, Einzelpersonen und Institutionen, die für die Menschenrechte eintreten oder die sich der Bekämpfung der Genitalverstümmelung von Frauen widmen etc. Dazu sind Visionen nötig, immer wieder auf neue Verhältnisse bezogene Visionen, die – über die Apokalyptiker hinausgehend – im vernünftigen Diskurs geprüft sind, ob sie Anhalt haben an wirklich realisierbaren Möglichkeiten und ob sie Hoffnung auf Veränderungen entzünden können.[25] Der zentrale Text, an dem Kraft und Bedeutung von Visionen gezeigt werden können, ist der berühmte Traum von *Martin*

23 *Theißen/Merz,* Der historische Jesus, 238.

24 Vgl. dazu den mutigen Versuch, die Apokalypse des Johannes Schülern zugänglich zu machen, in: *Werner Brändle* (Hg.), Arbeitsbuch zur Bibel. Unterrichtswerk für den Sekundarbereich II, Hannover 1993, 113–130 (»Was bringt die Zukunft. Apokalyptisches Reden von Gott«).

25 Vgl. auch *Norbert Mette,* Art. Vision VI. Praktisch-theologisch, TRE 35 (2003) S. 148–150.

Luther King: »Ich habe einen Traum, ich habe einen Traum, dass eines Tages auf den roten Hügeln Georgias die Söhne der früheren Sklaven und die Söhne der früheren Sklavenhalter sich zusammen an den Tisch der Brüderlichkeit setzen. Ich habe einen Traum, dass sich eines Tages selbst der Staat Mississippi in eine Oase der Freiheit und Gerechtigkeit verwandeln wird. Ich habe einen Traum, dass meine vier kleinen Kinder eines Tages in einer Nation leben werden, wo man sie nicht nach ihrer Hautfarbe, sondern nach ihrem Charakter beurteilen wird ...«[26]

Der Text ist geradezu vorbildhaft; er sollte Schüler/innen nicht nur zum Thema »Rassismus« vermittelt werden, sondern auch als Beispiel *eschatologischer Dynamik.* Er entspricht dem neuen Äon der Apokalyptik sowie dem Entwurf des Reiches Gottes bei Jesus. Martin Luther King nennt seine Vision Traum. »Das sind Träume, die die Wirklichkeit nicht fliehen, sondern verändern, so sehr, dass manchmal Szenen der politischen Wirklichkeit erscheinen wie die Bilder eines Traums« – so kommentiert Baldermann die Vision M.L. Kings. Visionen im eigentlichen Sinne sind nicht einfach willkürliche Spekulationen, »Ausflüchte ins Illusionäre«[27] über den Tag hinaus, sondern Ausblicke auf eine neue Welt, die hier und heute aufgrund bestehender Machtverhältnisse nicht umgesetzt werden können. Sie halten aber die Option auf Veränderung offen. Visionäre sind nicht einfach Spinner, sondern Menschen, die eine lebensnotwendige Funktion für die Gesellschaft erfüllen, nämlich die gegenwärtigen Verhältnisse zu transzendieren. Wir brauchen Visionäre zur Bewältigung der Probleme der Menschheit (s.o.), aber auch solcher auf nationaler und kommunaler Ebene.[28] Der derzeitige Präsident der USA Barack Obama träumt von einer Welt ohne Atomwaffen. In diesen Traum können wir nur einstimmen, auch angesichts der Tatsache, dass das Atomwaffenarsenal täglich wächst, immer mehr Staaten das Knowhow besitzen und sich Resignation und Verdrängung des Problems im gleichen Maß unter Menschen in aller Welt ausbreiten. Solche Ohnmachtserfahrungen sind konstitutiv für Visionen. Visionäre brauchen einen langen Atem. Visionäre stehen gegen diese Ohnmachtserfahrung auf: Die Apokalyptiker standen für ihre Sache ebenso ein wie Jesus und Martin Luther King und entzündeten damit eine Hoffnung und ein Hoffnungspotential, das über den Tag hinausreicht und von dem wir leben. Visionäre sind umso glaubwürdiger, je stärker sie Ohnmachtserfahrungen überwinden können.

Dem entspricht im Grundsatz, was Georg Picht über die Utopie gesagt hat: »Ich bezeichne nämlich als Utopie nicht das Traumbild einer unwirklichen Welt; Utopie soll vielmehr als der Entwurf von Bildern jener

26 *Ingo Baldermann,* Gottes Reich – Hoffnung für Kinder. Entdeckungen mit Kindern in den Evangelien (WdL 8), Neukirchen-Vluyn 1991, 18.

27 *Wolf-Dieter Marsch,* Zukunft, 1969, 9–10.

28 Vgl. *Dorothee Sölle,* Ein Volk ohne Vision geht zugrunde. Anmerkungen zur deutschen Gegenwart und zur nationalen Identität, Wuppertal 1986.

Zustände verstanden werden, die durch zielbewußtes Handeln herbeigeführt werden können. Ich nenne also Utopien jene Antizipationen der Zukunft, die jedem auf ein Ziel gerichtetes Handeln vorausgehen. Die Utopie in dem hier angegebenen Sinn hat mit der Utopie in der trivialen Bedeutung des Wortes gemein, 1. dass sie nicht wirklich ist, denn sie liegt in der Zukunft; 2. dass sie eine Projektion unserer Wünsche und Hoffnungen ist, denn anders könnte sie nicht die Ziele unseres Handelns bestimmen; 3. dass sie aus eben diesem Grunde eine Kritik an den gegenwärtigen Zuständen impliziert; denn der Wille, die Gegenwart zu verbessern, ist für den Willen zum Handeln konstitutiv.«[29]
Es wäre eine wichtige Aufgabe des Religionsunterrichts, Schüler/innen in diese Welt der Visionen und Utopien in ihrer eschatologischen Dynamik einzuführen, sie anzuregen, aufzuspüren, wo solche Visionen heute zu finden sind, und sich gegebenenfalls an dem Versuch zu beteiligen, selbst Visionen und Utopien zu entwerfen. Und wie sähe eine Welt aus, die arm an Visionen ist, wie z.B. bei der derzeitigen Bundeskanzlerin Angela Merkel?

5 Eschatologische Dynamik und Bildung

Es ist nicht nebensächlich, Jugendliche mit christlicher Eschatologie zu befassen und mit eschatologischer Dynamik in Berührung zu bringen. Das ist allerdings mit einer Unterrichtseinheit nicht abgetan. Der damit angestoßene Denkprozess zielt auf ein grundsätzlich neues Bewusstsein von [religiöser] Bildung, bei Schüler/innen nicht weniger als bei Lehrer/innen. Eschatologische Dynamik sollte zum *Unterrichtsprinzip* werden, in das Schüler/innen ebenso verstrickt sind wie Religionslehrer/innen. Vorgedacht ist es bei *Heinz-Joachim Heydorn.*[30] Er nimmt zwar nicht ausdrücklich auf die Eschatologie des antiken Israel Bezug, vielmehr gewinnt er seine biblisch-eschatologische Inspiration für einen aufgeklärten Erziehungs- und Bildungsbegriff *indirekt* aus der Lektüre

29 Zit. nach: *Werner Trutwin / Dietrich Zilleßen,* Die zukünftige Welt, Frankfurt a.M. 1971, 31. Dieselbe Funktion findet sich bei Wolf-Dieter Marsch: Utopien seien nicht bloße »Wunschbilder«; in ihr »stecken der hoffende Wille, die Gegenwart zu überholen. Es steckt gerade nicht in ihr Furcht, sondern Mut, das Bestehende noch nicht als Endgültiges, die gegenwärtigen Zustände noch nicht als die beste aller Möglichkeiten anzusehen und auf Veränderung hinzuwirken« (Hoffen worauf? Auseinandersetzung mit Ernst Bloch [Stundenbuch 23], Hamburg 1962, 11). Vgl. auch *Rudolf Englert,* Das Christentum und der Geist der Utopie, KatBl 1 (2008) 4–8.
30 Zum einzelnen und zu Nachweisen vgl. *Rickers,* Die Zukunft des Religionsunterrichts angesichts von Globalisierung, in: *Eckart Gottwald / Folkert Rickers,* Die Zukunft des Religionsunterricht im Horizont von Globalisierung und Multikulturalität, Nordhausen 2004, 171–195.

der Schriften des Jan Amos Comenius[31] sowie durch die Böhmischen Brüder, die er repräsentiert. Comenius' Bildungsbemühungen, ja sein gesamtes Denken sind eschatologisch ausgerichtet.[32] Der Bischof der Brüderunität hatte nicht zufällig eine besondere Vorliebe für den biblischen Profeten Daniel und für die gesellschaftskritischen Traditionen seiner Heimat von den Zeiten des Jan Hus an.

»Komensky schuf eine Welt der Hoffnung, wenn auch stets wieder bedrängt von dem Schrecken, den das Weltlabyrinth entließ, er schuf sie in einem gewaltigen, erst heute in seiner Universalität wieder bewusst gewordenen Werk aus einem ungebrochenen Glauben an die Verheißung des Menschen, er bezeugte diese Hoffnung durch sein Leben. Verheißung erhellt sich hier an einer unzerreißbaren Verbindung von Gottesreich und Menschenreich, von kommendem und gegenwärtigem Äon, erhellt sich über ein Wissen, dass die entsagungbereite Zukunft schon im Hinfälligen fasst. Arbeit am Reiche Gottes war für ihn immer auch Arbeit am Reiche des Menschen, Hinweis auf ein ewiges Evangelium im Geiste der Apokalypse, das wirklich werden, greifbar, sinnlich, erfahrbar werden will als Versöhnung von Gott und Mensch.«[33]

In diesem Sinn konzipiert Heydorn seinen Bildungsbegriff. Er erwächst aus der ständigen Spannung zwischen der Erwartung und Schaffung des Zukünftigen und dem Gegenwärtigem, die die Educandi zu ertragen haben. Das Gegenwärtige ist das Leben in einer Gesellschaft, die über sie verhängt ist und die bestimmt ist von den Interessen des Kapitals, in dem es nur bedingt möglich ist, Menschenrechte und Bildung für alle zu realisieren, in der die Produktion rein profitorientiert ist, in der auf die Belastungen der Umwelt nur in dem Umfang Rücksicht genommen wird, als sie die Interessen des Kapitals nicht berühren, in der Migrant/innen und Leistungsschwache vielfach Menschen zweiter oder dritter Klasse sind etc. Das Gegenwärtige lässt Bildung als Selbstverwirklichung und Befreiung des Menschen zu sich selbst nicht zu. Es unterwirft den Educandus einer »Erziehung«, deren Intention schon begrifflich als »Zucht« angezeigt ist. Erziehung als Zucht gab es immer schon und in allen Kulturen. Sie zielt darauf, die Individuen dafür zu präparieren, dass sie den Stand der Produktion halten, sichern und gegebenenfalls weiterentwickeln können – soweit das dem kapitalistischen Interesse entspricht. Die Jugendlichen werden auch in die Ideologie dieser Gesellschaft, kaschiert als demokratische, eingeführt, was am besten dort gelingt, wo sie beginnen, dieses System zu verteidigen, das permanent Opfer schafft.

31 Vgl. *Heinz-Joachim Heydorn,* Die Welt in der Hand des Menschen. Ein Vorkämpfer gegen die klassenlose Gesellschaft: Jan Amos Comenius (1970), in: *Ders.,* Zur bürgerlichen Bildung. Anspruch und Wirklichkeit (Bildungstheoretische Schriften I), Frankfurt a.M. 1989, 194–196; *ders.,* Jan Amos Comenius: Grundriß eines Vermächtnisses, in: Ebd., 197–202; *ders.:* Die Hinterlassenschaft des Jan Amos Comenius als Auftrag an eine unbeendete Geschichte, in: Ebd., 203–227; zahlreiche Darstellungen der Position des Comenius in anderen Abhandlungen von Heydorn.

32 Vgl. *Josef Smolík,* Das eschatologische Denken des Johan Amos Comenius, EvTh 43 (1983) 191–202.

33 *Heydorn,* Jan Amos Comenius: Grundriß eines Vermächtnisses, in: Ebd., 197.

Dem setzt Heydorn eine am Humanum orientierte Erziehungsintention entgegen, die er »Bildung« nennt. Unter »Bildung« versteht er den Versuch des Menschen, die Erziehungsverhältnisse zu transzendieren, sich kraft eigener Vernunft neu zu entwerfen und darin eine *neue Menschheit* zu antizipieren. Denn die Befreiung des Menschen zu sich selbst sollte – wenn sie denn gelingen kann – der Befreiung aller korrespondieren, auch der Toten. Die gegenwärtigen Erziehungsverhältnisse sollen also nicht abgeschafft werden – das wäre weder möglich noch sinnvoll –, sondern in der Verantwortung jener Individuen über sich hinaus geführt werden, die ihre Sache, ihre Bildung, selbst in die Hand genommen haben. Das kann und wird ein äußerst schmerzhafter Prozess sein, weil mit dem heftigsten Widerstand derer zu rechnen ist, die über Erziehung Herrschaft ausüben und von solcher Herrschaft profitieren. Der »Widerspruch von Herrschaft und Bildung« ist auszuhalten.

Das Ziel lässt sich nur als Vision/Utopie beschreiben; man kann es allerdings im Bewusstsein antizipieren: Heydorn ist zutiefst davon überzeugt, dass das, was den Menschen ausmacht, gerade erst an der Oberfläche erkennbar geworden ist, und es eines »langen Atems« bedarf, den Menschen bzw. die Menschheit in ihrer Eigentlichkeit sichtbar werden zu lassen. Vorerst gilt es, sich an der vorfindlichen Erziehung abzuarbeiten mit dem Ziel *möglicher* Befreiung. Der Religionsunterricht kann daran teilhaben, wenn er denn will. Er könnte der Anwalt jener Traditionen werden, durch die Jugendliche in pointierter Weise von der eschatologischen Dynamik des Evangeliums berührt werden können und sie bildungsbezogen ins Spiel bringen, über den traditionellen Rahmen des Religionsunterrichts hinaus.

Sicher ist die Zukunft zu keinem Zeitpunkt; sie will stets neu erkämpft sein.

Alle haben sich auf den Weg ihrer *Emanzipation* zu begeben. »Vamos Caminando« – sagten die Bauern Perus – Machen wir uns auf den Weg!« Und sie begannen ihre kläglichen Verhältnisse nicht mehr nur zu bejammern, sondern auch zu analysieren und im Lichte des Evangeliums zu beleuchten – Mut fassend, soziale Gerechtigkeit einklagend und auf Veränderungen zu drängend – winzige Schritte, kaum der Rede wert im Weltmaßstab, Rückschritte einkalkulierend, gelegentlich auch resignierend, aber dennoch Schritte im Reich Gottes einschlagend, für ihren Bildungsprozess selbst verantwortlich zeichnend: Über Ihre Erfahrungen schrieben sie ein Buch.[34] Nichts als dieses Buch dokumentiert besser, dass die peruanischen Bauern ihre Sache selbst in die Hand genommen

34 *Equipo Pastoral de Bambamarca,* Vamos Caminando. Machen wir uns auf den Weg! Glaube, Gefangenschaft und Befreiung in den peruanischen Anden, Freiburg (CH)/Münster 1983.

und eingelöst haben und dass Bildung darin seine Pointe hat, dass die educandi sich selbst bilden.[35]

*

»Notwendig sind nicht neue Museen, Opernhäuser und Uraufführungen.
Notwendig ist, die Verwirklichung der Träume in Angriff zu nehmen.
Notwendig ist die große Abschaffung der Herrschaft des Menschen über den Menschen.
Notwendig ist die Veränderung des Menschen
und das heißt:
Notwendig ist die Schaffung des größten
Kunstwerks der Menschheit: die Weltrevolution.«[36]

Dr. Folkert Rickers, Gründungsmitglied und langjähriger Herausgeber des »Jahrbuchs der Religionspädagogik«, ist Professor em. für Evangelische Theologie / Religionspädagogik an der Universität Duisburg-Essen.

35 »Bilden ist sich bilden. Der prägnante Sinn des Wortes Bildung kommt jedenfalls in der reflexiven Form des Verbums am klarsten zum Ausdruck« (*Harmut von Hentig,* Bildung, München/Wien 1996, 39).
36 *Hans Werner Henze,* Musik als Akt der Verzweiflung, 1968, in: *Kulturhauptstadt Europas. RUHR.2010,* Das Henze-Projekt. Neue Musik für eine neue Metropole, 2010, 1.

4 Seitenblicke

Leben nach dem Tod und Eschatologie

Interviewfragen an eine jüdische, eine muslimische und eine buddhistische Stimme

4.1

Julian Chaim Soussan

Eine jüdische Stimme

1. Würden Sie bitte folgenden Satz aus der Tradition des Judentums heraus zu Ende führen? »Der Tod ist ...«
... ein trauriges Ereignis für die Verwandten und Freunde des Verstorbenen. Der Verstorbene selbst bzw. seine Seele ist nun aber auf den Weg zu einem »besseren Ort«.
Und deshalb sagte auch schon König Salomon (Prediger 7,1): »Ein guter Name ist besser als wertvolles Öl; und der Tag des Todes besser als der Tag der Geburt.«

2. Erwarten Juden ihrer Tradition nach ein individuelles Leben nach dem Tod? Erwarten sie ›ein Ende aller Tage‹, eine Erneuerung oder ein endgültiges Gericht über die Welt insgesamt? Mit welchen Bildern wird dies in Ihrer Tradition beschrieben?
Wenngleich sich die verschiedenen Ausführungen bezüglich des Lebens nach dem Tod, vor allem in Detailfragen, unterscheiden (vgl. auch Frage 3), kann man für das orthodoxe Judentum Folgendes als mehrheitlich akzeptiertes Gesamtkonzept formulieren: Wenn ein Mensch geboren wird, nimmt G"t eine Seele aus der »*Olam haNeschamot*«, der Welt der Seelen, und haucht sie in das ungeborene Kind ein (nach Meinung einiger am 40. Tag der Schwangerschaft). Der Mensch lebt dann in dieser Welt, die wie ein Vorhof (»*Prosdor*«) zur nächsten Welt verstanden wird, bis zu seinem Tode. So steht in den »Sprüchen der Väter« (m Awot 4, 20): Rabbi Jaakow sagt: »Diese (unsere irdische) Welt gleicht einem Vorhof (›*Prosdor*‹) zur kommenden Welt. Rüste dich im Vorhof, damit du (voller Verdienste) in den Königssaal eintreten kannst.«
Wenn der Mensch stirbt, wird seine körperliche Hülle begraben, um der Schrift Folge zu leisten, wo es heißt: »von Erde bist du, und zur Erde kehrst du zurück« (Bereschit = Genesis 3,19). »(...) die Seele des Menschen [aber] kehrt zu G"t zurück (der sie gegeben hat)« (Prediger 12,7). Diese Seele kommt dann, nach der Beerdigung, wieder in die Welt der Seelen oder auch in den »*Gan Eden*«, den Garten Eden, zurück. G"t

richtet dann den Menschen ob seiner Taten, und die Seele kann bei negativer Beurteilung im schlimmsten Fall an einen Ort verbannt werden, der »*Gehinom*« genannt wird. Oftmals wird dies mit *Hölle* übersetzt, doch weicht die Vorstellung von diesem Ort stark vom christlichen Konzept der Hölle ab. Die Seele soll hier geläutert werden und verbringt, wenn es sich um einen schlimmen Sünder handelt, maximal zwölf Monate dort.
Dies ist auch der Grund, warum Trauernde im ersten Jahr nach dem Tod eines Verwandten das »*Kaddisch*« (Trauergebet) nur 11 Monate sagen sollen – und dann immer wieder zum Todestag (»Jahrzeit« genannt). Anschließend kommt auch diese Seele in die Welt der Seelen. Zwei Bilder von der Seelenwelt mögen die jüdisch-orthodoxe Vorstellung verdeutlichen:
1) Man stelle sich die Seelen als Lichter vor. Je frommer der Mensch zu Lebzeiten war, umso heller strahlt sein Licht. Und da er nach seinem Tod selbst keine Gebote mehr erfüllen kann, können wir, indem wir in seinem Andenken etwas Gutes tun, sein Licht zum helleren Strahlen bringen und ihm damit eine Freude bereiten. (Dies mag auch der Grund für die Kerzen sein, die man in Andenken an Verstorbene anzündet.)
2) Die Seelen befinden sich auf einem Berg, auf dessen Gipfel die g"tliche Immanenz thront. Je frommer der Mensch zu Lebzeiten war, desto näher befindet sich seine Seele dem Gipfel. Und da er nun selbst keine Gebote mehr erfüllen kann, können wir, indem wir in seinem Andenken etwas Gutes tun, seine Seele auf dem Berg ein wenig aufsteigen lassen. (Dies mag auch der Grund sein, warum man bei der Ausübung eines Gebotes im Andenken eines Verstorbenen sagt: »Zum Aufstieg der Seele des X, Sohn von Y«.)
In einigen Rabbinischen Geschichten wird auch davon berichtet, dass die Seelen der Verstorbenen mit Lebenden in Kontakt getreten sind, was für ein »individuelles Leben« nach dem Tod spricht. Eine besonders bemerkenswerte Geschichte ist die folgende: Ein gelehrter Rabbiner erfuhr von der tödlichen Krankheit eines seiner Schüler. Er bat den Schüler, ihm nach seinem Tod zu erscheinen, um ihm einige religionsgesetzliche Fragen zu beantworten. Drei Tage nach seinem Tod erschien der Schüler seinem Rabbiner im Traum und sagte ihm: »Weißt du, die Fragen, die du mir gestellt hast, kann ich dir nicht beantworten, denn da, wo ich jetzt bin, beschäftigen uns solche (weltlichen) Dinge nicht.« Der Talmud erzählt allerdings auch von Toten, die sogar Auskunft über die Ernte des folgenden Jahres und Ähnliches geben (vgl. Talmud-Traktat Brachot).
Am Ende der Zeit, wenn der Messias (»*Maschiach*«) kommt, werden dann diese Seelen wieder auferstehen, da sie »Anteil an der kommenden Welt« haben. Jene Welt wird üblicherweise mit »*Olam haba*«[1], nächste

1 Nota bene: Der Begriff »*Olam haba*« wird von einigen Gelehrten aber auch für die »Welt der Seelen« benutzt.

oder kommende Welt bezeichnet und steht damit im Gegensatz zu dieser Welt, »*Olam hase*«. »Ganz Israel hat Anteil an der kommenden Welt, wie es heißt: ›Alle deines Volkes sind Gerechte, für ewig sollen sie das Land erben, sie sind ein Sprössling, von mir gepflanzt, das Werk Meiner Hände gereicht zum Ruhm.‹ (Jeschajahu 60,21)« (Talmud Sanhedrin 90a). Nota bene: Der gleiche Talmud (m Sanhedrin10.1) weist aber daraufhin, dass einige Juden nicht wieder auferstehen werden. Nämlich unter anderem jene, die nicht an die Wiederauferstehung als Konzept der Thora glauben, und jene, die nicht glauben, dass die Thora von G"t offenbart wurde.

Neben den Juden selbst, die Anteil an der kommenden Welt haben, werden aber auch die nichtjüdischen Nationen am Ende der Zeit gerichtet. Wer für würdig erachtet wird, darf auch an diesem messianischen Reich teilhaben. Laut jüdischem Gesetz müssen sich auch Nichtjuden an *einige* g"tliche Gebote halten; es sind die so genannten sieben noachidischen Gebote. Für das jüdische Volk sieht die Thora insgesamt 613 Gebote vor. Diese Menschen müssen keine Juden werden, wenngleich sie natürlich alle an den einen G"t glauben werden.

Sowohl über den genauen Verlauf der messianischen Zeit als auch über die tatsächliche körperliche Auferstehung gibt es unterschiedliche Meinungen. So steht zwar für das orthodoxe Judentum fest, dass der Messias, der von König David abstammt, einfach ein Mensch ist, der (laut Maimonides) auch keinerlei Wunder- oder Zauberkräfte aufweist. Es gibt aber die nicht von allen geteilte Meinung, dass zunächst alle Menschen sterben müssen, um dann gemeinsam mit allen anderen Toten wieder auferstehen zu können. Manche glauben daran, dass die Menschen zwar in ihren Körpern wiedergeboren werden, aber keine körperlichen Bedürfnisse wie Hunger und Durst mehr kennen. Andere vermuten, dass diese Bedürfnisse zwar noch existieren, aber durch G"t gestillt werden, man sich also nicht mehr »im Schweiße deines Angesichts« (Bereschit = Genesis 3,19) selbst darum kümmern muss. Der wichtigste Aspekt aber ist, dass es keinen bösen Trieb (»*jezer hara*«) mehr geben wird, woraus resultiert, dass es keinen Hass, Neid oder Krieg mehr geben kann. Diese kommende Welt kann auf zweierlei Arten herbeigeführt werden. Entweder wird die Welt so schlecht, dass in einem endzeitlichen Krieg zwei große Nationen (Gog und Magog) aufeinander treffen werden und schließlich G"t eingreift und den Messias schickt, um die Welt zu retten. Oder alle Juden halten die Gebote ein. In einer traditionellen Überlieferung heißt es hierzu: Wenn alle Juden zwei *Schabbatot* halten (und alle dazugehörigen Gesetze), kommt der Messias.

Eine weitere Quelle: Sprüche der Väter (m Awot 4, 29): »Er (Rabbi Elasar Hakapar) sagt: Die Geborenen werden sterben, die Gestorbenen werden wieder auferstehen. Die Lebenden werden gerichtet, damit sie wissen, lehren und sich bewusst werden, dass Er G"tt, Er der Gestalter, Er der Schöpfer, Er der Verständige, Er selbst der Richter, Zeuge, Kläger ist und Er auch in Zukunft richten wird. Er, der Gelobte, vor Ihm gibt es kein Unrecht, kein Vergessen, kein Bevorzugen und keine Bestechung, denn Ihm gehört alles. Wisse, alles ist wohl berechnet. Lasse dich durch deinen Trieb nicht beschwichtigen, dass dir das Grab Zuflucht sei. Ungefragt wurdest du geschaffen, ungefragt wurdest du geboren, ungefragt lebst du, und ungefragt stirbst du: ungefragt wirst du Rechenschaft ablegen vor dem König aller Könige, dem Heiligen gelobt sei Er.«

3. Sind diese Vorstellungen vom Leben nach dem Tod zwischen den verschiedenen Strömungen des Judentums strittig? Bitte erläutern Sie wichtige Unterschiede an Beispielen!

Neben den schon genannten Unterschieden kann man noch folgende Abweichungen benennen: In einigen kabbalistischen Schriften (*Kabbalah*: jüdische Mystik) und daher auch im *Chassidismus* findet sich weiterverbreitet die Idee der Reinkarnation. Demnach kann eine Seele, die bereits in einem Körper gelebt hat und sich nach dem Tod wieder in der Welt der Seelen befindet, erneut in einen neuen Körper wiedergeboren werden. So kann diese Seele die Gebote, die sie im letzten Leben nicht erfüllt hat, vielleicht in diesem erfüllen.

In Einzelfällen wurde von einigen Rabbinern so der Tod bestimmter junger Menschen erklärt, die nach mehrfacher Reinkarnation nun alle geforderten Gebote erfüllt hatten und daher von G"t zurückgeholt wurde. (Dies mag zumindest für Verwandte ein tröstlicher Gedanke sein.)

Im konservativen, liberalen und im Reform-Judentum gibt es oft Abweichungen in der Frage nach der Person des Messias. So handelt es sich laut einigen Vertretern dieser Richtungen nicht um eine tatsächliche Person, sondern eher um ein Synonym für die Idee der endzeitlichen Erlösung. Einige Gebetstexte wurden dementsprechend geändert. Ebenso wird in diesen Richtungen teilweise die tatsächliche körperliche Wiederauferstehung in Frage gestellt.

4. Welche Konsequenzen hat die Vorstellung von einem Leben nach dem Tod bzw. von einem Ende oder einer Erneuerung der Welt für das Leben vor dem Tod, für die Lebenseinstellung und Lebensführung von Juden? Wird diese Zukunftserwartung in Riten, Festen, Überlieferungen wach gehalten? Verlangt sie vom Einzelnen schon jetzt moralische Bewährung, Enthaltsamkeit beim Konsum, irgendeine Vorbereitung?

Die Vorstellung vom Leben nach dem Tod und auch von der messianischen Zeit findet sich sowohl in vielen Lehren als auch in Gebetstexten wieder. Natürlich sind sie auch Bestandteil der Trauerarbeit mit Hinterbliebenen. Konkret leitet sich daraus z.B. das Gebot ab, einen Verstorbenen so unversehrt wie möglich zu beerdigen. Daher ist beispielsweise die Einäscherung im orthodoxen Judentum verboten.

In der Liturgie kommen diese Ideen neben dem eigentlichen Gebet auch häufig in den ausgewählten Prophetenlesungen vor, die im Anschluss an die Lesung der Thora zu allen *Schabbatot* (= Mehrzahl von »*Schabbat*«)

und Feiertagen öffentlich vorgetragen werden und die von Wiederauferstehung oder anderen Aspekten der messianischen Zeit erzählen können. Auch wird beispielsweise mit dem Pessachfest, das an die Befreiung aus Ägypten erinnert, die Hoffnung auf eine erneute endgültige Erlösung verknüpft. So gibt es gegen Ende des *Seder*abends an Pessach den Brauch, symbolisch den Propheten Elia einzuladen, der laut Tradition den Messias einen Tag vor dessen Kommen ankündigen wird, in Anlehnung an den Satz: »Siehe, ich sende euch den Propheten Elia, bevor der Tag des Ewigen kommt, der große und der furchtbare!« (Maleachi 3, 23) Dieser Prophetenabschnitt wird immer am Schabbat vor Pessach vorgetragen. Und ganz zum Schluss endet man mit dem Wunsch: »nächstes Jahr im wiedererbauten Jerusalem«.
Wie schon zu 1. erwähnt, wird der Mensch von G"t gerichtet, so dass sich natürlich daraus ableitet, dass man apriori ein g"tgefälliges Leben zu führen hat. Vor allem an den Hohen Feiertagen, also von »*Rosch Haschana*« (dem jüdischen Neujahrsfest, das auch Tag des Gerichts genannt wird) bis »*Jom Kippur*« (Versöhnungstag), herrscht die Vorstellung, dass der Mensch alljährlich von G"t gerichtet wird; diese Tage stellen gewissermaßen eine Vorschau auf das Gerichtetwerden nach dem Tod dar. So ist die Liturgie am Ende von »*Jom Kippur*« identisch mit dem Gebet, das von einem Sterbenden gesprochen werden soll. Auch ist es in europäischen (»aschkenasischen«) orthodoxen Gemeinden üblich, dass die Männer an diesem Tag, an dem auch weder gegessen noch getrunken werden darf, ihren »Kittel«, also ihre Totenkleidung, tragen. Vor allem in diesen zehn Bußtagen steht daher das Konzept der Umkehr zu G"t und damit zum rechten Weg im Mittelpunkt.

5. Eine Frage speziell zu jungen Juden im deutschen Sprachraum: Teilen Kinder und Jugendliche nach Ihrem Eindruck die traditionellen Vorstellungen vom Leben nach dem Tod und dem Weltende? In welcher Richtung nehmen Sie ggf. Veränderungen wahr?
Insgesamt ist festzuhalten, dass die Religiosität nicht mehr den Stellenwert wie noch in der Vergangenheit hat. In Deutschland leben heute ca. 80% Neuzuwanderer aus der ehemaligen Sowjetunion, die dort meistens keine religiöse Erziehung genossen haben. Deshalb können wir feststellen, dass die Jugendlichen, die hier in jüdischen Einrichtungen lernen, schon nach kurzer Zeit mehr Wissen haben als ihre Eltern. Das Konzept von Tod und Trauer ist aber etwas, das man üblicherweise mit Jugendlichen ohnehin zu einem späten Zeitpunkt und auf einer sehr theoretischen Ebene bespricht (vgl. 6.). Die Vorstellung über einen der ganzen Welt Frieden bringenden Messias wird hingegen sehr früh beigebracht und üblicherweise gerade bei den Jüngeren schnell als selbstverständlich angenommen. Allerdings sind dies keine Themen, die in der Erziehung eine maßgebliche Rolle spielen. Judentum ist eine sehr praxisorientierte Religion. So liegt der Schwerpunkt der Pädagogik auch eher im Erlernen der Gebote, die man zu Lebzeiten erfüllen kann und soll, und weniger

auf der eher als philosophisch-theoretisch zu betrachtenden Frage nach der Eschatologie[2].

6. Ist das Thema »Leben nach dem Tod« / »Ende der Welt und Eschaton« ein Thema in jüdischer Erziehung und namentlich im Religionsunterricht Ihrer Religionsgemeinschaft?
In der 11. Klasse wird laut Lehrplan NRW für Jüdischen Religionsunterricht auch der Lebenszyklus besprochen. So kommt es spätestens hier zu einer Intensivierung des Themas Tod und Trauer. Aber es ergeben sich bis dahin immer wieder Gelegenheiten, die oben beschriebenen Konzepte anzusprechen. So kann man anhand des Erlernens der Liturgie vor allem die Frage nach der Seele, woher sie kommt und wohin sie geht, besprechen. »Ich danke Dir, dass du mir meine Seele wiedergegeben hast [...]« ist beispielsweise der erste Satz, den man jeden Morgen sprechen soll und den schon Kleinkinder beigebracht bekommen. Auch im Morgengebet der jüdischen Grundschulen wird üblicherweise damit begonnen. Ansonsten gibt es den Brauch, dass Kinder, deren Eltern noch leben, nicht auf den Friedhof gehen sollen. Auch die Schöpfungsgeschichte spricht ja von der Dualität von Körper und Seele, so dass auch hier Ansatzmöglichkeiten bestehen.
Auch der »*Maschiach*« und damit die »*Olam haba*« kommen immer wieder im Unterricht vor. Grundlagen hierfür finden sich vor allem in der Liturgie. Zum Beispiel der häufig formulierte Wunsch der Rückkehr nach Zion und in ein wiedererbautes Jerusalem.
Aber auch historische Bezüge bieten sich an: König David als Vorfahre des Messias (und damit auch die Rolle Ruth, die die Urgroßmutter von David ist), Bar Kochba, den Rabbi Akiwa für den Messias hielt (2. Jh. n.u.Z.), an den alljährlich zwischen *Pessach* und *Schawuot* erinnert wird, die »falschen Messiasse« im 16. und 17. Jh., die Lehre über die Exile – nach einer alten Tradition befinden wir uns derzeit im »4. Exil« (verursacht durch 1. Babel, 2. Persien, 3. assyrische Hellenisten 4. Rom), das durch den Messias beendet wird – , Zionismus und Gründung des Staates Israel. Und nicht zuletzt geben Unterrichtseinheiten zu den Propheten oder zu Maimonides die Möglichkeit, das Thema zu besprechen.

7. Wenn Sie einen Wunsch frei hätten: Was würden Sie jungen Leuten im Blick auf das »Leben nach dem Tod« bzw. das »Ende der Welt« wünschen?
Ein Rabbiner wurde einmal von einem älteren Menschen gefragt: »Herr Rabbiner, was muss ich tun um ›jüdisch‹ zu sterben?« Der Rabbiner hat geantwortet: »Jüdisch leben!«

2 Übrigens: Die Begriffe »Eschaton« und »Eschatologie« werden im Judentum fast ausschließlich von Wissenschaftlern genutzt oder von Menschen, die sich mit anderen Religionen befassen. Die meisten Juden werden mit diesen Begriffen wenig anzufangen wissen oder sie zumindest auf das Judentum bezogen wenig nutzen.

Zu einem Jugendlichen würde ich sagen: Genieße deine Jugend, aber vergiss nicht, dass du eines Tages Rechenschaft ablegen musst.
Der Tod ist nicht das Ende, sondern ein (Zwischen-)Ziel. Man muss ihn nicht fürchten. Und das »Ende der Welt« ist das letzte Ziel, auf das wir alle hinarbeiten sollten, wir wünschen es uns, je früher – desto besser. »Möge der *Maschiach* noch zu unseren Lebzeiten kommen! Amen.«

Julian Chaim Soussan ist Rabbiner der Jüdischen Gemeinde Düsseldorf.

4.2

Rabeya Müller

Eine muslimische Stimme

1. Würden Sie bitte folgenden Satz aus der Tradition des Judentums heraus zu Ende führen? »Der Tod ist ...«
... ein Übergang in ein anderes Leben. Die menschliche Existenz besteht nach dem Tod durch die unsterbliche Seele weiterhin fort.

2. Erwarten Muslime ihrer Tradition nach ein individuelles Leben nach dem Tod? Erwarten sie ›ein Ende aller Tage‹, eine Erneuerung oder ein endgültiges Gericht über die Welt insgesamt? Mit welchen Bildern wird dies in Ihrer Tradition beschrieben?
Nach dem Tod kommt zunächst die Befragung im Grab, die für jeden Menschen zwar von den Fragen her ähnlich ist, aber individuell erfolgt. Tote haben also nach islamischer Tradition eine fortdauernde und bewusste Existenz im Grab. Jeder Mensch ist für seine Taten selbst verantwortlich, was durch die Befragung auch bewusst werden sollte. Sie stellt eine direkte Beziehung zwischen dem Verhalten auf Erden und dem Leben im Jenseits dar. Sowohl nach qur'ānischer als auch nach den Überlieferungen in den Ahadithtexten (Sgl. Hadith – Überlieferung dessen, was der Prophet Muhammad gesagt oder getan haben soll) wird es eine physikalische Auferweckung geben. Auch in der islamischen Theologie wird vom ›Tag des Gerichts‹ oder dem ›Tag der Gerechtigkeit‹ gesprochen. In der Tradition wird überliefert, dass nicht nur die Menschen selbst befragt werden, sondern auch ihre Körperteile (wie z.B. Hände, Mund, Augen etc.) davon Zeugnis ablegen werden, was der Mensch Rechtes oder Unrechtes durch sie begangen hat.
Dieser letzten Befragung geht der Untergang der irdischen Welt voraus – eingeleitet durch einen Engel, der in ein Horn stößt. Nach dem ersten Ton werden die Himmel bersten, die Berge zu Staub zerfallen, die Planeten verstreut und die Gräber umgedreht. Nach dem zweiten Ton werden die Menschen mit ihren ursprünglichen Körpern auferstehen und die letzte Phase ihres Daseins erreichen. Die Schöpfung wird versammelt, d.h. außer den Menschen und Engeln auch die Ǧinn, die Tiere und die Pflanzen. Die Waagen der Gerechtigkeit werden aufgestellt, und Gott wird richten. Dem Menschen wird sein endgültiger Bestimmungsort zuteil, der qur'ānisch gesehen sehr dramatisch geschildert wird. Das Paradies wird als ein Ort der Glückseligkeit beschrieben, der auch physisch dem Menschen Gutes beschert. Aber die dann stark wahrnehmbare unmittelbare Nähe Gottes ist der größte Segen, der einem zuteil werden

kann. Die Hölle hingegen wird als ein Ort der Strafe und des Schmerzes geschildert, wobei auch von Feuer und siedendem Wasser gesprochen wird; das schlimmste jedoch ist die Ferne vom Schöpfer. Nach Prof. Hamidullah sind Form und Inhalte der Aussagen über Paradies und Hölle auf den Erwartungshorizont und die Vorstellungskraft der Zeitgenossen des Propheten abgestimmt und beziehen sich auf die Situationen der damaligen Zeit und Umwelt.

3. Sind diese Vorstellungen vom Leben nach dem Tod zwischen den verschiedenen Strömungen des Islam strittig? Bitte erläutern Sie wichtige Unterschiede an Beispielen!
Der Glaube an das Leben nach dem Tod gehört zu den Glaubensartikeln, die von allen muslimischen Gruppierungen akzeptiert werden. Allerdings bestehen über die Konsequenzen und die Vorstellungen des Jenseits unterschiedliche Meinungen. Der Koran (99:7–8) sagt: »Und wer das Gewicht eines Sonnenstäubchens an Gutem tut, Er sieht es. Und wer das Gewicht eines Sonnenstäubchens an Schlechtem tut, Er sieht es.« Damit ist gemeint, dass Menschen, die nicht glauben, aber auf dieser Welt Gutes getan haben, aufgrund ihrer guten Taten belohnt werden. Das endgültige Urteil steht jedoch allein Gott zu: »Wirklich, diejenigen, die glauben, und die Juden, die Christen und die Sabäer, wer an Gott und den Jüngsten Tag glaubt und Gutes tut – diese haben ihren Lohn bei ihrem Herrn und sie werden weder Angst haben noch werden sie traurig sein« (Koran 2:62).
So wie die Idee besteht, dass letztendlich der Mensch sein Schicksal auch nach dem Tod selbst mitbestimmt, so gibt es auch andere Vorstellungen: dass Menschen, die sich nicht eindeutig zum Islam bekennen oder zumindest zu einer Buchreligion gehören, das Paradies nicht erreichen können. Obwohl ersteres eine qur'ānisch durchaus belegbare Auffassung ist, ist die zweite Meinung weitaus verbreiteter und wird häufig gelehrt. Zudem ergeben sich aus sehr unterschiedlichen Auffassungen, wie das diesseitige irdische Leben zu leben ist, verschiedene Konsequenzen.
Neben den bereits erwähnten Richtungen gibt es noch die sufische Ausrichtung, die eher eine asketische Lebensweise vorzieht. Sie basiert auf dem tradierten Prophetenwort: »Stirb, bevor du stirbst!«, was u.a. so interpretiert wird, dass das diesseitige Leben auf die Liebe zu Gott ausgerichtet sein sollte und sich von irdischen Gütern davon nicht ablenken lassen sollte. Weiter existieren auch Perspektiven, die häufig als Grundlage zum Märtyrertod betrachtet werden. Um einen direkten Weg zum Paradies einschlagen zu können, müsse man nur ›auf dem Wege Gottes sterben‹ – so die gängige Vorstellung, die allerdings auch innerhalb der einzelnen Gemeinschaften äußerst strittig ist.

4. Welche Konsequenzen hat die Vorstellung von einem Leben nach dem Tod bzw. von einem Ende oder einer Erneuerung der Welt für das Leben

vor dem Tod, für die Lebenseinstellung und Lebensführung von Muslimen? Wird diese Zukunftserwartung in Riten, Festen, Überlieferungen wach gehalten? Verlangt sie vom Einzelnen schon jetzt moralische Bewährung, Enthaltsamkeit beim Konsum, irgendeine Vorbereitung?
Vielfach existiert die Vorstellung, dass der Glaube an das Leben nach dem Tod die Menschen zwinge, das Rechte zu tun und das Unrechte zu lassen. In vielen Gruppierungen werden diese Vorstellungen auch als Druckmittel einzusetzen versucht, um ein im Sinne der jeweiligen Gemeinschaft adäquates Leben einzufordern.
Menschen aber sind fehlbar und erfahren das auch stets am eigenen Leibe. Der Glaube, dass beim Vollzug des Ḥaǧǧ (Pilgerfahrt nach Mekka) alle Sünden vergeben werden, bringt viele dazu, diesen auf ein spätes Alter zu verlegen. Das scheint der sicherere Weg zu sein, unbescholten den Weg ins Jenseits antreten zu können.
Außerdem gibt es nach der Tradition in den letzten zehn Tagen des Monats Ramadan eine Nacht, in der ebenfalls die Sünden, um deren Vergebung der Mensch bittet, auch vergeben werden. Da niemand genau weiß, welcher der Nächte diese eine ist, verbringen viele Musliminnen und Muslime diese letzten zehn Tage gern in der Moschee mit Gebet, Fasten und Meditation.

5. Eine Frage speziell zu jungen Muslimen im deutschen Sprachraum: Teilen Kinder und Jugendliche nach Ihrem Eindruck die traditionellen Vorstellungen vom Leben nach dem Tod und dem Weltende? In welcher Richtung nehmen Sie ggf. Veränderungen wahr?
Viele muslimische Jugendliche teilen diese Vorstellungen, denn sie sind von klein auf mit ihnen vertraut. Andererseits fällt es ihnen schwer, diese Vorstellungen in den Alltag zu transferieren. Viele von den jungen Leuten plagt ein schlechtes Gewissen, wenn sie augenscheinlich gegen bestimmte Tabus verstoßen haben, denn es scheint, dass wir in den überlieferten Jenseitsvorstellungen ein bildliches Hilfsmittel zur Stabilisierung sowohl des moralisch-sittlichen als auch des sozial-mitmenschlichen Verhaltens vorliegen haben. Der Druck ist auf beide Geschlechter sehr groß, jedoch mit unterschiedlichen Auswirkungen.

6. Ist das Thema »Leben nach dem Tod« / »Ende der Welt und Eschaton« ein Thema in muslimischer Erziehung und namentlich im Religionsunterricht Ihrer Religionsgemeinschaft?
Sowohl im katechetisch geprägten Unterricht in Moschee und Elternhaus als auch in den Lehrplänen für islamkundlichen und bekenntnisorientierten Unterricht nach § 7,3GG spielt ›das Leben nach dem Tod‹ und der Glaube an das Jenseits eine bedeutende Rolle. Viele muslimische Eltern und Lehrkräfte gehen davon aus, dass die Kinder im Hinblick auf das Jenseits erzogen werden. Viele sehen hierin die eigentliche Realität und das Ende der Übergangsphase.

Hierbei wird vielfach noch sehr stark mit Strafandrohungen gearbeitet und wenig Gewicht auf die Barmherzigkeit Gottes gelegt, die allerdings qur'ānisch die weitaus größere Rolle spielt.

Rabeya Müller ist Leiterin des Instituts für Interreligiöse Pädagogik und Didaktik in Köln.

Die Fragen wurden auch einem Vertreter des Buddhismus gestellt, die knappe Beantwortung zeigt, dass aus buddhistischer Sicht bereits anders gefragt wird. So folgt nach den vorgegebenen Fragen die Selbstdarstellung von Peter Riedl als authentische buddhistische Perspektive.

4.3

Peter Riedl

Eine buddhistische Stimme

1. Würden Sie bitte folgenden Satz aus der Tradition des Judentums heraus zu Ende führen? »Der Tod ist ...«
»... eine Form der Wandlung von Geist und Materie.«

2. Erwarten Buddhisten ihrer Tradition nach ein individuelles Leben nach dem Tod? Erwarten sie ›ein Ende aller Tage‹, eine Erneuerung oder ein endgültiges Gericht über die Welt insgesamt?
»Nein.«
Mit welchen Bildern wird dies in Ihrer Tradition beschrieben?
»Vor mir sehe ich eine Reihe von Kerzen. Die erste wird angezündet. Mit dieser wird die zweite Flamme entzündet, und die erste wird ausgeblasen. So kommen wir zur letzten Kerze, deren Flamme nun als einzige brennt. Ist es die gleiche Flamme, wie jene der ersten Kerze, oder ist es eine andere?«

3. Sind diese Vorstellungen vom Leben nach dem Tod zwischen den verschiedenen Strömungen des Buddhismus strittig? Bitte erläutern Sie wichtige Unterschiede an Beispielen!
»Nein, sie sind nicht strittig.«

4. Welche Konsequenzen hat die Vorstellung von einem Leben nach dem Tod bzw. von einem Ende oder einer Erneuerung der Welt für das Leben vor dem Tod, für die Lebenseinstellung und Lebensführung von Buddhisten?
»Keine.«
Wird diese Zukunftserwartung in Riten, Festen, Überlieferungen wach gehalten?
»Nein.«
Verlangt sie vom Einzelnen schon jetzt moralische Bewährung, Enthaltsamkeit beim Konsum, irgendeine Vorbereitung?
»Nein.«

5. Eine Frage speziell zu jungen Buddhisten im deutschen Sprachraum: Teilen Kinder und Jugendliche nach Ihrem Eindruck die traditionellen Vorstellungen vom Leben nach dem Tod und dem Weltende?
»Das weiß ich nicht, vermutlich aber nicht.«

6. Ist das Thema »Leben nach dem Tod« / »Ende der Welt und Eschaton« ein Thema in buddhistischer Erziehung und namentlich im Religionsunterricht Ihrer Religionsgemeinschaft?
»Kein Wesentliches, aber es wird darüber schon gesprochen.«

Univ.Prof. Dr. Peter Riedl, Wien, ist Radiologe und Herausgeber der Buddhistischen Zeitschrift Ursache&Wirkung.

4.4

Peter Riedl

Eschatologie, Buddhismus und die Tatsachen des Lebens

Alle Menschen sind gleich. Nicht gleichwertig, das mögen sie auch sein, sondern gleich in ihrer chemischen, physikalischen, in ihrer geistigen und materiellen Zusammensetzung. Wenn sie dies im Leben sind, sind sie das ebenso in und vor der Geburt, so wie im und nach dem Tod. Somit ist Eschatologie, die Lehre des Denkens und des Glaubens, was vor der Geburt und nach dem Tod des Menschen ist, eine Sache und das, was vor der Geburt und nach dem Tod ist, eine andere. Eschatologie beruht, so wie sie betrieben wird, auf den unterschiedlichen Glaubensvorstellungen, was vor der Geburt und nach dem Tod ist. Was vor der Geburt und nach dem Tod ist, ist jedoch eine Tatsache und für alle Menschen gleich, unabhängig davon, ob sie sich Christen, Buddhisten oder Heiden nennen. Buddha teilte seine Erfahrungen, auch jene über das ›Sein‹ vor der Geburt und nach dem Tod, mit und sagte dazu, dass diese, seine Erfahrungen nicht geglaubt werden müssen, nur weil er sie mitgeteilt habe, sondern dass man seine Erfahrungen selbst machen könne, wenn man die Methode seiner Meditation in gleicher Weise wiederholen würde. Das habe ich getan.

Denken interpretiert Erfahrung. Glaube repetiert die Erfahrung anderer. Buddhistische Eschatologie wird somit erst zur Gewissheit, wenn sie auf eigener Erfahrung beruht. Glaube kommt im Buddhismus zunehmend vor, sollte dies entsprechend der ursprünglichen Anweisungen jedoch nicht tun. Allein Vertrauen in die Methode und deren Übung führt zur Erfahrung, aus der Gewissheit entsteht. Buddhistische Erkenntnis beruht auf der Erfahrung des All-Einen, der Nicht-Trennung und der Leerheit von allem.

Nach buddhistischer Erkenntnis gibt es, so wie nach jeder anderen Erkenntnis, Geburt und Tod, sie werden im Buddhismus jedoch relativiert und stellen weder Anfang noch Ende da. Ein Anfang und ein Ende sind, ebenso wie eine Schöpfung, nicht zu finden.

Die Teile des Körpers befinden sich – in einer sich ständig wandelnden Zusammensetzung – seit urdenklichen Zeiten im Universum. Naturwissenschaftler versuchen (diese) Materie in immer kleinere Teilchen bis zu einem allerletzten und allerkleinsten zu zerlegen. Nach buddhistischer Erkenntnis ist es irrelevant, welche Qualität diese Teilchen haben, ob es sie überhaupt gibt und dass das letzte eine Teilchen noch nicht gefunden wurde, so wie es auch irrelevant ist, ob dieses Teilchen, so es dies gibt, aus Materie, Energie oder Geist besteht bzw. ob es all das in einem ist.

Aus diesem letzten oder diesen letzten Teilchen besteht alles im Universum, also auch der Mensch, und diese Teilchen, was immer sie sind, entstehen weder bei der Geburt, noch sterben sie im Tod. Somit sind Geburt und Tod des Menschen auf materieller Ebene einerseits eine Tatsache und andererseits Illusion, je nachdem, von welcher Warte man diese Illusion oder diese Tatsache betrachtet. Der Körper entsteht weder, noch vergeht er, er wandelt sich lediglich. Dieser Sichtweise werden sich sowohl alle Naturwissenschaftler als auch Vertreter aller Religionen anschließen können.
Nach buddhistischer Erkenntnis (Erfahrung) ist es mit dem Geist wie mit dem Körper. Auch Geist entsteht nicht und vergeht nicht, sondern wandelt sich. Diese Tatsache kann man eschatologisch betrachten, also glauben, oder buddhistisch, also erfahren.
Buddha sprach und lehrte in seiner Zeit, nach den Erkenntnissen und in der Ausdrucksweise seiner Zeit. Heute tun wir dies anders, und in 2.500 Jahren werden wir dies wieder anders tun. Zentraler Lehrinhalt im Buddhismus ist die Tatsache, dass es ein konstantes, unveränderliches oder unsterbliches Ich nicht gibt. Es gibt ein Ich-Erleben, aber kein Ich. Das Ich-Erleben beruht auf Körper und Geist, besser ausgedrückt, auf Materiellem und Geistigem. Zu Geistigem gehören die (Sinnes-) Wahrnehmungen, die Gefühle (angenehm, unangenehm und neutral, nicht zu verwechseln mit den Emotionen, die aus Fühlen und Denken zusammengesetzt sind), die Reaktionen darauf und das Bewusstsein von alledem. Der Daseinskreislauf (Samsara – Lehre von der bedingten Entstehung) wird durch das Begehren in Gang gehalten. Erlischt es, erlischt der Daseinskreislauf. Das kann man glauben oder erfahren. Ich habe es nicht erfahren, aber ich schließe die Möglichkeit, dass es so ist, nicht aus. Das ist buddhistische Eschatologie.
Dazu gehören auch andere Dinge. Es gäbe eine Welt der Menschen, der Tiere, der Götter, der (Höllen-)Dämonen, Titanen und der hungrigen Geister. Letztere vier kann man wörtlich nehmen oder psychologisch betrachten und auf psychische Zustände des Menschen beziehen. Das tue ich.
Des Weiteren spricht Buddha von den Wandlungsstufen des Menschen. Vom Menschen, der anfänglich im Daseinskreislauf (Samsara) durch sein Wollen und seine Unbewusstheit in immer gleichen (Handlungs-) Abläufen gefangen ist, und von Menschen, die sich später durch Anstrengung, Achtsamkeit und geistige Konzentration (Sammlung des Geistes = Meditation) aus reaktivem Verhalten (Handeln) in ein aktives (selbstbestimmtes) befreien. Mit Reaktion ist das (automatische = unbewusste) Reagieren auf angenehme, unangenehme und neutrale Gefühle gemeint. Diese entstehen in Geist und im Körper aufgrund der Sinneswahrnehmungen. Immer. Jede Sinneswahrnehmung bedingt immer ein Gefühl. Die Qualität des Gefühles ist im Einzelnen durch sein (Bewusst-)Sein bedingt. Die Stadien der Wandlung werden im frühen Buddhismus als ›Stromeingetretener‹, als ›Einmal-‹, als ›Nicht-Mehr-Wiederkehrender‹

und als ›Heiliger‹ bezeichnet. Als Stromeintritt gilt der Moment (der Erfahrung), in dem jeglicher skeptische Zweifel, ob man den bzw. einen Weg der Erkenntnis gehen möchte, überwunden ist. ›Wiederkehrend‹ bezieht sich auf den Grad, die Intensität, also Qualität des Angebundenseins bzw. des Losgelassen-Habens der auf den Gefühlen beruhenden reaktiven Handlungen. Wiederkehrend kann eschatologisch im frühen Buddhismus auf das Leben vor und nach dem Tod, es kann aber auch auf das jetzige Leben bezogen werden, so wie Nirvana als ein leidfreier Zustand jenseits des Todes oder in diesem Leben verstanden werden kann – je nach Sprache und Zeit, in der ich mich ausdrücke.

Im späteren Buddhismus, besonders im tibetischen, kommen noch andere eschatologische Glaubenvorstellungen hinzu: z.B. die Lehre der wiedergeborenen Lamas (Tulkus). Nach buddhistischer Erkenntnis gibt es die unveränderliche Person nicht, somit auch keinen Menschen, weder eine Frau Meier noch einen Herrn Müller, somit auch nicht diesen oder jenen Lama, der wiedergeboren werden wird. Hingegen gibt es Bewusstseinsqualitäten, die sich in diesem oder jenem Menschen manifestieren und sich dort auch wieder wandeln können. Nach tibetisch eschatologischer Vorstellung gibt es Menschen, die sich dieser Qualitäten auch vor der Geburt und nach dem Tod bewusst sind. Warum dies vorwiegend Tibeter sind, ist unbekannt.

Denk- und Glaubens-Vorstellungen über das, was vor der Geburt und nach dem Tod ist, gibt es also im Buddhismus. Buddha hat jedoch gelehrt, dass Spekulationen über diese Themen für den Suchenden (Übenden) wenig Sinn machen, sondern eher verwirren. Im späteren Buddhismus ist diese Aussage des Buddha weitgehend in Vergessenheit geraten. Vielleicht sollten wir sie wieder mehr in den Mittelpunkt der buddhistischen Übung stellen, die ja darauf beruht, wie man herausfinden kann, vom Wollen zu lassen, um das Leiden zu überwinden, und nicht darin, Ideen zu entwickeln, denen man weiter anhaften kann.

Univ.Prof. Dr. Peter Riedl, Wien, ist Radiologe und Herausgeber der Buddhistischen Zeitschrift Ursache&Wirkung.

5
Konkretionen

5.1

Rainer Lachmann

Zum Wandel religionspädagogischer Jenseitsvorstellungen*

1 Eschatologie in der kerygmatischen Religionspädagogik

Fast 350 Jahre nach Johann Hübners bahnbrechendem Schulbuch, im ersten Jahrzehnt nach dem Zweiten Weltkrieg, spielten Jenseitsvorstellungen in der damals herrschenden Religionspädagogik keine wesentliche Rolle; der verlorene Krieg mit seinen Grausamkeiten und Schrecknissen zeitigte offenbar religionsdidaktisch keine eschatologischen Folgen. Im religionspädagogischen Werk von Helmuth Kittel, einem der profiliertesten Religionspädagogen der sog. Evangelischen Unterweisung, finden sich Stichwort und Sache »Eschatologie« nicht.

Nur über Luthers »Kleinen Katechismus«, neben Bibel und Gesangbuch einer der drei Hauptinhalte Evangelischer Unterweisung, könnte die Eschatologie im Sinne »echter christlicher Lehre« zum religionsunterrichtlichen Thema werden. Das apostolische Glaubensbekenntnis mit seinem zweiten Artikel und vor allem seinem Schluss im dritten Artikel: *»Ich glaube, ... daß er am jüngsten Tage mich und alle Toten auferwecken wird und mir samt allen Gläubigen in Christo ein ewiges Leben geben wird. Das ist gewißlich wahr.«* – soll wie der gesamte Katechismus als zusammengefaßte Kernlehre der Heiligen Schrift ... in der Evangelischen Unterweisung *geschlossen* (nicht etwa als »thematische(r) oder historische(r) Anschlussstoff(e)«) behandelt werden. Hierüber können die christlichen Jenseitslehren Eingang in den RU finden, fest verankert und gebunden an Luthers »Erklärungen«, die immerhin, wenn sie nicht »aus dem 16. ins 20. Jahrhundert hinübergeholt werden können«, durch »eigene Erklärungen zu Luthers Erklärungen« ergänzt und erläutert werden dürfen.[1]

Kittel selbst gibt uns dafür keine Kostprobe. Wie das für den »evangelischen RU an der Unterstufe« aussehen kann, lässt sich allerdings in dem bekannten an den Schulen lernmittelfrei zugelassenen Buch von Jörg Erb »Der gute Hirte« nachlesen, wo es im Anschluss an die Geschichte vom »Töchterlein des Jairus« zu guter Letzt heißt: »Wir sollen Gott danken, daß wir an die Auferstehung der Toten und an ein ewiges Leben glauben dürfen.«[2] Diesem ›eschatologischen Minimum‹, das sich auf die einschlägige Aussage des apostolischen Glaubensbekenntnisses beschränkt, steht allerdings – was den RU der gymnasialen Oberstufe betrifft – ein

* Dietrich Steinwede zum 80. Geburtstag am 9.11.2010 in dankbarer Verehrung.

1 *Helmuth Kittel*, Vom Religionsunterricht zur Evangelischen Unterweisung, Berlin u.a. (1947) ³1957, 14f.

2 *Jörg Erb*, Der gute Hirte, Kassel 1963, 126.

dogmatisch überaus üppiges Kontrastprogramm gegenüber, das sich – in augenfälligem Kontrast zur religionspädagogischen Grundlagenliteratur – in dem damals weit verbreiteten »Lehrbuch der Evangelischen Unterweisung« von Ernst Busch »Die Botschaft von Jesus Christus« findet:

Hier wird in geradezu orthodoxer Ausführlichkeit von den »letzten Dingen« gehandelt und n.a. dogmatisch informiert über »c. Die letzten Zeiten. Der Anti-christus. – d. Die Auferstehung der Toten . – e. Der Zwischenzustand. – f. Die Herrschaft Jesu Christi. – g. Das jüngste Gericht. Die Lehre von der Heimkehr aller. – h. Die neue Schöpfung.«[3] Dieser im Wollen und Wissen um heilsgeschichtliche Vollständigkeit und theologische Richtigkeit dargebotene eschatologische Unterrichtsstoff, der an keine »bestimmte theologische Richtung« gebunden sein will, soll zur Wiederholung oder Vorbereitung entsprechend thematisierter Religionsstunden benutzt werden.[4]

Hier zeigt sich in massiver Deutlichkeit und Fraglichkeit, welche Rolle die Jenseitsvorstellungen des christlichen Glaubens in der Evangelischen Unterweisung spielen: Sie sind Teil herkömmlicher protestantischer Dogmatik, die in purer theologischer ›Sachlichkeit‹ den relativ unhinterfragten Hintergrund und Horizont der Evangelischen Unterweisung bildet. Was man in diesem vorgegebenen Rahmen ›trotzdem‹ noch religionsunterrichtlich ›anstellen‹ konnte, zeigt eine durchaus beachtenswerte »Lehrskizze« für den Katechismusunterricht in der »3. Klasse (Quarta)« über den »Schluß des 3. Glaubensartikels«, die Helmut Angermeyer in seinem Buch »Die evangelische Unterweisung an höheren Schulen« 1957 vorstellte.[5]

In seinem Katechismusbezug und seiner Orientierung an der Lehre der Kirche der Evangelischen Unterweisung vergleichbar ist auf katholischer Seite das materialkerygmatische Konzept des RU, das in dem 1955 erschienenen sog. »Grünen Katechismus« eine typische Gestalt gefunden hat. Er wendet sich ausdrücklich an die »lieben Kinder« und bietet ihnen zum Lesen, Lernen, Bedenken und Beherzigen insgesamt 136 Lehrstücke, die in ihrer dogmatischen Fülle, Vollständigkeit und kirchlichen Richtigkeit dem dogmatischen ›Kompendium‹ ähneln, das die Evangelische Unterweisung freilich erst der gymnasialen Oberstufe zumutete.

»Von den letzten Dingen des Menschen« wird im letzten Teil des Katechismus in 10 Lehrstücken gehandelt (127–136), die den Kindern sehr genau und glaubenssicher die ›objektive‹ Wahrheit und Lehre der »heiligen katholischen Kirche« weitergeben, sie mit Fragen zum Überlegen, Aufgaben, Schriftworten und Gebeten bereichern und sie schließlich jeweils in eine Sentenz »Für mein Leben« einmünden lassen. Wer das im Katechismus- und Religionsunterricht ›richtig‹ gelernt hat, weiß dann in katholisch-orthodoxer Korrektheit relativ detailliert Bescheid über den »Tod und das Besondere Gericht« / den »Himmel« / das »Fegfeuer« / das »christliche Begräbnis« / die »Zeit bis zum Jüngsten Tage« / das »Ende der Welt und die Auferstehung der

3 *Ernst Busch*, Die Botschaft von Jesus Christus, Frankfurt a.M. u.a. o.J., 184–198.
4 Ebd., Vorwort.
5 *Helmut Angermeyer,* a.a.O., 131ff.

Toten« / das »Weltgericht«/die »Neugestaltung der sichtbaren Welt« und das »Reich Gottes in seiner Herrlichkeit«.[6]

Beklemmend umfassend dokumentiert der »Grüne Katechismus«, was nach offizieller Lehre alles zum ›eschatologischen Material‹, zu den kirchlichen Jenseitsvorstellungen gehört, die unterrichtet werden wollen und sollen: zweifelsohne ein religionspädagogisches Jenseitskonzept, das autark von der Theologie in ihrer unreduzierten eschatologischen Fülle bestimmt ist – darin der Evangelischen Unterweisung verwandt, obwohl manifester und weniger verborgen hinter biblischer Unterweisung.

2 Präsentische Eschatologie in der hermeneutischen Religionsdidaktik

Mit dem Über- und Fortgang der (material-)kerygmatischen zur hermeneutischen Religionspädagogik Ende der 50er, Anfang der 60er Jahre gerät das eschatologisch-dogmatische ›Vollprogramm‹, ob nun manifest oder eher latent, vollends aus dem Blickfeld religionsdidaktischer Texte und Themen. Der um Auslegung und existentielles Verstehen der biblischen Tradition an der Schule bemühte RU ›kümmerte‹ sich so gut wie nicht um Bibeltexte mit eschatologischer Perspektive, geschweige denn, dass – ausgehend von einschlägigen biblischen Texten – theologische Jenseitsvorstellungen eigens thematisiert worden wären. Die religionspädagogischen Werke etwa von Martin Stallmann, Hans Stock oder Gert Otto sprechen hier eine eindeutige Sprache, die in ihrer Marginalisierung der Eschatologie letztendlich sogar theologisch begründet war.
Das deutet sich an in Gert Ottos »Handbuch des Religionsunterrichts« (1964), wenn dort – als rühmliche Ausnahme von der sonstigen eschatologischen Abstinenz – anhand von Markus 16,1–8 »Die Verkündigung von der Auferstehung« nach allen Regeln der historisch-kritischen Exegese ›ausgelegt‹ wird.

Zentral für das auslegende Verstehen der Auferstehung sind dabei für Otto die ›legendären‹ Grabesgeschichten, in denen der Auferstehungsglaube zu Wort kommt und erzählt wird, wie »Gott … weiterhin bei uns anwesend sein (kann), wenn der, der seine Anwesenheit verkündigt und gelebt hat, wenn Jesus gestorben ist«.[7] So verweist die »*Gegenwartsdimension* der Grabesgeschichte« auf »die gegenwärtige Möglichkeit des Glaubens«, »auf die gegenwärtige Möglichkeit, Gottes Anrede zu erfahren« und »den Auferstandenen im Sinne des gegenwärtigen Herrn« zu verstehen. »Auferstehung Jesu« bedeutet von daher »in der Aussage vom leeren Grab die Ermächtigung zu je gegenwärtigem Glauben«.[8]

Unübersehbar dominiert in diesem Auslegungs- und Verstehensprozess der markinischen Auferstehungsgeschichte die Zeitform des Präsens; die

6 Katholischer Katechismus der Bistümer Deutschlands. Berlin o.J., 251–270.
7 *Gert Otto,* Handbuch des Religionsunterrichts, Hamburg (1964) ^{2}1965, 199.
8 Ebd., 201.

Zukunftsdimension eschatologisch bestimmten Auferstehungsglaubens bleibt völlig ausgespart, offenbar interessiert sie nicht! Präsentische Eschatologie braucht keine Jenseitsvorstellungen!?
Im Kontext des religionsdidaktischen »Interesses am Elementaren« wird das präzisiert und konkretisiert und zugleich auch neu akzentuiert, wenn der ›späte‹ Stock »Evangelientexte in elementarer Auslegung« präsentiert und sich dabei nicht nur der »Rede vom Weltgericht: Mt 25,31–46« stellt, sondern sich im »Ausblick auf johanneische Texte« auch mit dem Verständnis des »Ewigen Lebens« beim Evangelisten Johannes auseinandersetzt. Hier zeigt sich einmal mehr Stocks besondere Nähe zu Rudolf Bultmann, seiner Theologie und seiner Auslegung des Johannesevangeliums, zu der die präsentische Eschatologie theologisch elementar gehört. Schon die Überschriften deuten das an, wenn Stock »Elementares zur johanneischen Rede von ›Auferstehung und Leben‹« unter die Liedzeile von Wolf Biermann »›Es gibt ein Leben vor dem Tod‹« stellt oder »Ich bin die Auferstehung und das Leben (Joh 11,1–44)« auslegend versteht als »Ewiges Leben wird Gegenwart«.[9] Besonders eindrücklich wird die »zentrale theologische Aussage über die Gegenwärtigkeit des ewigen Lebens« in der großen johanneischen Wundergeschichte von der »Auferweckung des Lazarus« (Joh 11,1–44), die Stock auch im RU behandelt sehen möchte. Mit ihr wird vom »Theologen Johannes« »das apokalyptisch-futurische Denken souverän durchbrochen«: »Der Jüngste Tag bricht an, wenn die Stimme Jesu gehört und die Vollmacht seiner Erscheinung und seines Wirkens erfahren wird.« Und Stock unterstreicht dieses »*christliche Verständnis des ewigen Lebens*« in Anlehnung an den Neutestamentler Jürgen Becker unmissverständlich deutlich, wenn er herausstellt:

»Die radikale johanneische ›Umfunktionierung der apokalyptisch-futurischen Parusieerwartung (J. Becker) bedeutet einen ungeheuren Gewinn an Präsenz der heilvollen Gabe – das Lebenskraut ist gefunden, die Wasser des Lebens sprudeln –; für den Glaubenden wird jeder Augenblick ›heilig‹; die Gegenwart muß einer fernen Zukunft nicht aufgeopfert werden.«
Martha braucht »*keine Katechisierung über Glaubenssätze und Lehrinhalte*« (kursiv: Lm) – sondern die Frage *Glaubst du das?* (Joh 11,26) »macht deutlich, daß Entscheidung hier und jetzt vollzogen werden muß – es gibt kein Vertagen und Erwarten mehr, das Angebot des ewigen Lebens ist da.« Glaube und Unglaube werden »zum jeweiligen jüngsten Tag jedes Menschen … Wer Glauben fassen kann, ist schon durch Gericht und Tod hindurch.«[10]

Auch »Die Rede vom Weltgericht: Mt 25,31–46« mit ihrer vorchristlich-jüdischen Mythologie und Bildhaftigkeit hat nach Stock Anteil an einer präsentisch-eschatologischen Auslegung:

9 *Hans Stock*, Evangelientexte in elementarer Auslegung, Göttingen 1981, 14ff.
10 Ebd., 249ff.

»Wenn Gott im Endgericht – das schon immer Gegenwart ist – die ›Gesichtszüge Jesu‹ trägt (E. Schweizer), dann kommt sein unendliches Leiden am Menschen hier ans Licht ... Sein ›Zorn‹ ist nichts anderes als die Qual der abgewiesenen, mißhandelten Liebe. Dies kommt *jetzt* zum Vorschein, es wird *jetzt* jedes Menschen Beitrag offenbar, ... *jetzt* muß jeder das Leiden, das er angerichtet und das er nicht gelindert hat, in äußerster Klarheit erkennen, *jetzt* betrifft es ihn selber, er muß es aushalten.«[11]

Unter der christologisch bestimmten Voraussetzung, »daß der liebende Gott der letzte Richter ist«, wollen die »alten Bilder« vom letzten Weltgericht letztlich »nicht mehr sagen«, als »daß das Leiden, das ich bewirkt habe oder das mich gleichgültig gelassen hat, *präsent* gemacht wird und mich endlich betrifft«.[12] In der Doppeldeutigkeit des »endlich« erfährt das weltgerichtlich Präsentische dann seine dominierende ethische Ausdeutung, mit der der hermeneutische Religionspädagoge Stock sich einreiht in eine altehrwürdige Auslegungstradition, die uns bereits bei Johann Hübner begegnete.

»Die tätige Hilfe für den Notleidenden – sie ist das einzige, einfache, gültige Kriterium für Segen und Fluch, Gerecht und Ungerecht bei diesem Gericht nach den Werken.« Freilich geht diese gerichtlich veranschaulichte Rede von der Barmherzigkeit als kritischem Maßstab für menschlich verantwortliches Handeln »weit über die zwischenmenschliche Beziehung hinaus« und »umgreift *alle wunden Stellen der Gesellschaft*, in der Menschen Not und Angst leiden« und kommen mit innerer Notwendigkeit »unmenschliche, gottwidrige Verhältnisse und Strukturen« in den Blick, was von Christen politisch-gesellschaftliches Handeln verlangt, das sich bereits auch vorausschauend darauf richtet, »dem Elend vorzubeugen«[13]

An dieser Stelle zeichnet sich in Ansätzen ein Wandel des religionsdidaktischen Umgangs mit der biblischen Eschatologie ab, den Stock in sensibler Lernfähigkeit bei seiner religionspädagogisch motivierten Suche nach dem christlich Elementaren mitvollzogen hat: Er bricht die individualisierend-existentielle Konzentration und Verengung hermeneutischer Theologie und Didaktik mit ihrer weitgehenden Weltlosigkeit, Geschichtsvergessenheit und Zukunftsarmut ansatzweise auf in Richtung ethischer Welt- und Zukunftsverantwortung. Eschatologisch gewendet bedeutet das, dass das Aufgehen zukünftiger Jenseitsvorstellungen im Präsentischen neuen Entwicklungen und Trends Raum gibt.

3 Jenseitsvorstellungen unter curriculumtheoretischem Vorzeichen

Mit der religionspädagogischen Wende Ende der 60er / Anfang der 70er Jahre des vorigen Jahrhunderts, die in fast jeder Hinsicht eine Wende in die religionspädagogische Fragwürdigkeit war, sollte man religions-

11 Ebd., 177 (kursiv: Lm).
12 Ebd., 178 (kursiv: Lm).
13 Ebd., 169ff.

didaktisch auch einen Wandel der Jenseitskonzepte erwarten können. Curriculumreform gepaart mit der neuen didaktischen Leitkategorie der Problemorientierung bestimmten für ein Jahrzehnt die religionspädagogische Diskussion um Lernziele und Lerninhalte.
Ein ganz frühes Modell curricularer Religionspädagogik zum Thema »Himmel und Hölle« (der Autor vorliegenden Artikels hat es einst in seinem Referendariat »begeistert« ausprobiert!) gibt einen guten Eindruck von der Art, wie man curriculumtheoretisch mit zwei traditionellen Begriffen christlicher Eschatologie umging.[14]

Das »Lernziel der Einheit« lautete entsprechend: »Mit den theologischen Begriffen ›Himmel‹ und ›Hölle‹ umgehen können« und wurde nach 7 Teilzielen unterteilt. Danach sollen die Schüler wissen und zeigen können, dass und »wie sich die inhaltlichen Vorstellungen der biblischen Überlieferung aus dem antiken Weltbild ergeben« und daraus folgend unterscheiden lernen »zwischen Aussagen der biblischen Tradition über ›Himmel‹ und ›Hölle‹, die nur innerhalb des antiken Weltbildes ›sinnvoll‹ sind, und solchen, die interpretiert auch heute noch gelten.« Sodann sollen die Schüler »moderne Interpretationen zu ›Himmel‹ und ›Hölle‹« – Sartre »Die Hölle, das sind die anderen« / Mk 9,42ff und Mt 25,31ff / Guernica von Pablo Picasso – kennenlernen, ehe dann die Einheit abschließt mit einem »Test«, mit und in dem die Schüler »die Begriffe ›Himmel‹ und ›Hölle‹ selbst in sachgemäßer Weise interpretieren« sollen bzw. evaluiert werden soll, ob die Schüler das können.[15] Als Ergebnis der religionsunterrichtlichen Auseinandersetzung mit den Interpretationen zu Himmel und Hölle ist festgehalten, dass diese Begriffe »als Bilder, die menschl. Verhalten qualifizieren«, verstanden werden können, wonach dann etwa »Himmel – erfülltes Leben« und »Hölle – unerträgliches Leben« bedeuten würde.[16]

Bei allem experimentell-innovatorischen Charakter, den man diesem curricularen Modell zugute halten muss, ist nicht zu leugnen, dass hier die Begriffe »Himmel« und »Hölle« in missverständlicher bzw. missverstandener Entmythologisierung jeglichen theologisch-eschatologischen Gehalts beraubt sind und als Stoff für das angestrebte »Globalziel des Religionsunterrichts: ›Sachgemäßes Verständnis der christlichen Tradition‹« curricular instrumentalisiert sind.[17] So gesehen ist von einer Religionsdidaktik, die sich ganz dem curricularen Ansatz mit seiner fundamentalen Orientierung am Erziehungs- und Bildungsziel »Ausstattung zur Bewältigung von Lebenssituationen« (S.B. Robinsohn) verschrieben hat, kaum ein theologisch fundiertes Jenseitskonzept zu erwarten. Freilich darf demgegenüber nicht das zu gleicher Zeit im Hessischen Kultusministerium angesiedelte und favorisierte Curriculumkonzept übersehen werden, für das – inspiriert und unterstützt von Wolfgang Klafki – Emanzipation entscheidendes Globalziel für alle curricularen Reform- und Revisionsprozesse wurde. Als Korrektiv oder Konkurrenz zum Mo-

14 *Horst Heinemann*, Entwurf II. Himmel und Hölle, in: Informationen d. PTI d. EKKW 2, 1969, 29–38.
15 Ebd., 29.
16 Ebd., 36.
17 Ebd., 29.

dell von Robinsohn entwickelte sich hier eine eigenständige didaktische Tradition, die z.B. im Falle von Siegfried Vierzig – einem der ersten curricular bestimmten Religionspädagogen – auf einen ideologiekritischen RU hinauslief.[18]

4 Ansätze »eschatologischer Hermeneutik« in gesellschaftskritisch orientierter Religionspädagogik

Gerade diese emanzipatorische Linie sollte im Blick auf religionsdidaktische Jenseitskonzepte nicht ohne Bedeutung bleiben. Ansatzweise ist das erkennbar im »Neuen Handbuch des Religionsunterrichts«, das Gert Otto mit seinen Schülern Dörger und Lott nur 8 Jahre nach seinem »Handbuch des Religionsunterrichts« herausbrachte. Es kann mit seinem Plädoyer für einen gesellschafts- und religionskritischen Religionsunterricht als Beleg für den radikalen Wandel stehen, der sich in der religionspädagogischen Szene vollzogen hatte. Im Unterschied zu 1964 findet sich jetzt kein Auferstehungskapitel mehr; die Stichworte Auferstehung oder Eschatologie sucht man vergeblich. Fündig wird man dagegen unter dem Modell »Veränderung«, unter dem u.a. die »Hoffnung« thematisiert und eine Brücke zum christlichen Auferstehungsglauben geschlagen wird:

> »Entscheidende Inhalte und Aussagen christlichen Glaubens sind allein vom leitenden Verständnis konkreter Hoffnung her zu begreifen. Wenn sich christlicher Glaube z.B. als Auferstehungsglaube versteht, dann wird ›der Tod Jesu begriffen als der Beginn einer neuen Lebensmöglichkeit, die sich im Konflikt mit versklavenden und lebensverneinenden Systemen dieser Welt verwirklicht. Auferstehungshoffnung ist daher nicht Hoffnung auf ein Leben nach dem Tod, sondern Hoffnung gegen todbringende Mächte und unmenschliche Lebensverhältnisse in der Gegenwart‹.«[19]

Unter leitendem emanzipatorischen Interesse nötigt von daher die *»Veränderungsbedürftigeit der Welt«* dazu, die Schüler im RU nicht nur für ein differenziertes Verständnis von Veränderung zu sensibilisieren, sondern sie darüber hinaus auch »zur Veränderung zu befähigen«. Christliche Hoffnungsbilder dürfen dabei keine »Ablenkungs- und Vertröstungsfunktion (auf ein ›besseres Jenseits‹)« haben, sondern müssen motivieren »für die Überwindung gegebener Unrechts- und Leidenssituationen«, denn »Hoffnung muß … das bessere Diesseits suchen«.[20] Dahinter steht ein Verständnis von »Christentum und Religion«, deren Antworten »als zeitbedingte und damit veränderbare Antworten auf Sinn-Fragen« verstanden werden wollen. Als theologische Kronzeugen werden hier vor

18 Vgl. *Siegfried Vierzig*, Ideologiekritik und Religionsunterricht, Zürich 1975.
19 *Gert Otto u.a.*, Neues Handbuch des Religionsunterrichts, Hamburg 1972, 288. Zitiert wird hier *Bernd Päschke* in seinem Art. »Hoffnung« vgl. 287!
20 Ebd. 288f.

allem J.B. Metz und D. Sölle genannt, die freilich im Kontext dieser gesellschafts- und religionskritischen Konzeption keine eigenständige christlich theologische und eschatologische Gewichtung und Profilierung erfahren.

Anders sieht das aus, wenn Georg Hilger in seinem Konzept »Religionsunterricht als offener Lernprozeß« (München 1975) für die »Ausformung einer eschatologischen Hermeneutik« plädiert, wie sie »unter den Begriffen ›politische Theologie‹, ›Theologie der Zukunft‹, ›Theologie der Welt‹, ›Theologie der Hoffnung‹, ›Theologie der Revolution‹ und ›Theologie der Befreiung‹ wirksam wird.« Diese Hermeneutik mit ihrem »eschatologischen Vorbehalt« gegenüber allem, was sich herrschend absolut setzt, meint als Eschatologie stets »das Ganze der Theologie« und enthüllt in gesellschaftskritischem Interesse »Welt in ihrer Geschichtlichkeit und in ihrem eschatologischen Charakter«. Von daher ist die eschatologische Hermeneutik immer zugleich auch eschatologische Didaktik, denn der Glaube an Gott, als den »›der die absolute Zukunft ist‹« und sich »als die kommende Zukunft in Jesus Christus … definitiv zugesagt hat«, ist letztlich der »tiefste Grund« für einen RU als offenen Lernprozess.[21] Insofern dieser RU »handlungsorientierend« sein will, braucht er einen konkreten richtungsweisenden Zukunftsglauben, den ihm die biblische Zukunftshoffnung (an)bietet, welche die »Zukunft der Entfremdeten …, der Randexistenzen und der Blinden, Lahmen und Aussätzigen« meint und als geschichtliche »aus der Erinnerung an den *Exodus* (kursiv: Lm) aus ägyptischer Knechtschaft« und das Leben, Sterben und Auferstehen Jesu Christi lebt. Was die überlieferten Jenseitsvorstellungen betrifft, so vertritt dieses religionspädagogische Modell im Horizont »politischer Theologie« eine christliche Eschatologie als »docta ignorantia futuri« bzw. »eine theologia negativa der Zukunft«, in deren »kostbarer Armut des Wissens um die Zukunft« mit Metz gerade die »gesellschaftspolitische Potenz des christlichen Glaubens« liegt.[22]

Schon der Name »Exodus« für das vom Deutschen Katechetenverein herausgegebene »Unterrichtswerk für den katholischen Religionsunterricht in der Grundschule« signalisiert hier Nähe zum Konzept des offenen RU und seiner eschatologischen Hermeneutik und Didaktik. Als frühes 1974 erschienenes Schulbuchprodukt nach der religionspädagogischen Wende bietet es unter dem Exodus-Motto »Lasst uns hinausgehen in das neue Land …« ohne Arbeitsanweisungen und -impulse lesebuchartig gestaltete Themeneinheiten, die durch ihre Offenheit dem RU einen großen Freiraum geben und von daher jeglichen Verdacht auf »Indoktrination und Bevormundung von Lehrern und Schülern vermeiden«.[23] Konzeptionell folgt das Unterrichtswerk dem neuen didaktischen Prinzip

21 *Georg Hilger*, Religionsunterricht als offener Lernprozeß, München 1975, 96f.
22 Ebd., 97f.
23 Ebd., 209.

der Problemorientierung und kann damit mehr oder weniger auch den Ansprüchen eines RU als offenem Lernprozess und seiner eschatologischen Hermeneutik genügen.

Das lässt sich z.B. an der 13. Themeneinheit für das 4. Schuljahr zeigen, in der es um die Frage geht »Tot – und was dann?« Unverbunden und unkommentiert stehen dabei Texte aus dem Erfahrungsbereich der Kinder neben Kurzinformationen zum Todesverständnis »bei verschiedenen Völkern« und Hoffungstexten, Liedern und Bekenntnissen aus der christlichen Tradition.[24]

Tatsächlich ist damit ein großer didaktischer und methodischer Freiraum eröffnet, der je nachdem, welches religionspädagogische Konzept verfolgt wird, genutzt werden kann. Das kommt nicht nur Hilgers Plädoyer für einen offenen RU entgegen, sondern konvergiert auch mit seinem profilierten Jenseitskonzept, das zwar die fundamentale Zukunftsdimension des christlichen Glaubens nicht leugnet, sie aber radikal reduziert und weitgehend auf die traditionellen Jenseitsvorstellungen kirchlicher Dogmatik verzichtet, um die eschatologische Potenz christlicher Hoffnung produktiv umzumünzen in gesellschaftskritisches Engagement im Sinne politischer Theologie. Wenn im Exodus-Buch und seinem einschlägigen Kapitel Jesus Christus in eschatologischer Konkretion und Konzentration als »Keim einer neuen Welt« bezeichnet wird und »jeder Mensch zum Leben in dieser neuen Welt berufen ist« und – so hofften die Christen seit Ostern – jeder »auferstehen und ewig mit Gott leben« wird,[25] dann ist das für den RU durchaus ein eschatologisches Programm, was theologisch ausreicht und offen ist für ethisches Urteilen und Handeln im Sinne einer Theologie der Hoffnung und Befreiung im Horizont des Gottes der Bibel, der immer der »›Gott vor uns‹ (J.B. Metz)« ist.[26]

5 Eschatologische Themen im Kontext problemorientierter Unterrichtswerke

Unabhängig von diesem theologisch bedachten gesellschaftskritischen Konzept christlichen Zukunftsglaubens, das in dem symbolträchtigen Buchtitel »Exodus« angelegt ist, zeigt dieses Unterrichtswerk bereits typische Züge des Umgangs mit problem- und erfahrungsorientierten Themen im RU, die zugleich auch ein relativ einheitliches Muster der Befassung mit christlichen Jenseitsvorstellungen an sich tragen und mit sich bringen. Die Durchsicht gängiger Religionsbücher der 70er und 80er Jahre zeigt analog dem Exoduswerk, dass Tod und Sterben konkurrenzlos die Thematik ist, in der im problemorientierten RU Jenseitsvor-

24 Exodus. Religionsunterricht 4. Schuljahr, München 1974, 115–124.
25 Ebd., 123.
26 *Georg Hilger*, Religionsunterricht als offener Lernprozeß, 97.

stellungen überhaupt zur Sprache kommen. Sie stehen neben oder in Verbindung mit Texten, Geschichten und Bildern aus der Lebenswelt der Kinder und Jugendlichen, werden mit unterschiedlichen Einstellungen zum Tod in unserer Gesellschaft ›konfrontiert‹ und begegnen in vielen Fällen Darstellungen aus der Welt der Religionen. Theologisch dominiert dabei in so gut wie allen Schulbüchern die Bezogenheit auf die Auferstehung, dem sich in zunehmendem Maße problemorientiert konzipierte Unterrichtsliteratur mit Stundenentwürfen zum Themenfeld »Tod und Auferstehung« beigesellen.[27] Vereinzelt kommt in den 70er Jahren unter Themen wie »Utopie« oder »Schöne neue Welt« auch die christliche Dimension der zukünftigen Welt ins didaktische Blickfeld und wartet dabei mit durchaus anregendem Text- und Bildmaterial auf, in dem der christliche Glaube die Verheißung vom kommenden Gott und seinem Reich »in der Diskussion um die richtigen Wege und die richtige Gestalt einer besseren Zukunft zur Sprache bringt«.[28] Christliche Eschatologie geht hier in ›zeitgeistlicher Passfähigkeit‹ auf in der ethisch gesellschaftskritischen Verantwortung für das Leben der zukünftigen Welt. Die herkömmlichen Jenseitsvorstellungen sucht man freilich hier wie in den meisten Religionsbüchern vergeblich; wenn überhaupt begegnen sie im Kontext der Auferstehungsthematik.

Eine beachtenswerte Ausnahme von dieser Linie relativer Distanz oder Abstinenz hinsichtlich traditionell dogmatischer und kirchlicher Eschatologie findet sich im »Unterrichtswerk für katholische Religionslehre. Religion am Gymnasium 10« (München 1984), das mit problemorientiertem Angang ausführlich von »Tod und Jenseits« handelt:
Es stellt sich mit eindrücklichen Texten aus der gegenwärtigen Theologie massiv und mutig den überlieferten eschatologischen Topoi katholischer Dogmatik und informiert über »Seele und Unsterblichkeit«, »Allversöhnung oder ewige Verdammnis«, »Was ist der Himmel?«, »Die Hölle«, »Das Fegefeuer«, »Das Weltgericht«, die »Deutung biblischer Bilder vom Ende« und »Tod und Auferstehung«. Am Schluss des Kapitels prüfen »wir Christen« unser gelerntes eschatologisches Wissen![29]
Der konfessionell parteiliche Standpunkt wird in diesem Schulbuch ebensowenig geleugnet wie die Aufgabe des RU, sich den traditionellen Jenseitsvorstellungen der katholischen Kirche und Dogmatik zu stellen, sie zu erläutern und, soweit möglich, verständlich zu machen.

So anerkennenswert indes solch ein eschatologisches »Vollprogramm« religionsdidaktisch auch ist, so zeigt sich an ihm doch noch deutlicher als an den üblichen eschatologischen »Reduktionsmodellen« das »Problem der Probleme problemorientierten Religionsunterrichts« (Klaus Wegenast), was auch in der Weiterentwicklung zum erfahrungs- oder schülerorientierten RU nicht unbedingt beseitigt ist. Wenn sich nämlich die

27 Vgl. z.B. *Ursula Früchtel / Klaus Lorkoski,* Religion im 9./10. Schuljahr, Zürich/ Köln 1982, 119–218; *Ursula Früchtel u.a.,* Tod und Auferstehung, Göttingen 1996.
28 Kursbuch Religion 9/10, Stuttgart u.a. 1979, 194–210; Religion: Modelle für Klasse 7 bis 10 Gymnasium, Düsseldorf 1974, 93–106, bes. 106.
29 Religion am Gymnasium 10, München 1984, 121–138.

Religionsbücher bzw. die mit ihnen arbeitenden Lehrkräfte nicht mit einem religionskundlich gleich-gültigen Nebeneinander bei der Mitteilung des vom Schulbuch angebotenen Materials begnügen, sondern sich in christlicher Parteinahme um eine religionsdidaktisch verantwortete *Vermittlung* der eschatologischen Vorstellungen christlichen Glaubens bemühen, dann geht es eben elementar um das Problem bzw. die didaktische Aufgabe der Inbeziehungsetzung bzw. der Korrelation zwischen Schülervoraussetzungen und christlichen Jenseitsvorstellungen, und das im Horizont schulischer Bildung. Dieser korrelative Anspruch ist das entscheidend Neue, das seit und mit der problem- und dann auch erfahrungsorientierten Religionspädagogik die religionsdidaktischen Jenseitskonzepte leitet und bestimmt und woran ihre »Qualität« zu messen ist. Dabei erwuchs aus diesem anspruchsvollen problemorientierten Jenseitskonzept im Laufe der Jahre eine Vielzahl an Umsetzungsversuchen, -modellen und -wegen, die sich in Lehrplänen, Religionsbüchern, Stundenentwürfen und einschlägiger religionspädagogischer Literatur finden lassen. Grundvoraussetzung für ein solches korrelativ problemorientiertes Jenseitskonzept war und ist die Überzeugung, dass die eschatologischen Vorstellungen des Christentums überhaupt ein solches Maß an Lebensrelevanz besitzen, dass sich das korrelationsdidaktische Bemühen um Anknüpfungs- und Resonanzmöglichkeiten auf Seiten der Kinder und Jugendlichen lohnt. Wird das bejaht, zieht es notwendigerweise die Frage nach den elementar unverzichtbaren Jenseitsvorstellungen nach sich, die im christlichen RU mitgeteilt, vermittelt oder angeeignet werden sollen. Deshalb partizipieren korrelativ-problemorientiert erschlossene Jenseitsvorstellungen in dieser Hinsicht voll am religionsdidaktischen Programm der Elementarisierung, das der traditionellen christlichen Eschatologie nicht nur theologisch, sondern auch in pädagogischer Bildungsverantwortung gerecht zu werden sucht. Damit stehen mit und in diesem korrelativ-problemorientierten Jenseitskonzept grundsätzlich alle Inhalte christlicher Eschatologie auf dem Prüfstand und sind nicht von vornherein durch vorgängige eschatologische Konzepte in Theologie und Religionspädagogik selektiert oder legitimiert.

6 »Auferstehung der Toten« und »Hölle« als Forschungsgegenstände neuerer Religionsdidaktik

In diesen laufenden, noch nicht abgegoltenen und vollendeten Prozess korrelativ-problemorientierten Umgangs mit christlichen Jenseitsvorstellungen hinein erscheinen in den 90er Jahren zwei umfangreiche eschatologisch thematisierte Monographien, die gleichsam die eschatologische »Szenerie« des RU ausleuchten und aufmischen.
Gewaltig schon der drängend fragende Titel der ersten Untersuchung: »Auferstehung der Toten – Hoffnung ohne Attraktivität?, unter dem »Grundstrukturen christlicher Heilserwartung und ihre verkannte reli-

gionspädagogische Relevanz« (Göttingen 1991) thematisiert werden. Dieser Untertitel signalisiert bereits den Grundtenor, in dem sich der Studie Ergebnis aus der Analyse von Religionsbüchern, Unterrichtsmodellen und Lehrplänen niederschlägt und das »relativ düster« aussieht:

»Offensichtlich schlägt ... die verbreitete Tabuisierung christlicher Hoffnung über den Tod hinaus in allen Altersstufen der Schülerlaufbahn religionsdidaktisch mehr oder weniger durch: Entweder wird diese Hoffnung überhaupt nicht thematisiert, oder es geschieht in einseitiger, reduktionistischer Weise.«[30] Angesichts eines solchen Befundes plädiert der Autor »dafür, den christlichen Glauben an die ›Auferstehung der Toten‹ bei der Themenauswahl und -ausarbeitung nicht länger zu vernachlässigen« und »das im christlichen Credo verankerte Bekenntnis zur ›Auferstehung der Toten‹, wenn überhaupt, nicht nur in reduktionistischer Weise« ohne explizit-futurisch eschatologische Dimension zur Sprache zu bringen, sondern sich in der »Schulpraxis wieder neu auf die theologischen Kerngehalte christlicher Auferstehungshoffnung und auf deren ideologie- und korrelationskritische Funktion« zu besinnen.[31] Diese kritische Bestandanalyse weiß dann auch in zweifelloser Sicherheit den »Übeltäter« namhaft zu machen, dem die »Vernachlässigung der Lehre von der Auferstehung der Toten« in der Religionsdidaktik zu ›verdanken‹ ist: dem problemorientierten und emanzipatorischen Religionsunterricht![32] Massiv und pauschal wird dabei der problemorientierten Religionspädagogik »theologischer Reduktionismus« vorgeworfen und dem emanzipatorischen Konzept eine »säkularisierte Eschatologie« unterstellt, »die Auferstehungserwartung bestenfalls in reduzierter Form als Metapherntei utopischer Leitvorstellungen gelten läßt«, denen aber das unreduzierte futurisch-eschatologisch Christliche »des ›neuen Äons‹ im Geist der Neuen Welt Gottes« abhanden gekommen ist.[33] Auf den ersten Blick scheinbar gnädiger kommt der erfahrungsorientierte RU weg; doch sein Versuch erfahrungsmäßiger Verifikation der christlichen Auferstehungshoffnung scheitert nach Thiede letztlich dann doch auch daran, dass zwar die Hoffnung, nicht aber der »Gegenstand« der Auferstehungsverheißung erfahrbar ist und hier deshalb allein »Glaube«, unverifizierbarer »Trotzdem Glaube« gefordert ist.[34]

Diese Kritik lässt an Deutlichkeit nichts zu wünschen übrig und beschert uns am Schluss unserer religionspädagogisch-eschatologischen Wandlungsgeschichte ›noch einmal‹ ein absolut korrelationskritisches Jenseitskonzept, das die dogmatisch überlieferten christlichen bzw. kirchlichen Jenseitsvorstellungen unreduziert und betont futurisch-eschatologisch im RU weitergeben will. Das bedingt eine Didaktik bloßer Mitteilung unvermittelter bzw. unvermittelbarer Glaubenswahrheiten und schließt eine Didaktik der Vermittlung oder gar Aneignung aus theologischen Gründen radikal aus.[35] Leider erschöpft sich die Studie (nicht ohne Anflüge

30 *Werner Thiede*, Auferstehung der Toten – Hoffnung ohne Attraktivität, Göttingen 1991, 366.
31 Ebd., 384 u. 409f.
32 Ebd., 384ff.
33 Ebd., 389 u. 396.
34 Ebd., 395.
35 Vgl. zu dieser Position den Aufsatz von *Gerhard Sauter*, Zur theologischen Revision religionspädagogischer Theorien, in: EvTh 46/1986, 127–148; außerdem

von Überheblichkeit) in religionsdidaktischer Problemerschließung und kritischer Analyse und verzichtet auf jegliche didaktische Konkretion ›unreduzierter‹ Jenseitsvorstellungen ebenso wie auf Unterrichtsmodelle oder Stundenentwürfe. Der sich durchhaltende Dauervorwurf an die eschatologisch befasste Religionsdidaktik lautet dabei theologischer Reduktionismus, ohne dass hinreichend klar wird, welches denn nun die unreduzierten Glaubenswahrheiten christlicher Eschatologie sind, die durch den RU den Schülern und Schülerinnen mitzuteilen sind. Von Elementarisierung, die notwendigerweise immer ein Stück weit theologisch und pädagogisch begründete Reduktion der inhaltlichen Fülle ist, wird nirgends geredet.

Ohne die Grenzen der Erfahrbarkeit und die Unausweichlichkeit von Kontrasterfahrungen wider den Augenschein gerade im Bereich der Eschatologie leugnen zu wollen und zu können – hier liegt die relative Berechtigung der Kritik an einer uneingeschränkten Didaktik der Korrelation –, kann und darf das m.E. keinen Rückfall in eine theologisch autarke Didaktik unreduzierter eschatologischer Glaubenswahrheiten bedeuten, die im RU unvermittelt weiterzugeben und zu glauben sind. Das wäre tatsächlich das wieder-erstandene materialkerygmatische Jenseitskonzept mit seinem füllig eschatologischen Katechismuswissen und seinem unhinterfragbaren Wahrheitsanspruch – ein religionspädagogischer cursus redivivus als circulus vitiosus!?

Thematisch ähnlich und doch ganz anders präsentiert sich schließlich eine zweite Studie, die sich ebenso ausführlich und gründlich wie Thiedes Arbeit mit einem eschatologisch hoch besetzten Topos auseinandersetzt, mit der »Hölle« – auch hier schon im Titel mit einer Frage kombiniert, welche das leitende Interesse und die richtige Antwort der Dortmunder Dissertation bereits erahnen lässt: »Die Hölle – veralteter Glaubensartikel oder unverzichtbares Element im Gottesbild?« Es geht der Autorin Elke Jüngling vor allem fundamental *theo-logisch* um das Einbringen des Höllen-Topos in die Gotteslehre, der »nicht zugunsten der Favorisierung des Himmels eliminiert« werden darf, sondern in der »Dialektik des Glaubens« unaufgebbar zusammen mit dem Himmel »im Wesen Gottes verkörpert« sein muss.[36] Was in dieser ganz auf das Gottesverständnis fokussierten und fixierten Untersuchung zu kurz kommt, ist die eschatologische Dimension des Höllenmythos, die nur marginal in den Blick kommt, wenn etwa bei der Religionsbuchanalyse kritisiert wird, dass das Nachdenken über Postmortalität lediglich durch Nah-Todes-Erfahrungen aufgefangen wird und darüber die »tief im Menschen verwurzelten Ängste und Fragen« im Zusammenhang mit dem »Nachtod« gott-los übergangen werden.

Rainer Lachmann, Religionspädagogische Spuren. Konzepte und Konkretionen für einen zukunftsfähigen Religionsunterricht, Jena (2000) ^{2}2002, 53ff.

36 *Elke Jüngling*, Die Hölle – veralteter Glaubensartikel oder unverzichtbares Element im Gottesbild? Frankfurt/M. u.a. 1997, 446f.

Trotz der weitgehenden Aussparung der Jenseitsdimension des Höllenbildes ist zweierlei an dieser »Höllen-Studie für unsere Beschäftigung mit religionspädagogischen Jenseitsvorstellungen beachtenswert: Das ist einmal, ähnlich der Untersuchung von Thiede, die so konzentriert wie vielperspektivisch angelegte religionsdidaktische Erarbeitung *einer* ausgesuchten Jenseitsvorstellung aus dem symbolreichen und vielgipfeligen Potential christlicher Eschatologie, womit ein Weg vorgezeichnet ist, der christlichen Jenseitsvorstellungen – lassen sie sich denn didaktisch überzeugend begründen – einen Platz im Themen- und Problemspektrum des RU verschaffen kann. Zum anderen ist das die didaktische Elementarisierungsleistung, die dem scheinbar so abseitigen Symbol der Hölle über das Fundamentale Gott elementaren Anteil an christlichem Glauben und Leben vermittelt. Nicht Reduzierung, sondern Elementarisierung *oder* Reduzierung durch und als Elementarisierung sollte die Devise sein für den Umgang mit begründet ausgewählten eschatologischen Vorstellungen und Topoi im christlichen RU.

7 Bilanz und Ausblick

Was wir in unserem Durchmarsch durch 50 Jahre Religionspädagogik unter ›eschatologischer Sicht‹ immer wieder konstatieren mussten: Die marginale Stellung christlicher Jenseitsvorstellungen im RU hat sich, schenken wir jüngsten Untersuchungen Glauben, auch im Kontext »heutiger religiöser Bildung« nicht wesentlich geändert. Eine Analyse bayerischer und baden-württembergischer Lehrpläne kommt zu dem Ergebnis: »Leben der zukünftigen Welt, Gericht und Auferstehung … – eine Fehlanzeige«.[37] Auch wenn eine differenziertere Sicht auf die curricularen Themenfelder und vor allem auf die Vielzahl an Religionsbüchern dieses pauschale Urteil deutlich relativiert, bleibt eine Randstellung christlicher Eschatologie im RU auch heute noch unübersehbares Faktum. Das wundert insofern, als die religionsdidaktische Literatur – wie die beiden eben bedachten Studien zeigen – sich seit den 90er Jahren verstärkt der eschatologischen Thematik angenommen hat.

Im Kontext seines bibeldidaktisch narrativen Lernansatzes versucht z.B. Ingo Baldermann über »Entdeckungen mit Kindern in den Evangelien« »Grundworte der Osterüberlieferung zu erschließen und die Auferstehung lernen« zu lassen.[38] 1992 stellen sich W. Bukowski und M. Forysch

37 *Werner H. Ritter,* Religiöse Bildung ohne »zukünftige Welt«?, in: *Heinrich Bedford-Strohm* (Hg.), »… und das Leben der zukünftigen Welt«. Von Auferstehung und Jüngstem Gericht, Neukirchen-Vluyn 2007, 114–134, bes. 115; vgl. dazu auch *Werner H. Ritter,* Fehlt die Eschatologie in heutiger religiöser Bildung?, in: *Lars Bednorz u.a.* (Hg.), Religion braucht Bildung – Bildung braucht Religion. FS H.F. Rupp. Würzburg 2009, 311–324, bes. 311.

38 *Ingo Baldermann*, Gottes Reich – Hoffnung für Kinder, Neukirchen-Vluyn (1991) ^{3}1996, 138ff und *ders.*, Einführung in die biblische Didaktik, Darmstadt 1996, 198ff.

»schwierigen Themen für den Religionsunterricht in der Sekundarstufe I« und thematisieren u.a. »Ewiges Leben«, »Himmel und Hölle« und »Jüngstes Gericht«. Ein Jahr später äußert sich P. Biehl im JRP über »Zukunft und Hoffnung in religionspädagogischer Perspektive«, einer Vorarbeit zu seinem ausführlichen »Eschatologie«-Artikel im »Lexikon der Religionspädagogik« – für Biehl typisch in breiter systematisch-theologischer Grundlegung! Erwähnenswert in diesem exemplarischen Rückblick sind auch die Artikel »Tod – Auferstehung« von F.J. Nocke und »Hoffnung – Utopien – Reich Gottes« von H. Schröer im »Neuen Handbuch religionspädagogischer Grundbegriffe«[39] und schließlich die beiden bereits angesprochenen Aufsätze von W.H. Ritter, die in Ritters Artikeln »Hoffnung / Ewiges Leben« und »Reich Gottes« in dem Band »Theologische Schlüsselbegriffe« ansatzweise vorbedacht wurden.[40] Beispielhafte Umsetzung eschatologisch-didaktischer Überlegungen und Anregungen ins Medium Schulbuch beschert uns zu guter Letzt ein jüngst erschienenes »Evangelisches Religionsbuch für Realschulen« mit seinem gelungenen Kapitel »Jesus Christus – Leben im Horizont der Auferstehung«, das konzept- und aspektreich wichtige Elemente christlicher Eschatologie religionsunterrichtlich anbietet.[41]

Bei allem neu erweckten religionsdidaktischen Interesse an der Eschatologie ist allerdings nicht zu übersehen, dass sich derzeit kein einheitlich neues didaktisches Jenseitskonzept abzeichnet. Immerhin lassen sich in dem, was heute im Blick auf den RU eschatologisch (an)geboten wird, Spurenelemente von Jenseitskonzepten entdecken, die wir in den 50 Jahren eschatologisch-didaktischer Wandel-Geschichte kennengelernt haben und die zu lernen sich gelohnt hat und sich auch heute und künftighin lohnen wird. Das materialkerygmatische eschatologisch-dogmatische Vollprogramm muss in seinen einzelnen Topoi und Lehren daraufhin hinterfragt werden, was sie ihrer ursprünglichen Absicht nach an lebensförderlicher Kernbotschaft des Evangeliums enthalten und können unter diesem kritischen Maßstab zu elementarer Reduktion befreien. Die präsentische Eschatologie erinnert an die Gegenwartsrelevanz des eschatologischen Zukunftsglaubens, an »Auferstehungserfahrungen mitten im Leben« (F.-J. Nocke) und daran, dass der RU dafür gerade angesichts einer Fixierung allein auf die »Nachtod«-Dimension aufmerksam, sensibel und empfänglich machen kann. Die eschatologische Hermeneutik der politischen Theologie kann die Zukunftsmacht der Jenseitsvorstellungen öffnen und fruchtbar werden lassen als gesellschaftskritisches Movens

39 *Gottfried Bitter / Rudolf Englert / Gabriele Miller / Karl-Ernst Nipkow* (Hg.), Neues Handbuch religionspädagogischer Grundbegriffe, München 2002, 127–130 u. 131–134.

40 *Rainer Lachmann / Gottfried Adam / Werner H. Ritter*, Theologische Schlüsselbegriffe. Biblisch-systematisch-didaktisch (TLL1), Göttingen (1999) ²2004, 154–166 u. 293–299.

41 Mosaiksteine 9. Evangelisches Religionsbuch für Realschulen, hg. v. *Hans Bald / Bärbel Knappe / Martin Potoradi*, München 2008, 66–97.

für eine Welt im Verheißungs- und Hoffnungshorizont des Kommens Gottes. Und das problem- und erfahrungsorientiert korrelative Jenseitskonzept wird in methodischer Kreativität und Phantasie nach passfähigen Korrelationen zwischen den überlieferten Jenseitsvorstellungen des christlichen Glaubens und den Problemen, Fragen und Erfahrungen der Schülerinnen und Schüler suchen. Es wird dabei weder vor unvermittelbaren Kontrasterfahrungen zurückschrecken noch elementare Reduzierungen des überlieferten eschatologischen Lehrbestands scheuen, wenn dieser in dem einen oder anderen Lehrstück dem radikal elementaren Maßstab des Evangeliums, wie ihn 1Kor 13,8 formuliert, widerspricht – ein Maßstab, der auch und gerade für den Glaubens- und Hoffnungsbereich der Letzten Dinge gilt!

Dr. Rainer Lachmann ist Professor em. für Evangelische Theologie mit Schwerpunkt Religionspädagogik und Didaktik des Religionsunterrichts an der Universität Bamberg.

5.2

Uta Pohl-Patalong

Kaum zu glauben und doch so wichtig

Auferstehung als Thema im Religionsunterricht

»Auferstehung« gilt zu Recht als »schwieriges« Thema im Religionsunterricht. Noch stärker als bei Wundergeschichten muss mit Zweifel und Protest der Schülerinnen und Schüler gerechnet werden: Ist Jesus denn wirklich auferstanden? Die Anknüpfungspunkte zur Lebens- und Erfahrungswelt fehlen: Wer tot ist, ist doch tot. Der zu vermittelnde Gehalt des Themas ist alles andere als klar: Wie soll ich mir das denn konkret vorstellen mit der Auferstehung? Und nicht zuletzt lassen die Materialien speziell zum Thema Auferstehung zu wünschen übrig.
Gleichzeitig ist »Auferstehung« ein so zentraler Topos des christlichen Glaubens, dass er geradezu als religionsbegründend angesehen werden kann. Durch die Erfahrung der Auferstehung des gekreuzigten Jesus von Nazareth endete die Geschichte einer kleinen, lokal begrenzten Schar von Anhängerinnen und Anhängern nicht mit dem Tod ihres Meisters, sondern wurde zu einer Weltreligion. Und zu ihrer Überzeugungskraft hat offensichtlich die Hoffnung auf die eigene Auferstehung nach dem Tod wesentlich beigetragen (vgl. 1 Kor 15,16f).
Diese Diskrepanz fordert dazu heraus, über Auferstehung als Thema im Religionsunterricht neu nachzudenken. Voraussetzung dafür sind die Zugänge von Kindern und Jugendlichen heute zum Thema »Auferstehung« und ihre Vorstellungen, was nach dem Tod geschieht. Diese streife ich hier jedoch nur kurz, ebenso wie die gegenwärtigen religionspädagogischen Tendenzen zu diesem Thema, und konzentriere mich dann auf didaktische Überlegungen, die in einen methodischen Vorschlag münden.

1 Vorstellungen von Kindern und Jugendlichen

Auffallend selten sind bisher in empirischen Umfragen Jugendliche zu ihren Vorstellungen, was nach dem Tode kommt, befragt worden. Umso interessanter sind die Ergebnisse einer Umfrage des Magazins Chrismon:[1] Deutlich weniger Jugendliche als Erwachsene (und auch als SeniorInnen) halten die Auferstehung von den Toten für eine reine

1 Vgl. http://www.chrismon.de/auferstehung.pdf, Befragungzeitraum 11.01.–12.01. 2002, abgerufen am 20.10.2008.

Wunschvorstellung. Unter den 14–29-Jährigen sind 38% der Ansicht, dass die Seele weiterlebt, während der Körper stirbt. An eine Wiedergeburt glauben allerdings 12% der Jugendlichen, was deutlich über dem Bevölkerungsdurchschnitt von 6% liegt. Dass Leib und Seele im Jenseits neu erschaffen werden, was theologisch der »Ganztodtheorie« entspricht, glauben 5% der Befragten und auch 5% der Jugendlichen.

Dieses Ergebnis scheint zunächst den viel zitierten Diagnosen »Traditionsabbruch« und »Synkretismus« zu entsprechen. Jedoch ist zu berücksichtigen, dass diese Formulierungen von den Jugendlichen meist als abstrakte Lehrinhalte empfunden werden, deren Bejahung in dieser sprachlichen Fassung schwer fällt. Eine andere Studie, die die Lebensorientierungen von Berufsschülerinnen und Berufsschülern untersucht, trägt dem insofern Rechnung, als sie als Antwortmöglichkeiten ein Spektrum zwischen vollständiger Negation und vollständiger Zustimmung anbietet.[2] Diese zeigt, dass ca. 70% der befragten Jugendlichen sich nicht vorstellen können, dass nach dem Tod »einfach nichts« ist. Allerdings sind die Vorstellungen des »nicht Nichts« sehr vage und sehr heterogen. Ob man dann nach dem Tod Gott begegnet bzw. – bei muslimischen Jugendlichen – Allah, ob man im Paradies lebt oder die Seele irgendwie schwebt, darauf will sich nur eine Minderheit festlegen. Dies gilt übrigens für muslimische Jugendliche ebenso wie für christlich geprägte.

Kinder werden in der Regel nicht befragt, sondern gebeten, ihre Vorstellungen von dem »Danach« des Todes zu malen. Entwicklungspsychologisch geht man davon aus, dass sich eine Vorstellung davon, was der Tod in seiner Radikalität bedeutet, erst allmählich herausbildet, was sich entsprechend auf die Frage nach der Auferstehung auswirkt. Dennoch haben Kinder selbstverständlich Vorstellungen, wie es nach dem Tode mit Verstorbenen weitergeht. Dabei ziehen sich folgende Erkenntnisse durch die verschiedenen Studien hindurch:[3]

- Ähnlich und noch ausgeprägter als bei den Umfragen unter Jugendlichen zeigen die Bilder die Hoffnung, dass nach dem Tod nicht nichts ist, sondern etwas.
- Dieses Etwas ist positiv qualifiziert und wird häufig mit Gott in Beziehung gesetzt.
- Die Bilder der Kinder beinhalten Elemente der christlichen Auferstehungshoffnung, entsprechen ihr jedoch nicht im klassischen dogmatischen Sinne. In ihnen zeigt sich eine Tendenz zum »ewigen Leben ohne Auferstehung«.

2 Vgl. *Andreas Feige / Carsten Gennerich,* Lebensorientierungen Jugendlicher. Alltagsethik, Moral und Religion in der Wahrnehmung von Berufsschülerinnen und -schülern in Deutschland, Münster u.a. 2008.

3 Vgl. beispielsweise *Martina Plieth,* Kind und Tod. Zum Umgang mit kindlichen Schreckensvorstellungen und Hoffnungsbildern, Neukirchen-Vluyn [2]2002 oder *Brigitte Völlering,* Sterben und Tod in Kinderzeichnungen, Grundschule 11/2003, 30–33.

- Sie sind deutlich von Erfahrungen und Beziehungen beeinflusst, wie die im Anschluss an das Malen der Bilder vorgenommenen Interviews bestätigen.

Mit dieser Situation ist die Religionspädagogik heute konfrontiert. Sie ist einerseits die Voraussetzung, die religionspädagogisches Arbeiten vorfindet, andererseits ist sie aber auch ihre Konsequenz, denn selbstverständlich ist der Religionsunterricht nach wie vor eine wichtige Quelle religiöser Vorstellungen.

2 Religionspädagogische Tendenzen

In der Religionspädagogik zeigt sich gegenwärtig ein interessantes Bild: Einen regelrechten Boom erlebt das Thema »Tod und Sterben«. Wissenschaftliche Veröffentlichungen zu dem Thema sind zu lesen, zahlreiche Unterrichtsentwürfe und Fortbildungen dazu, wie man mit Kindern und Jugendlichen die Endlichkeit des Menschseins und vor allem die konkrete Konfrontation mit dem Tod bearbeiten kann, werden nachgefragt. Ein Indiz für dieses breite Interesse an dem Thema ist der Kinderbuchmarkt, der in den letzten Jahren diverse Bücher zu Tod und Sterben hervorgebracht hat. Auffälligerweise zeigt sich dabei jedoch eine ausgeprägte Zurückhaltung in der Frage, was denn die Menschen oder Tiere nach ihrem Tod erwartet. Häufig bemühen sich die Bücher zwar um eine Hoffnungsperspektive dergestalt, dass es mit den Toten nicht ganz aus ist. Es verbleibt jedoch in der Regel dabei, dass es mit ihnen »irgendwie« weiter geht – so wie es für die Lebenden nach und mit der Trauer ebenfalls weitergeht. Nicht immer, aber immerhin in einigen Büchern ist dabei auch von der Geborgenheit bei Gott die Rede, zumindest als eine Perspektive, an die manche Menschen glauben. Von »Auferstehung« wird dabei jedoch kaum gesprochen. Schon gar nicht wird gefragt oder geantwortet, worauf sich denn die Hoffnung gründet, dass mit dem Tode nicht alles aus ist.

Ähnlich gehen die (weniger zahlreich vorhandenen) Unterrichtsmaterialien für den Religionsunterricht das Thema an. Auch bei ihnen nimmt das Thema des »Danach« gegenüber der breiten Bearbeitung der Themen Tod und Sterben deutlich weniger Raum ein.[4]

4 So bearbeitet beispielsweise bei dem Entwurf von *Helmut Möditzer*, Sterben – Tod – Auferstehung. Eine Lernstraße für den Religionsunterricht im 9./10. Schuljahr, Calwer Materialien. Anregungen und Kopiervorlagen, Stuttgart ^{2}2007 nur eine von 19 Stationen das Thema. Eine Ausnahme bildet der Entwurf in: Religion Unterrichtsmaterialien Sek. I: Tod und Auferstehung für die 9./10. Jahrgangsstufe, der die Thematik breit und religionspädagogisch sehr sinnvoll behandelt.

3 Religionsdidaktische Konsequenzen

Was bedeuten diese Erkenntnisse – sowohl hinsichtlich der Vorstellungen der Schülerinnen und Schüler als auch der religionsdidaktischen Tendenzen nun für die Wahrnehmung und Bearbeitung der Auferstehungsthematik im Religionsunterricht?

3.1 Auferstehung als Thema für den Religionsunterricht entdecken

Dass das Thema im Religionsunterricht nicht leicht zu behandeln ist, ist keinesfalls zu leugnen. Diese Wahrnehmung kann aber gerade als Ausgangspunkt dienen, einer solchen Herausforderung eine umso größere Aufmerksamkeit zu widmen. Ein konstruktiver Ansatzpunkt dafür ist die Tatsache, dass die Religionspädagogik in den letzten Jahrzehnten das Thema »Tod und Sterben« intensiv bearbeitet. Denn Auferstehung lässt sich nicht sinnvoll thematisieren, ohne sich dem Tod mit seinem Schrecken zu stellen und ihn in seiner Bedeutung für das eigene Leben auszuloten.

Nur vor diesem Hintergrund kann dann Auferstehung im Sinne einer »Auferweckung« als Tat Gottes gegen die Logik des Todes thematisiert werden. Dabei scheint es mir essentiell, sowohl die Auferstehung Christi als Grund der Hoffnung über den Tod hinaus als auch die Auferstehung von Menschen als Voraussetzung eines Seins nach dem Tode gleichermaßen zu thematisieren und in ihrer unlösbaren Verbindung zu begreifen (»Denn wenn die Toten nicht auferstehen, so ist Christus auch nicht auferstanden. Ist Christus aber nicht auferstanden, so ist euer Glaube nichtig«, 1 Kor 15,16f).

Dies entspricht auch der Thematisierung von Auferstehung im Neuen Testament, das ja nicht von der Auferstehung Jesu an sich spricht, sondern von den Konsequenzen für die Existenz der Anhängerinnen und Anhänger Jesu. Die Zeuginnen und Zeugen geben die Auferstehung des Einen als Erfahrung weiter, die ihr Leben hier und heute verändert. Zugleich qualifizieren sie diese Erfahrung als so einzigartig, dass sie das Leben und Sterben aller Menschen neu wahrnehmen lässt.[5] Damit gehören die Auferstehung des Einen und die Auferstehung der Vielen unlösbar zusammen – und sind auch religionspädagogisch in diesem Zusammenhang zu vermitteln.

3.2 Die Vorstellungen von Schülerinnen und Schülern wertschätzen

Die überwiegende Mehrheit der Schülerinnen und Schüler kann sich nicht vorstellen, dass nach dem Tod »nichts« ist. Ihre Hoffnung, dass es danach irgendwie weitergeht, ist sicherlich häufig vage und speist sich

5 Vgl. *Helga Kuhlmann*, Leib-Leben theologisch denken. Reflexionen zur Theologischen Anthropologie (INPUT Bd. 2), Münster 2004, 34.

synkretistisch aus unterschiedlichen Quellen. Hervorzuheben ist jedoch, dass diese jenseitige Hoffnung fast durchweg positiv qualifiziert ist: Vorstellungen früherer Generationen von Höllenschlunden und Bestrafungsszenarien sind kaum noch vorhanden. Dies entspricht der christlichen Botschaft von der rechtfertigenden Liebe Gottes, von der uns auch der Tod nicht scheiden kann (Röm 8,38f), weitaus mehr als aufrechnende unbarmherzige Szenarien. Eine weitere wesentliche Hoffnungsdimension ist die personale Identität der Verstorbenen, die ebenfalls biblischer Überzeugung entspricht. Dennoch behält der Tod seinen Schrecken, und die Hoffnung auf ein Leben danach wird nicht seicht und selbstverständlich. Die Bilder der Kinder zeigen in ihrer Eindringlichkeit, zum Teil auch in ihrer Gebrochenheit, dass das Leben nach dem Tod nicht erwartbar, nicht »eben mal so« geschieht, sondern ein unerhörtes Geschehen ist. Auch die Äußerungen von Jugendlichen zeigen deutliche Suchbewegungen in Richtung Transzendenz. Ihre vorsichtigen, zögernden und eher im Modus der Negation auszudrückenden Vorstellungen können durchaus als Gespür dafür gedeutet werden, dass das, was nach dem Tod kommt, in »normal menschlichen« Erfahrungsdimensionen nicht zu erfassen und in alltagssprachlichen Formulierungen nicht auszudrücken ist.

Religionsdidaktisch sollte dieses Gespür ernst genommen und bei diesem angesetzt werden. Der Religionsunterricht sollte – im Sinne einer Theologie von und mit Kindern und Jugendlichen – zunächst einen Raum dafür bieten, die eigenen auch noch so vagen und diffusen Vorstellungen von dem, was nach dem Tod kommen könnte, bei sich wahrzunehmen, zu äußern und dann weiterzuentwickeln und zu vertiefen. Zu unterstützen sind dabei die religionsdidaktischen Tendenzen, von Auferstehung in Gleichnissen und Bildern zu sprechen und die Kinder und Jugendlichen zur Entwicklung eigener Bilder zu ermutigen. Pädagogisch wird hier gelegentlich eine deutliche Trennung zwischen Kindern und Jugendlichen eingezogen, die auch in den empirischen Zugängen erkennbar wurde: Bei Jugendlichen endet die Bildhaftigkeit, man wechselt auf die kognitive Ebene und wird begrifflich. Damit werden Bilder indirekt als »Kinderkram« vermittelt, der einem erwachsen werdenden Menschen und seinem Glauben nicht entspricht. Dies erscheint mir gerade im Blick auf das Thema Auferstehung fatal, weil es fast nur noch die Kritik führen kann, wenn man sich vor die Wahl zwischen begrifflicher Eindeutigkeit und Ablehnung gestellt sieht. Auch mit Jugendlichen sollte daher an Bildern von Auferstehung gearbeitet werden, wie es auch den biblischen Texten entspricht.

3.3 Zweifel und Kritik als zum Thema gehörend verstehen

Schülerinnen und Schüler sind heute wesentlich weniger als frühere Generationen bereit, Auferstehung als Lehrinhalt hinzunehmen und kritiklos zu glauben. Dies muss religionsdidaktisch nicht schrecken, sondern kann als zum Thema gehörend verstanden werden. Umgekehrt wäre es fraglich, ob der Inhalt in seiner Radikalität überhaupt »angekommen« ist, wenn Zweifel, Kritik und Protest ausbleiben würden. Denn die Rede von der Auferstehung der Toten widerspricht definitiv allen Erfahrungsgehalten und aller naturwissenschaftlich orientierten Vernunft: »Dass er auferstanden ist, wie mehrere übereinstimmend behaupten, und dass dies ihr Leben vor dem Tod grundlegend zum Guten hin verändert habe und ihnen und allen außerdem noch ein Leben nach dem Tod verheiße, klingt sehr merkwürdig, sehr unplausibel, unfasslich, damals wie heute … Von der Bedeutung der Auferstehung kann nur gleichnishaft gesprochen werden. Der Klang, in dem die ›neue Wirklichkeit‹ mitgeteilt wird, bleibt jedoch nach üblichen Maßstäben schräg, fremd, unrealistisch.«[6]

Es wäre theologisch unangemessen und im Blick auf die Schülerinnen und Schüler fatal, wenn der Religionsunterricht diese Dimension überspringen würde. Auferstehung kann in ihrer Sprengkraft, die die erwartbare weltliche Logik konterkariert, nur erfasst werden, wenn sie als gerade nicht logisch, sich nicht nahtlos in die Erfahrung einfügend dargestellt wird. Insofern erscheinen mir religionsdidaktische Versuche, Auferstehung mit Vorgängen in der Natur wie das Abwerfen der Blätter und das Wachsen neuer oder auch das Saatkorn, das in die Erde gelegt wird und aus dem Neues wächst, wenig hilfreich.

Religionsdidaktisch wird der Zweifel dann zur Chance, wenn es gelingt, ihn nicht als Anfrage der Vernunft *gegen* die christliche Überzeugung bzw. die biblische Botschaft zu begreifen, sondern als ihr inhärente Perspektive. Die biblischen Auferstehungserzählungen in den Evangelien thematisieren ja die Ungeheuerlichkeit der Auferstehung als Gegensatz zu allem Erwartbaren selbst. Angesichts des starken Überlieferungsstranges von Erschrecken, Abwehr und Skepsis wäre es erstaunlich und dem Inhalt wenig angemessen, wenn wir 2000 Jahre später auf vorbehaltlose Einstimmung in ein Geschehen, das jede innerweltliche Logik sprengt, zielen würden. Aus theologischen wie aus pädagogischen Gründen sollte der Geheimnischarakter des Geschehens, das wir Auferstehung nennen, deutlich werden. Ein rational nachvollziehbares Verstehen von Auferstehung entspricht nicht dem Gegenstand und kann nicht Ziel religionspädagogischer Bemühungen sein.

3.4 Die Vorstellungen vom »Danach« auf ihre Konsequenzen hin befragen

Für den Glauben an die Auferstehung gilt das Gleiche wie für den christlichen Glauben insgesamt: Sie kann nur bezeugt oder bekannt, nicht aber bewiesen oder historisch belegt werden. Sie ist daher Gegenstand des christlichen Bekenntnisses, das immer nur freiwillig in eigener Erkenntnis formuliert werden und nie Gegenstand von operatio-

6 *Kuhlmann*, Leib-Leben (Anm. 5), 33f.

nalisierten Lernzielen sein kann. Im Religionsunterricht der staatlichen Schule verbietet es sich zudem sowieso, Bekenntnisinhalte zu Lernzielen zu machen. Ziel der Beschäftigung mit dem Thema Auferstehung im Religionsunterricht kann es also nicht sein, den Glauben der Schülerinnen und Schüler an die Auferstehung zu bewirken.

Sehr wohl können – und sollten – allerdings die Konsequenzen reflektiert werden, die sich aus den jeweiligen Vorstellungen und Glaubensinhalten ergeben. Welche Vorstellungen, Hoffnungen, Bilder helfen den Einzelnen in ihrem Leben und in der Konfrontation mit ihrem Tod, mit dem anderer und mit ihrem eigenen? Was trägt? Welche Konsequenzen hat es, wenn jemand (nur) in der Erinnerung derjenigen, die ihn geliebt haben, weiterlebt? Welche Verantwortung bürdet dies ihnen auf? Und was bedeutet dies für die Menschen, die sterben, ohne dass ihnen jemand nahe steht? Welche Konsequenzen hat es wiederum, an die Unsterblichkeit der Seele zu glauben, wenn das, was Menschen als ihre »Seele« empfinden, durch traumatische Erlebnisse oder gewalttätige Ereignisse schwer verletzt worden ist? Ebenso müssen diese Fragen an den Glauben an eine Wiedergeburt gestellt werden: Was bedeutet es für das Bild des Menschen und für sein Lebensgefühl, immer wieder geboren werden zu müssen, bis man das gelernt hat, was man lernen sollte, und seine Bestimmung erfüllt hat? Wie wirkt sich dieser Glaube auf den Umgang mit eigenen und fremden Leiden aus? Was bedeutet dies für das Widerstandspotential und das Engagement für eine gerechte Welt, auf der alle gut leben können?

Selbstverständlich müssen diese kritischen Rückfragen auch an die christliche Auferstehungshoffnung gestellt werden. Dabei kann auf traditionelle religionskritische Anfragen zurückgegriffen werden: Die Auferstehung negiere das Diesseits, sie verhindere das Engagement in der Welt, sie erzeuge Illusionen und bestärke ungerechte Machtordnungen in der Gesellschaft. Diese Kritik kann vor dem Hintergrund der biblischen Botschaft von der Auferstehung bearbeitet werden, so dass die Differenz zwischen dem Auferstehungsglauben an sich und seinen Verzerrungen deutlich wird.

Für die Relevanz des christlichen Glaubens an die Auferweckung der Toten durch Gott scheint mir wesentlich, dass Gott einerseits die personale Identität der Verstorbenen garantiert, andererseits aber zusagt, dass das Unabgegoltene, das Fragmentarische, das Unheile des Diesseits bei ihm heil wird. Die Opfer bleiben nicht Opfer, die Verletzten und Versehrten bleiben nicht versehrt. Gewalt und Leiden haben nicht das letzte Wort, sondern werden in der freien Tat Gottes, ohne eigene Anstrengung oder Fähigkeiten in der Auferweckung besiegt. Dies erscheint mir wesentlich vor allem im Blick auf die, die aus der Situation des Leidens, des Scheiterns, des Nichtheilseins dem Tode entgegenblicken. Aber auch aus anderen Perspektiven führt die Auferstehungshoffnung zu einem Leben, das sich nicht hier vollenden muss, das nicht verzweifelt nach Großartigkeit und Bedeutung suchen muss, sondern Gelassenheit und

Vertrauen, dass ein Anderer das letzte Wort haben wird, entwickeln kann.
Dies kann gerade für Jugendliche heute wichtig sein. Denn es tritt den gegenwärtigen Tendenzen entgegen, alles Wesentliche und auch das entscheidende Ziel ihres Lebens in ihre eigene Verantwortung zu legen und aus ihrem Leben ein heiles, großartiges und erfolgreiches Ganzes zu machen. Wenn jemand anderes ihnen zusagt, sie aus den Fragmenten ihres Lebens zu einer Ganzheit aufzuerwecken und dies unverdienten Geschenkcharakter hat, kann dies ein anderes Lebensgefühl bewirken. Im Blick auf den Tod von nahe stehenden Menschen halte ich es für Kinder und Jugendliche, aber auch für Erwachsene für wesentlich, dass es nicht an ihnen und ihrer Erinnerungskraft hängt, ob jemand im Gedächtnis weiter existiert. Sie werden nicht nur getröstet, sondern auch entlastet, indem Gott zusagt, die Verantwortung für die künftige Existenz der Verstorbenen zu übernehmen.

3.5 Biblische Auferstehungserzählungen als didaktische Grundlage wählen

Didaktisch erscheint es mir dabei sinnvoll, einen Schwerpunkt auf die biblischen Auferstehungserzählungen zu legen. In der Auseinandersetzung mit ihnen können die Schülerinnen und Schüler Entdeckungen machen und Erkenntnisse gewinnen, ohne auf Bekenntnisformulierungen festgelegt zu werden oder sich im Modus des Entweder-oder für oder gegen den Glauben an die Auferstehung entscheiden zu müssen. Dafür sind methodische Zugänge hilfreich, die die subjektive Auseinandersetzung auf der Grundlage eigener Erfahrungen fördern, diese jedoch mit den biblischen Traditionen in eine deutliche Beziehung setzen, um an dem »Fremden« das »Eigene« zu reiben und weiterzuentwickeln. Neben anderen Zugängen wie Bibliodrama, Bibeltheater oder die Arbeit mit biblischen Erzählfiguren eignet sich dafür besonders der Bibliolog, der einen sinnvollen Kern einer Unterrichtseinheit zum Thema »Auferstehung« darstellen kann.

4 Ein Bibliolog zur Begegnung zwischen dem Jünger Thomas und dem auferstandenen Jesus

Bibliolog bezeichnet einen im europäischen Raum relativ neuen, aber sich seit einigen Jahren rasch verbreitenden Weg, biblische Texte dadurch auszulegen, dass man durch Identifikation mit biblischen Gestalten die »Leerstellen« oder »Zwischenräume« der Texte füllt.[7] Erfunden oder

7 Vgl. grundlegend zum Bibliolog *Uta Pohl-Patalong*, Bibliolog. Impulse für Gottesdienst, Gemeinde und Schule. Band 1: Grundformen, Stuttgart 2009. Bibliolog im Unterricht oder in der Gemeinde durchzuführen lässt sich allerdings nicht durch

vielleicht besser entdeckt wurde der Bibliolog von dem jüdischen Amerikaner Peter Pitzele auf dem Hintergrund seiner psychodramatischen und literaturwissenschaftlichen Kenntnisse. Er steht im Kontext rabbinischer Hermeneutik als moderne Form des Midrasch, nach der die Texte der Tora durch kreative Füllung ihrer Lücken ausgelegt werden können. Die rabbinische Hermeneutik unterscheidet zwischen dem »schwarzen Feuer«, dem Buchstabengehalt der biblischen Texte, und dem »weißen Feuer« als dem Raum zwischen den Worten. Die Begegnung mit dem »weißen Feuer« der Zwischenräume bietet besondere Chancen, die Geschichten der Bibel für heute lebendig und bedeutsam für das eigene Leben werden zu lassen.

Konkret bedeutet dies, dass die Leitung in die Situation einer biblischen Geschichte einführt und die Fantasie der Schülerinnen und Schüler zu dieser Situation anregt. Dabei fließen in historisch-kritischer Arbeit gewonnene sozialgeschichtliche Informationen ein. An einer Stelle mit deutlichem »weißen Feuer« liest die Leitung einen Satz oder einen kurzen Abschnitt. Er weist den Schülerinnen und Schülern eine Rolle aus dem biblischen Text zu, spricht sie in dieser an und stellt ihnen die an dieser Textstelle offen bleibenden Fragen.

Ein Bibliolog zur Begegnung zwischen dem Jünger Thomas und dem auferstandenen Jesus führt zunächst in die Situation der Jüngerinnen und Jünger nach dem Tod Jesu ein. Während der Zeit mit Jesus hatte er öfter davon gesprochen, dass er sterben, dann aber auferstehen würde. Aber ob die, die mit ihm durchs Land zogen, es gehört, verstanden und geglaubt haben? War dafür Raum in dieser dichten Zeit mit Jesus? War das zu verstehen und zu glauben? Wie war das für Thomas, der ihn einmal ganz direkt gefragt hatte (Joh 14,5): »Herr, wir wissen nicht, wo du hingehst; wie können wir den Weg wissen?«

Wie auch immer – drei Tage nach seinem Tod erscheint Jesus. Er kommt durch die geschlossene Tür, tritt mitten unter die Jüngerinnen und Jünger und vermittelt ihnen den Heiligen Geist. Aber einer fehlt – Thomas, wie es in Joh 20,24 heißt: »Thomas aber, der Zwilling genannt wird, einer der Zwölf, war nicht bei ihnen, als Jesus kam.«

Die erste Frage geht dann an Thomas: »Ihr seid Thomas. Thomas, wo warst du, während die anderen Jünger alle zusammen in einem Haus waren und die Türen fest verschlossen hatten aus Angst, wie es heißt. Warum musstest oder warum wolltest du weg?«

Einige mögliche Antworten: »Ich musste mal raus. Ich habe es nicht mehr ausgehalten in dieser Enge. Alle so verzweifelt, nur noch Trauer.« – »Ich habe etwas zu essen besorgt. Alle anderen sind in ihrer Trauer versunken, und jemand muss doch dafür sorgen, dass es irgendwie weitergeht.« – »Ich bin zum Grab gelaufen. Ich wollte sehen, ob er noch da ist.«

bloße Lektüre lernen, sondern erfordert eine fünftägige Fortbildung (alle Termine zu finden unter www.bibliolog.de).

Dann wird Joh 20,25a gelesen: »Da sagten die anderen Jünger zu ihm: Wir haben den Herrn gesehen«, und die anderen Jünger kommen zu Wort: »Ihr seid einer der anderen Jünger, Philippus. Philippus, du sagst zu deinem Mitjünger ganz schlicht: Wir haben den Herrn gesehen. Philippus, wie sagst du das? Was schwingt bei deinen Worten alles mit?«

Einige mögliche Antworten: »Na, Freude, riesige Freude! Wir haben den Herrn gesehen, Halleluja!« – »Wenn ich ehrlich bin, schwingt da auch ein bisschen Triumph mit, weil ich da war und er nicht. Zum Glück war ich da!« – »Thomas tut mir richtig Leid. Er hat für uns eingekauft und gemeinerweise das Wichtigste verpasst. Hätte Jesus das nicht ein bisschen besser timen können?«

Als Reaktion des Thomas heißt es dann (Joh 20, 25b): »Wenn ich nicht in seinen Händen die Nägelmale sehe und meinen Finger in die Nägelmale lege und meine Hand in seine Seite lege, kann ich nicht glauben.« Dieser wird noch einmal gefragt: »Ihr seid noch einmal Thomas. Thomas, du hast gerade diese Worte gesagt: ›Wenn ich nicht in seinen Händen die Nägelmale sehe und meinen Finger in die Nägelmale lege und meine Hand in seine Seite lege, kann ich nicht glauben.‹ Thomas, was bewegt dich jetzt, nachdem du das gesagt hast?«

Einige mögliche Antworten: »Ich glaub' doch nicht alles, die können mir viel erzählen! Ich habe einen eigenen Kopf, eigene Augen im Kopf, die will ich benutzen!« – »Au weia, jetzt habe ich mich ganz schön festgelegt. Wenn er jetzt nicht noch mal kommt, kann ich nicht glauben, ohne mein Gesicht zu verlieren!« – »Ich kann nichts dafür, dass er gerade dann gekommen ist, wenn ich nicht da bin – und wenn wir ihm alle wichtig sind, dann kommt er noch mal.«

Im weiteren Verlauf kann dann die so auffällig offen bleibende Frage, ob Thomas nun wirklich seine Hand in seine Seite legt oder nicht, thematisiert werden. Abschließend können noch einmal die anderen Jüngerinnen und Jünger befragt werden, wie sie jetzt zu Jesus und zu seiner Auferstehung denken.

Dr. Uta Pohl-Patalong ist Professorin für Praktische Theologie an der Universität Kiel.

5.3

Elisabeth Naurath

»Um Himmels willen …!«

Mit Kindern im Religionsunterricht über das irdische Leben und Sterben hinausfragen*

Die siebenjährige Lisa fragt sich jeden Abend, wenn sie in ihrem Bett liegt, wo ihr Opa nun sein mag, nachdem er vor kurzem gestorben ist. Da ihre Eltern nicht mit ihr darüber reden wollen, malt sie sich in ihrer Fantasie aus, dass er nun irgendwo im Weltall sein muss. Neulich hat sie im Fernsehen einen Film über die Unendlichkeit des Universums gesehen. Nun weiß sie, dass der Himmel weiter als das sichtbare Blau reicht. Sie stellt sich vor, dass man nach dem Tod irgendwie in der Unendlichkeit der Sterne und Galaxien umherschwebt. Doch der Gedanke, dass nach dem Tod der Kontakt zur Erde und zu allen Menschen verloren geht, beängstigt sie auch sehr. Schnell versucht sie, solche Gedanken zu verscheuchen. In diesem Moment merkt sie immer, dass sie auf etwas anderes, etwas Besseres hofft.

Himmel und Erde sind sowohl ontogenetisch (für die Entwicklung des einzelnen Menschen) als auch phylogenetisch (für die Entwicklung des Menschheitsgeschlechts) die beiden Pole, die Transzendenz und Immanenz, Wirklichkeit und Möglichkeit umschreiben. Sowohl die Weite des Himmels als auch die Herrlichkeit der Gestirne wurden – seit der Mensch glauben und denken kann – mit dem Göttlichen assoziiert: »In nahezu allen Religionen galt der Himmel als die Wohnstatt der Götter, und was an ihm geschah, wurde oft als schicksalhaft verstanden in seiner Bedeutung für die irdische menschliche Existenz mit ihren Hoffnungen und Ängsten.«[1] Dass hierbei die »Oben-Unten-Polarität (…) eine universalhistorische, weil überzeitliche Anschauungsform religiösen Bewusstseins«[2] darstellt, konnte in empirischen Untersuchungen psychogenetisch nicht widerlegt werden. Auch wenn Altersangaben – wie obige Vorstellung von Lisa zeigt – nicht eindeutig sind, gilt gemeinhin, dass die Himmelssymbolik bis ins Grundschulalter nicht zwischen ›heaven‹ (dem Himmel als göttlichen Ort) und ›sky‹ (dem Himmel als lokalem Ort) unterscheidet. Erst wenn wissenschaftliche Welt(all)vorstellungen neben die religiöse Symbolwelt treten – was durch den Einfluss der Medien immer früher geschieht –, wird das so genannte Stadium hybrider

* Die Abbildungen S. 221 und S. 223 finden sich in Farbe im Anhang (S. 274).

1 *Dirk Evers*, Heute vom Himmel reden, KatBl 132 (2007), 407–411, hier: 407.

2 *Reto Luzius Fetz*, Die Entwicklung der Himmelssymbolik. Ein Beispiel genetischer Semiologie, in: JRP 2, Neukirchen-Vluyn 1985, 206–214, hier: 213.

Himmelssymbolik erreicht, in dem der überirdische Himmel mit dem Weltall der Physik in Verbindung gebracht werden muss. Am Parameter ›Himmel‹ macht sich daher nicht nur das Weltbild, sondern das über den Tod hinaus fragende Menschenbild Heranwachsender fest. Insofern steht der Religionsunterricht vor einer didaktischen Herausforderung, denn – wie das Beispiel der siebenjährigen Lisa zeigt – manche Kinder wollen aufgrund einer persönlichen Betroffenheit bzw. der Beschäftigung mit Sterben und Tod über die irdische Wirklichkeit hinausfragen.

1 Verheißung neuen Lebens nach dem Tod: ein didaktisches Problem!

Grundsätzlich stellt sich angesichts eines ›Rechts des Kindes auf religiöse Bildung‹[3] die Frage nach einer altersgemäßen Vermittlung christlicher Jenseitshoffnung. Ein Blick in Grundschullehrpläne spiegelt ein Ringen um angemessene Zielsetzungen wider: »Die Kinder sollen nacherleben, wie durch das Ostergeschehen die Trauer der Jünger schwindet und Freude ihr Leben erfüllt. Ihre dunklen Erfahrungen werden durch helle und fröhliche Ostererfahrungen abgelöst. (…) Im Nachempfinden der persönlichen Beziehung eines Jüngers zu Jesus sollen sie die Osterfreude der Jünger kennen lernen und bereit werden, etwas von dieser Freude zum Ausdruck zu bringen.«[4] Doch wie – ›um Himmels willen‹ – soll das didaktisch gelingen? Soll nun am Beispiel christlichen Auferstehungsglaubens eine bestimmte emotionale Reaktion vorgeschrieben werden? Meines Erachtens wäre dies ein didaktischer Alptraum! Wegweisender scheint hier ein an Kompetenzen orientiertes Kerncurriculum, das vom didaktischen Prinzip des Fragens und Entdeckens ausgeht und die Inhalte des Religionsunterrichts an die Wahrnehmungs-, Deutungs-, Kommunikations- und Gestaltungskompetenz der Schüler und Schülerinnen rückbinden will. Der eschatologischen Leitfrage nach dem Menschen folgend, heißt es beispielsweise für das 3./4. Schuljahr: »Die Schülerinnen und Schüler »deuten biblische Hoffnungsbilder als Zusage, dass Leben und Tod in Gottes Hand liegen, und als Verheißung neuen Lebens nach dem Tod. (…) (Sie, E.N) können Anteil an Freude und Trauer nehmen und verfügen über entsprechende Zeichen der Zuwendung.«[5]
Doch auch mit dieser Vorgabe ist nicht wirklich geklärt, wie unterrichtspraktisch mit diesem offensichtlichen Kernthema christlichen Glaubens ›Verheißung neuen Lebens nach dem Tod‹ umzugehen ist. So zeigen Gespräche und Umfragen mit Religionslehrkräften, dass derart transzendenzbezogene Themen – vergleichbar mit den Wundergeschichten –

3 Vgl. *Friedrich Schweitzer*, Das Recht des Kindes auf Religion, Gütersloh [2]2001.
4 *Bayerisches Staatsministerium für Unterricht und Kultus* (Hg.), Lehrplan für die Grundschule, München 2007, 61.
5 *Niedersächsisches Kultusministerium* (Hg.), Kerncurriculum für die Grundschule, Schuljahrgänge 1–4. Evangelische Religion, Hannover 2006, 14.

eher gemieden werden. Man begibt sich eben didaktisch nicht gern auf's Glatteis, sprich in ein metaphysisches Wolkenkuckucksheim. Und: Wäre es nicht auch theologisch angemessener, mit Psalm 131 zu sprechen: ›Ich gehe nicht um mit großen Dingen, die mir zu wunderbar sind‹? Ist die Frage vom Leben nach dem Tod nicht eine Nummer zu groß oder mehrere Tonlagen zu hoch, wie das bekannte Tonleiterbild des Komponisten Tom Johnson ›Himmlische Musik für nicht wirkliche Trompeten‹ zum Ausdruck bringt: mit einer Note, die er mit unübersehbar vielen Hilfslinien in die Tonleiter einzeichnet, will er sagen: Keine Trompete und auch kein anderes Musikinstrument könnte einen Ton in dieser ›himmlischen‹ Höhe spielen und kein menschliches Ohr ihn vernehmen. Wie sollen wir also über Dinge reden, die eigentlich unsagbar und unfassbar sind? Sollten wir uns nicht aus gutem Grund den realen Dingen zuwenden?

Auch in religionspädagogischer Hinsicht bleibt dieser Vorbehalt gegenüber eschatologischen Themen für die Grundschulpädagogik mit dem Hinweis auf entwicklungspsychologische Bedingungen aktuell: Kann die Begegnung mit der christlichen Auferstehungsbotschaft angesichts der noch nicht abgeschlossenen Entwicklung eines Todeskonzepts[6] für die kindliche Identitätsbildung überhaupt sinnvoll sein?[7]

2 Eschatologie – ein verdrängtes Thema?

Die klassische Bestimmung der ›Lehre von den letzten Dingen‹, also die Eschatologie, wird in der Religionspädagogik auffallend marginalisiert. Ein Blick in die Fachliteratur zeigt, dass die Themen Tod und Sterben, Trauern und Trösten in der Literatur gegenwärtig einen so breiten Raum einnehmen, dass man geradezu von einem Boom sprechen kann. Demgegenüber könnte man angesichts des Desiderats an konzeptionellen Überlegungen oder Unterrichtsmaterialien geradezu von einem ›eschatologischen Loch‹ sprechen. Sollten auch Religionslehrkräfte an religiöse Vorstellungen der Gegenwartskultur anknüpfen, die die Frage der Postmortalität als ›terra incognita‹ – als ein unentdecktes Land – tabuisieren? Und geschähe dies nicht im Kontext eines theologischen Profils neuzeitlicher christlicher Eschatologie in ihrem auffälligen Bemühen, auf der sicheren Seite zu bleiben?[8] So forderte Rudolf Bultmann im

6 Gemeinhin wird ein ausgebildetes Todeskonzept gegen Ende der Grundschulzeit (mit ungefähr 10 Jahren) angenommen, wenn die Kriterien ›Nonfunktionalität, Irreversibilität, Universalität und Kausalität‹ den Tod charakterisieren.

7 Vgl. *Godwin Lämmermann*, Über den Tod reden mit Grundschulkindern? Elemente einer didaktischen Analyse zum Thema, EvErz 45 (1993) 655–667.

8 So stellte beispielsweise Schleiermacher die von der Sünde getrübte menschliche Vorstellungskraft angesichts eines Zustands ungetrübter Gottesgemeinschaft deutlich in Frage – vgl. *Friedrich Schleiermacher*, Der christliche Glaube (^{2}1830/1831), hg. von *Martin Redeker*, Berlin 1960 u.ö., §§ 157–163. Vgl. dazu *Bernd Oberdorfer*,

Zuge seines Entmythologisierungsprogramms, dass der Gläubige darauf verzichten müsse, die Zukunft, die Gott im Tode schenkt, auszumalen, denn »die christliche Hoffnung weiß, dass sie hofft, sie weiß aber nicht, was sie hofft.«[9] Demnach müssen wir heute von einer radikalen Verdiesseitigung des Denkens und Empfindens ausgehen. Das heißt: Heute und hier unternimmt man eher den Versuch, den Himmel ›auf die Erde zu holen‹. Vollmundig versprechen die Medien vorzeitig das ›Blaue vom Himmel‹ und garantieren, dass wir uns mittels esoterischer Wellness-Programme, Fernreisen oder Alkohol schon hier wie im siebten Himmel fühlen könnten. So sind beispielsweise mediale Werbestrategien längst auf den kommerziell vielversprechenden Clou gekommen, die Himmelssehnsucht der Menschen zu bedienen.
Während die Volksfrömmigkeit in früheren Zeiten im Blick auf die Eschatologie eine deutliche Tendenz zur Jenseitsvertröstung und damit Weltflucht zeigte – dies zeigt sich beispielweise an Kirchenliedern, die vom Elend des irdischen Jammertals und der ›Freudensonne im Paradeis‹ singen –, versuchen wir heute geistesgeschichtlich, den Himmel leer zu räumen und genussreich auf die Erde zu transportieren. Beim Projekt ›Entzauberung des Himmels‹ zeigte sich nicht zuletzt die neuzeitliche Theologie als Weggefährtin: Galt es doch, aus gutem Grund den zum Teil mit großen Ängsten belasteten Jenseitsglauben zu entmythologisieren. Entscheidend aber war, dass die Fragezeichen zur Vorstellung einer unsterblichen Seele im Kontext naturwissenschaftlicher Erkenntnisse nicht mehr zu leugnen waren – wollte man sich im interdisziplinären Diskurs nicht ins Abseits manövrieren. So war es nur plausibel zu betonen: Mit dem Tod ist das vorfindliche, irdische Leben aus – Punkt!
Es gibt keine Zweifel an der radikalen Endlichkeit des Menschen! Keine unsterbliche Seele wird den toten Körper verlassen, so betont evangelische Dogmatik seit der dialektischen Theologie. Zu Recht, denn hierin wird auf der Basis des biblischen Menschenbildes deutliche Kritik an einer dualistischen Leib-Seele-Trennung artikuliert. Vom Menschen kann nur als psychophysischer Einheit gesprochen werden, und in dieser ist er mit seinem Ableben ›vollständig tot‹. Mit dieser so genannten ›Ganztodtheorie‹, die selbstverständlich nicht das letzte Wort hat, sondern vielmehr nach christlichem Glauben auf die leibseelische Neuschöpfung durch Gott hofft, kam theologisch zum Ausdruck, dass der Tod sich eben – nach einem Wort von Ludwig Feuerbach – nicht als Pferdewechsel auf einer weitergehenden Reise verstehen lässt. Die deutliche Benennung des Todes als Zäsur unterliegt dann jedoch der Gefahr, in eine eschatologische Sprach- und Bildlosigkeit zu führen, frei nach dem Motto: ›sie hofft, weiß aber nicht, was sie hofft.‹

Schleiermacher on Eschatology and Resurrection, in: *Ted Peters u.a.* (Hg.), Resurrection, Grand Rapids u.a. 2002, 165–182.

9 *Rudolf Bultmann*, Das Christentum im Rahmen der antiken Religionen, Zürich ^{2}1954, 227f.

Doch was trägt eine Theologie aus, die nichts mehr zu sagen weiß, weil sie nichts zu denken wagt? Kein Wunder, dass Isolde Karle in ihrer Untersuchung von einer Remythologisierungswelle in der gegenwärtigen Gesellschaft spricht, denn: »Offenbar sehnen sich viele Menschen nach *konkreten Bildern der Hoffnung,* nach etwas, das das (...) immanente Dasein in all seiner Brüchigkeit und Fragwürdigkeit heilsam relativiert.«[10] Wo jedoch Bedürfnisse und Sehnsüchte der religiösen Gegenwartskultur unerfüllt bleiben, wird der leer geräumte Himmel quasi durch die esoterische Hintertür mit pseudoreligiösen Bildern wieder aufgefüllt. Das aber bedeutet, dass christliche Eschatologie ein relevantes Thema religiöser Bildung ist, dass ›das Ende aller Dinge‹ – wie Immanuel Kant es in einer kleinen Schrift nannte – eben nicht himmelweit vom Leben heutiger Kinder und Jugendlicher entfernt ist, sondern vielmehr den Himmel, den das Leben auf Erden braucht, zur Sprache bringen kann.

3 Eschatologische Deutungsmuster von Grundschulkindern

Da Kinder bei der Beschäftigung mit den Themen ›Leben und Tod‹ nicht nur nach dem ›Woher?‹, sondern auch nach dem ›Wohin?‹ fragen, kann die Eschatologie als grundlegender Topos religiöser Bildung konstatiert werden. Insofern geht es bei der Frage nach dem ›ewigen Leben‹ um eine kategoriale Frage. Das Letzte wird zugleich das Letztgültige sein. Das, was zuletzt zählt, gibt damit dem Vorletzten sein Vorzeichen und ist insofern von entscheidender Lebensrelevanz. Mathematisch liegt der Wert eben darin, ob das Ergebnis einer Rechnung ein Plus oder ein Minus trägt. In theologischer Perspektive bedeutet dies, dass die Hoffnung, aus der wir leben, unser ›In der Welt sein‹ im Hier und Jetzt bestimmt: »Der Himmel symbolisiert als transzendenter Bereich die Verdoppelung der Welt, er eröffnet eine neue Perspektive auf die irdische Wirklichkeit.«[11] Dies gilt auch, wenn die christlich-theologischen Deutungen zum ewigen Leben, angefangen beim antiken Weltbild bis zum neuzeitlichen Verständnis äußerst heterogen sind und sich letztlich einer strikten Dogmatisierung sperren.[12] Da das Thema eschatologischer Aussagen die zwar unverfügbare, aber zugleich unbedingt angehende Zukunft ist, kommt zu ihrer didaktischen Relevanz die kindertheologische Verifizierung, dass die Kinder von sich aus nach dem ›Leben nach dem Tod fragen‹ und ihre eigenen Vorstellungen entwickeln. Insofern bewegen wir uns quasi in einem didaktischen Paradies! Es gilt daher, konkret die

10 *Isolde Karle,* Erzählen Sie mir was vom Jenseits. Die Bedeutung des Himmels für die religiöse Kommunikation, EvTh 65 (2005), 334–349, hier: 335.
11 Ebd., 339.
12 Vgl. *Bernhard Lang / Colleen MacDannell*, Der Himmel. Eine Kulturgeschichte des ewigen Lebens, Frankfurt/M. 1990.

Eschatologie betreffende Fragen nicht länger zu marginalisieren, sondern als grundlegenden Topos religiöser Bildung aufzugreifen.
Allerdings kommen Religionslehrkräfte bei dem Themenbereich christlicher Eschatologie geradezu in ›Teufels Küche‹, wenn sie nach dem Schema ›die Kinder fragen, und die Lehrer antworten‹ vorgehen.[13] Ist das für Erwachsene überhaupt möglich, auf die Fragen nach dem Himmel *kindgerechte* Antworten zu finden? Vergleichbar den Verstehensbedingungen biblischer Texte können in hermeneutischer Hinsicht Deutungswege Erwachsener – insbesondere in Anknüpfung an Dogmatisierungen – nur schwer ›in Kinderschuhen‹ gegangen werden – und umgekehrt! Da sich die Frage nach dem ›ewigen Leben‹ weder empiristisch noch kognitivistisch klären lässt, heißt dies: Als Erwachsene *wissen* wir letztlich nicht mehr als ein Kind, auch wir können uns nur in Bildern und Deutungen, die freilich biblisch legitimiert und theologisch reflektiert sein sollten, annähern. Auf der Ebene der theologischen Reflexionskompetenz besteht so zwar durchaus eine Asymmetrie der Verstehensbedingungen zwischen Lehrenden und Lernenden, auf der Beziehungsebene unseres religiösen Fragens als Menschen vor Gott müssen wir jedoch eine deutliche Kurskorrektur vollziehen, indem Kinder als Subjekte ihres Glaubens wahr- und ernst genommen werden. Insofern bietet der für eine dezidiert subjektorientierte Religionspädagogik gegenwärtig vieldiskutierte Ansatz einer Kindertheologie[14] die überzeugende Chance, eschatologische Deutungsmuster von Kindern zu erforschen.
Nicht ohne den Hinweis auf ein weiterhin bestehendes Forschungsdesiderat sollen im Folgenden aus der Unterrichtspraxis entstandene Eindrücke anhand ausgewählter Kinderzeichnungen bzw. -deutungen Tendenzen kindlicher Himmelsvorstellungen bei Grundschulkindern markieren.

3.1 Himmelsvorstellungen – ein Kinderspiel!

Zunächst fällt auf, dass die kindliche Bebilderung des Himmels kein Problem darstellt:[15] Von ganz seltenen Ausnahmen abgesehen, steigen Grundschulkinder voller Phantasie und mit großem Engagement auf die Themenstellung ›ihres‹ Himmels ein und malen in hellen und bunten Farben eine fröhliche transzendente Wirklichkeit. Meist zeigen ihre

13 Problematisch erscheint mir beispielsweise diese Vorgehensweise bei: *Regina Radlbeck-Ossmann,* Wie sieht es im Himmel aus? Auf der Suche nach Antworten auf Kinderfragen, KatBl 124 (1999), 254–256.

14 Vgl. die seit 2002 erscheinenden Jahrbücher und Sonderbände: *Anton Bucher* u.a. (Hg.), Jahrbuch für Kindertheologie, Stuttgart 2002ff.

15 Vgl. hierzu auch die unterrichtspraktischen Erwägungen in: *Elisabeth Naurath / Bernd Oberdorfer*, ›Man kann überall hinfahren. Mit den Wolken. Die sind wie Autos.‹ – Das ewige Leben aus der Sicht von Grundschulkindern, in: *Gerhard Büttner* und *Martin Schreiner (Hg.),* ›Manche Sachen glaube ich nicht.‹ Mit Kindern das Glaubensbekenntnis erschließen. Jahrbuch der Kindertheologie. Sonderband, Stuttgart 2008, 188–201.

Himmelsvorstellungen die für das Grundschulalter typische lebensweltliche Assimilierung: in himmlische Sphären verlagertes irdisches Leben wie Straßen mit bunten Häusern, Autos, Menschen und Tieren. Nicht nur an den Farben, sondern auch an Accessoires wie Bonbons, Lutschern oder anderen Süßigkeiten lassen sich bei nahezu allen Kindern deutlich positive Projektionen erkennen. Auffallend zeigt sich in den Bildern, dass Kinder aus einem religiös sozialisierten Kontext häufiger religiöse Symbole wie das Kreuz oder auch Gott, Jesus und Engel mit deutlich anthropomorphen Zügen darstellen, während – wie folgende Kinderzeichnung deutlich zeigt – derartige religiöse Insignien bei wenig oder nicht religiös sozialisierten Kindern völlig fehlen können. Wie bereits diskutiert, zeigt sich in diesem Bild an der Darstellung der Gestirne beispielhaft, dass sich der räumliche wie auch der transzendente Ort des Himmels (sky and heaven) im Grundschulalter noch weitgehend vermischen. Dass allerdings erste kritische Anfragen hin zu einem hybriden Weltbild aufbrechen, macht folgendes Unterrichtsgespräch zu dieser Kinderzeichnung deutlich:[16]

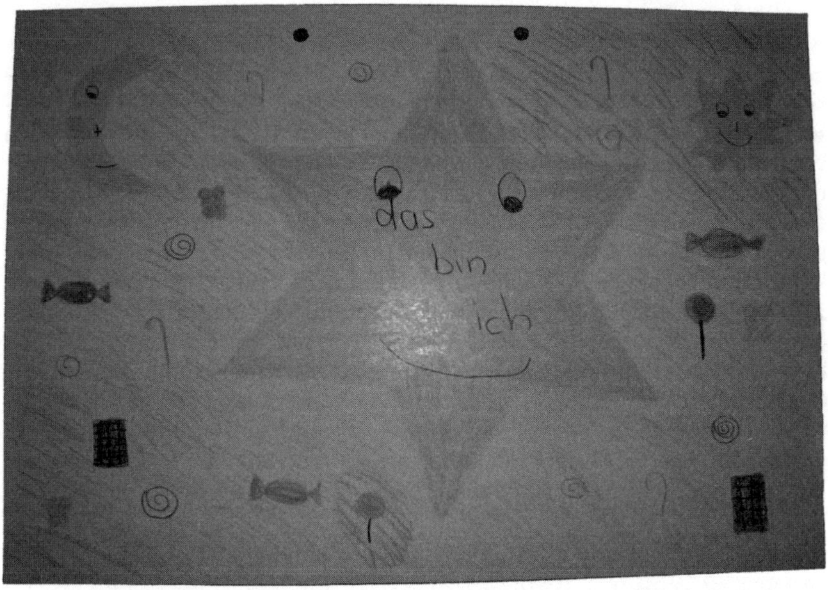

Sandra, Klasse 3, 9 Jahre alt, schreibt zu ihrem Bild: »Ich stelle mir vor, dass ich ein Stern bin und das, was um mich rum ist, alles ganz bunt ist und alles mit Süßigkeiten

16 Die folgenden Kinderzeichnungen zum Thema ›So stelle ich mir den Himmel vor‹ sowie videographierte und transkribierte Kinderäußerungen stammen aus der von mir betreuten, empirisch ausgerichteten Examensarbeit von Kristina Pulst zum Thema ›Himmelsvorstellungen von Grundschulkindern‹ (Wintersemester 2009/2010 im Fach Evangelische Religionslehre für das Lehramt Grundschule an der Universität Osnabrück).

voll ist. Natürlich habe ich auch viele Freunde, zum Beispiel Monde, Sterne, Sonnen und Sternschnuppen. Und dass, wenn man sich etwas wünscht, es gleich in Erfüllung geht. Schönes Leben.«

Ralf: Also ich habe eine Frage zu diesem Bild. Im Himmel schweben doch nicht immer ganz viel Süßigkeiten herum. (...)
Mathias: Stern könnte vielleicht sein, aber nicht mit Süßigkeiten. {lacht} ...
Ralf: Süßigkeiten auf dem Weg, aber da brechen die Wolken ein.
L: Du meinst, die Wolken brechen dann ein?
Viktor: Ja, das ist ja, weil da ist so ein Riesenstern am Himmel. (...)
L: Warum glaubst du denn, dass die Wolken einbrechen?
Ralf: Ja, weil es so schwer ist. (...)
Lars: Die Wolken sind sowieso nur aus Dampf und Wasser, da kann man gar nichts drauf legen.
K: Aber warum nicht?
Lars: Da fällt alles durch.
Sandra: Aber das ist doch in einer – Man darf sich doch vorstellen, was man möchte. (...) Und dann im neuen Leben gibt es ja vielleicht gar keine Wolken.

3.2 Mädchen und Jungen träumen sich einen anderen Himmel!

Auch wenn das Unterrichtsgespräch zu Sandras Bild nahelegt, dass Jungen eher (sowohl in lebensgeschichtlicher wie auch in religiöser Hinsicht) zu Himmelsvorstellungen neigen könnten, die mit ihren naturwissenschaftlichen Kenntnissen kompatibel sind, fehlen hierzu empirisch validierte Daten in größerem Umfang. Gesicherte geschlechtsspezifische Unterschiede lassen sich bislang nur in der Hinsicht machen, dass kindliche Himmelsbilder Lebenswelten assimilieren und insofern sozialisationsbedingte, nicht selten rollenspezifische Differenzen im Sinne einer kulturell vorgegebenen Zweigeschlechtlichkeit deutlich machen:
Jungs malen ewige Fußballspiele, in der die Fans begeistert Tor rufen, Mädchen malen eher Badeseen oder wie sie auf einer Wolke gemütlich lesen. Nicht selten finden sich auf Zeichnungen von Schülern technische Gegenstände wie Autos, Fahrräder, Gott auf einem Thron, während Schülerinnen Tiere (vor allem Pferde, Hunde und Katzen) und eher weiblich-attraktive Engel (beispielsweise mit Stöckelschuhen, die an Barbiepuppen erinnern) zeichnen.

3.3 Die Leiblichkeit der kindlichen Himmelsbilder

Die Bebilderung des Himmels geschieht bei Grundschulkindern aufgrund ihrer Denkentwicklung noch sehr konkret und damit körperbetont. Die in den Himmel projizierten Verstorbenen erscheinen in menschlicher Gestalt, zum Teil mit dezidiert transzendenten Merkmalen wie Engelsflügeln, Heiligenschein bzw. durchsichtigen Körperteilen oder unsichtbaren Luft-Füßen. Die Leiblichkeit ihres Zugangs zur Eschatologie ist authentisch und nicht selten mit einer emotionalen Deutung (Farben, Fröhlichkeit etc.) verbunden. Insofern bietet gerade dieser ›kinderleichte‹, leibbetonte Weg die Chance zur (interreligiösen[17]) Verständigung über eschatologische Heilsvorstellungen, indem einer Fixierung auf kognitiv-strukturelle Denkformen bzw. inhaltlich-dogmatische Festlegungen gewehrt wird. Auf der anderen Seite lässt sich gerade am Beispiel eschatologischer Vorstellungen die kindliche Entwicklung als Rationalisierungsprozess im Kontext einer dualistischen abendländischen Geschichte nachzeichnen. Die in der Volksfrömmigkeit – und erstaunlicherweise auch in vielen gegenwärtig publizierten Kinderbüchern – offensichtliche Vorstellung einer unsterblichen Seele, die den toten Körper verlässt, beeinflusst die kindliche Himmelsvorstellung.

Lena, Klasse 2, 8 Jahre alt

Lena: Das ist Gott und das sind die Seelen.
I: Und wer ist das in der Mitte?
Lena: Gott!
I: Oh und da ist die Sonne. Das heißt, der ist im Himmel, nicht wahr?
Lena: Ja.
I: Und wie ist Gott da einfach im Himmel? Der hat ja gar keine Flügel.
Lena: Nein, der kann sich einfach halten im Himmel.
I: Das ist ja schön. Und warum hast du die Seelen in dieser Farbe gemalt?
Lena: Weil die Seelen ja blutig sind, weil die aus dem Körper kommen.

17 Vgl. *Elisabeth Naurath*, ›Wer früher stirbt, ist länger tot?‹ – Was sich christliche und muslimische Kinder nach dem Tod erwarten, in: *Anton A. Bucher / Gerhard Büttner / Petra Freudenberger-Lötz / Martin Schreiner* (Hg.), »In den Himmel kommen nur die, die sich auch verstehen.« Wie Kinder über religiöse Differenz denken und sprechen. Jahrbuch für Kindertheologie 8, Stuttgart 2009, 60–70.

I: Und wieso hast du die Sonne dahin gemalt?
Lena: Weil die ein bisschen Licht da brauchen.

Wie an Lenas Bild deutlich wird, zeigt sich Gott in anthropomorpher Gestalt als Himmelswesen, während die unsterblichen Seelen der Verstorbenen einerseits körperlos (ohne menschliche Gestalt) und andererseits quasi wie aus dem Körper gerissen (blutig und rot) vorgestellt werden. Insofern lässt sich vermuten, dass die eschatologischen Vorstellungen von Grundschulkindern eine Entwicklung von leibbetont-konkreten zu eher abstrahierend-dualistischen Deutungen aufzeigt. Angesichts einer dezidierten Leiblichkeit biblischer Seelenvorstellungen markiert die kindertheologische Herangehensweise demnach ein kritisches Korrektiv zu eschatologischen Denkweisen, die implizit oder explizit von einer Leib-Seele-Trennung ausgehen. Insofern stellt die leibliche Konkretheit kindlicher Himmelsbilder eine Brückenfunktion zu eschatologischen Heilsweissagungen der Bibel dar: dass Gott alle Tränen abwischen wird, dass Löwe und Lamm in Frieden beieinander liegen oder dass es ein üppiges Festmahl geben wird, kann sich demnach konstruktiv als Hoffnungsbild mit der kindlichen, eher alltagsbezogenen Vorstellung verbinden und darüber hinaus wirken.

5.4

Martina Plieth

Vom Himmel, der ist, und vom Himmel, der kommt

Hoffnungspotentiale im Vorstellungselement des ›Himmlischen‹ bei Kindern*

Der Himmel, der ist, ist nicht der Himmel, der kommt,
wenn einst Himmel und Erde vergehen.
Der Himmel, der kommt, das ist der kommende Herr,
wenn die Herren der Erde gegangen.
Der Himmel, der kommt, das ist die Welt ohne Leid,
wo Gewalttat und Elend besiegt sind.
Der Himmel, der kommt, das ist die fröhliche Stadt
und der Gott mit dem Antlitz des Menschen.
Der Himmel, der kommt, grüßt schon die Erde,
die ist, wenn die Liebe das Leben verändert.
(EG 153,1-5 – Text Kurt Marti)

Wir sind Kinder des Himmels. So wie physiologisch zum Menschen die Fähigkeit zum aufrechten Gang gehört, so ist die Orientierung nach oben Teil unserer archetypischen Seelenausstattung. Der Himmel ist das ›Jenseits‹ schlechthin.«[1] – Die Gültigkeit des in diesem Zitat von Ulrich Sander zum Ausdruck gebrachten Grundsatzes von der Korrespondenz zwischen Himmel und Jenseits lässt sich anhand von Kinderbildern zum Thema ›Sterben, Tod und Trauer‹ anschaulich belegen. Insbesondere Mädchen und Jungen im Grundschulalter konturieren vorzugsweise ›Himmlisches‹ (Wolken, Sonne, Luft und mehr), wenn sie versuchen, eigene Bilder vom ›Todes-Danach‹ zu entwickeln. Der Himmel in seiner kosmisch-naturalen Form (›sky‹) ist dabei in aller Regel Ausgangspunkt für Überlegungen in Bezug auf Metaphysisch-Jenseitiges (›heaven‹); er wird zum einen als Teil immanenter Alltagswelt wahrgenommen bzw. dargestellt und zum anderen als Metapher für Transzendenz(bezüge) verwendet. Immer wieder kommen dabei Hoffnungspotentiale in den Blick, die aufbauend (›aufrichtend‹) wirken: Wer sich als Lebende/r dem Himmel nähert, lässt die irdische Welt mit ihren Begrenzungen und Einschränkungen ein Stück weit hinter sich und erfährt so Befreiung und

* Die im Text enthaltenen Abbildungen finden sich in Farbe im Anhang (S. 275–280).
1 *Ulrich Sander*, Vorwort, in: *Klaus Berger u.a.* (Hg.), Bilder des Himmels. Die Geschichte des Jenseits von der Bibel bis zur Gegenwart, Freiburg i.B. 2006, 6f. Siehe dazu auch *Isolde Karle,* »Erzählen Sie mir was vom Jenseits.« Die Bedeutung des Himmels für die religiöse Kommunikation, in: EvTh, 65. Jg., 5/2005, 334ff, 341: »Der Himmel ist das Ursymbol der Transzendenz.«

Horizonterweiterung; und wer als Verstorbene/r schlussendlich für immer ›in den Himmel kommt‹, um dort zu ›wohnen‹ (d.h. zu ›bleiben‹), erlebt einen radikalen Neubeginn und wird durch ihn auf einzigartige Weise ›verlebendigt‹. Aus ›toten Seelen‹ (›Schatten-Wesen‹) mit ›zerbrochenen Herzen‹, die ›tief unter der Erde‹ begraben (›isoliert‹) sind, werden so ›lebendige Seelen‹ (›Licht-Gestalten‹) mit ›heilen (ganzen) Herzen‹, die kommunizieren wollen und können.[2] Sie sind an Gemeinschaft und Austausch interessiert und erweisen sich als äußerst agil. – Dazu im Folgenden ein paar konkrete Bilder-Beispiele von Kindern im Alter von neun bis ca. elf Jahren, die im fächerübergreifenden Grundschulunterricht vierter Klassen entstanden sind:

Bild 1: ›Herzen, die zum Himmel fliegen‹ – Jan-Philip; 9 Jahre

»Wenn du tot gehst, kommst du unten in das Grab … In der Erde ist es nicht schön, da ist es dunkel und kalt. Aber die Herzen fliegen zum Himmel; sie fliegen nach oben zur Sonne und zu den Wolken. Da wird es warm und hell.«

Jan-Philip entwickelt sein Bild streng dichotom im Unten-Oben- bzw. Dunkel-Hell-Schema, verbleibt dabei aber im Bereich des rein Innerweltlichen: Wer stirbt (›tot geht‹), kommt zunächst einmal nach ganz ›unten‹. Er/sie gelangt in die Erde (den ›Mulm‹, in dessen Nähe Menschen ›mulmige‹ Gefühle entwickeln) und damit in den Bereich von Dunkelheit und Kälte (Bannung sowie Starre), d.h. in die Domäne des Todes. Erst die Vorstellung, dass dieser Umstand dadurch aufgehoben wird, dass ›die Herzen‹ (als Chiffre für die Seele verstanden) sich vom

2 Im Vordergrund steht dabei die Hoffnung auf vollumfängliche Wiederherstellung von Leibintegrität und Beziehungsvermögen. Die verlebendigten Seelen der Verstorbenen werden in der jenseitigen Welt als kommunikationsfähige ›Ganz-Personen‹ mit unveränderter Identität wahrgenommen; sie sind dort dem Bereich tödlicher Verhältnislosigkeit, die die Zeit ihrer Grabesexistenz bestimmt hat, für immer entkommen (bzw. ›entnommen‹) und können (wieder) uneingeschränkt am Leben anderer partizipieren sowie ihr eigenes Leben gestalten.

Körper im Grab lösen und zum Himmel fliegen, sich also aufsteigend von unten nach oben bzw. vom Dunklen zum Hellen verlagern, lässt Hoffnung aufkommen. Am bzw. im Himmel (bei der Sonne und den Wolken) gibt es für sie Licht und Wärme und damit die Möglichkeit neuen Lebens (Entwicklung/Bewegung). Transzendenzbezüge sind dabei nur bedingt zu erkennen. ›Überschritten‹ wird eigentlich nur ein Teilbereich weltimmanenter (Er-)Lebenswirklichkeit; der Himmel, der zukünftig kommend vorgestellt wird, ist hier letztlich ›nur‹ der Himmel, der jetzt bereits ist. Daran ändern auch die zahlreichen Kreuze im Innern der Grube nichts; sie sind keine eschatologisch besetzten Christus-Symbole, sondern bloße ›Todes-‹ bzw. ›Toten-Zeichen‹, die einen ›Todes-‹ oder ›Toten-Ort‹ markieren. Die im Grab befindlichen, durchsichtig (d.h. leicht) werdenden und so aufsteigenden Seelen-Herzen übernehmen ganz ähnliche Funktion; sie zeigen Leben und Lebendigkeit (rot = Emotionalität) – selbst mitten im Tod (der Grube) – an und verweisen auf innerweltlich vorhandene Energien.

Bild 2: ›Seelen leben in Luftblasen‹ – Lisa; 10 Jahre

»Also, ich habe eine Schnur gemalt, und die sieht man nur, wenn man gestorben ist. Die kann man dann hochgehen über den Himmel in so einer Luftblase, damit man auch Luft kriegt. Die wird durch die Sonne erwärmt, und ja, da schwimmen halt die Seelen drin rum.«

Auch Lisas Bild ist zweigeteilt; allerdings sind seine beiden Hälften eindeutig anders bestimmt als bei Jan-Philip; sie bilden eine klar erkennbare Spannungseinheit von Immanenz und Transzendenz: In der unteren Hälfte ist hier die Welt mit ihrem diesseitigen ›Unten‹ und ›Oben‹ dargestellt; es gibt ein Haus mit Garten, in dem sich ein Baum und eine Blume befinden, und einen Himmel, der ist, der durch eine gelbe Sonne und blaue Wolken markiert wird. In der oberen Hälfte befindet sich der

Himmel, der kommt, und das in ihm angesiedelte Kreuz verweist auf seine jenseitig-eschatologische Ausrichtung. Als Verbindungselement zwischen dem einen und dem anderen ›Oben‹ (dem ersten und dem zweiten Himmel) fungiert eine für Lebende unsichtbare Schnur, deren Existenz sich nur Verstorbenen erschließt; sie ist transzendent und immanent zugleich gedacht und könnte demgemäß als kondeszendent beschrieben werden, da sie als jenseitige Größe in den Bereich des Diesseitigen hineinreicht, ohne in ihm aufzugehen. – Bei den Seelen, die in einer Luftblase ›über den Himmel‹ (gemeint ist der weltimmanente erste Himmel, also der Himmel, der ist) ›hochsteigen‹, handelt es sich um nachtodlich verlebendigte Seelen mit gelöstem Gesichtsausdruck. Sie haben nach Aussage von Lisa die im Tod verloren gegangene ›Menschensansicht‹ zurückgewonnen und freuen sich nun über die damit verbundenen neu zu entdeckenden und zu entwickelnden Kommunikationsmöglichkeiten. Der Tatsache, dass sie dabei in gewisser Weise immer noch ihrer irdischen Existenz verhaftet sind, wird insofern Rechnung getragen, als ihnen bei ihrem Aufstieg bzw. Transitus eine ›Luftblase‹[3] zur Verfügung gestellt wird, die sie lebenserhaltend atmen lässt.

3 Diese Luftblase ist nicht von ungefähr wie eine herzförmige Wolke gestaltet. Viele Kinder malen Bilder, in denen der nachtodliche Aufstieg verlebendigter Seelen mit Hilfe von Herzen oder Wolken als Transportvehikeln vonstatten geht, und das, obwohl sie wissen, dass das eigentlich gar nicht möglich ist. Dazu ein besonders sprechendes Beispiel: Der neunjährige Alexander formuliert: »Da habe ich drei Menschen gemalt, die weinen, weil einer gestorben ist. Der heißt Anton, und der schwebt dann hier auf einer Wolke, weil ich denke, wenn man tot ist, kann man nicht einfach weg sein. Ich finde, dann lebt man im Himmel weiter … Na ja, das mit der Wolke stimmt vielleicht nicht. Aber ich finde, irgendwie muss man ja in den Himmel kommen.«

Bild 3: ›Die Gottestür‹ – Friederike; 9 Jahre

»Ich stelle es mir so vor, dass man nach der Beerdigung als Geist zu Gott schwebt und dort weiterlebt. Bei der Tür Gottes bleibt man dann und ist bei seinen Eltern, Kindern, Freunden und Verwandten und Großeltern. Die Gottestür geht nur auf, wenn jemand Neues zu den Toten kommt. Gott begrüßt ihn dann und wünscht ihm noch viel Glück. Ich hoffe, es geht ihnen allen dort oben gut ... Weil eben sozusagen der Körper unten bleibt, und dann schwebt nur ein Teil nach oben und also eben das Gesicht und noch irgend..., ja, die Seele, kann man so sagen. Und eben auch Gedanken, also noch so ein bisschen wie so ein paar Gedanken an die Menschen da unten, schweben noch mit. Aber sonst, das andere bleibt alles da unten liegen im Grab.«

Friederike bietet – ebenso wie Lisa – ein dichotom angelegtes Bild mit eindeutig immanenten und transzendenten Bezügen: In seiner unteren Hälfte, in der die Erde und der Himmel, der ist, (also die Dyade eines immanenten ›Unten‹ und ›Oben‹) vorkommen, werden eindrücklich trauernd Hinterbleibende dargestellt. Sie knien schwarz gekleidet an den Gräbern geliebter Verstorbener und beklagen weinend ihre erlittenen Verluste. In der oberen Hälfte des Bildes schweben fröhlich lachende ›Geister‹ – das sind für Friederike verlebendigte Verstorbene nach ihrer Beerdigung bzw. deren Gesichter und Seelen – aufwärts, um zu Gott zu gelangen und bei ihm zu bleiben. Sie streben zur so genannten ›Gottestür‹, hinter der der Himmel, der kommt, beginnt und Gemeinschaft ohne Begrenzungen und Einschränkungen gelebt werden kann. Letzteres ist von großer Bedeutung, denn ›wirklich gut‹ geht es allen ›dort oben im Himmel‹ erst dann, wenn die Ich-Einsamkeit des Todes im Grab (›unten‹) aufgehoben ist. Dass es dazu kommt, wird von Gott bewirkt; er fungiert als Garant dafür, dass das neue, ›himmlische‹ (Kollektiv-)Leben beginnen kann.[4]

4 Der hier entwickelte Gedanke wird sowohl von Mädchen als auch von Jungen vorgebracht. So äußert z.B. der zehnjährige Benjamin: »Wenn jemand stirbt, ist das

Bild 4: ›Das Regenbogentor‹ – Tobias; 10 Jahre

»Ich stell' mir den (Tod) folgendermaßen vor: Wenn ein Mensch stirbt, kommt er auf einen Weg, der ihn zu Gott führt. Am Ende des Weges leuchtet ein Farbenbogen wie ein Regenbogen, nur dass die Farben dort anders angeordnet sind: gelb, orange, rot, lila, grün, blau und wieder gelb. In der Mitte des Bogens befindet sich eine blaubraune Holztür. Die Farben des Lichtbogens scheinen auch zu beiden Seiten des Weges. Durch ein Loch in der Tür scheint gelbes Licht aus dem Raum hinter der Tür, wo Gott ist.«

Ganz so wie Friederike geht auch Tobias davon aus, dass eine Tür am Eingang zum Himmel, der kommt, zu finden ist. Sie wird zwar als ›blaubraune Holztür‹ bezeichnet und entspricht damit vielen anderen Türen in der menschlichen Alltagswelt, aber ihre sonstigen Attribute lassen ihre Einzigartigkeit erkennen: Um sie herum befindet sich ein Farbenbogen, der fast so aussieht wie ein Regenbogen – ›nur dass die Farben dort anders angeordnet sind‹. (Tobias spricht dementsprechend auch vom ›Regenbogentor‹.) Und durch ein Loch in ihrer Mitte ›scheint gelbes Licht aus dem Raum hinter der Tür, wo Gott ist‹. Im himmlischen ›Todes-Danach‹ gibt es also Vertrautes, das allerdings in ein neues Licht gerückt und dadurch verändert wird. Verantwortlich für die so entstehenden neuen Perspektiven zeichnet Gott, der sich ›im Raum hinter der Tür‹ befindet und durch seine (Raum-)Präsenz Lebendigkeit (leuchtende Farben, gelbes Licht) ermöglicht.

sehr traurig, weil man sich vielleicht nie wieder sieht. Ist ja einfach weg für einen … Aber vielleicht sieht man sich doch noch mal; ich glaub', wenn man oben in den Himmel kommt, dann sieht man alle wieder.«

Bild 5: ›Ohne Gesicht‹ – Katrin; 10 Jahre, 7 Monate

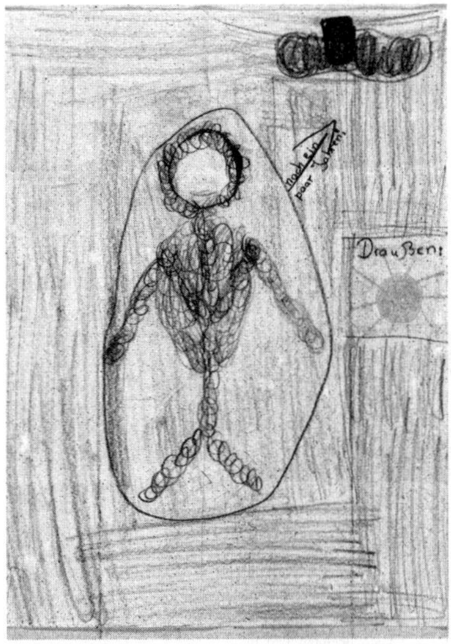

»Gesichter haben die Toten ja keine … Draußen bedeutet, dass es draußen schönes Wetter ist. Und im Grab es ganz dunkel ist. Nach ein paar Jahren bedeutet, dass der Tote unsichtbar in den Himmel kommt …Ein Toter hat kein Gesicht, weil er nichts mehr sieht.«

Das in vielen Kinderbildern zum ›Todes-Danach‹ vorkommende Unten-Oben-Schema wird mitunter auch durch die Draußen-Drinnen-Perspektive variiert bzw. erweitert. Katrin vergleicht z.B. die Bedingungen der Grabesexistenz (›drinnen‹) mit denen ›draußen‹ und kommt zu dem Schluss, dass es im Grab bei den Toten ganz dunkel ist, während in der Welt der Lebenden die Sonne scheint. Diese Diskrepanz wird durch den Hinweis darauf verstärkt, dass Tote keine Gesichter haben und nichts mehr sehen können. Selbst wenn die Dunkelheit um sie her aufgehoben würde, wären sie nicht in der Lage, das wahrzunehmen. Für Erwachsene klingt das selbstverständlich, da sie Toten ohnehin keine Sinneswahrnehmungen zusprechen; für Kinder im Grundschulalter, die davon ausgehen, das Tot-Sein eine geminderte Sonder-Form von Lebendig-Sein bedeutet (Tote werden als ›verdünnte Persönlichkeitsreste‹ vorgestellt)[5], ist dies eine Möglichkeit, die Leid auslösenden Begrenzungen und Beschränkungen des (Er-)Lebens von Verstorbenen zu konkretisieren. Für sie kommt es erst ›nach ein paar Jahren‹, wenn die toten Seelen ver-

5 Vgl. dazu *U. Itze / M. Plieth*, Tod und Leben. Mit Kindern in der Grundschule Hoffnung gestalten, Donauwörth 2002, 15f und die dazugehörige gleichnamige CD sowie *M. Plieth*, Kind und Tod. Zum Umgang mit kindlichen Schreckensvorstellungen und Hoffnungsbildern, Neukirchen-Vluyn [4]2009, 54ff.

lebendigt werden und ihr Grab verlassen, um zum Himmel aufzusteigen, zu einer vollständigen Restitution ihres ›tödlich‹ durcheinander gebrachten Lebensumfeldes und ihrer Fähigkeiten. Bis dahin ›haben die Toten‹ – wie Katrin es an anderer Stelle ausführt – ›nichts zum Lachen‹, aber sie können darauf hoffen, vollumfänglich ›befreit‹ zu werden und schließlich ›über die Wolken‹ (in den jenseitigen Himmel, der kommt) zu gelangen. Dort gibt es kein ›Drinnen‹ und ›Draußen‹ (keine quälenden Gegensätze des Diesseits) mehr.

Bild 6: ›Die Seelenengel‹ – Jennifer; 10 Jahre, 10 Monate

»Das Skelett liegt in der Erde, aber die Seele geht in den Himmel auf und wird dann zum Engel … Und im Himmel gibt es auch Musik. Da kannst du Leierkasten spielen (Gemeint ist die ›Lyra‹.). Da gibt es auch schöne Musik, sogar Techno.«

Auch in Jennifers Bild kommt die ›Drinnen-Draußen-Perspektive‹ zum Tragen; allerdings gibt es hier kein weltimmanentes ›Draußen‹, sondern ausschließlich das transzendent gedachte ›Draußen‹ des Himmels, der kommt. Dieser wird nicht irgendwo ›oben‹ angesiedelt, sondern gleich rechts neben dem Grab; er ist sehr hell (von Licht durchflutet) bzw. bietet viel Raum und steht damit in deutlichem Kontrast zur dunklen linken Bildhälfte, in der die beengte Situation des ›Eingesperrt-Seins‹ einer skelettierten Toten (Jennifer: ›Das bin ich selbst im Grab.‹) äußerst realistisch und detailgetreu veranschaulicht wird. Der blaue Pfeil in der Mitte des Bildes deutet die Entwicklungsrichtung im Geschick der Verstorbenen an: Ihre Seele kann nachtodlich das Grab verlassen, ›in den Himmel auf gehen‹ und dort in großer Freiheit (ohne irgend eine ›Drinnen-Draußen-Problematik‹) Musik machen bzw. Musik hören, also etwas Produktives (›Schönes‹) tun. Der Verweis auf den ›Leierkasten‹ und auf ›Techno‹ lässt erkennen, dass Jennifer ihren ›Jenseits-Himmel‹ mit diesseitigen, von außen an sie herangetragenen bzw. auf der Ebene persönlicher Erfahrung angesiedelten Vorstellungselementen füllt und ihn so vertraut/er erscheinen lässt; Unbekanntes wird mit Bekanntem verknüpft und auf diese Weise ›angenähert‹. – Besonders auffällig in Jennifers bildlicher Darstellung des ›Todes-Danachs‹ ist es, dass dem Skelett einer Toten (dem Skelett Jennifers?!) zwei gleich gestaltete ›Seelenengel‹ zugesellt werden, deren Physiognomie eindeutig der des malenden Mädchens entspricht. Deutbar wird dieser Umstand erst vor dem Hintergrund der Tatsache, dass Jennifer – nach Auskunft ihrer Eltern, ohne darüber aufgeklärt worden zu sein! – ein eineiiges Zwillingskind ist, dessen Schwester bereits während des Geburtsvorganges starb. Sie weiß angeblich nichts (zumindest nicht bewusst) von ihrem Zwilling, der ihr diesseitig nur vorgeburtlich begegnet ist, gestaltet ihn aber deutlich sichtbar (unbewusst?!) in ihrer Jenseitsprojektion nach und verkomplettiert so ihr durch Tod in doppelter Hinsicht (durch den Real-Verlust der Schwester und den angedachten Verlust des eigenen Lebens) versehrtes ›Diesseits-Ich‹. Der Himmel, der kommt, erscheint dabei – unabhängig vom tatsächlichen Grad des Nicht-Wissens bzw. Wissens von Jennifer – als ›Frei-Raum‹ für ›Ganzheitsvorstellungen‹, die über Alltägliches weit hinausführen.

Bild 7: ›Zerbrochene Herzen im Erdbebengebiet‹ (Bild I) – Ümit; 10 Jahre

Bild 8: ›Neue Herzen fliegen heim zu Allah‹ (Bild II) – Ümit; 10 Jahre

»Ich stelle mir vor, irgendwann wird hier ein Erdbeben passieren, und alle Menschen werden tot sein. Nach dem Erdbeben werden alle im Graben sein (gemeint ist ›im Grab sein‹), und der Gott wird dann ihre Herzen holen und neue Babys zum Leben erwachen (gemeint ist ›erwecken‹) … Das ist ein Hochhaus. Und da kippt ein Haus zu einem anderen Haus. Und da werden Scheiben kaputt, und werden alle Menschen kaputt – die kaputten Herzen.«

Ümit, ein Muslim, zeigt mit seinem Bild vom ›Todes-Danach‹ (Bild II), dass auch er darauf setzt, dass im Hier und Jetzt durch Tod Zerstörtes (Bild I) nachtodlich durch Transzendenzbezüge wieder hergestellt wird und so (neue) Ganzheit erlangt: Er zeichnet drei nebeneinander hingestreckte Menschen mit ›kaputten Herzen‹ und markiert deren ›tief unten‹ im Dunkeln der Erde befindliche ›Liegeplätze‹ mit Kreuzen. Auf diese Weise macht er (ohne jeglichen Christusbezug!) deutlich, dass es sich bei den Dargestellten um Tote (›Kaputte‹) in ihren Gräbern handelt. Über allen Grabstätten bzw. Verstorbenen befinden sich intakte Herzen, die keine Bruchlinien aufweisen. Sie sind ›ausgeheilt‹ und mit Flügeln ausgestattet, die es ihnen ermöglichen, von unten (aus der Todesdimension) nach oben (zum [neuen] Leben) aufzusteigen. Ob sie so in den Himmel, der ist, gelangen oder den Himmel, der kommt, erreichen, ist über das Bild als solches nicht zu erschließen; auf ihm gibt es nur eine Himmelsregion, die sowohl immanent als auch transzendent gedacht sein könnte. Ümits mündlich geäußerte Kommentare lassen jedoch klar erkennen, dass er ganz selbstverständlich davon ausgeht, dass Menschen nach ihrem Tod aufgrund göttlicher Fügung direkten Kontakt zu Gott haben und in seiner unmittelbaren Nähe (im Himmel, der kommt) ein neues, jenseitiges Zuhause finden. Dieses Zuhause (die ›himmlische Heimat‹) erscheint so attraktiv, dass der Aufstieg dorthin äußerst dynamisch und rasch vonstatten gehend vorgestellt wird: »Wenn die Herzen neu sind, dann fliegen sie heim zu Allah. Sie fliegen heim zu Allah – und das mit Schub.«

Bild 9: ›Leben nach dem Tod‹ – Annemarie; 10 Jahre, 2 Monate

»Ich hab' ein Leben nach dem Tod gemacht, so ganz viele Wolken und ganz viel Licht … Ich hatte kein Weiß, darum habe ich die Wolken grau gemalt … Ich schätze mal, wenn man stirbt, wenn man genau dann stirbt, dass der Geist in den Himmel kommt … Er schwebt … Und wenn man da so tot liegt oder sitzt oder irgendwas, dann kommt er einfach so raus und dann fliegt er so nach oben … Der Geist ist im Himmel … Vielleicht nicht genau da. (Annemarie zeigt in die Luft.) Nach unserer Erde ist ja auch noch ein Universum … Ja, so ungefähr … Ich mein, das wird dann auch sehr hell sein, wenn man dann z.B. ein anderes Leben bekommt … Ich glaub', vielleicht auch …, es könnte ja auch sein, dass es genau so wie hier ist, nur so'n bisschen anders.«

Annemarie konzentriert sich bei ihrer Darstellung des ›Todes-Danachs‹ auf den Bereich des ›Himmlischen‹ und zeichnet dementsprechend ›ganz viele Wolken und ganz viel Licht‹. Sie versucht, den ›Geist‹ eines Verstorbenen – und damit etwas ihrer Ansicht nach Nicht-Figürliches – gleichsam symbolisch durch eine Sonne mit ihren Strahlen nachzubilden. Dort, wo das Licht dieser ›Geist-Sonne‹ aufscheint, beginnt für jemanden, der gestorben ist, (s)ein anderes, transzendentes Leben. Wie dieses Leben im einzelnen aussehen wird und wo genau es stattfindet, bleibt ziemlich offen. Der Geist fliegt auf jeden Fall zunächst einmal nach oben und damit in den Himmel, der ist. Aber diese Lokalisierung im Bereich des rein Immanenten genügt Annemarie ganz offensichtlich nicht (›Der Geist ist im Himmel‹, aber vielleicht ›nicht genau da‹.). Sie kommt zu dem Schluss, dass der Himmel, den der Geist zuletzt erreicht (der transzendente Himmel, der kommt), nicht mit dem sichtbaren Firmament unserer Welt identisch sein kann, sondern irgendwo über diesem gelegen sein muss (›Nach unserer Erde ist ja auch noch ein Universum.‹). Wer ihn erreicht, bekommt ›ein anderes Leben‹. Dieses mag dem früheren irdischen Leben ähneln (›es könnte ja auch sein, dass es genauso wie hier ist, nur so'n bisschen anders‹), aber in ihm rückt auf jeden Fall alles bisher Gewesene in ein völlig neues Licht (›das wird dann auch sehr hell sein‹).

Bild 10: ›Grüne Seelen um roten Gott‹ – Andreas; 10 Jahre

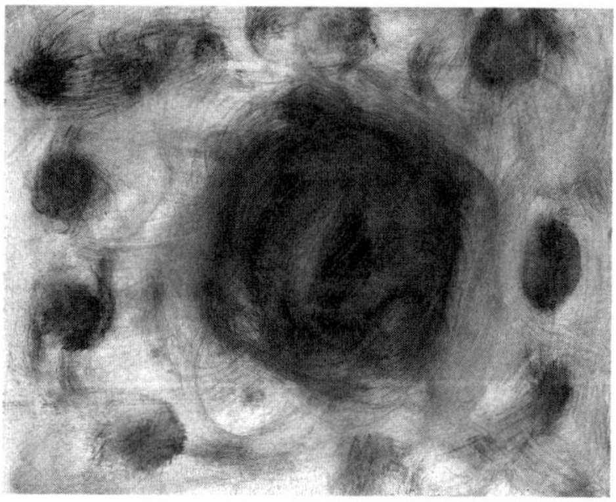

»Ja, also das ist mein Bild. Das in der Mitte soll Gott sein, und das in der Mitte (gemeint ist ›das um die Mitte herum‹) sind dann halt die Seelen von den (toten) Menschen, die schwirren drum rum … Im Himmel.«

Andreas entwirft sein Bild vom ›Todes-Danach‹, indem er – den Himmel, der ist (mit Wolken und Sonne) ausblendend – ausschließlich den Bereich des ›Transzendent-Himmlischen‹ (›hinter dem Wolken- und dem Raketenhimmel‹) fokussiert: Er malt das Miteinander von Gott und nachtodlich bei ihm angekommenen verlebendigten Seelen. Es ist seiner Überzeugung nach von großer Dynamik und hoher Emotionalität geprägt: Die grünen (hoffnungsfrohen?!) Seelen umkreisen den roten (liebenden?!) Gott; sie bewegen sich frei um ihn herum und sind doch auf ihn zentriert (auf ihre Mitte hin ausgerichtet). Der so dargestellte Himmel, der kommt, vermittelt zwar Orientierung und Halt, aber er engt nicht ein; er ermöglicht Bewegung als Ausdruck von Leben und Lebendigkeit. Für Andreas ist das ebenso wichtig wie die Vorstellung, dass dieser Himmel einen dort sein lässt, ›wo nichts Böses geschehen kann‹.

Bild 11: ›Der tote Himmel und der Paradieshimmel‹ – Sebastian; 10 Jahre

»Man hört auf zu leben und fängt neu wieder an … Der erste Baum ist ganz kahl, also, der hört auf und dann fängt er irgendwann wieder an zu blühen … Und darum ist der zweite Baum wieder mit Blättern gemacht … Man hört auf und fängt wieder an … Zwischen den Bäumen habe ich einfach nur eine Abgrenzung gemacht, und dann hab' ich halt so'n Grab hingemacht, und da liegt ein Toter drin. Dass der tot ist, sieht man, weil der den Mund so verzogen hat und weil er ganz schwarz angezogen ist … Er hat aufgehört zu leben, und dann fängt wieder was Neues an. Man steigt (Sebastian stockt und führt den begonnenen Satz anders als ursprünglich geplant fort.), dann steigt die Seele ja auch in den Himmel, und da fängt man dann halt ganz neu an zu leben. Da is' man dann im Paradies da. (Ich frage Sebastian nach der Bedeutung des doppelten Horizontes in seinem Bild.) … Das soll dann eigentlich der ›tote‹ Himmel sein und das dann der ›Paradieshimmel‹. (Sebastian zeigt zunächst auf den schwarzen und dann auf den gelben Querstreifen in der oberen Hälfte seines Bildes.) …Zu dem kahlen Baum gehört der schwarze Streifen und zu dem blühenden der gelbe … Das Kreuz, ja, das hab' ich einfach gemacht, weil Jesus ja auch am Kreuz gestorben ist … Ja das … (Sebastian zeigt auf den Kreis mit dem Punkt in der Mitte neben dem liegenden Kreuz), das gehört dazu; das ist so ein Zeichen von den Pfadfindern …, das heißt, ich hab' meine Aufgabe erfüllt und bin nach Hause gegangen … Vielleicht sagt das ja Jesus … Und darum ist das da unten (Sebastian weist auf den verdorrten und den grünenden Baum), darum ist das da unten auch wahr …«

Sebastian geht davon aus, dass nach dem Tod für Verstorbene bzw. für deren Seelen etwas völlig Neuartiges beginnt. Seine zentrale These lautet: »Die Seele steigt in den Himmel und beginnt dort neu zu leben.« Dabei ist eindeutig nicht an den Himmel, der ist, gedacht, sondern vielmehr an den Himmel, der kommt. Dieser wird zweigeteilt vorgestellt: Er besitzt eine erste dunkle und eine zweite helle Hälfte, die beide mit besonderen Namen versehen werden (Sebastian spricht vom ›toten‹ und vom

›Paradieshimmel‹.). In der ersten Hälfte, die als eine Art ›Zwischenhimmel‹ im Vorfeld des eigentlichen Himmels verstanden werden kann, haben die Seelen mit negativen Empfindungen zu kämpfen: Sie fühlen sich nach Auskunft von Sebastian desorientiert und frieren. In der zweiten Hälfte, in der Licht (und damit Orientierung) sowie Wärme vorhanden sind, entwickeln die Seelen ausschließlich positive Gefühle; sie ›blühen‹ – so wie der Baum in der rechten unteren Ecke des Bildes – regelrecht auf und ›fangen damit an, ›sich zu freuen‹. – Durch das liegende Kreuz im oberen Bildbereich (Sebastian wollte es aufgestellt malen, aber der Platz auf dem Zeichenblatt reichte dazu nicht aus.) und das daneben befindliche Ewigkeitssymbol (Kreis mit Punkt in der Mitte)[6] verknüpft Sebastian das ›Himmelsgeschick‹ Verstorbener mit dem Leben und Sterben Jesu Christi. Alles, was er darstellt, das Nacheinander von Tod und Leben im menschlichen Alltag bzw. von Trauer und Freude im ›toten‹ und im ›Paradieshimmel‹, ist für ihn ›wahr‹, weil Jesus, der Christus, nach seinem Sterben nicht im Tod (am Kreuz) geblieben ist, sondern ›nach Hause‹ (d.h. für Sebastian ›in den Himmel zu seinem Vater‹) gegangen (›aufgefahren‹) ist.

Wenn wir nun – unseren Überblick abschließend – versuchen, die zuvor beschriebenen Bilder in ihrer Gesamtheit zu kategorisieren bzw. zu charakterisieren, dann ergibt sich Folgendes: In allen präsentierten Darstellungen zum ›Todes-Danach‹ findet sich ein zweigeteiltes ›Nebeneinander‹ oder besser gesagt ›Übereinander‹ diesseitiger und jenseitiger Szenerien. Wir können nachgerade von einer »universellen Oben-unten-Unterscheidung zur Codierung von Immanenz-Transzendenz«[7] sprechen. Mit ihrer Hilfe entstehen ›Skizzen vom Himmel‹ mit konkreter Ausformung (Bild 1 bis 8) und solche mit eher abstrakter Prägung (Bild 9 bis

6 Dieses Ewigkeitssymbol, das Sebastian bei den Pfadfindern kennen gelernt hat, wird vor allen Dingen bei Geländespielen verwendet. Wer bei letzteren alle Aufgaben erfüllt hat, zeichnet einen Punkt in der Mitte eines Kreises in den Sand und setzt sein Namenskürzel hinzu. Mitspieler/innen, die das so entstandene Zeichen sehen, wissen, dass sie sich um den/die Unterzeichner/in keine Sorgen machen müssen. Bei ihnen kommt die Botschaft an: ›Ich habe alles erledigt und bin nach Hause ins Lager gegangen.‹ – Nicht von ungefähr taucht der Punkt mit Kreis auch auf dem Grabstein des Begründers der Pfadfindergesellschaft auf; er soll dort zum Ausdruck bringen, dass der Verstorbene davon überzeugt war, zum Zeitpunkt seines Zu-Ende-Sterbens all seine irdischen Aufgaben erfüllt zu haben und nachtodlich in die himmlische Herrlichkeit (›nach Hause‹) gehen zu dürfen.

7 *G. Büttner*, Mit Kindern und Jugendlichen über den Himmel sprechen, in: EvTh, 65. Jg., 5/2005, 366ff., 368. – Hier wird Bezug genommen auf *R.L. Fetz,* Die Entwicklung der Himmelssymbolik. Ein Beispiel genetischer Semiologie, in: Jahrbuch der Religionspädagogik (JRP), Bd. 2, hg. v. P. Biehl u.a., Neukirchen-Vluyn 1985, 206ff.

11). Sie enthalten Extrapolationen gewünschter oder glücklich erfahrener Existenz, die Vorstellungen von einem paradiesischen Alltag vermitteln, oder betonen die völlige Andersartigkeit des Himmels, der kommt, im Gegenüber zum Himmel, der ist. Dabei werden – so oder so – Hoffnungspotentiale angesprochen bzw. evoziert, die ihre Basis in den Stichworten ›Freiheit‹, ›Ganzheit‹ und ›Gemeinschaft‹ haben. Sie ermöglichen auf der einen Seite Ich-Stärkung und auf der anderen Seite Konsolidierung vorhandener Wir-Gefühle und sind auf diese Weise in doppelter Hinsicht entwicklungsförderlich. Letzteres sollte eigentlich dazu ermutigen, mit Kindern immer wieder neu in den in mancher Hinsicht schwierigen, aber vor allen Dingen spannenden Dialog (oder auch Polylog) über ›Sterben, Tod und Traurigkeit‹ bzw. die Möglichkeit eines ›Todes-Danachs‹ einzutreten. – Ausgangspunkt der dadurch entstehenden Gesprächssituationen kann durchaus der Blick auf den Himmel, der ist, sein. Er ist zwar anders als der Himmel, der kommt, aber er weist schon jetzt als dessen immanenter ›Vorbote‹ auf ihn als seinen transzendenten ›Nachfolger‹ hin. Und er kann sogar mit all seinen Diesseitsverflechtungen durch das himmlische Jenseits hier und heute verändert werden. ›Denn der Himmel, der kommt, grüßt schon die Erde, die ist, wenn die Liebe das Leben verändert.‹

Der Himmel geht über allen auf,
auf alle über, über allen auf.
Der Himmel geht über allen auf,
auf alle über, über allen auf.
(EG 611 – Text Wilhelm Willms)

Dr. Martina Plieth ist apl. Professorin für Praktische Theologie an der Universität Münster und arbeitet zur Zeit an der Universität Göttingen sowie an der Universität Bielefeld.

5.5

Elisabeth Hennecke

»Tod – und was dann?« Eschatologische Perspektiven in Kinderbüchern

Ein Literaturbericht in didaktischem Interesse

1 Problemanzeige

Die Auseinandersetzung mit dem Tod stellt für Kinder einen wichtigen Lernprozess dar. Anspruchsvolle Bilder- und Kinderbücher übernehmen dabei häufig die Funktion, mit der Todesrealität anfanghaft vertraut zu machen. Kinder erhalten Einblicke in Trauerprozesse und bekommen Hilfen, mit Verlust und Trauer leben zu lernen. Seit mehr als zwei Jahrzehnten gibt es eine Fülle von Kinderbüchern zu diesem Thema.[1]

Bei genauerer Betrachtung fällt auf, dass Vorstellungen eines »Todes-Danach« in den Büchern sehr verhalten oder gar nicht angesprochen werden. Wenn Kindern eine Perspektive, über den Tod hinaus zu denken, angeboten wird, findet sich häufig das Motiv vom *»Weiterleben in der Erinnerung«*. Es ist für Kinder sehr verständlich, gut nachvollziehbar und bietet auf der menschlichen Ebene ein sinnvolles und kindgemäßes Tröstungs- und Verarbeitungsangebot. Es erscheint offenbar unbedenklich, weil es weltanschaulich neutral ist. In manchen Büchern verwenden die Autorinnen und Autoren auch religiöse oder spirituelle Motive: So sind die »*Sterne*« oder das »*Licht*« gern gewählte Symbole, oder es werden »*Engel*« oder die »*Seele*« als Trauerbegleitung und Erinnerungshilfe angeboten. Sie werden jedoch kaum in einen christlichen Deutungszusammenhang hineingestellt. Bücher mit einer spezifisch christlichen Hoffnungsperspektive finden sich ausgesprochen selten, und noch seltener werden diese dezidiert eschatologisch ausgedeutet. Die Darstellung einer solchen Perspektive stößt offensichtlich auf Vorbehalte und gestaltet sich in ihrer Umsetzung als problematisch. Warum macht eine kindgemäße Rede von der über den Tod hinausreichenden christlichen Hoffnung derartige Schwierigkeiten?

- Es erfordert eine große Sensibilität und eine Kenntnis von kindlichen Denkmustern sowie deren emotionalen Voraussetzungen, um Kinder in ihren Denk- und Vorstellungshorizonten angemessen zu erreichen.[2]

1 Vgl. u.a. die Auflistung bei *Barbara Cramer,* Bist du jetzt ein Engel? Mit Kindern über Leben und Tod reden, Tübingen 2008, 243–279.

2 Vgl. *Werner Thiede*, Auferstehungshoffnung – ein Thema für Kinder und Jugendliche?, hg. v. der Gymnasialpädagogischen Materialstelle der Evang.-Luth. Kirche in Bayern, (Gelbe) Folge 1/2001, 21–42, 26.

- Eschatologische Hoffnungsperspektiven lassen sich nur in Bildern ausdrücken, die das Geheimnis letztlich auch nicht ausdrücken können. Dieses Unsagbare wird noch schwerer zu beschreiben, wenn es in eine kindgemäße Sprache gekleidet werden soll.
- Aus begründeter Vorsicht wird vermieden, Kinder mit leeren oder floskelhaften Vorstellungen vorschnell zu trösten oder mit missionarischen Aussagen ideologisch zu überfrachten.

Gleichwohl ist eine Auseinandersetzung mit christlichen Hoffnungsperspektiven für die Kinder wichtig:

- Kinder fragen mit zunehmendem Alter nicht nur nach dem Tod, sondern verlangen auch nach Erklärungen zu Vorstellungen über ihn hinaus.
- Dabei entwickeln sie eigene thanatologische Konstruktionen, die es durch geeignete religionspädagogische Impulse zu unterstützen gilt.[3]
- Besonders das ästhetische Medium des Kinderbuchs bietet gute Möglichkeiten, als »Erfahrungsspeicher«[4] und in Bildangeboten auch über den Tod hinaus zu denken.

Auf diesem Hintergrund ergibt sich das Anliegen, folgenden Fragestellungen genauer nachzugehen:

- Inwiefern eröffnen Kinderbücher ihren jungen Leserinnen und Lesern ein eschatologisches Angebot?
- Inwiefern verfolgen sie ein spezielles religionspädagogisches Interesse, von dem her sich die Bücher für einen Einsatz im Religionsunterricht anbieten?

2 Eschatologische Aussagen in zeitgemäßer Kinderliteratur

Die Kinder- und Bilderbücher, die eschatologische Hoffnungsperspektiven thematisieren, lassen sich in zwei Gruppen einteilen: In der ersten werden isolierte, ausgewählte Aspekte eschatologischer Hoffnungsbilder angedeutet, die im Kontext der Erzählung kaum vertieft werden. In der zweiten Gruppe werden Hoffnungsperspektiven aufgegriffen und literarisch, theologisch sowie didaktisch zu gestalten versucht.

3 Vgl. *Ulrich Kropač*, Auf einem Regenbogen in den Himmel klettern, religion heute 65/2006, 18–24; vgl. *Barbara Cramer,* Engel (Anm. 1), 52–55.

4 Vgl. *Martina Plieth*, Religiöse Vorstellungen in neueren Kinderbüchern zum Thema ›Sterben, Tod und Traurigkeit‹, in: *Jürgen Heumann* (Hg.), Über Gott und die Welt. Religion, Sinn und Werte im Kinder- und Jugendbuch, Frankfurt/M. 2005, 141–161: 141.

2.1 Bücher mit eschatologischen Anknüpfungspunkten[5]

In dieser Gruppe finden sich Bücher, die entweder in ihren Grundaussagen implizit oder an ausgewählten Stellen explizit eschatologische Aussagen thematisieren. Vielfach zeigen sie sehr kindgemäße und theologisch wertvolle Tröstungsangebote und Hoffnungsbilder, die es wert wären, aufgegriffen zu werden. Dieser Schritt der theologischen Ausdeutung oder Vertiefung müsste bei einem Einsatz des jeweiligen Buches im Religionsunterricht in einem zusätzlichen didaktischen Arrangement initiiert werden.

Sehr viele Bücher greifen auf das Bildangebot des *Himmel*s zurück.[6] Dabei wird zwischen dem physischen Himmel (»sky«) und dem metaphorischen Himmel (»heaven«) unterschieden, womit ein bei Kindern häufig auftretendes Missverständnis zu vermeiden versucht wird. Nur selten jedoch wird die metaphorische Bedeutung mit der Vorstellung von der Nähe Gottes in Verbindung gebracht. Dabei wäre die schlichte Übersetzung von Himmel als »Bei-Gott-Sein«[7] eine für Kinder durchaus angemessene Aussage. Zu deren theologischer Ausgestaltung könnten biblische Offenbarungsbilder angeboten werden, die sich dann von den Kindern in ihrer »thanatologischen Phantasie« weiter entwickeln ließen.

Eine andere Perspektive eröffnet das Buch »Und was kommt nach tausend?«[8] Anette Bley formuliert in ihm die Grundaussage, dass es Perspektiven gibt, die niemals aufhören. In der Bildsprache des Buches sind das die Zahlen, mit denen Lisa und ihr alter Freund Otto allerlei Gedankenspiele unternehmen. Als Otto stirbt, kann die Vorstellung, dass es etwas gibt, das nie aufhört, wie eben die Zahlenreihe, dem Mädchen ein adäquates Tröstungsangebot machen, das sie gut mit dem alten Mann in Verbindung bringen kann. Denn »das mit Otto … ist (so), wie mit den Zahlen: er ist einfach in uns drin und hört niemals auf.«[9] Religionspädagogisch wäre hier die Perspektive der »Ewigkeit« ausbaubar, eingebettet in ein Verständnis von Gott als »kontinuierlichem« (creatio continua) und »prinzipiellem« Schöpfer (creatio originalis).

In dem sicher sehr ungewöhnlichen Bilderbuch »Warum, lieber Tod«[10] wird der Tod in einer personalisierten Gestalt dargestellt. Trotz der Fremdheit gewinnen die dort beschriebenen Kinder, deren Großmutter im Sterben liegt, Kontakt zu dieser Gestalt. Sie kann ihnen narrativ ver-

5 Die hier vorgestellten Bücher sind exemplarisch ausgewählt. Die in ihnen angeführten Motive finden sich durchaus auch in anderen Büchern.

6 Ein aktuelles Beispiel ist: *Alan Ellsworthy / Mariam Ben-Arab*, Opa ist überall, Hamburg 2009.

7 Vgl. *Herbert Vorgrimler*, Hoffnung auf Vollendung, Freiburg/Basel/Wien 1980, 166.

8 *Anette Bley*, Und was kommt nach tausend? Eine Bilderbuchgeschichte vom Tod, Ravensburg 2005.

9 Ebd., ohne Seitenangabe.

10 *Glenn Ringtved / Charlotte Pardi*, Warum, lieber Tod …?, Bremen 2002.

mitteln, dass Tod und Leben zusammengehören, dass das eine nicht ohne das andere denkbar und möglich ist:
»Was wäre das Leben wert, wenn es den Tod nicht gäbe? Wer könnte die Sonne genießen, wenn es niemals Regen gäbe? Und wie kann man sich auf den Tag freuen – ohne Nacht?«[11]
Leben bekommt somit durch die Verendgültigung durch den Tod eine andere Qualität, die den Kindern im Buch auch deutlich wird:
»Nein, wir dürfen den Gang des Lebens nicht stören.« …
»Die Trauer der Kinder war groß. Aber sie erinnerten sich an die Worte des Todes, und sie waren ihnen immer Trost. Und jedes Mal, wenn sie ein Fenster öffneten, dachten sie an Großmutter, sie ließen ihre Gesichter vom Wind streicheln und spürten, Großmutter war bei ihnen.«[12]
Die hier angelegte Perspektive könnte auf biblische Hoffnungsbilder hin vertieft werden.
Manche Bücher greifen auf die Vorstellung einer unsterblichen Komponente des Menschen zurück: die Seele. Sie wird zum Beispiel im Buch »Hat Opa einen Anzug an?«[13] als der Teil beschrieben, zu dem der Enkel eine besondere Beziehung gehabt hat: Die Seele ist das, »was ich an Opa lieb habe«. Der Tod kann ihr nichts anhaben, und sie ist »bei Gott«.[14] Es bleibt allerdings bei diesem einen Satz.
In dem Buch »Und wer baut dann den Hasenstall?«[15] wird sehr sensibel der Abschiedsprozess eines kleinen Jungen von seinem Großvater dargestellt. Der Junge spricht mit dem sterbenden Großvater selbst über dessen nahenden Tod. Das Symbolbild, das der Großvater dem Jungen anbietet, ist das des Lichts:
»Siehst du die Sonne? … Siehst du das starke goldene Licht? … Weißt du, Jan, in mir ist auch so ein starkes Licht. Ganz tief in meiner Seele. In deiner auch. Alle Menschen haben so ein Gotteslicht in sich. Und das Licht kann nicht sterben.« »Auch nicht, wenn man tot ist?« »Nein, Jan, das Gotteslicht stirbt nie, auch nicht, wenn man tot ist.«[16]

2.2 Bücher mit ausdrücklich eschatologischer Perspektive

Anja nimmt Abschied
Das Bilderbuch »Anja nimmt Abschied«[17] erzählt aus Sicht einer Nichte das Sterben und den Tod ihrer Tante. Der langwierige Krankheitsverlauf wird immer wieder durch schöne Erlebnisse und vor allem durch das

11 Ebd., ohne Seitenangabe.
12 Ebd., ohne Seitenangabe.
13 *Amelie Fried / Jacky Gleich*: Hat Opa einen Anzug an?, München/Wien 1997.
14 Ebd., ohne Seitenangabe.
15 *Inger Hermann / Sabine Waldmann-Brun*, Und wer baut dann den Hasenstall?, Düsseldorf 2009.
16 Ebd., 22.
17 *Carolyn Nystrom / Annabel Large*, Anja nimmt Abschied. Krankheit und Tod in der Familie, Gießen/Basel 1991.

Gestalten einer Patchworkdecke unterbrochen. Diese bunte Decke symbolisiert in den Jahreszeiten die Vielfalt und die Prozesshaftigkeit des Lebens. Der Autorin ist es offensichtlich ein Anliegen, das Geschehen um die Tante in einen christlichen Kontext zu stellen, denn die Familie betet regelmäßig, liest biblische Texte und singt christliche Lieder. Das spiegelt sich auch in den Erklärungen, die die Erwachsenen dem Mädchen geben:

»Ich weiß, daß Gott eure Gebete hört. Und ich weiß auch, daß er uns liebt. Aber er gibt uns nicht immer das, worum wir ihn bitten ... Ich weiß auch nicht warum ... Aber ich weiß, daß er versprochen hat, die Menschen, die ihn lieben, nie allein zu lassen ... Ganz gleich, was auch passiert, Gott wird bei mir sein. Sogar wenn ich sterbe, werde ich nicht allein sein.«[18]

Diese Erklärungen haben für die Familie eine Perspektive über den Tod hinaus. Mit dem Tod und der Auferstehung Jesu erklären sie, dass Menschen, »die Jesus lieben, ... zwar sterben (müssen). Aber dann sind sie ja bei Jesus. Im Himmel beginnt ein neues Leben.«[19] Nach dem Tod der Tante ist es für die Nichte Anja ein Trost zu wissen, dass »ihre Tante Lis jetzt bei Jesus lebt, wo niemand weint.«[20]

Dieses Buch zeigt eine christliche Hoffnungsperspektive, die durch die Einbettung in ein religiöses Umfeld glaubwürdig wird. Ob die hier angeführten Erklärungsversuche auch ohne diesen Hintergrund »greifen«, ist an dieser Stelle schwer zu entscheiden.[21]

Abschied von Tante Sophia

In dem Kinderbuch »Abschied von Tante Sophia«[22] werden die Kinder Franziska und Fabian von der Großtante Sophia auf deren Abschied vorbereitet, indem sie gemeinsam mit den beiden Kindern den Tod eines Freundes verarbeitet und ihnen entstehende Fragen erklärt. In diesen Trauerprozess sind biblisch-theologische Elemente eingebunden, beispielsweise das bekannte Lehrgedicht aus dem Buch Kohelet: »Alles hat seine Stunde« oder ein tröstendes Abendgebet. Die »Zeit-Expertin« Tante Sophia spricht mit den Kindern auch darüber, wo die Toten sind. In ihrer Erklärung sind »die Verstorbenen bei Gott ... Und dass Gott ihnen ein neues Leben gibt.«[23] Sie kann auch dazu stehen, dass eine konkrete Ausgestaltung dieser Vorstellung nicht möglich ist. »Ich brauche es

18 Ebd., 35.
19 Ebd., 40.
20 Ebd., 45.
21 Deutlich verhaltener bleiben die christlichen Erklärungen in dem Buch »Schaut Oma uns aus dem Himmel zu?«, in dem zwei Enkelkinder den Tod ihrer Großmutter erleben. Sie sind deutlicher als Angebot und damit offener konzipiert; vgl. *Elke Voß / Angela Glökler*, Schaut Oma uns aus dem Himmel zu?, Neukirchen-Vluyn 2001.
22 *Hiltraud Obrich / Astrid Leson,* Abschied von Tante Sophia, Lahr 1998.
23 Ebd., ohne Seitenangabe.

auch nicht zu wissen. Für mich darf es ruhig ein Geheimnis bleiben.« Im weiteren Verlauf dieses Gesprächs wird auch die Frage nach dem Himmel in einen eschatologischen Horizont eingebettet:
»Sie meinen nicht diesen Himmel, nicht den Wolkenhimmel, … Sie meinen Gottes Himmel. Der Ort, an dem Gott ist … Gottes Himmel ist da, wo Gott ist. Und Gott ist überall. Besonders dort, wo die Menschen sich lieben. In ihrem Herzen ist Gott.«[24]
Diese Erzählerin gibt somit den Kindern einen Ausblick, der ein christliches Angebot enthält, es jedoch nicht zu stark einengt und die Unaussagbarkeit nachtodlicher Erfahrungen vermittelt.

Pelle und die Geschichte mit Mia
Im Buch »Pelle und die Geschichte mit Mia«[25] erlebt der Junge Pelle den Tod seiner kleinen Schwester Mia mit, die am plötzlichen Kindstod verstirbt. Auf der Suche nach einer Erklärung, was denn mit seiner Schwester weiter geschieht, erklärt ihm die Nachbarin Frau Jensen: »Als Mia starb, ist sie aus ihrem Körper ausgezogen. Er ist jetzt nur noch eine Hülle, in der kein Leben steckt.«[26] Dann bietet sie dem Jungen die Erklärung von einem Handschuh an, den sie mit einem Körper vergleicht, der »… für ihr Leben auf dieser Erde passte … Sie braucht ihn nicht mehr, wenn sie zu Gott in den Himmel kommt. Der Körper kann einfach hier auf der Erde zurückbleiben … Gott hat einen neuen Körper für Mia … Mias neuer Körper ist viel schöner als Perlen und Gold.«[27]
Für Pelle stellt diese Erklärung einen tröstlichen Ausblick dar:
»Mia freut sich bestimmt über ihren neuen Körper. Wahrscheinlich spaziert sie damit im Himmel herum und bewundert sich im Spiegel.«[28]
In der Traueransprache stellt der Pastor Mia als ein Königskind von Jesus dar. In diesem biblischen Rückgriff (1Kor 15,35ff) eröffnet sich für den Jungen eine weitere tröstliche Vorstellung.[29] Es macht den Wert dieses Buches aus, dass es nicht einfach bei dieser Tröstung verbleibt, sondern immer wieder auch dem Empfinden der Trauer Raum gibt, die in typischen Phasen dargestellt wird (Trauer, Wut, Abschiednehmen …).
Dieses Buch ist ein außergewöhnliches Beispiel für ein unaufdringliches, kindgemäßes Angebot christlicher Hoffnungsperspektiven. Es vermag Hoffnung zu eröffnen, ohne die Trauer zu negieren. Besonders beachtlich erscheint der Versuch, statt eines Leib-Seele-Dualismus ein anderes Verständnis von Leiblichkeit aufzubauen.[30]

24 Ebd., ohne Seitenangabe.
25 *Kari Vinje / Vivian Zahl Olsen*, Pelle und die Geschichte mit Mia, Gießen 2000.
26 Ebd., 40.
27 Ebd., 42–46.
28 Ebd., 46.
29 Vgl. *Plieth*, Religiöse Vorstellungen (Anm. 4), 157.
30 Vgl. *Franz-Josef Nocke,* Liebe, Tod und Auferstehung, München [3]1993, 152–154.

Honiggelb und Steingrau

Für einen sehr jungen Leserkreis ist das Buch »Honiggelb und Steingrau«[31] konzipiert. In diesem Buch berichtet der Erzähler, ein honiggelber Kreis, vom Sterben und Tod seines Onkels, dem steingrauen Oval. In prägnanter, knapper Sprache stellt es Abschiedsprozesse dar und hält auch die Option offen, dass dieser offensichtlich junge Erzähler nicht richtig verstehen kann, »was das bedeutet, Sterben und Totsein.« Dennoch gibt das steingraue Oval – ebenso knapp – eine hoffnungsvolle Erklärung:

»Wenn er tot sei, werde er auf dem Friedhof begraben. Aber seine Seele würde bestimmt zu Gott in den Himmel kommen und dort weiterleben. Was denn die Seele ist, konnte mir Onkel Steingrau aber gar nicht richtig erklären. Er meinte, seine ganz besondere Art, zu denken und seine Gefühle zu zeigen, das, was ihn von anderen Leuten unterscheidet, genau das ist seine Seele.«[32]

Zusätzlich verbindet das steingraue Oval mit dieser Himmelsvorstellung die Perspektive, andere, bereits verstorbene Wesen (»Kirschrot« oder »Zitronengelb«) wiederzusehen. Die hier entwickelte Sicht ist damit anschlussfähig für die christliche Vorstellung von einer Auferstehung, die in Aussicht stellt, die durch den Tod unterbrochenen menschlichen Beziehungen wieder aufleben lassen zu können (»Vollendung der Kommunikation«)[33].

Auch wenn das Buch auf ein nicht unproblematisches Konzept von »Seele« zurückgreift, ist es ein gutes Beispiel dafür, wie auf schlichte und sehr einfache Weise bereits jungen Kindern erste eschatologische Angebote gemacht werden können.

Mit bildhaft magischen Erklärungsversuchen gehen die beiden letzten hier vorgestellten Bücher einen gänzlich anderen Weg.

Das Sommerland

In dem norwegischen Märchen »Das Sommerland«[34] stellt der Autor einen Todes- und Trauerprozess als eine Wanderung durch ein »Dunkles Tal« dar, die die Verstorbenen zu einer Sommerwiese führt, zu einem »Ort, wo ich mich freuen kann. Da ist der Sommer und die Freude.«[35] Dieser Weg wird begleitet und geführt von einem großen Licht und drei Engeln. Alle drei haben unterschiedliche Funktionen, aber besonders die, das verstorbene Kind zu dem »Der Immer Wartet« zu bringen. Diese personifizierte Gottesgestalt holt das Kind ab und trägt es zur Sommerwiese, durchlebt aber auch Trauerreaktionen: »Der Immer Wartet«

31 *Pierre Markus Heinrichsdorf*, Honiggelb und Steingrau. Eine Geschichte vom Sterben und Abschiednehmen, Hildesheim 1995.

32 Ebd., ohne Seitenangabe.

33 Vgl. *Nocke*, Liebe, Tod … (Anm. 30), 152–154.

34 *Eyvind Skeie / Anders Færevåg,* Das Sommerland, Stuttgart 1994.

35 Ebd., 29.

weint. Nachdem der Engel des Trostes ganz nahe gekommen ist, der Engel der Hoffnung Musik gespielt und der Engel der Dunkelheit Licht geschickt hat, sind beide getröstet. Dann kann »Der Immer Wartet« das Kind beim Namen nennen, und auch das Kind erkennt, dass diese personifizierte Gottesgestalt Jesus ist, und fühlt sich lebensfroh getröstet.
Diese phantastische Darstellung beschreibt hoffnungsvoll, was die Menschen nach dem dunklen Tal des Todes erwartet. Die Mühe des Trauerprozesses wird abgelöst und erleichtert durch das positive Ende des Weges und die Begleitung durch die Engel und den »Der immer Wartet«. An manchen Stellen ist die Beschreibung etwas überzeichnet und grenzt an esoterische, wenn nicht gar kitschige Bilder. Besonders befremdlich erscheint, dass das personifizierte Ziel des Weges durch die Person Jesu und nicht durch ein offeneres Gottesbild verkörpert wird. Unter Umständen erleichtert jedoch genau diese konkrete Personifikation die Identifikation mit dem Trostangebot dieses Büchleins. Insgesamt findet sich hier ein ungewöhnlicher Versuch, die christliche Hoffnungsperspektive in einem Bild zu gestalten.

Wo die Toten zu Hause sind
Einen ganz anderen Weg wählt das Buch »Wo die Toten zu Hause sind«[36]. In dem comicartig angelegten Buch wird keine fortlaufende Geschichte dargestellt. Den irdischen Erfahrungen des Symbols »Haus« (Hochhaus, Einfamilienhaus, Wohnwagen, Zelt …) wird das Haus Gottes gegenübergestellt, das Menschen nach dem Tod erwartet. Dieses Haus steht allen Menschen offen, und es besteht aus verschiedenen Räumen. In ihnen ereignen sich Zusagen aus biblischen Texten, z.B.:
Kommt her zu mir, alle, die ihr mühselig und belanden seid. (Mt 11,28)
Siehe, ich will dich heilen und gesund machen! (Jer 33,6)
Du hast meine Klage verwandelt in einen Reigen. (Ps 30,12)

Das heißt, den Menschen, die gestorben sind, widerfährt im Betreten der entsprechenden Räume die jeweilige biblische Verheißung. Diese Idee, mit den biblischen Texten tragfähige Hoffnungsbilder anzubieten, ist reizvoll und theologisch insofern sinnvoll, als sie weitgehend der biblischen Sprache verbunden bleiben, gleichzeitig aber auch Spielräume für eigene Interpretationen eröffnen. Allerdings wird genau dieser Spielraum sehr in Frage gestellt durch die dominierende Illustration des Buches. Sie stellt in sehr verniedlichender, eindimensionaler, zu Plattitüden neigender Art ein himmlisches Happening dar, das nicht nur trostvolle Hoffnung anbietet, sondern auch Todessehnsucht wecken könnte. Damit wird der gute Ansatz des Buches konterkariert.[37]

36 *Christine Hubka / Nina Hammerle*, Wo die Toten zuhause sind, Innsbruck/Wien 2004.
37 Religionspädagogisch wertvoll ist dagegen der Anhang des Buches, der wichtige Hinweise auf den Umgang mit dem Thema Tod und Trauer gibt.

3 Fazit

Diese ausgewählte Spurensuche zeigt an: Es gibt insgesamt in der umfangreichen Kinderliteratur zum Thema Tod nur wenige Bücher mit eschatologischen Ausblicken.
Bei einigen Büchern finden sich bei genauem Hinsehen eher hintergründige Aussagen, die in den Büchern angedeutet werden und zu eschatologischen Bildern ausgebaut werden können. Dafür bedarf es einer erweiterten didaktischen Aufarbeitung, weil das Angebot der literarischen Vorlage per se keine vertieften eschatologischen Perspektiven eröffnet.
Werden explizit eschatologische Aussagen gemacht, wirken diese keineswegs durchgängig überzeugend: Nicht immer erweisen sie sich als fachlich fundiert und religionspädagogisch hilfreich. Eine kritische Sichtung ist deshalb unumgänglich. Nicht verschwiegen werden darf, dass es durchaus positive Beispiele gibt, die sich sehr wohl für einen Einsatz in didaktischen Zusammenhängen, z.B. im Religionsunterricht, eignen. Es wäre demzufolge wünschenswert, wenn sich dieses Angebot von Kinderbüchern mit einer dezidiert eschatologische Perspektive, die religionspädagogisch und theologisch sachangemessen aufgearbeitet ist, erweitern würde.

Elisabeth Hennecke war Grundschullehrerin und Fachleiterin für Katholische Religionslehre an Grundschulen; z.Zt. arbeitet sie als abgeordnete Lehrerin am Institut für Katholische Theologie der Universität Duisburg-Essen.

5.6

Thomas Hörnig

»Tumor is. Rumor is. Humor is nich.«

Todesanzeigen als Spiegel zeitgenössischer Auseinandersetzung mit Eschatologie

Eschatologisches Denken soll in diesem Aufsatz anhand eines Alltagsmediums dargestellt werden: der Todesanzeige. Niemand wird dabei wohl das große apokalyptische Szenario erwarten – doch die individualistisch applizierte Eschatologie zeigt den Umgang mit *persönlichem* Weltuntergang und *individuellem* Sinnverlust durch Tod.

Falko

Dunkel.
Die Schatten,
die Dich verfolgten.
Du suchtest den Weg
ins Licht.

Golden.
Der Stern
am weiten Himmel.
Er strahlt glänzend schön.
Hell.

Wie wird über das *Wohin*, *Wofür* und *Wozu* der menschlichen Existenz nachgedacht, wenn Begriffe wie »Gericht«, »Gnade«, »Himmel« oder »Hölle« postmodern verblasst sind und sich auch kirchliche Verkündigung in Sachen Eschaton oft wenig sprachfähig erweist?[1] Der Wirklichkeitsgehalt christlich-eschatologischer Aussagen erscheint, zumal *im Modus der Betroffenheit,* zweifelhaft. Das Fegefeuer ist nicht nur evangelisch (seit der Reformation) erloschen. Reinkarnationsphantasien oder esoterische Wünsche »konkurrieren«. In Liturgie und Kunst werden dagegen klassische Vorstellungen *bewahrt* oder *aktualisiert*, ob als Requiem oder als »Sieben Todsünden« (Habgier!) auf dem Theater:

Seit 1920[2] wird bei den Salzburger Festspielen glanzvoll der »Jedermann. Das Spiel vom Sterben des reichen Mannes« nach Hugo von Hofmannsthal aufgeführt. Nach dem Vorbild spätmittelalterlicher Mysterienspiele und dramatischer Bearbeitungen aus der frühen Neuzeit[3] steht dort der *klassisch-eschatologische Fahrplan* auf dem

1 Der biblische Befund weist auf ein erstaunliches Spektrum eschatologischer Vorstellungen: Mt 25,31–45; Mk 8,38; 13,26f; Lk 12,8f; 17,22–27; Joh 5,24.28f; 6,39b.40b; 1 Kor 3,5–17; 15,35–52; 2 Kor 5,1–10; Phil 1,23; Kol 2,12f; 1 Thess 4,13–18; 1 Joh 2,28; 4, 7, 5, 11.13; Offb 4–21 (bes. 20,11–15; 21,1–8).

2 Nur nach dem »Anschluss« Österreichs, der Okkupation durch das III. Reich, waren von 1938–1944 Aufführungen des »Jedermann« verboten.

3 Andere Unterrichtsbeispiele zum Thema Eschatologie: Der Abschiedsbrief der an Epilepsie erkrankten »Helene«, einem Opfer der NS-»Euthanasie« [1940]. In einer bedrückenden biblisch-theologischen Konkordanz wird das Lebensgeschick mit Kategorien wie »Opfer«, »Sühne«, »Martyrium« gedeutet und Hoffnung auf ewiges Leben formuliert (zit. bei *Ernst Klee,* »Euthanasie« im NS-Staat. Die »Vernichtung lebensunwerten Lebens«, Frankfurt a.M. 1983^{3}, 184). Und: *Wolfgang Prosinger,*

Spielplan. Bildungsbürger und -innen, Prominenz und Schickeria lassen sich Jahr für Jahr an den Lebensräuber und Spielverderber Tod erinnern, mit Teufel und Jüngstem Gericht unterhalten: Da tritt dem reichen Mann, der sein Leben genießt, sich wenig um Glauben, Kirche, Moral und Gott schert, ein Gott in den Weg, der solchermaßen gottvergessene Menschen mittels des Todes an seine Macht erinnert. Als drastische Illustrierung und Vergegenwärtigung von Schrecken treten nicht nur »Jedermanns« (!!!) Freunde ab, sondern die *personifizierten Mächte* aus der orthodox-theologischen Grammatik von Himmel und Hölle treten *auf*: Gott als der Herr und Richter, der Tod und der Teufel, der Erzengel Michael, der Mammon, die guten Taten und der Glaube. Letzterer rät Jedermann, der unendlichen Liebe Gottes zu vertrauen und um Gnade zu bitten. Und so kommt es zum Finale: Die schuldbeladene Seele des reuigen Jedermann wird dem Teufel gerade noch entrissen, die Gnade macht, dass die Seele Jedermanns ruhigen Gewissens, begleitet von Glaube und guten Werke, vor Gottes Gericht erscheinen und in den Himmel zugelassen werden kann. Der Vorhang fällt.

Jedermanns Tod ereignet sich weiterhin. Abschied muss gestaltet werden. Tod wird zwar aufgrund allgemeiner Privatisierung und Anonymisierung der Gesellschaft seltener in der Form der Todes*anzeige* angezeigt, doch außerhalb der Großstädte gehört diese Form der Benachrichtigung und Mitteilung organisatorischer Details noch zum Ritual. Todesanzeigen sind zwar hoch standardisiert, doch finden durchaus Komik, Frömmigkeit, Verzweiflung, Intimität oder Pietätlosigkeit Platz auf den wenigen Quadratzentimetern oder ganzen (!) Zeitungsseiten.

»Ich bin umgezogen / Johann Bendermacher
* 2. April 1940 † 19. April 2009
Meine neue Adresse ist: / Friedhof Eythstraße 1–25,
12105 Berlin, / Urnenwandgrabstätte 128/
Über Besuche freue ich mich.«
Das war's, war's das?

Manchmal lassen sich auf Todesanzeigen *Sprachebene* und *Deutungskategorien* unterscheiden: »[…] *ist im Alter von 49 Jahren* an einer heimtückischen Krankheit *in der Medizinischen Klinik* versehen mit den Heiligen Sterbesakramenten *sanft im Herrn* verschieden.«

Die Anzeige betraf eine Frau und Mutter aus dem katholischen Rottenburg/ Neckar, die in den 30er Jahren des letzten Jahrhunderts nach schwerer Krankheit mit 49 Jahren in der Tübinger Uniklinik verstorben war. Sie hinterließ Mann und Kinder: Der einleitende Satz verbindet verschiedene Denkformen und Sprachmuster. Er beginnt mit der gewohnten sachlichen Information (Alter), es wird eine erwartete, wenn auch *bewertete* (»heimtückisch«) Ursache (»Krankheit«) angegeben. Der Ort (»Medizini-

Tanner geht. Sterbehilfe – Ein Mann plant seinen Tod, Frankfurt a.M. 2008, insb. 73f: Tanner, unheilbar erkrankt an Parkinson, Krebs und Aids, plant seinen Tod und entwirft seine eigene Todesanzeige.

sche Klinik«) signalisiert die Schwere der Erkrankung und deutet an: Wir haben alles für sie getan. Medizinisch *und* auch religiös-kirchlich (»versehen mit den Sterbesakramenten«). Die abschließende Formulierung rundet die *christliche Ars Moriendi*, hier katholisch geprägt, ab: wenn *richtig* gestorben wird, dann kann es nur ein *sanftes* Verscheiden im Herrn sein (Philipper 1,23). Dies wird nicht als Bruch innerhalb der Sprachformen empfunden. Leid, Schmerz und Enttäuschung werden als »vorläufige« Details in eine höhere Sinnebene integriert und damit relativiert. Hier wird in einer religiösen Form Geschick gedeutet und qua Institution Kirche, die Heil und Gemeinschaft verkörpert, in einen größeren, eschatologischen Horizont gestellt: »Wer so stirbt, der stirbt wohl«. Religiöse Begrifflichkeit bildet eine »zweite Sprache«, die für »Gewohnheiten des Herzens« oder religiöse Vorstellungen stehen, die im Bedarfsfall für die Angehörigen zum Tragen kommen bzw. aktiviert werden können. Es handelt sich also nicht um »Tragik«, nicht um willkürlichen Schicksalsschlag. Rebellion ist nicht angesagt: Es ist die – zunächst vielleicht verborgene – höhere Ordnung der Dinge.
Katholische Ritualbeschreibungen sind bis heute eindeutiger, darin standardisierter.

Todesanzeigen sind aufschlussreich für vorherrschende Vorstellungen vom Tod und einem Leben nach dem Tod. Dies können modale und appositionelle Bestimmungen sein (»nach Gottes [unergründlichem] Ratschluss«; »der Tod hat ihn für immer«, »Gott hat es gefallen«, »Das Schicksal sprach:/ halt still, das Wandern ist vorbei.«), die das unvorstellbare Widerfahrnis des Todes sprachlich und begrifflich einfangen; solche Formulierungen sind rückläufig. Selbst auf Verben, die von »entschlafen«, »hat uns verlassen« bis »wir nehmen Abschied« reichen können, wird zunehmend verzichtet: Name (und Lebensdaten) pur.
Es begegnen rationalisierende Plausibilitätsstrukturen: Tod im Alter: normal. Nach schwerer Krankheit: »Erlösung«. Tod junger Menschen kann sich in seiner *Deutung* zwischen »Tragik« (»warum?«)[4] und überhöhendem »Erwerb von Unsterblichkeit« bewegen: »Only the good die young«, »Forever young« oder »Wen die Götter lieben«.

Herbert Grönemeyer verliert in November 1998 innerhalb einer Woche seine Frau und seinen Bruder an Krebs. Grönemeyer zieht von Berlin nach London, leistet Trauerarbeit. Nach einer Schreibblockade erscheint das Studioalbum »Mensch« mit aussagekräftigen Texten, Ausdruck von tiefem Schmerz, von Leere, aber auch von liebevoller Erinnerung und Zukunftsblicken. In dem Song »Dort und hier« fragt er in anrührender Naivität: »Ist jemand da, wenn dein Flügel bricht/ der ihn für dich schient, der dich beschützt/ der für dich wacht, dich auf Wolken trägt.« Der berührendste Moment in der Ballade »Der Weg« ist für viele: »Du hast jeden Raum/ mit Sonne geflutet/ [...]/ dein unbändiger Stolz/ das Leben ist nicht fair.«
Eine ganzseitige Anzeige in der Süddeutschen Zeitung für Anna Henkel-Grönemeyer ist Trauermonument für die Frau des Künstlers und Sängers, für die Kinder Felix und Marie. Es mischen sich die Motive Liebeserklärung, Verklärung, Outing und persönlich gestaltete Eschatologie:

4 Der alte Spruch »Gottes Wille kennt kein warum(b)« hat durchaus Züge eines Denk- bzw. Frageverbotes!

Du bist der großartigste und würdigste Mensch, den wir kennen
Du hast kompromisslos geliebt
Deine grandiose Inszenierung war eine Ode ans Leben
Ungestüm unrastig, detailversessen, menschlich, perfekt
Gott hat eifersüchtig den letzten Vorhang abgewartet
Ungeduldig Dein Wunderwerk verfolgt
Der Himmel wird sich zu den Zugaben erheben
Die Erde ahnt nicht den Verlust
Dein Lebenstank reicht uns für tausend Jahre
Deine Wahrheit noch für Stunden danach
Wir drei werden Dich in uns vertreten
Bist in jedem Lachen, jeder Faser, jedem Licht
Gott wird Dir seine Loge anbieten
Dirigier zurückgelehnt, wohlwollend unsere Wacht
Du bist das größte Glück auf Erden
In der neuen Welt sicher das Quentchen Königin mehr
Erzähl uns ab und zu von Deiner Reise
Wie man so fühlt, was man so tanzt, was man so trägt

Anna Henkel-Grönemeyer
geboren in Hamburg * 5. November 1998[5]

Liebe Anna, liebes Mamle!
Dein Verlust sprengt alle Dimensionen, Werte, Phantasien
Der Schmerz ist Wüste voll brutalster Wucht
Leb uns mit unbändigem Vertrauen
bis zum Wiedersehen
Wir lieben Dich!

Herbert, Felix und Marie Grönemeyer

Die Beisetzung fand im engsten Familien- und Freundeskreis statt.

Das Thema: Abschied. Grönemeyer schildert schonungslos und ehrlich seine (und der Kinder) Gefühle. Er verfasst eine letzte Liebeserklärung für diese einzigartige Frau und Schauspielerin und verlängert diese Wertschätzung in den Himmel. Ein »eifersüchtiger« Gott kann es nicht erwarten, bis der letzte Vorhang für die Hauptdarstellerin fällt, bis er Anna Henkel-Grönemeyer bei sich haben kann. Ihr wird zugejubelt werden. Sie wird das »Quentchen Königin mehr« sein und doch die Wacht über die Ihren »dirigieren«, mit ihnen kommunizieren, in ihnen leben und auf ein Wiedersehen warten.

5 Bei Anna Henkel-Grönemeyer (* 5. November 1998) wird die Reihenfolge der Dinge auf den Kopf gestellt: mittels eines kleinen Sternchen (dem Stern über dem Stall von Bethlehem geschuldet), das an die Stelle des Jesu Tod nachempfundenen Kreuzeszeichens tritt, wird aus dem Tod Geburt. Im III. Reich, da man bis ins Makabre hinein Sinn für Symbolik bewies, versuchte man wenig erfolgreich, die christliche Ikonographie mit den Leben und Tod symbolisierenden Runen abzulösen (s.u.; vgl. *Victor Klemperer*, LTI, Stuttgart ^{22}2007, 162).

In radikal weltlicher Sprache wird ausgedrückt, was etwa die Offenbarung des Johannes mit den Ältesten auf den Thronen beschreibt (Offenbarung 4,4). Niedersturz verdammter Seelen ist nicht vorgesehen.

Wenig Menschen sind so sprachmächtig wie *Grönemeyer* – der Tod macht zunächst stumm. Trauerarbeit ist mühsam. Verzweiflung lähmt Menschen. Verständlich, dass das nicht der Nährboden für Kreativität ist. So wird auf Gewohntes oder auf bereits Gelesenes zurückgegriffen. Der Suche nach symbolischer Ordnung oder der Bewältigung der Situation dienen Zitate, die als »Wandersprüche« zu lesen sind, gerne *Goethe*, *Rilke* oder *Hesse* zugeschrieben werden. Versuchte Lebensdeutung und Kontingenzbewältigung im 21. Jahrhundert nähren sich bei einem Trend zur Privatisierung von Trauer aus dem Ignorieren des Sterbens, Verdrängung des Todes, abgeflachter christlicher Religiosität, verspäteter Metaphysik und dem Rückgriff auf antiken Stoizismus.[6] Es wäre durchaus denkbar, dass ansprechende Zitate von Philipp *Roth* oder Eric-Emanuel *Schmitt* ihren Siegeszug antreten. Es müsste nur jemand mit dem Zitieren beginnen.

Lomersheim, den 23. August 1944.
ᛉ 21. 1. 1920 ᛦ 14. 4. 1944
Unfaßbar schwer traf uns die Nachricht, daß unser lieber Sohn, Bruder, Enkel und Neffe
O'Gefr. Eugen Schwager
im Westen sein junges Leben im Alter von 24 Jahren für Führer, Volk u. Vaterland gegeben hat.

Stichproben

In der **Frankfurter Allgemeinen Zeitung (11.8.2000)**[7] finden sich bei drei ausgewählten Anzeigen jeweils ein einleitendes, Tod deutendes Zitat: *»Geburt ist Sterbens Anfang,/ der Tod des Lebens Aufgang: strahlender Beginn.«* Bildungsbürgertum dokumentierend, wird der berühmte Grabspruch des römischen Kaisers Hadrian auf Latein zitiert: *»Animula vagula blandula,/ hospes comesque corporis animula vagula blandula/ hospes comesque corporis/ quae nunc abibis in loca/ pallidula rigida nudula/ nec ut soles dabis iocos«* [Flatterndes schmeichelndes Seelchen/ Gast und Gefährte des Körpers/ nun gehst du an jene kalte/ schreckliche finstere Stelle/ wirst nicht mehr scherzen wie einst.«]. Hermann HESSE darf nicht fehlen: *»Am End der Bahn, da steht der Tod,/ Kein Schreckgespenst, so bitter Sterben tut:/ Klarheit und Friede. Alles ist dann gut.«*

In jeder Anzeige ist explizit von »Tod« die Rede. Im ersten Sinnspruch weht noch ein barockes Lüftchen – fast schon eine Überhöhung ewigen Lebens als des eigentlichen Lebens. Aber hierin findet sich christliche Hoffnung, bereinigt um Gericht, Hölle. Hadrian drückt spätantike stoizistische Philosophie aus. Die »Lebensqualität« nachtodlicher Existenz ist nicht relevant, sie wäre bestenfalls mit schattenhaft zu

6 Dies ist allerdings nicht ganz neu – seit Lessings aufgeklärten Überlegungen zu den Todesvorstellungen der »Alten« gibt es diesen Dualismus von christlichen Jenseitsvorstellungen zwischen Schrecken und Paradies (mittelalterlich-gespenstische, allegorische Schreckensbilder, um Hölle und Fegefeuer »bereinigte« Hoffnungsbilder) *und* antiken Vorstellungen vom Tod als Schlaf oder Rückkehr in kosmische Natur.

7 Vgl. *Karin Priester,* Mythos Tod. Tod und Todeserlebnis in der modernen Literatur, Berlin 2001, 8.

beschreiben. Das Hessezitat ist interpretationsoffen: Das bittere Sterben, das würde zehn Jahre später kaum mehr zitiert werden. Das physische Sterben ist stärker tabuisiert. »Alles ist dann gut«, verdeutlich durch »Klarheit« und »Friede«, eröffnet zart einen weiteren Horizont. Dies ist als eschatologisches Gut anschlussfähig an biblische Bilder, nach denen das Jüngste Gericht richtet und zurecht bringt, vor allem aber Klarheit schenkt.[8] Schalom ist alte biblische Hoffnung[9], unter dem Feigenbaum oder Weinstock zu genießen – denn alles ist gut.

Im **Reutlinger Generalanzeiger, neun Jahre später (22. August 2009)**, wird Tod anders gedeutet: *»Du bist nicht tot, Du wechselst nur die Räume./ Du lebst in uns und gehst durch unsere Träume.«* Verdrängung wird stärker: Blick auf das Sterben darf weiterhin nicht sein, Tod darf explizit auch nicht mehr sein.

Ist es das stoische Freiheitsmotiv, das sich unbestimmt ausdrückt? *»Einmal werde ich wegreisen/ und nicht mehr wiederkommen./ einmal werde ich frei sein,/ da zu gehen, wo es keine Wege gibt.«* Große Akzeptanz und weitere Verbreitung hatte Dietrich Bonhoeffers Vers, der heute nur noch selten anzutreffen ist: *»Von guten Mächten wunderbar geborgen/ erwarten wir getrost was kommen mag./ Gott ist mit uns am Abend und am Morgen/ und ganz gewiss an jedem neuen Tag.«* (EG 541, 1 [Regionalteil Württemberg]).

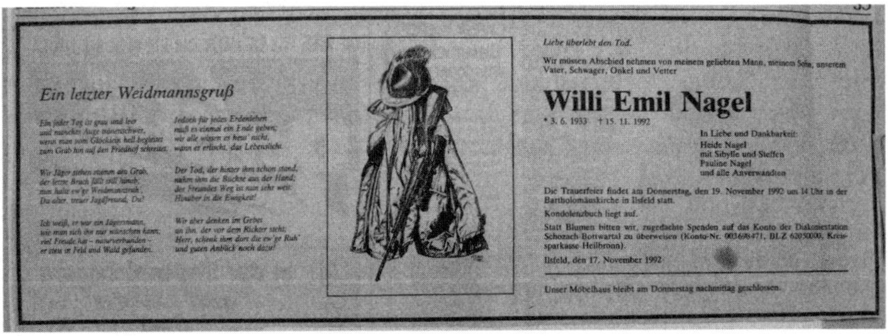

Ein letzter Weidmannsgruß

Ein jeder Tag ist grau und leer
und manches Auge tränenschwer,
wenn man vom Glöcklein hell begleitet
zum Grab hin auf den Friedhof schreitet.

Wir Jäger stehen stumm am Grab,
der letzte Bruch fällt still hinab;
nun halte ew'ge Weidmannsruh',
Du alter, treuer Jagdfreund, Du!

Ich weiß, er war ein Jägersmann,
wie man sich ihn nur wünschen kann;
viel Freude hat – naturverbunden –
er stets in Feld und Wald gefunden.

Jedoch für jedes Erdenleben
muß es einmal ein Ende geben;
wir alle wissen es heut' nicht,
wann er erlischt, das Lebenslicht.

Der Tod, der hinter ihm schon stand,
nahm ihm die Büchse aus der Hand;
des Freundes Weg ist nun sehr weit:
Hinüber in die Ewigkeit!

Wir aber denken im Gebet
an ihn, der vor dem Richter steht;
Herr, schenk ihm dort die ew'ge Ruh'
und guten Anblick noch dazu!

Liebe überlebt den Tod.

Wir müssen Abschied nehmen von meinem geliebten Mann, meinem Sohn, unserem Vater, Schwager, Onkel und Vetter

Willi Emil Nagel

* 3. 6. 1933 † 15. 11. 1992

In Liebe und Dankbarkeit:
Heide Nagel
mit Sibylle und Steffen
Pauline Nagel
und alle Anverwandten

Die Trauerfeier findet am Donnerstag, den 19. November 1992 um 14 Uhr in der Bartholomäuskirche in Ilsfeld statt.

Kondolenzbuch liegt auf.

Statt Blumen bitten wir, zugedachte Spenden auf das Konto der Diakoniestation Schozach-Bottwartal zu überweisen (Konto-Nr. 003696471, BLZ 62050000, Kreissparkasse Heilbronn).

Ilsfeld, den 17. November 1992

Unser Möbelhaus bleibt am Donnerstag nachmittag geschlossen.

Eine aus dem Rahmen fallende Anzeige (siehe auch S. 260) thematisiert das Jüngste Gericht:

Die Anzeige ist gestaltet als ein Triptychon. In der Mitte, die klassische Jägerkleidung: der Hut mit dem Bruch, das Gewehr und die grüne Jacke. »Ein letzter Waidmannsgruß« grüßt. Es ist zunächst die Rede vom »letzten Bruch«, einem Versöhnungszeichen, und von »ew'ger Weidmannsruh'«. Der Tod wird naturhaft beschrieben, schnörkellos thematisiert: »für jedes Erdenleben/ muß es einmal ein Ende geben«. Dann »erlischt […] das Lebenslicht«, dann nimmt der Tod die »Büchse aus der Hand«. Jäger, mit dem Tod vertraut, nehmen kein Blatt vor den Mund. Die Nennung des Jüngsten Gerichtes mit angedeutetem unsicherem Ausgang, daher die Bitte, fällt aber auf. Noch viel mehr überrascht die zweite Bitte um »guten Anblick« in der Ewigkeit.

»Der Tod, der hinter ihm schon stand,/ nahm ihm die Büchse aus der Hand;/ des Freundes Weg ist nun sehr weit:/ Hinüber in die Ewigkeit!

Wir aber denken im Gebet / an ihn, der vor dem Richter steht:/ Herr, schenk ihm dort die ew'ge Ruh'/ und guten Anblick noch dazu.«

8 Vgl. Joh 16,23a oder 1Kor 13,12.

9 Vgl. Mi 4,4; Sach 3,10; Jes 11,1–9.

Die Grenzerfahrung Tod erinnert den Menschen an seine Fraglichkeit in der Welt, an seine Kontingenz. Unglück, Leiden, Kampf, Geschichtlichkeit, Alter und Tod sind Herausforderungen, die zum Erkenntnisgrund für den Bezug auf ein umfassendes Ganzes, auf Transzendenz dienen können. Im Scheitern der menschlichen Selbstsicherheit können sich Gewissheit und Sinn in religiöser Transparenz ergeben. Die Grenze wird dann zur Mitte der Existenz, wenn der Mensch seine Bestimmtheit – auch im Leid – aus der Gegenwart des Schöpfers erfährt. Die österliche Offenbarung des versöhnenden Sohnes zeigt ein Gewissheitsgefüge, wenn es erkennen lässt, dass Menschen von Anfang an zu Vollendung und Gottesgemeinschaft geschaffen sind. Erlösung versetzt in ein Sinngefüge, tröstet das Gewissen und bestärkt in der Hoffnung auf ein Leben, das auch im Tode nicht verloren geht. Solcher Glaube ist nicht zu verwechseln mit notorischem Optimismus.

Was ist, ist nicht notwendig so. Was ist, verdankt sich der Freiheit Gottes des Schöpfers, Erlösers und Versöhners. Also ist, was ist, nicht »Fatum«, »Fortuna« oder blinder »Zufall«. Eschatologie wird *theo*-logisch begriffen. In allem wird von Gott gesprochen, und diese Rede ist relevant für das Heilwerden der Schöpfung. Unter den ersten, die dagegen angingen, als ob Eschatologie von Dingen, Räumen oder Orten rede, war bereits in den 1950er-Jahren Hans Urs von Balthasar, der in schroffer Klarheit formulierte. »Gott [selbst] ist das ›Letzte Ding‹ des Geschöpfs. Er ist als Gewonnener Himmel, als Verlorener Hölle, als Prüfender Gericht, als Reinigender Fegefeuer.«[10] Eschatologie nährt sich also nicht aus Zukunftsspekulationen, sondern bedenkt Ereignisse in der Geschichte *Gottes* mit der Schöpfung. Gott, der Liebhaber des Lebens, der durch die Zeiten wirkt, gewährt Hoffnung. Der Ausblick auf das Kommende beginnt beim Mut machenden und Hoffnung nährenden Rückblick auf das Gewesene.

»In wie viel Not hat nicht der gnädige Gott/ Über mir Flügel gebreitet.
Abschiedsanzeige/ **Meta Kummer/**
Wenn uns das Leben gefällt,/ darf uns der Tod nicht abstoßen,/ denn er kommt ja aus der Hand desselben Meisters. / Auf Wiedersehen, Eure Mutter, Schwiegermutter […]« (1982)
Bemerkenswert ist der Vorspruch, der aus dem Lied von Joachim Neander (1680) zitiert: EG 317, Strophe 3c. Darauf wird das Bekenntnis zum Schutz durch Gott auf Leben und Tod angewandt. Der Meister (Schöpfer) schenkt Leben, das gefällt, also darf auch der Tod nicht abstoßen. Die Sinnwelt mildert das Grauen des Todes. Dies

10 *Hans Urs von Balthasar*, Eschatologie, in: *J. Feiner / J. Trötsch / F. Böckle* (Hg.), Fragen der Theologie heute, Einsiedeln 1958, 407.
Evangelische eschatologische Modelle haben, bei allem Festhalten an der Vorstellung eines universalen Gerichtes, eine Tendenz zu einem individualisierten Eschaton, ausgestaltet mit milder Allversöhnung durch einen liebenden Gott. »Ganztodvorstellungen« oder die Rede von der »Unsterblichkeit der Seele« treten zurück.

ist Lebenssumme, Rat der Mutter, die sich mit einem »Auf Wiedersehen« selbst verabschiedet.
»[…] durch einen Herzinfarkt mitten aus seinem aktiven und erfüllten Leben gerissen. Die nach seinem persönlichen Glauben vorbestimmte Todesstunde ereilte ihn bereits im 44. Lebensjahr« (1992). Dieser einst sehr zentrale christliche Vorsehungsglaube findet zwar noch Verbreitung in der Volksfrömmigkeit als eine Deutung von unfassbarem Geschehen und Einordnung in oder Unterstellung unter einen höheren Willen, wird aber nur noch selten in Todesanzeigen ausformuliert.
Glaubensüberzeugung kann auch einmal »steil« bekannt werden: Ein Beispiel, wohl den Zeugen Jehovas zuzuweisen: »Unser lieber guter ›Sati‹ ist von uns gegangen./ Jetzt schläft er mit unserem lieben Muttilein der Auferstehung entgegen. Wie schön wird es sein, wenn bald diese Erde zu einem gereinigten Paradies erstrahlt und wir unsere lieben Eltern wieder sehen – Hebr. 6:10/ In dieser Hoffnung nehmen wir Abschied von […]«.

»Warum weg müssen, wenn das Leben noch nicht gelebt ist?/ Warum hergeben müssen, was so teuer ist?/ Nur im Kreuz ist die Antwort (Romano Guardini). In diesem Glauben ist mein geliebter Mann, unser lieber Papi, unser Sohn, Enkel […]/ Nach Gottes unergründlichem Ratschluss aus unserer Mitte abberufen worden und uns vorausgegangen.«
»An meinen Papa […]/ Unser gemeinsamer Lebensweg, der uns einst verband, wurde beendet durch Gottes Hand. Doch die Liebe, die uns verbunden, hilft mir in den schweren Stunden. In meinem Herzen wirst du ewig leben, auch wenn manche so tun, als hätte es mich nie gegeben./ Dein Sohn Christian« (2001).

Ausschmückungen des Himmels, die über den knappen biblischen Befund hinaus reichen, waren und sind selten.

Das Gedicht auf der Anzeige aus Immenstadt (3. Januar 2001) ist mit der Abkürzung »M.H.« gekennzeichnet: Sollte **M**aria **H**efele (1909–2000), abgebildet auf einem Passphoto mit ernstem Blick und strenger Brille, so viel Selbstironie besessen haben, um dies zu formulieren?
»Jeatz ischt Fräulein Hefele g'schtorba/ Des ischt schier a bißle schad!/ Doch sie haut g'hett a scheas Alt'r./ Ma muaß Gott danka für dia Gnad./ Was tuat sa wohl im Himml doba?/ Gell Herrgott, laß sa recht bald nei!/ I ka mr's denka, denn des haut sa/ Scho auf d'r Welt sich bildet ei.
Jeatz kriet sa endlich Bibelstunda/ Und loset fescht, was Gott v'rzählt./ Jeatz g'heart sie hoffentlich zu deana:/
Die den besten Teil erwählt.«
Traditionell konnte und kann es in Bildern von »Schauen«, »Geborgenheit erfahren« heißen: »Heute durfte […] in die Herrlichkeit der Kinder Gottes eingehen./ Er darf nun seinen Herrn und Meister schauen, an den er hier glaubte und mit Freuden diente. […]/ Wir bringen die sterbliche Hülle […] zur letzten Ruhe.« (1973, Wuppertal). Hier wird ganz genau beschrieben, sozusagen als Lokalisierung von Himmelfahrt: »Sie verließ uns ruhig, als unser Herrgott sie zu sich rief, von ihrem Geburtsort Wilsenroth aus, gestärkt mit den Gnadenmitteln unserer Kirche.« Oder: »Sie ist nicht

tot – sie lebt./ […] Sie, die für andere gelebt hat, glaubt an ein Leben nach dem Tod: Nun wird ihre tiefe Sehnsucht erfüllt, ihre unerschütterliche Liebe erwidert – sie erfährt endlich, was ihr in diesem Leben versagt blieb. In diesem Bewusstsein getröstet […]«. (1979)

»Ernst rief nach ihm – und Gott erhörte ihn/ Auferstehung ist unser Glaube,/ Wiedersehen unsere Hoffnung/ Ernst Appelmann« (2002). Zum Wesen des Glaubens kann eine hohe Vertrautheit mit Gott gehören, eine Intimität, die im Dialekt ausgedrückt werden kann: »An Lichtmeß war's mit ihm vorbei./ wo wird der K. jetzt bloß sei?« Eine schwäbische Variante von Himmelfahrt: »Der Herrgott hat's Krättle[11]/ Nun ganz unerwartet runtergelassen« (2003).

Zu den klassischen Erwartungen und Hoffnungen gehört die des Wiedersehens. Nur noch selten wird so deutlich formuliert, dann allerdings häufen sich die wiederzusehenden Personen: »Carola freut sich auf ein Wiedersehen im Himmel. Da warten ihre geliebte Mutter Heidi, ihre Schwester Regina, Oma Emma, Oma Baka und Opa Karl« (2006). Eine provozierende Form erhält diese Hoffnung, wenn ein Ökoaktivist seinem Lieblingsschaf, gestützt auf Jesaja 11,6, ein »Wir werden uns wieder sehen« verspricht oder die in den Zürcher Tagesanzeiger eingeschmuggelte Anzeige für Jasper, den Kater, weiß, dass er nun als Schutzengel mit durch's Leben geht. Was ich liebe, was mir teuer ist, das will ich nicht an den Tod verlieren. Auch alles *Glück* will – frei nach Nietzsche – *Ewigkeit.*

Menschliche (Berufs-) Tätigkeit kann tröstend (?) in den Himmel verlängert werden:

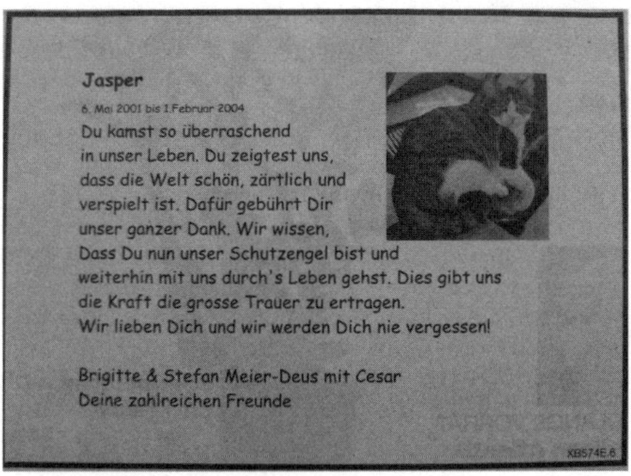

Jasper

6. Mai 2001 bis 1.Februar 2004

Du kamst so überraschend
in unser Leben. Du zeigtest uns,
dass die Welt schön, zärtlich und
verspielt ist. Dafür gebührt Dir
unser ganzer Dank. Wir wissen,
Dass Du nun unser Schutzengel bist und
weiterhin mit uns durch's Leben gehst. Dies gibt uns
die Kraft die grosse Trauer zu ertragen.
Wir lieben Dich und wir werden Dich nie vergessen!

Brigitte & Stefan Meier-Deus mit Cesar
Deine zahlreichen Freunde

XB574E.6

»Im Himmel wurde wohl ein besonderer Techniker gebraucht« (2006). »Bevor er sein Musikstudium beginnen konnte, nahm der Herr ihn plötzlich und unerwartet in sein großes Orchester« (1987). Jäger, die eine eigene Beziehung zu Tod und Vergänglichkeit haben, formulieren gerne deftig. »Eingegangen in die ewigen Jagdgründe«. Soldaten »melden« sich zur »Großen Armee« ab.

Postmoderne Beliebigkeit setzt post-mortale Hoffnung ins Bild. Ob Hadesvorstellungen aufgenommen werden oder auf dem flachen Land für die Oma der BUDDHA bemüht wird, was gefällt, wird zitiert.

»**Bruno Sargenti** […] ist auf die Reise ins Ungewisse gegangen:/ Ich denke, er würde mir und seinen Freunden sagen:/ **Auch dies ist eine Reise wert**« (2003).

11 Beim »Krättle« handelt es sich um ein traditionelles schwäbisches Weidekörbchen mit sich nach oben öffnenden Verschlussklappen. Vorzugsweise in »Natur« oder schwarz gehalten.

Präzise, doch mit beleidigtem Unterton: »Mein lieber Mann [...] ist seit dem 7. November 2002 im Himmel und hat mich allein gelassen« (2002). Pfiffig: »›Einst wird ich liegen im Nirgend/ bei einem Engel irgend‹ (Paul Klee).«
»Mein Mann/ Hannsjörg Schubert/ ist am 9.11.2000 in den Hades eingezogen./ Er hat mich beauftragt mitzuteilen, daß er nicht die Absicht hat zurückzukommen./ Wir werden ihn sehr vermissen.«
»In der Stunde des Todes hilft uns kein fremdes Wissen über Leben, Sterben oder Tod, sondern nur die reife Gelassenheit eines gefestigten, das Leben loslassen könnenden Selbstverständnisses. Dies ist das selbst für richtig gefundene und gelebte Ergebnis unseres Lebens – ist die Münze, für die Charon uns gut hinüber fährt wohin auch immer!/ Dr. med. Bernd Sandmann/ Pathologe« (2009).
»Im Frühling, mitten durch blühende Bäume, ist ihre Seele davongeflogen in eine andere Welt, die neues Leben schafft.«

Was aber ist »Tod«? Wer versteht, was Tod ist? Zur Realität des Todes, die in der Regel schockhaft in das Leben der Angehörigen bricht, gehört der der Kommunikation entzogene starre Leichnam, mit dem man in unserer Gesellschaft im Schnitt erst mit Mitte 40 erstmals konfrontiert wird, gehören die Irreversibilität des Zustandes und die Tatsache, dass Sterben Ursachen hat. Schließlich ist da die Erkenntnis, dass Sterben jedermanns Geschick ist.[12]

»Die Spuren Deines Lebens/ Deiner Hände Werk/ und die Zeit mit Dir/ wird stets in uns lebendig sein./ Unvergessen!« Das Thema ist nicht der Verlust, der Schmerz der Trennung – es ist bleibende Präsenz und Nicht-Trennung bei aller Trennung. »[...] und immer sind irgendwo/ Spuren von dir, Gedanken,/ Bilder, Gefühle und/ Augenblicke – sie werden/ uns stets an dich erinnern.«
»Wer im Gedächtnis seiner Lieben lebt,/ der ist nicht tot, der ist nur fern/ tot ist nur, wer vergessen wird. (Immanuel Kant)«. »Tod bedeutet gar nichts/ Ich bin nur in ein anderes Zimmer gegangen. [...] Und was wir füreinander waren, das sind wir noch immer. Nennt mich mit meinem vertrauten Namen, sprecht mit mir in derselben Leichtigkeit, wie ihr es immer getan habt. Verändert euren Tonfall nicht, tragt nicht Schwere und Trauer mit euch herum. / Lacht über die kleinen Dinge, über die wir immer miteinander gelacht haben. Freut euch, lächelt, denkt an mich, betet für mich. Lasst meinem Namen die Bedeutung im Hause, den er immer gehabt hat.
Lasst ihn ausgesprochen werden ohne Rührung. Warum sollt ich denn aus dem Sinn sein, nur weil ihr mich nicht mehr sehen könnt. Der Tod ist nicht das Ende unserer Liebe.« (2002)

Die sich häufenden »bleibt bei uns« sind keine Fragen nach präsentischer Eschatologie. Es geht es nicht um (Neu-)Schöpfung, um Heil für die Verstorbenen, sondern um Trauerarbeit *der Überlebenden:* Sterben wird (noch) nicht ertragen, Tod verdrängt.
Abschließend volkstümliche »Nicht-Eschatologie«. Die klassische Formulierung in der DDR in den 80er-Jahren hieß: »So wie ein Blatt vom Baume fällt,/ so geht ein Leben aus der Welt.« Dies konnte verstärkt

12 Von daher hat die klassische Beerdigungsbitte für den- oder diejenige, die als Nächster oder Nächste »aus diesem Leben abgerufen« werden, mehr denn je ihren Sinn.

werden durch die Zeile: »Die Vöglein singen weiter.« Naturhafter Zusammenhang von Werden und Vergehen (vgl. Jes 40,6f) war schnörkellos und ohne Hoffnung in's Bild gesetzt: Herbststimmung, Sterben, Schluss. Der Wert eines Menschenlebens war relativierend veranschlagt: wie eines von vielen Blättern eines Baumes. Mittlerweile ist die Blatt-Metapher mit entsprechender Illustration auch im Westen der Republik angekommen.

Dr. Thomas Hörnig ist Dozent an der Evangelischen Hochschule Ludwigsburg.

Ein letzter Weidmannsgruß

Ein jeder Tag ist grau und leer
und manches Auge tränenschwer,
wenn man vom Glöcklein hell begleitet
zum Grab hin auf den Friedhof schreitet.

Wir Jäger stehen stumm am Grab,
der letzte Bruch fällt still hinab;
nun halte ew'ge Weidmannsruh',
Du alter, treuer Jagdfreund, Du!

Ich weiß, er war ein Jägersmann,
wie man sich ihn nur wünschen kann;
viel Freude hat – naturverbunden –
er stets in Feld und Wald gefunden.

Jedoch für jedes Erdenleben
muß es einmal ein Ende geben;
wir alle wissen es heut' nicht,
wann es erlischt, das Lebenslicht.

Der Tod, der hinter ihm schon stand,
nahm ihm die Büchse aus der Hand;
des Freundes Weg ist nun sehr weit:
Hinüber in die Ewigkeit!

Wir aber denken im Gebet
an ihn, der vor dem Richter steht;
Herr, schenk ihm dort die ew'ge Ruh'
und guten Anblick noch dazu!

Liebe überlebt den Tod.

Wir müssen Abschied nehmen von meinem geliebten Mann, meinem Sohn, unserem Vater, Schwager, Onkel und Vetter

Willi Emil Nagel

* 3. 6. 1933 † 15. 11. 1992

In Liebe und Dankbarkeit:
Heide Nagel
mit Sibylle und Steffen
Pauline Nagel
und alle Anverwandten

Die Trauerfeier findet am Donnerstag, den 19. November 1992 um 14 Uhr in der Bartholomäuskirche in Ilsfeld statt.

Kondolenzbuch liegt auf.

Statt Blumen bitten wir, zugedachte Spenden auf das Konto der Diakoniestation Schozach-Bottwartal zu überweisen (Konto-Nr. 003698471, BLZ 62050000, Kreissparkasse Heilbronn).

Ilsfeld, den 17. November 1992

Unser Möbelhaus bleibt am Donnerstag nachmittag geschlossen.

6

Rücklicht

6.1

Folkert Rickers

Jahrbuch der Religionspädagogik

Idee und Entstehung

Die Idee zu JRP kam mir Ende 1982. Ich war Anfang Dezember zum Professor für Evangelische Theologie und ihre Didaktik an der RWTH Aachen ernannt worden. Die Möglichkeit dazu ergab sich durch das Hochschulrahmengesetz, wonach Akademische Räte/Oberräte bei entsprechender Qualifikation (Habilitation) Professoren im eigenen Hause werden konnten. Durch die ehrenvolle Ernennung fühlte ich mich nun aber u.a. auch herausgefordert, mich in einem Forschungsfeld besonders zu exponieren. Warum ich gerade auf die Herausgabe eines Jahrbuchs verfiel, kann ich nicht mehr sagen. Aber es wird vermutlich so gewesen sein, dass ich im Zusammenhang mit einer anderen Disziplin irgendwie auf Begriff und Sache eines Jahrbuchs gestoßen bin. Bezogen auf die Religionspädagogik hat mich die Herausgabe eines Jahrbuchs sofort fasziniert. Und ich kann mich noch sehr gut erinnern, welche unterschiedlichen Erwartungen sich bei näherem Bedenken des Projekts bei mir mit der Herausgabe eines Jahrbuchs einstellten.[1]

Eine *erste Option* zielte darauf, ein Organ zu schaffen, in dem besonders die Anliegen einer politisch intendierten Religionspädagogik verfolgt würden, die von der zweiten Hälfte der 70-er Jahre an – im wörtlichen Sinn – keine gute Presse mehr hatten und eher in die Defensive geraten waren, für meine Arbeit aber nach wie vor leitend waren. Auch solche Kollegen, die sich in der ersten Hälfte des Jahrzehnts noch sehr offen für ideologie- und gesellschaftskritisches Engagement in der Religionspäda-

1 Eine etwas andere Version über die Entstehung von JRP findet sich im Editorial von JRP 17. Es ist wenigstens missverständlich formuliert, wenn es hier heißt, es sei Peter Biehl zu verdanken, »dass JRP auf den Weg gebracht worden ist und inzwischen 17 Bände umfasst« (S. VII). Das ist so nicht korrekt, mindert die Verdienste Biehls um die inhaltliche Gestaltung und Fortentwicklung von JRP natürlich nicht im Geringsten. Mit allem Respekt vor der Leistung Biehls – die 17 Bände wären sicher auch ohne ihn zustande gekommen. Diese Richtigstellung wäre vielleicht nicht nötig gewesen, wenn nicht Biehl durch Zitat selber sich die Bemerkung im Editorial ganz unkritisch und eigentlich wider besseres Wissen ausdrücklich zu eigen gemacht hätte; vgl. *Peter Biehl / Petra Schulz,* Autobiografische Miniaturen. Ein Beitrag zur kommunikativen Religionspädagogik. Lebenswege – Denkwege – Leidenswege (Arbeiten zur historischen Religionspädagogik 5), Jena 2006, 93. – Aber es ist vielleicht in diesem Zusammenhang nicht überflüssig, darauf hinzuweisen, dass dieser Beitrag selbstverständlich meine subjektive Sicht der Vorgänge darstellt.

gogik gezeigt hatten, schlugen nun andere Wege ein, mehr bezogen auf individuellen Glauben, individuelle Ethik, Religion und Kirche, sehr stark auch symboldidaktisch ausgerichtet. Darin konnte ich mich nicht wiederfinden, obschon ich durchaus z.B. Interesse für die Symboldidaktik hatte, aber natürlich nur in einer gesellschaftskritischen Form. 1989 habe ich über sie – zum nicht geringen Erstaunen der Kollegen im Redaktionskreis – einen Aufsatz geschrieben.[2]

Um das Jahrbuch im Sinne einer politischen Religionspädagogik realisieren zu können, habe ich nach Mitstreiter/innen Ausschau gehalten. Zunächst schrieb ich Marie Veit an, die ehemalige Religionslehrerin und spätere Freundin von Dorothee Sölle, die ich von den Tagungen der »Christen für den Sozialismus« gut kannte. Sie war Professorin für Religionspädagogik in Gießen. Es stellte sich aber bald mehr oder weniger deutlich heraus, dass das eigentliche Medium für sie eher das mündliche Wort war. Sie konnte wunderbar erzählen, besonders von ihrem eigenen Religionsunterricht in Köln. Im ersten Band hat sie – Ergebnis des ersten Kontaktes mit ihr – einen Artikel geschrieben, der lange Jahre und vermutlich wohl bis heute am häufigsten von allen Beiträgen in JRP rezipiert worden ist.[3] Er war ein »Glücksfall« für JRP und seine Anerkennung bei der Zunft.[4] Marie Veit entwarf darin eine »Theologie von unten«.

Inzwischen hatte ich einen *Aufriss* erstellt, wie das Jahrbuch inhaltlich und formal gestaltet werden könnte. Ob er schon in den Gesprächen mit Marie Veit vorlag, vermute ich, weiß es aber nicht mehr. Jedenfalls bildete er die Grundlage für ein gemeinsames Vorgehen mit Peter Biehl, den ich bald nach dem ersten Kontakt mit Marie Veit angesprochen hatte und für die Idee einnehmen konnte. Aus ihm geht unmittelbar meine *zweite Option* für das Jahrbuch hervor, nämlich für die Religionspädagogik einen Rahmen zu schaffen, der im wissenschaftlichen Rang dem der Exegese und kirchengeschichtlichen Arbeit entsprach. Ich hatte mich als »gelernter« Kirchenhistoriker immer wieder darüber geärgert, dass in religionspädagogischen Zeitschriften, besonders in kirchlichen, gleichsam jeder schreiben konnte, der gerade eine didaktische Idee in der Praxis umgesetzt hatte, ohne zugleich verpflichtet zu sein, sich zunächst auf den Stand der Forschung zu bringen und sich im Forschungsspektrum des Faches zu verorten. Solch einfaches Hinschreiben von schnellen unterrichtlichen Erfolgen und Erfahrungen wollte ich durch das Forschungsinstrument Jahrbuch erschweren.

Auf den Stand der Forschung bringen, aber auch neue religionspädagogische Perspektiven kreativ zu entwerfen, war für das Jahrbuch Pro-

2 *Folkert Rickers,* Von der Macht des Symbols. Ein historisches Lehrstück über das Widerstehen in schwerer Zeit. Religionspädagogische Anmerkungen zum Kreuzkampf in Oldenburg (1936) und zu seiner Darstellung durch eine Forschungsgruppe in Vechta (1989), in: JRP 5 (1988), 1989, 149–168.

3 *Marie Veit,* Alltagserfahrungen von Jugendlichen, theologisch interpretiert, in: JRP 1 (1984), 1985, 3–28.

4 Vgl. *Biehl/Schulz,* Autobiografische Miniaturen, 91.

gramm. Es sollte jeweils eröffnet werden durch zwei Grundsatzbeiträge, die neue Dimensionen in der Religionspädagogik aufzeigen sollten.[5] Damit diese Aufgabe seriös ausgeführt werden konnte und um zu vermeiden, dass diese Beiträge den üblichen formalen wie inhaltlichen Verkürzungen wie in Zeitschriften ausgesetzt waren, habe ich den Autoren dafür je 30 Seiten eingeräumt. In einer zweiten Rubrik sollten »Artikel« gesammelt werden, in denen zu bestimmten und für die Religionspädagogik auf all ihren pädagogischen Ebenen aktuellen Themen und Problemen bilanzierend der Stand der Forschung erhoben werden sollte (z.B. ein Literaturbericht zur Friedenserziehung oder zum Konfirmandenunterricht). Über die Jahre hin – so war meine Kalkulation – würde das Jahrbuch gleichsam handbuchartig alle wesentlichen Themen der Religionspädagogik in wissenschaftlicher Aufarbeitung berührt haben. In einer dritten Rubrik ging es um »Berichte« vornehmlich über die Situation des Religionsunterrichts in den einzelnen Bundesländern, aber z.B. auch über empirische Untersuchungen. Dem schlossen sich (Rubrik 4) ausgewählte Rezensionen zu Büchern an, die um ihrer grundsätzlichen Bedeutung willen ausgesucht worden waren. Um ihr Gewicht noch zu betonen, waren den Rezensent/innen mehr Seiten eingeräumt worden, als ihnen gemeinhin in Zeitschriften zur Verfügung stehen, nämlich etwa fünf, von Fall zu Fall auch mehr.
Schließlich, in der letzten Rubrik, habe ich den Versuch unternommen, zum ersten Mal in der Geschichte des Faches eine religionspädagogische Jahresbibliografie vorzulegen, geordnet nach *systematischen* Gesichtspunkten. Sie sollte ein Kernstück des Jahrbuchs sein und umfasste je Band etwa 50 Seiten. Sie hat mich außerordentlich viel Mühe gekostet, vor allem dadurch, dass die vielen Zeitschriften um 1980ff zunächst erst einmal ausfindig gemacht und beschafft werden mussten. Ich habe dabei allerdings auch manche schöne Entdeckung gemacht und hatte über die Jahre bis 1990 eine exzellente Übersicht über die religionspädagogische Literatur. Eine ganze Reihe von Perodica unseres Faches war mir bis dahin überhaupt unbekannt. Rein technisch wurde die Bibliografie zunächst mit Hilfe von Sekretärinnen und Studentischen Hilfskräften erstellt. Aber ich habe seinerzeit auch selbst manches Kärtchen ausgefüllt, bis wir uns dann ab 1987 des Computers bedienen konnten – welch eine Erleichterung! Ich hatte bei meiner Berufung von Aachen nach Duisburg 1987 zwar keine halbe Sekretärinnenstelle heraushandeln können, wohl aber – begründet mit bibliografischen Arbeiten – eine Computeranlage im Wert von 16 000 DM, die erste und viel bewunderte in unserer Fakultät. Geplant war, für JRP eine kleine bibliografische Arbeitsstelle fest an unserer Fakultät zu etablieren. Wir waren dazu auf dem besten Wege.

5 Es ist allerdings missverständlich, wenn Biehl schreibt, er sei für die Grundsatzbeiträge im Jahrbuch zuständig gewesen. Zuständig waren dafür alle Mitglieder; sie haben solche Zuständigkeit über die Jahre selbstverständlich auch wahrgenommen; vgl. *Biehl/Schulz,* Autobiografische Miniaturen, 91.

Es kam dann aber ganz anders, nämlich zum Erliegen unserer Duisburger Pläne. Das Ende der Bibliografie wurde durch das Comenius-Institut und durch Dr. Schöll eingeläutet, der mir bei einem Besuch in Duisburg ziemlich unverblümt erklärte, dass das Institut bereits damit begonnen habe, mit der Hilfe des Computers und vieler Mitarbeiter/innen sowie mit einer reichen und fortlaufend ergänzten Zeitschriftensammlung eine eigene Bibliographie aufzuziehen. Da konnten wir mit den bescheidenen Hochschulmitteln nicht mehr mithalten, auch wenn ich bis heute davon überzeugt bin, dass unser bibliographisches System viel hilfsreicher war als das nur auf einzelnen Schlagworten basierende in Münster. Der Abbruch unserer bibliografischen Tätigkeit in Duisburg hat im Übrigen das Verhältnis zwischen Dr. Schöll und mir nicht weiter belastet.
Wir haben dann noch einige Bände lang Jahresliteraturberichte geschrieben bzw. schreiben lassen. Aber im Ergebnis waren diese nicht wirklich befriedigend, sodass wir schweren Herzens die bibliografische Arbeit ganz eingestellt haben, die doch einmal ein Herzstück von JRP war und von vielen Kollegen beachtet wurde, wie ich aus Rückmeldungen immer wieder erfuhr. Insgesamt gesehen sollte JRP vor allem ein religionspädagogisches Forschungsinstrument sein. Seine Intention war die »Förderung der Theoriebildung«.[6] Allerdings kollidierte diese Intention und kollidiert wohl immer noch mit den ökonomischen Interessen des Verlags. Denn natürlich muss er darauf achten, das Unternehmen finanzierbar zu halten, was am besten gelingt, wenn in den Kreis der Adressaten auch die religionspädagogischen Aus- und Fortbildungssituationen und – im idealen Fall – die Religionslehrerschaft einbezogen werden könnte. Darüber haben wir praktisch von Anfang an debattiert und von Fall zu Fall auch Lösungen gefunden.
Ich will aber nicht verhehlen, dass ich – *dritte Option* – auch ein ganz persönliches Interesse an dem Publikationsorgan JRP hatte. Denn mir war nicht verborgen geblieben, dass die Redaktionskreise unserer führenden Zeitschriften, spätestens ab Mitte der 70-er Jahre, kaum noch Interesse daran hatten, Beiträge zur gesellschaftskritisch intendierten Religionspädagogik einzuwerben. Ich bin über Jahrzehnte von den führenden Zeitschriften praktisch nie eingeladen worden, außerhalb von JRP einen Artikel zu verfassen. Deshalb bin ich dem Herausgeberkreis bis heute dankbar dafür, dass ich die Möglichkeit hatte, politisch ambitionierte Artikel zu schreiben bzw. vorzuschlagen, die nicht nur toleriert, sondern auch akzeptiert und gewollt waren. Ich habe die Anliegen einer gesellschaftskritischen Religionspädagogik vielleicht nicht immer gut vertreten; aber es war im Redaktionskreis möglich, sie ohne Vorbehalt in die Diskussion einzubeziehen und durch Artikel zu vertreten.
Die programmatische Struktur von JRP (»Aufriss«) ist von den Mitherausgebern nicht nur akzeptiert gewesen; bis zu JRP 7 ist sie auch ohne Einschränkung Band für Band realisiert worden. – Aber ich habe der

6 *Biehl/Schulz,* Autobiografische Miniaturen, 92.

Zeit vorgegriffen. Mit dem Aufriss in der Hand suchten Peter Biehl und ich nun zunächst unser Glück beim Verlag Vandenhoeck & Ruprecht in Göttingen. Das war naheliegend. Peter Biehl, seinerzeit Professor für Religionspädagogik an der Pädagogischen Hochschule in Göttingen, hatte damals einen sehr guten Ruf als renommierter religionspädagogischer Publizist und mehrte den Ruhm der traditionsreichen Religionspädagogik in Göttingen (Martin Stallmann; Hans Stock). Das Gespräch mit dem Lektor verlief sehr erfolgversprechend. Nach etwa einer Stunde hatten wir das Projekt, dem mein Aufriss zugrunde lag, so weit konzipiert und mit ihm Übereinstimmung erzielt, dass es in Szene gesetzt werden konnte. Dann gingen die Flügeltüren des Besprechungszimmers in dem altehrwürdigen Verlagsgebäude auf, und Arndt Ruprecht, der damalige Verlagsinhaber, betrat die Bühne. Er ließ sich vom Lektor kurz informieren, zeigte sich durchaus geneigt, das Projekt zu übernehmen, stellte aber gleich zu Anfang die Bedingung, dass wir uns als Herausgeber für mindestens 150 Abonnenten verbürgen müssten, nach Möglichkeit aber für mehr, und empfahl, zunächst einmal eine Religionspädagogen-Konferenz einzuberufen, um entsprechend Abonnent/innen zu gewinnen. Damit hatten wir nicht gerechnet. Im Hinblick auf die verlagsökonomischen Überlegungen waren wir ja auch völlig unerfahren. Wir sahen uns aber auch nicht in der Lage, eine Religionspädagogenkonferenz einzuberufen. Ruprecht drückte uns dann noch jedem ein Buch in die Hand und entließ uns nach kaum weniger als fünfzehn Minuten. Damit wäre das Projekt fast gescheitert. Ziemlich deprimiert fuhr ich nach Aachen zurück. Dann ergab sich doch noch eine überraschende Wende. Der Neukirchener Verlag kam ins Spiel. Biehl hatte von seinem Göttinger Kollegen Christoph Bizer von der Theologischen Fakultät beiläufig erfahren, dass der Verlag daran interessiert war, sein wissenschaftlich-theologisches Programm um Religionspädagogik zu erweitern.[7] Der Verlag war bis dahin vor allem bekannt durch die Herausgabe von exegetischen, kirchengeschichtlichen Arbeiten sowie solchen der reformierten systematischer Theologie. Bizer wollte sich für unsere Sache verwenden und war damit im Boot; d.h. er gehörte fortan dem Kreis der Gründungsmitglieder von JRP an. Repräsentiert durch den damaligen Geschäftsführer des Verlags, Dr. Christian Bartsch, nahm er unser Projekt in sein Programm auf. Bartsch hat das Jahrbuch bald zu seiner und des Verlags Sache gemacht. Er hat sich auch inhaltlich außerordentlich engagiert. Mir sind noch seine akribischen Korrekturen in bester Erinnerung; ich habe viel von ihnen gelernt. Es lag ihm daran, ein Qualitäts- und Vorzeigeprodukt des Verlags zu schaffen. Deshalb gelang es ihm auch immer wieder, eine Lösung für die ökonomischen Probleme zu finden, die das Jahrbuch durch seine ganze Geschichte bis heute begleitet haben. Nach dem frühen Tod von Christian Bartsch hat später sein Nachfolger als Lektor, Ekkehard Starke, diese Linie mit nicht minderem Engagement fortgeführt.

7 Darüber berichtet Biehl in: *Biehl/Schulz,* Autobiografische Miniaturen, 90.

Auf Vorschlag von Peter Biehl haben wir dann noch den damaligen Duisburger Privatdozenten Hans-Günter Heimbrock, später Professor für Praktische Theologie in Frankfurt a.M., in den Redaktionskreis berufen, den Biehl als symboldidaktischen Gesprächspartner und Organisator einer Tagung in Mülheim/Ruhr kennen- und schätzen gelernt hatte.
Mit der Ausweitung des Redaktionskreises, aber bereits auch in der Zusammenarbeit mit Biehl war natürlich meine Idee dahin, ein Publikationsorgan nur für eine politisch intendierte Religionspädagogik zu schaffen. Und das war gut so. Einmal davon abgesehen, dass dafür überhaupt kein Markt bestand, war an dem Jahrbuch nachgerade interessant, die unterschiedlichsten religionspädagogischen Konzeptionen und Positionen wahrzunehmen und miteinander ins Spiel zu bringen.
Übereinstimmung bestand auch darin, nicht nur die Probleme des konfessionellen Religionsunterricht wahrzunehmen, sondern die ganze Breite des religionspädagogischen Feldes anzusprechen, von der religiösen Elementarerziehung bis zur Erwachsenenbildung, aber auch Fragen allgemeiner ethischer Erziehung und des Ethikunterrichts, alternative Formen zum Religionsunterricht, interreligiöses Lernen u.a. Von Fall zu Fall haben wir auch Artikel zu Themen eingeworben, die nicht im engeren Sinn religionspädagogische waren, erziehungswissenschaftliche z.B., die aber mittelbar für die Religionspädagogik bedeutsam waren.
Die erste Redaktionssitzung fand in Neukirchen im Verlag statt, später trafen wir uns dann meistens in Göttingen. Wir hatten keine Mühe, Themen und Autoren zu finden. Außerdem war mündlich vereinbart, dass die Herausgeber zugleich auch Autoren sein sollten. So ist es denn auch geschehen. In den meisten Bänden sind die Herausgeber auch Autoren.
Die Redaktionssitzungen waren fast immer ungemein produktiv und sind es bis heute. Innerhalb von fünf bis sechs Stunden gilt es – so stellte sich mit der Zeit heraus –, einen ganzen Band zu konzipieren und zu begründen sowie Autoren für ihn zu finden. Ohne gute Kenntnisse der religionspädagogischen Gesamtsituation wäre das nicht möglich gewesen. Darüber hinaus brachten die Herausgeber noch Themen und Vorschläge zu ihren speziellen Forschungsgebieten ein, die in der Regel auch berücksichtigt wurden. Peter Biehl setzte sich besonders ein für Fragen der Hermeneutik in Auseinandersetzung mit anderen Wissenschaften und natürlich für Symboldidaktik, die er ja mit aus der Taufe gehoben hatte. Bis zu seinem Ausscheiden aus der Redaktion hat er eine Reihe von Artikeln geschrieben, in denen er in integrativer Absicht ein Thema aus der Sicht verschiedener Wissenschaften beleuchtete unter selbstverständlichem Einschluss der theologischen Perspektive. Christoph Bizer bemühte sich vor allem um kirchlich-pädagogische Felder und um christliche Religion im engeren Sinn. Heimbrock stand damals für Fragen von Religionspsychologie und diakonischem, später auch interkulturellem Lernen. Er hat sich aber auch dafür engagiert, religionspädagogischen Stimmen aus dem Ausland im Jahrbuch Gehör zu verschaffen. Schließlich habe ich mich besonders engagiert, wenn es um politische, gesell-

schaftskritische oder um historische Fragen ging. Mein erster Aufsatz über die Religionspädagogik im Dritten Reich, die dann ein eigenes Forschungsgebiet wurde, erschien als Grundsatzartikel im Jahrbuch.[8]
Von grundsätzlicher Bedeutung war der Umstand, dass die Herausgeber zwar außerordentlich unterschiedliche Positionen vertraten, aber – ohne gewollt zu harmonieren – in gegenseitigem Respekt ein Produkt schufen, in dem jeder sein Gesicht wahren konnte. Wir haben uns zwar z.T. auf sehr direkte Weise miteinander auseinandergesetzt, zugleich aber die Fähigkeit entwickelt, Artikel, die einem bis zuletzt fremd blieben, schlussendlich doch mitzutragen, vorausgesetzt, sie waren gut begründet und von literarischer Qualität. Positionell am weitesten auseinander waren Bizer und ich. Das war uns aber zunächst nicht so bewusst, weil uns Biehl mit seiner besonderen Fähigkeit zur Integration immer wieder zusammengebracht hat. Erst als Biehl aus dem Herausgeberkreis ausgeschieden war, sind Bizer und ich stärker aneinandergeraten, was aber der persönlichen Beziehung zwischen uns keinen Abbruch tat. Zur Vorbereitung des Bandes »Bibel und Bibeldidaktik«, ein besonders sensibles Thema zwischen uns, haben wir uns in einer Sondersitzung in Duisburg mit Rudolf Englert nichts geschenkt, dann aber, nachdem wir eine Lösung gefunden hatten, doch die halbe Nacht zusammengesessen, um uns bei Käse und Rotwein an dreieinhalb Jahrzehnte gemeinsamen Erlebens in Theologie und Religionspädagogik zu erinnern … weißt du noch?
Allerdings gab es eine nie diskutierte, aber grundsätzlich anerkannte Übereinkunft zwischen uns, die sich aus der allgemeinen Situation der Zeit ergab: dass sich nämlich religionspädagogische Themen und Probleme nur noch verantworten ließen, wenn durch sie der Weltbezug des Glaubens / des Evangeliums zum Ausdruck gebracht würde.
Nicht unerheblich hat zum Gelingen beigetragen, dass im Herausgeberkreis ein gutes bis sehr gutes menschliches Einvernehmen bestand. Oft haben wir uns schon am Vorabend zu unseren Sitzungstagen getroffen. Unvergesslich sind Biehls Erzählungen über Bultmann in der Junkernschänke (Göttingen). Wir haben ihn immer wieder animiert, diese noch einmal vorzutragen. Und dann gab es noch den – natürlich wohlgemeinten – Spott über Kolleg/innen! Der war nur möglich bei einem besonderen Vertrauensverhältnis, das sich zwischen uns in den ersten Jahren immer stärker entwickelt hatte. Niemand hätte hier zuhören dürfen. Aber der Spott hatte natürlich auch eine ungemein entlastende Funktion.
Getrübt wurde das Verhältnis zwischen uns eigentlich nur durch Heimbrock, der zum zehnten Band hin einigermaßen überraschend, aber doch mit einer gewissen Unabdingbarbeit seinen Austritt aus dem Herausgeberkreis erklärte. Es waren sehr persönliche Gründe, die ihn zu die-

8 *Folkert Rickers,* Religionspädagogen zwischen Kreuz und Hakenkreuz. Ein historisches Kapitel zum gesellschaftlichen Bewußtsein und zur Wahrnehmung von politischer Verantwortung in der Religionspädagogik, in: JRP 3 (1986), 1987, 36–68.

sem Schritt bewogen hatten, jedenfalls keine positionellen. Der verbleibende Herausgeberkreis hat das Ausscheiden Heimbrocks sehr bedauert. Mit dem achten Band änderte sich das formale Erscheinungsbild des Jahrbuchs. Das betraf aber nicht nur das Cover, sondern mehr noch den inhaltlichen Aufriss. Grundsatzbeiträge und Artikel entfielen. An ihre Stelle traten Beiträge zu zwei Themen, die das religionspädagogische Feld thematisch breiter ausleuchten konnten. Die Rubrik »Berichte« blieb zunächst. Die thematische Konzentration auf zwei Problemkreise entsprach einer Empfehlung des Verlags und war ökonomisch begründet. Vom zwölften Band an behandelte das Jahrbuch nur noch *ein* Thema. Der Übergang in das neue Erscheinungsbild war mit dem Buchtitel »Religionspädagogik seit 1945. Bilanz und Perspektiven« gut gewählt. – Mit dem neuen Aufriss war ich nicht einverstanden und habe das auch zum Ausdruck gebracht, habe mich aber schließlich der vielleicht zeitgemäßeren Form eines Jahrbuchs gefügt. Aber es war nicht zu übersehen, dass der Charakter eines Jahrbuchs immer mehr verloren ging und eigentlich nur noch von formaler Bedeutung war.
Mit dem zehnten Band änderte sich auch die personelle Besetzung des Herausgeberkreises; neu gewonnen werden konnte zunächst Prof. Friedrich Schweitzer (damals Evangelisch-Theologische Fakultät Mainz), der in allen Belangen der religionspädagogischen Theoriebildung und der Reflexion religionspädagogischer Praxis breit ausgewiesen war. Schweitzer stand im größeren Zusammenhang der für die Religionspädagogik der zweiten Hälfte des 20. Jahrhunderts ingesamt bedeutsamen Arbeit des Tübinger Pädagogen und Religionspädagogen Karl Ernst Nipkow und öffnete dem Jahrbuch insbesondere auch den Zugang zu allgemeinen pädagogischen Themen.[9] Eine bedeutsame Erweiterung erfuhr der Kreis dann durch Roland Degen aus Dresden, einem der seinerzeit in der DDR führenden Katecheten, der fortan den Ertrag und die Fortentwicklung der ostdeutschen Katechetik kontinuierlich und mit großer Kompetenz einbrachte. Ein nicht minder bedeutsamer Vorgang war die Berufung des katholischen Religionspädagogen Norbert Mette (damals Prof. für Praktische Theologie/Religionspädagogik in Paderborn). Überkonfessionell und ökumenisch gefühlt hatten wir wohl von Anfang an. Das ergab sich schon aus der damaligen religionspädagogischen Situation: Die Weichen insgesamt waren nicht auf Konfessionalismus irgendwelcher Prägung gestellt. Aber der Schritt, einen katholischen Kollegen in den Herausgeberkreis einzuladen, war dann doch noch ein besonderer. Mette konfrontierte uns mit katholischem Denken, katholischem Milieu, katholischer Theologie und brachte mögliche katholische Autoren ins Spiel. Das hat sich sehr befruchtend auf die Gestaltung von JRP ausgewirkt.

9 Schweitzer war vor seiner Mitherausgeberschaft bereits als Autor eines Grundsatzbeitrags für das Jahrbuch tätig geworden: *Friedrich Schweitzer,* Zwischen Theologie und Praxis – Unterrichtsvorbereitung und das Problem der Lehrbarkeit von Religion, JRP 7 (1990), 1991, 3–41.

Mette selbst ist Vertreter eines offenen und sozial engagierten Katholizismus und eng verbunden mit der »politischen Theologie« (Johann Baptist Metz) sowie mit der lateinamerikanischen Befreiungstheologie. Er hat mehrfach Länder des amerikanischen Subkontinents bereist.
Die Zusammenarbeit mit Mette war über die ganzen Jahre hin in konfessioneller Hinsicht, aber auch darüber hinaus in sachlicher wie menschlicher völlig unproblematisch.[10] Später konnte die katholische Position noch dadurch verstärkt werden, dass Rudolf Englert, Prof. für katholische Religionspädagogik in Essen, ausgewiesen durch einschlägige Arbeiten zur Theorie der religiösen Erziehung und zur Wissenschaftstheorie der Religionspädagogik, für die Mitarbeit im Herausgeberkreis gewonnen werden konnte (ab JRP 18). Dasselbe gilt für Helga Kohler-Spiegel (ab JRP 19), seinerzeit Professorin für Katholische Religionspädagogik an der Pädagogischen Akademie des Bundes in Feldkirch/ Österreich. Mit ihr konnte außerdem zum ersten Mal eine Frau für den Herausgeberkreis gewonnen werden. Sie steht zugleich für Genderforschung, Feministische Theologie, Theologie der Befreiung sowie für die religionspädagogische Entwicklung in Österreich und der Schweiz.
Das Jahrbuch war – wie mehrfach betont – von der Herausgeberseite aus gesehen immer offen für gesellschaftspolitische Diskussionen, was sich aber nach außen wenig ausgewirkt hat. Das liegt vor allem daran, dass die einzuwerbenden Autor/innen insgesamt an dem Mangel an politischer Reflexion des Faches der letzten Jahrzehnte insgesamt teilhatten. Rudolf Englert hat gar vor einem »Verblassen gesellschafts- und ideologiekritischen Bewusstseins in der Religionspädagogik« gewarnt.[11] Dieser Mangel ist nicht durch ein Jahrbuch und einen für politische Fragen aufgeschlossenen Herausgeberkreis zu beheben, weil er so grundsätzlicher Natur ist. Allerdings ist in jüngster Zeit durch die Arbeiten von Grümme[12] und Schlag[13] Bewegung in das Thema gekommen. Das erkannte Defizit wird jedenfalls wieder angesprochen.[14] Vielleicht ergibt sich daraus eine nachhalterige Diskussion für das ganze Fach, als wir es mit dem Jahrbuch anzustoßen vermochten.

10 Auch Mette war vor seiner Mitherausgeberschaft bereits als Autor eines Grundsatzbeitrags für das Jahrbuch tätig geworden: *Norbert Mette,* Identität in universaler Solidarität. Zur Grundlegung einer religionspädagogischen Handlungstheorie, JRP 6 (1989), 1990, 27–55.

11 *Rudolf Englert,* Religionspädagogische Grundfragen. Anstöße zur Urteilsbildung, 2007, zit. in: *Bernhard Grümme*, Religionsunterricht und Politik. Bestandsaufnahme – Grundsatzüberlegungen – Perspektiven für eine politische Dimension des Religionsunterrichts, Stuttgart 2009, 12.

12 Vgl. die vorstehende Fußnote.

13 *Thomas Schlag,* Horizonte demokratischer Bildung. Evangelische Religionspädagogik in politischer Perspektive (Religionspädagogik in pluraler Gesellschaft 14), Freiburg i.Br. 2010.

14 Vgl. dazu auch meinen Beitrag (F.R.) »Politische Bildung im Religionsunterricht und der Kapitalismus«, in: KERYKS 2010; erscheint im Herbst 2010 als Beitrag des Themahefts »Religiöses Lernen und Politik«.

In enger Beziehung zum Jahrbuch steht das Lexikon der Religionspädagogik (2001).[15] Letzteres wäre ohne die seinerzeit bestehenden 17 Bände des Jahrbuchs gar nicht möglich gewesen. Da es weder ein ähnliches Werk aus jüngerer Zeit gab noch überhaupt irgendeine Nomenklatur, dienten die einzelnen Artikel in JRP als erste Grundausstattung, von der weiter gefragt und neue Begriffe gefunden werden konnten. Und auch die ersten Autoren standen mit den vorgefundenen Artikeln gleichsam von selbst fest. Autoren, und zwar gleich für mehrere Artikel, waren selbstverständlich auch die Mitglieder des Redaktionskreises. Hinzu kam, dass an das in vielen Jahren unter erheblichen Mühen entwickelte spezielle Literatur- und Abkürzungsverzeichnis für religionspädagogische Periodica (zuletzt: JRP 7 [1990] 232–329) angeknüpft werden konnte (Sp. 2289–2308). Es gab kein auch nur annähernd vergleichbares Verzeichnis. Im Abkürzungsverzeichnis von TRE (Siegfried Schwertner, ²1994) sind religionspädagogische Periodica ja nur in wenigen einzelnen Fällen aufgenommen worden.

Das Zustandekommen von LexRP ist wesentlich Ekkehard Starke vom Neukirchener Verlag zu danken. Er hat meine Idee sofort aufgegriffen und verlagsseitig gefördert, wo dies eben nur möglich war. Er hat nicht nur seine Erfahrungen im Lektorieren des Evangelischen Kirchenlexikons (Vandenhoeck & Ruprecht) zur Verfügung gestellt, sondern hat gegenüber dem Verlag auch verantwortet, dass das zunächst auf einen Band angesetzte Unternehmen sich zu zwei sehr stattlichen Bänden auswuchs. Zudem ist er auch als Autor von Lexikonartikeln in Erscheinung getreten. Als Herausgeber haben wir deutlich gespürt, dass er das Lexikon wirklich zu seiner Sache gemacht hat.

Als Mitherausgeber habe ich aus dem Redaktionskreis von JRP Norbert Mette angesprochen. Er hat den katholischen Part vertreten und war gern bereit mitzutun. Die Zusammenarbeit war in jeder Weise glücklich und perfekt. Eingegangene Artikel haben wir fast immer von Tag zu Tag ausgetauscht und waren uns über Mängel und Korrekturen schnell einig. Autoren haben wir ausschließlich nach Sachkompetenz ausgesucht, nicht nach konfessionellem Proporz.

Nur in diesem Zusammenspiel der Herausgeber untereinander und mit Ekkehard Starke, der alle Artikel noch einmal lektoriert hat, war es möglich, dass wir von der Idee bis zum fertigen Produkt LexRP nur etwas mehr als zwei Jahre gebraucht haben.

Im Herausgeberkreis von JRP fing alles an – ein idealer Nährboden für religionspädagogische Innovationen.

Dr. Folkert Rickers, Gründungsmitglied und langjähriger Herausgeber des »Jahrbuchs der Religionspädagogik«, ist Professor em. für Evangelische Theologie / Religionspädagogik an der Universität Duisburg-Essen.

15 Lexikon der Religionspädagogik (LexRP), 2 Bde., hg. v. *Norbert Mette* und *Folkert Rickers,* Neukirchen-Vluyn 2001.

Anhang: Bildteil

Peter Paul Rubens: Höllensturz der Verdammten

Sandra, Klasse 3, 9 Jahre alt schreibt zu ihrem Bild: »Ich stelle mir vor, dass ich ein Stern bin und das, was um mich rum ist, alles ganz bunt ist und alles mit Süßigkeiten

Lena, Klasse 2, 8 Jahre alt

Bild 1: ›Herzen, die zum Himmel fliegen‹ – Jan-Philip; 9 Jahre

Bild 2: ›Seelen leben in Luftblasen‹ – Lisa; 10 Jahre

Bild 3: ›Die Gottestür‹ – Friederike; 9 Jahre

Bild 4: ›Das Regenbogentor‹ – Tobias; 10 Jahre

Bild 5: ›Ohne Gesicht‹ – Katrin; 10 Jahre, 7 Monate

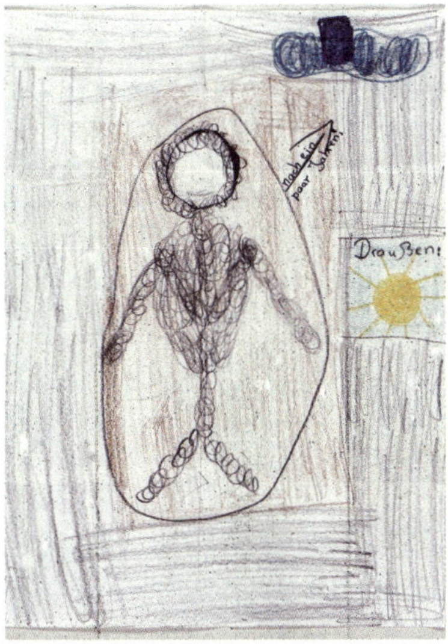

Bild 6: ›Die Seelenengel‹ – Jennifer; 10 Jahre, 10 Monate

Bild 7: ›Zerbrochene Herzen im Erdbebengebiet‹ (Bild I) –
Ümit; 10 Jahre

Bild 8: ›Neue Herzen fliegen heim zu Allah‹ (Bild II) – Ümit; 10 Jahre

Bild 9: ›Leben nach dem Tod‹ – Annemarie; 10 Jahre, 2 Monate

Bild 10: ›Grüne Seelen um roten Gott‹ – Andreas; 10 Jahre

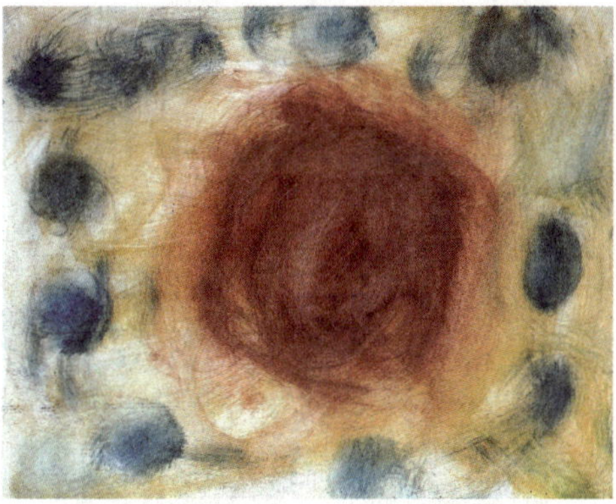

Bild 11: ›Der tote Himmel und der Paradieshimmel‹ –
Sebastian; 10 Jahre